NEW LEADERSHIP WIDE
뉴리더십 와이드

NEW
LEADERSHIP
WIDE

뉴리더십 와이드

최은수 · 권기술 · 진규동 · 손판규 · 김민서 · 신승원
김진혁 · 박재진 · 이미섭 · 강찬석 · 강영환 · 이 희 · 박시남 공저

학지사

●머리말●

급변하는 21세기의 개인이나 조직에서 주요 화두 중의 하나가 '리더십'이다. 개인의 생명력은 자신의 리더십을 얼마만큼 스스로 키워 나가며 발전시켜 나가는가에 달려 있기 때문이다. 이는 조직도 마찬가지다. 조직의 생명력은 여러 가지 상황에 따라 영향을 받지만 그 가운데에서도 조직 CEO의 개인적 리더십이나 구성원들의 조직적 리더십 개발이 가장 큰 요인이기 때문이다.

리더십은 다양한 인간관계를 기초로 한 사회적 과정을 거쳐 결과로서 나타나는 목표 성취를 위한 에너지이자 영향력이다. 이것은 마치 물질이 산화되어 힘이 발생하는 과정과 흡사하다. 단순한 물질이 변화하여 힘이 발생하는 과정에서 내외적 요인들이 영향을 미친다. 리더십도 동일하다. 일정한 상황에서 리더와 추종자 간의 역학적 작용이 리더십의 과정과 결과를 결정하게 하는 것이다.

지금까지 리더십의 과정과 결과에 대하여 이론적으로 분석하기 위한 접근법은 적지 않았다. 우리 주변에서 익숙하게 들어왔던 리더의 특성이나 역량 및 행동 유형 연구, 상황적 접근법, 상황적합이론, 경로-목표이론, 리더-구성원 교환이론, 변혁적 리더십 등을 중심으로 한 소위 전통적인 리더십 이론들이 그것들이다. 지금까지 기업이나 학교에서의 리더십 프로그램 교육은 이러한 전통적 리더십 이론을 근간으로 이루어져 왔다. 그러나 더 이상 기존의 리더십 이론만으로는 변화와 도전, 창의와 감성이 부각되는 21세기 개인과 조직의 리더십을 설명하고 개발하는 데에는 한계가 있다. 따라서 최근에는 새로운 트렌드, 즉 종래에 거론되었던 리더십 이론이나 접근법에서 탈피하여 새로운 리더십 접근 패러다임을 바탕으로 21세기에 적합한 리더십을 교육하고자 하는 요구들이 점차 증대되고 있다.

이 책의 공저자들은 이러한 시대에 걸맞은 새로운 리더십 접근법에 대한 리더십 교육 현장의 요구에 부응하고자 『뉴 리더십 와이드(New Leadership Wide)』라는 제목하에 저술을 시작하게 되었다. 책 제목이 시사하듯이 이 책의 주요 내용은 새로운 리더십 접근법을 포괄적으로 소개한다. 전체 3부로 구성되어 있는데, 우선 제1부에서는 이 책의 서론으로 기존의 전통적 리더십 이론을 포함한 제반의 리더십 접근에 대한 이해와 개발에 대한 개념이 제시된다. 제2부에서는 개인적 차원에서의 새로운 리더십 접근법들로서 온정적 합리주의 리더십(leadership of compassionate rationalism), 셀프 리더십

(self leadership), 오센틱 리더십(authentic leadership), 감성 리더십(emotional leadership), 교수 리더십(instructional leadership), 영성 리더십(inspirational leadership)을 소개한다. 제3부에서는 조직적 차원에서의 새로운 리더십 접근법들로서 공유 리더십(shared leadership), 팀 리더십(team leadership), 학습조직 리더십(learning organizational leadership), 퍼실리테이션 리더십(facilitational leadership), 코칭 리더십(coaching leadership), 창의적 리더십(creative leadership), 서번트 리더십(servant leadership), 기업 리더십(industrial leadership), 윤리적 리더십(ethical leadership)을 다룬다. 이 책에서 소개하고 있는 대부분의 내용은 이 시대에 필요한 새로운 리더십 접근 이론들로서 우리 저자들에 의하여 독창적인 시각으로 해석되고 조명된 것들이다. 이 책의 각 리더십 접근법은 별도의 장으로 소개되며, 각 장에는 해당 리더십 접근법의 개념과 특성, 리더십 개발, 적용과 효과, 리더십 사례와 성찰적 문제를 포함한다.

이 책의 공저자들은 국내 리더십 분야의 전문 컨설팅 조직 중에서 리딩 그룹에 속하는 'CR리더십파트너즈'의 전문 교수들이다. 이들은 모두 리더십 교육 현장에서 최고의 전문가로 인정받고 있으며, 실무 경험과 이론적 배경을 모두 갖춘 박사들이다. 이 책은 리더십 연구 및 교육 현장에서 가장 많이 각광받는 전문도서로서 자리매김할 수 있을 것으로 자부한다. 리더십에 관심을 갖는 일반인과 학생, 그리고 전문가 및 기업교육 담당자 등이 주요 독자층을 이룰 것으로 기대한다.

끝으로 이 책의 출간을 맡아 주신 학지사 김진환 사장님과 편집 과정에서 수고해 주신 관계자 여러분께 깊은 감사를 드린다.

2013년

CR리더십파트너즈 연구실에서

최은수

권기술 · 진규동

손판규 · 김민서

신승원 · 김진혁

박재진 · 이미섭

강찬석 · 강영환

이 희 · 박시남

차 례

제3부 조직적 차원에서의 리더십 접근

리더십 접근에 대한 이해와 개발

제1부

서 론

01

리더십 접근에 대한 이해와 개발

오늘날의 시대적 현상을 설명하는 핵심 단어 중 하나는 불확실성일 것이다. 현대인은 실시간의 세계 정보를 접하면서 복잡하고 급변하는 세상에서 살아가고 있다. 세상이 점점 더 급변하고 복잡해짐에 따라 혼돈이 심화되고 미래에 대한 불확실성이 높아지고 있다. 이러한 혼돈과 불확실성을 헤쳐나가기 위한 방법의 하나로 사람들은 리더와 리더십에 대해 관심을 갖게 되었다.

국가와 사회 발전을 가능하게 할 대통령과 국회의원 그리고 자치단체장에 대한 투표에 관심이 커지고 있고, 기업이나 공공조직도 조직의 미래를 성공적으로 이끌어 줄 리더를 찾고자 노력하고 있다. 개인 자신도 효과적인 리더십을 발휘하는 훌륭한 리더가 되고자 리더십 개발을 위해 많은 시간과 돈을 투자하고 있다. 이와 같이 리더와 리더십 개발에 대한 대중적인 관심이 고조됨에 따라 서점에서는 리더십에 관련된 책이나 잡지가 하루를 거르지 않고 출간되고 있는 실정이다.

불행하게도 이러한 관심과 노력에도 불구하고 리더를 꿈꾸는 사람들은 리더십에 대한 이해와 리더십 개발에 부족함을 절실히 느끼고 있다. 하루가 다르게 변화하는 상황에서 "나는 최고의 리더십을 발휘하고 있다."라고 자신 있게 말할 수 있는 사람은 아무도 없기 때문이다. 이에 리더십의 의미를 다시금 생각해 보고 역사적으로 의미가 있었던 전통적 리더십 이론과 리더십 개발을 위한 방법을 생각해 보고자 한다.

리더십의 이해

수많은 학자가 리더십을 연구하면서 느끼는 공통된 생각은 리더십에 대하여 통일된 정의를 내릴 수 없다는 점이다. 우리는 리더십이란 말이 무엇인가는 직관적으로는 알 수 있지만 이야기를 나누다 보면 사람마다 또는 학자마다 의미하는 바가 각기 다르다는 사실을 금방 알게 된다. 하지만 과거 50년 동안의 리더십 연구에서 리더십을 개념화하는 다양한 정의에 힘입어 리더십을 설명할 수 있는 몇 가지 핵심적인 요소를 찾을 수 있었다.

리더십의 핵심적인 요소는 사람 관계, 변화 성과, 리더 특성 이상 세 가지다. 사람과 관련된 것으로 관계의 구축, 신뢰의 형성, 의사소통, 설득력, 영향력이라는 주제가 리더십의 주요 관심사가 된다. 변화 성과와 관련된 것으로 비전, 창의적 아이디어, 혁신과 변화

등이 리더십에서는 빠지지 않은 핵심 사안이다. 그리고 리더 자신의 특성과 관련되어 핵심 가치, 진정성, 권력, 리더십 행동, 카리스마, 전문성 등이다.

이 같은 리더십 구성 요소를 근거로 하여 리더십을 새롭게 정의하면 "리더가 자신의 특성, 즉 카리스마, 전문성, 성품 등을 바탕으로 관계된 이해 관계자와 구성원에게 신뢰 관계를 구축하고 의사소통을 하며, 영향력을 미쳐서 조직의 변화를 모색하여 비전을 달성하고 성과를 창출하는 과정"이라고 설명할 수 있다.

리더십과 관리

리더십 개념을 더 깊게 이해하기 위한 방법으로 리더십과 일반적인 관리를 비교해 보고 그 차이점을 찾아보는 것이다. 리더십과 관리란 여러 면에서 그리 차이가 나지 않는 비슷한 과정으로 인식할 수 있다. 리더십이 다른 사람들과 더불어 일을 성공적으로 하는 것을 요구하고 있는 것과 같이 관리도 마찬가지다. 리더십이 성과 달성을 목표로 하는 것처럼 관리도 목표 달성을 지향한다. 그러나 리더십은 관리와 몇 가지 관점에서 구분된다.

리더십의 연구는 고대에서 시작된 것이지만 관리는 20세기 초에 산업사회의 출현과 더불어 새로 부상한 개념이다. 산업 조직을 보다 능률적으로 운영하기 위한 방법으로 관리의 개념이 나타난 것이다. 리더십을 할아버지라고 한다면 관리는 손자인 셈이다.

관리의 주된 기능은 조직의 질서와 안정성을 추구하는 것인 반면에 리더십은 변화를 통해 발전을 추구한다. 관리는 계획을 수립하고 조직 목표 달성을 위한 자원 배분을 강조하지만 리더십은 방향의 설정, 장기적 비전, 상황에 유연한 전략 수립 등을 이야기한다. 관리는 조직화 과정을 중요시하여 적재적소에 인원 배치와 업무 수행을 위한 규칙과 절차를 엄격히 하는 것이지만 리더십은 비전에 관해 구성원들과 의사소통하고, 그들의 헌신을 유도하며, 팀을 구축하여 협동적으로 일하며 연합체를 형성하는 것을 중요시한다. 통제와 문제해결 활동에서도 관리의 초점은 구성원의 동기 유발을 위한 인센티브 시스템(incentive system) 개발, 목표 달성 활동에 대한 점검과 일탈이 발생하였을 경우 수정 조치를 강구하는 것이지만 리더십은 구성원의 자발적인 동기 부여와 스스로 목표를 설정하고, 참여하고 헌신하는 것을 강조한다.

이상과 같이 리더십과 관리는 차이가 있지만 역시 목표 달성이라는 점과 영향력을 미친다는 점에서는 겹치는 부분이 있다(Yukl, 2002). 조직의 관리자가 목표를 달성하기 위해서 구성원에게 영향을 미치고 있을 경우 그는 이미 리더십을 발휘하고 있는 것이다.

이러한 리더십과 관리의 차이점과 공통점을 파악하여 리더십을 관리와 명확히 구분하는 것, 그리고 리더십을 정확하게 개념적으로 이해하는 것은 리더십 개발에 중요하다. 리더십을 이해하면 우리는 리더십 개발을 위해서 무엇을 해야 하는지와 어떤 방법을 모색할지를 생각해 볼 수 있기 때문이다. 만약 리더십 개념상 혼동이 있다면 리더십 개발을 위해 무엇을 해야 할지 알 수가 없어서 첫발을 내디딜 수가 없으며, 설령 리더십 개발을 시도했다고 하더라도 자신이 확신하지 못한 리더십 개발이 되어 리더십 개발의 성과도 미약하고 리더십의 효과성도 기대에 미치지 못한다.

전통적 리더십 이론

리더십 특성론

리더십의 태동과 함께 리더의 특성에 대한 관심이 생겨났다. 리더십 특성론은 다른 사람들과는 다르게 어떤 사람은 위대한 리더가 되게 하는 특별한 특성과 기질을 가지고 태어난다는 리더십 이론이다. 리더와 리더가 아닌 사람과는 특성적인 차이가 있을 것이라는 생각 때문에 특성 연구는 오랜 기간 동안 리더십을 연구하는 학자들의 관심의 대상이 되어 왔다. 리더십 연구가 이루어진 과거 100년 동안 그리고 지금도 MBTI 등 성격 유형 연구 등을 통해 특성 이론이 연구되고 있다. 이러한 연구에서 일관되게 중요한 리더십 특성으로 확인된 것들은 지능(intelligence), 성실성(integrity), 정직함(honesty), 감화성(inspiring) 등이다.

특성 연구 관점에서 리더십 개발을 위한 유익한 점은, 먼저 특성 연구는 리더십에 관심 있는 모든 사람에게 직관적으로 흥미를 끈다는 것이다. 누구나 리더는 어떤 특성을 갖고 있는지에 대하여 관심이 있고, 또한 알아보고 싶어 한다. 다음으로 오랜 세월 동안 특성

연구는 그 결과가 검증되어 왔다는 것이다. 셋째, 복잡한 리더십 과정에서 오로지 리더의 특성에 초점을 맞춤으로써 리더에 대한 이해를 깊게 해 주었다.

그러나 특성 연구의 한계점도 있다. 리더십의 특성에 대한 오랫동안의 연구에도 불구하고 정확히 특성을 목록화하는 것이 어렵다. 그리고 자질이란 것은 비교적 고정적인 것으로 쉽게 변화가 이루어지지 않은 성격적 특성을 갖고 있어서 리더십 개발이나 훈련에 유용성이 떨어진다.

리더 역량론

산업사회가 발전해 감에 따라 조직의 리더에 대한 관심이 고조되면서 우리 조직의 앞서가는 리더는 어떤 역량을 가지고 있는가에 대한 연구가 관심을 끌게 되었다. 이처럼 리더 역량 연구는 효과적인 리더는 어떤 역량을 가지고 있는가 하는 리더 중심적 시각에서 리더십을 파악한다. 리더의 세 가지 관리 기술에 관한 Kanz(1955)의 초기 연구에서 시작되어 1990년대에 와서는 '리더역량모델(skills model)'이 개발되었으며, 오늘날 많은 조직은 이러한 역량모델이론을 근거로 자신의 회사만을 위한 리더역량모델을 만들어 직원의 리더십 개발에 활용하고 있다.

리더역량모델의 원조인 Kanz(1955)는 효과적 리더십은 세 가지 기본적 관리 기술인 전문적 기술, 인간관계 기술, 개념적 기술에 따라 결정된다는 것이다. 이상의 관리 기술은 모든 리더에게 중요하지만 조직의 관리 계층에 따라 그 중요성에 차이가 있다. 낮은 관리 계층에서는 전문적 기술과 인간관계 기술이 중요하지만, 중간 계층 관리자에게는 세 가지 모두 중요하며, 그중 가장 중요한 것이 인간관계 기술이다. 최고위층 관리자에게는 개념적 기술과 인간관계 기술이 중요하고 전문적 기술은 상대적으로 중요성이 떨어진다는 것이다. 그러므로 리더 자신의 기술과 관리 계층이 적합할 때 리더십이 효과적으로 발휘된다는 것이다.

리더십 역량 연구가 리더십 개발에 기여한 점은 리더의 학습된 능력인 역량을 효과적 리더십을 위한 핵심 요인으로 보고 있다는 점이다. 성격 특성과는 다르게 리더역량모델은 리더십은 능력만 있으면 누구에게나 가능하기 때문에 후천적인 노력으로 개발하고 개선해 나갈 수 있다는 것이다. 효과적인 리더십 능력을 명확히 제시함으로써 리더십 개발을 위한 교육 훈련 프로그램 구성에 시사점을 제시하고 구성원의 리더십 개발을 실질적으로 도와준다.

리더역량모델은 한계도 존재한다. 즉, 리더역량모델은 리더 개인의 역량이 어떤 과정을 거쳐서 리더십의 효과로 나타나는지를 설명하지 못한다. 그리고 리더십 특성 이론과 명확한 차이점을 찾기가 어렵다. 실제로 리더십 특성인 성격, 인지 능력 등이 리더역량모델에서 큰 비중을 차지하고 있다.

리더십 유형론

리더십 유형 연구는 리더의 행동을 중심으로 유형을 분류한 연구다. 리더 유형론에서는 보이지 않은 성격이나 역량이 아니라 눈으로 확인되는 행동을 중심으로 리더는 무엇을 하며, 어떻게 행동하는가에 초점을 맞추고 있다. 리더십 유형을 연구한 학자들은 리더십이 기본적으로 두 가지 종류의 행동으로 구성된다는 것에 의견의 일치를 보이고 있다. 이 두 가지 종류의 행동은 조직의 목표를 달성하기 위한 과업중심행동(Task oriented behavior)과 구성원과의 관계를 원활하게 하는 관계중심행동(Relation oriented behavior)이다. 과업중심행동은 조직의 목표 달성을 촉진하는 행동으로, 과업지시행동, 책임명확화행동 등을 말한다. 반면 관계중심행동은 구성원 상호 간에 좋은 인간관계를 맺게 하는 행동으로, 배려하는 행동, 의견을 묻고 참여를 촉진하는 행동 등이다. 이상의 두 가지 행동, 즉 과업 목표를 달성하고자 하는 행동과 관계를 통한 만족감을 높이고자 하는 행동을 조합하여 리더십의 효과성을 설명하고 있다.

유형론의 대표적 연구로는 오하이오 주립대학교의 연구, 미시간 대학교의 연구, Blake와 Mouton의 리더십 그리드 연구가 있으며, 이후 이 연구들을 바탕으로 많은 후속 연구가 이루어지고 있다. 리더십 유형론을 연구하는 학자들은 모든 상황에서 리더십 효과성을 나타낼 수 있는 보편적 리더십 행동을 찾아내고자 하였지만, 어떤 상황에도 통하는 최선의 리더십 유형을 확인할 수 없었다.

리더십 유형 연구의 긍정적인 면은 확실하게 보이는 리더 행동에 초점을 맞춤으로써 리더십을 이해하고 학습하기 쉽도록 했다는 점이다. 즉, 리더가 어떤 행동을 어떻게 해야 한다는 명확한 행동 지침을 제시했다. 아쉬운 점은 일관되게 리더십의 효과성을 초래하게 하는 보편적인 리더십 유형을 확인하지 못했다는 점이다. 효과적인 유형으로 높은 과업중심행동과 높은 관계중심행동을 바람직한 리더의 행동 조합으로 제시하고 있으나 그나마도 효과성을 입증하는 데 실패했다.

리더십 상황론

리더십 상황론은 리더십이 효과적이기 위해서는 상황이 우선되어야 한다는 이론이다. 어떤 상황에서도 일관된 효과가 있는 리더십 행동 조합을 발견하지 못한 관계로 리더십의 관심은 '행동'에서 '상황'으로 옮겨가게 된다. 리더십 상황적 접근법은 "상이한 상황은 상이한 유형의 리더십을 요구한다."는 것이다. 따라서 유능한 리더라면 특정 리더십 행동 유형에 매이지 않고, 당면 상황을 진단하여 상황이 요구하는, 상황에 적합한 리더십 행동을 해야 리더십 효과가 있다는 주장이다.

상황적 리더십 모델로 대표적인 것은 Hersey와 Blanchard 모델로, 리더십 유형을 네 가지로 분류하고 있다. 첫째, 높은 지시적 행동과 낮은 지원적 행동, 둘째, 높은 지시적 행동과 높은 지원적 행동, 셋째, 낮은 지시적 행동과 높은 지원적 행동, 넷째, 낮은 지시적 행동과 낮은 지원적 행동이다. 이러한 리더십 유형이 구성원의 의욕과 능력의 관점에서 구성원 개인의 발달 수준에 따라 어떻게 적용되어야 할 것인가를 설명하고 있다. 즉, 의욕이 높아서 헌신적이고 능력 면에서도 유능하다면 리더 입장에서는 업무를 고강도로 지시하고 지원하기보다는 낮은 수준에서 지시하고 지원하는 위임적 스타일로 리더십을 발휘하면 효과적이라는 설명이다.

상황론이 리더와 관계를 맺고 있는 구성원의 의욕과 능력이라는 상황을 고려한 연구라면, 상황 적합 리더십 이론(Contingency theory)은 과업의 구조적 특성이나 리더와 구성원 간의 관계, 리더의 지위 권력의 수준에 따라 그 상황에 적합한 리더십 행동 유형이 다르다는 것이다(Fiedler 모델). 과업 중심적 성향의 리더는 상황이 매우 유리하거나 또는 매우 불리한 상황에서 리더십이 효과적이고, 관계 중심적 성향의 리더는 중간 정도로 유리한 상황에서 가장 효과적이라는 연구 결과가 나타났다. 따라서 효과적인 리더십을 발휘하기 위해서는 상황에 적합한 리더십을 발휘하여야 하며, 리더 자신의 리더십 유형에 얽매이지 말아야 한다.

상황적 리더십 이론이 리더십 발전에 기여한 점은 하나의 최선의 리더십 유형은 없다는 점을 명확히 하고, 리더 자신의 행동을 상황의 요구에 적합화해야 한다는 것을 주장했다는 점이다. 또한 리더가 상황에 따라서 어떻게 행동해야 하는지에 대한 일련의 분명한 처방을 내놓고 있다는 것이다. 물론 리더십 상황론이 리더십 효과성의 모든 것을 말해 주는 것은 아니다. 왜냐하면 비슷한 상황에서도 리더의 특성이나 행동에 따라 상황과의 상호작용 결과 리더십 효과성이 달라지기 때문이다. 그럼에도 불구하고 상황론이 의미가 있는 것은 오늘날 백가쟁의식의 리더십 이론이 연구될 수 있는 발판을 제공하고 있다는 점이다. 실제로 어떤 리더일지라도 세상과 상황이 변화함으로 해서 그가 100% 동일한 상황을 맞이한다는 것은 불가능한 일이기 때문이다.

리더십 동기론(변혁적 리더십)

변혁적 리더십은 리더십을 개인의 욕구와 성장, 가치관 등 동기를 중요시하고, 내재적 보상을 기반으로 구성원의 정서, 가치관, 윤리, 행동 규범, 비전 등을 바꾸어 줌으로써 성과를 창출하는 과정으로 보았다. Burns는 그의 저서 *Leadership*(Burns, 1978)에서 "리더란 부하 직원과 리더의 목표에 보다 더 효과적으로 도달할 수 있도록 부하 직원의 동기를 자극하는 사람"이라고 하였다(p. 18). 그 이유는 리더십의 효과성은 구성원의 행동의 변화에서 시작되는데, 리더는 부하 직원의 욕구 충족을 통해 행동하게 하는 존재이기 때문이다.

부하 직원의 행동 동기는 위생 요인과 동기 요인으로 구분할 수 있는데, 위생 요인은 인센티브, 승진, 급여 등이며, 동기 요인은 성취감, 보람, 자부심 등이다. 이에 그는 눈에 보이는 동기인 급여, 인센티브 등 외재적 보상에 근거한 리더십을 '거래적 리더십'이라고 하였으며, 눈에 보이지 않은 내재적 동기 요인에 기반을 둔 리더십을 '변혁적 리더십'이라고 하였다.

이러한 변혁적 리더는 구성원의 행동 변화를 이끌기 위해서 외재적 보상을 근거로 하는 거래적 리더십 행동과는 차별화되는 리더십 행동을 필요로 한다. 내재적 보상을 근거로 하는 리더십 행동 특성은, 첫째, 부하 직원에게 비전과 미션을 제시하고 동기를 부여함으로써 영감을 불어넣어 주는 것이며, 둘째, 부하 직원이 상황을 보는 관점을 넓게 하고 문제해결력을 강화하는 것이다. 셋째는 부하 직원 한 사람 한 사람을 존중하며 개별적 관심을 쏟는 것이며, 마지막으로 리더 자신의 전문성과 윤리성에 기반을 둔 이상적인 영향력을 발휘하는 것이다. 이상의 영감적 동기 부여, 지적 자극, 개별적 배려와 리더의 이상적 영향력이 변혁적 리더십의 특징적 요소다. 변혁적 리더는 부하 직원의 동기적 욕구 요인에 초점을 맞춤으로써 구성원의 자발적인 노력을 통해 기대 이상의 탁월한 성과를 달성하게 된다.

변혁적 리더십이 리더십 개발에 기여한 점은 리더십을 구성원과 리더 사이에 일어나는 과정으로 파악하고, 리더십은 리더 혼자만의 책임이라기보다는 리더와 부하 직원 간의 상호작용에서 나오는 현상으로 보았다는 점이다. 그리고 효과적인 리더십의 발휘를 위해서 리더는 구성원의 욕구와 성장, 도덕성, 가치관 등에 관심을 가져야 한다는 점을 강조했다. 변혁적 리더십은 리더십을 리더와 구성원 간의 상호작용 과정으로 보아 리더십에 대한 이해의 폭을 깊게 해 주었다는 장점이 있다. 반면 단점으로는 리더십이 너무 포괄적이어서 리더십의 개념적 명확성이 부족하다는 점이다. 비전 만들기, 동기 부여하기, 신뢰 구축하기, 구성원 육성하기 등 리더십의 모든 부분을 포괄하고 있기 때문에 리더십 변수들을 명확하게 한정하기 어렵다.

리더십 개발로 가는 다섯 가지 문

리더십을 개발한다는 것은 리더십을 이해한다는 것과는 다른 문제다. 실제로 리더십을 연구하고 리더십에 대해 박식한 사람이라도 리더십을 효과적으로 발휘하지 못하는 사람들이 많다. 물론 리더십을 이해한다는 것은 리더십을 개발하기 위한 기본적인 조건은 된다. 왜냐하면 리더십을 이해함으로 해서 어떤 리더십 특성을 개발해야 하는지, 어떤 행동을 해야 할 것인지, 어떤 리더십 역량을 개발할 것인지, 나에게 주어진 상황에 적합한 행동은 무엇인지, 그리고 나는 어떤 스타일의 리더인지 등에 대하여 알 수 있기 때문이다.

그렇다면 리더십 이해를 넘어서 리더십을 개발할 수 있는 방법은 무엇일까? 먼저 효과적인 리더십을 발휘하고자 하는 사람은 자기 자신에 대한 이해와 자신이 당면한 상황에 대해 가급적이면 자세하게 파악하고 명확화할 필요가 있나. 나는 어떤 성격을 가진 사람인가? 나의 삶의 사명은 무엇인가? 나 자신이 삶에서 중요하게 생각하는 핵심가치와 미래의 비전은 무엇인가? 권력의 유형과 권력의 수준은 어느 정도이며, 그리고 나의 업무적 특성과 내가 처한 상황은 어떠하며, 의욕과 능력적인 면에서 어느 정도의 성숙한 사람들과 함께 일하고 있는가 등에 대한 이해가 필요하다. 특히 핵심가치는 리더 자신에게 현재 하는 일과 미래에 하고자 하는 일에 대한 의미와 목적을 부여하고 자신이 내린 결정에 대해 자신감을 주기 때문에 주기적으로 성찰의 시간을 가져서 핵심가치와 리더십 원칙을 정리할 필요가 있다.

이러한 자신의 핵심가치에 대한 정리와 처한 상황 판단을 근거로 하여 효과적이라고 생각되는 자신만의 리더십 원칙과 상황에 적합한 리더십이 무엇인지를 정의할 수 있다. 리더십 개발이 혼란스럽고 어려운 이유는 지금 자신에게 효과적인 리더십이 무엇인가에 대한 명확한 정의가 되어 있지 않아서 그러한 경우가 많다. 따라서 자신의 핵심가치를 명확히 하고 당면한 상황에 적합한 자신의 리더십을 정의하는 것은 리더십 개발로 가는 첫 번째 문이다.

다음은 자신이 정의한 바람직한 리더십을 근거로 하여 현재 자신의 리더십을 진단하는 것이다. 리더십 진단을 통해서 현재 상태의 리더십 수준을 확인할 수 있다. 이러한 진단 과정에서 발견된 리더십 문제에 근거하여 의식적으로 필요한 리더십 행동을 수행한다. 예를 들어, 진단 결과 자신의 리더십 행동이 과업 중심적이었다면 의식적으로 직원과 대화 시간을 갖고 그들의 말을 경청하는 관계 중심적 행동을 시도해 보는 것이다.

리더십 행동 개발에는 인식과 무인식, 유능과 무능의 네 가지 요소의 조합을 통해서 4단계 수준으로 진행된다. 첫째, 인식하지 못하고 행동하지 못하는 단계에서, 둘째로 인식은 하지만 유능하게 행동하지 못하는 단계로 발전하게 된다. 셋째는 인식하면서 유능하게 행동하는 단계로, 어떤 리더십 행동이 필요한지를 알게 되면 우리는 필요한 리더십 행동을 의식적으로 인식하면서 유능하게 행동할 수 있다. 마지막으로 무의식적으로 유능하게 행동하는 단계다. 리더십 개발의 최종 목표는 4번째 단계로 인식 없이 유능하게 행동해야 한다. 4단계까지 가기 위해서는 먼저 3단계를 거쳐야 한다. 즉, 효과적인 리더십 발휘를 위해서 의식적으로 유능하게 행동하는 것이다. 그리고 이러한 행동을 반복함으로써 우리는 무의식 상태에서 습관적으로 유능한 리더십 행동을 하게 된다. 개발이 필요한 리더십 행동을 의도적으로 인식하고 유능하게 행동하는 것은 리더십 개발로 가는 두 번째 문이다.

다음 단계는 리더십 개발을 위해서 기본적인 스킬과 역량을 개발하는 것이다. 리더십이 효과적이기 위해서는 기본적인 스킬을 필요로 한다. 예를 들어, 상대방 말을 경청하는 기술, 효과적으로 말하고 설득하는 기술, 공동의 이해를 기반으로 창의적으로 문제를 해결하고 합의를 이끄는 기술, 상황을 파악하고 문제의 우선순위를 정하는 기술, 당면한 사안에 대하여 효과적으로 의사 결정하는 기술, 다양한 지식 습득을 통해 미래를 예견하는 기술, 일을 위임하고 사람들의 참여를 촉진하는 기술, 사람들에게 피드백을 하거나 코칭하는 기술 등이다. 이러한 기술들은 개념을 이해하고 반복된 연습을 통한 체득을 필요로 한다. 이를 위해 리더십 세미나나 리더십 개발 프로그램에 참여하여 필요한 교육 훈련을 받는 것도 하나의 방법이다. 이상과 같이 리더십 교육 훈련 프로그램에 참여하여 스킬을 훈련하는 것은 리더십 개발을 위한 세 번째 문이다.

다음은 리더십 스킬을 현장에서 시행하고 그 결과를 경험해 보고 성찰하는 것이다. 리더십을 이해하고, 리더십 스킬을 개발하였다 할지라도 현장에서 리더십을 발휘하는 것은 또다른 문제다. 실제로 리더십을 경험해 봄으로써 자신의 리더십이 효과적인지 그렇지 않은지를 알 수 있기 때문이다. 리더십이 효과적이지 않다고 판단되면 상황을 재파악하여 자신의 리더십 발휘에 무슨 문제가 있는지를 분석할 수 있다. 이러한 경험 후 자기 성찰을 통해서 자신에게 적합한 리더십을 개발하기 위한 리더십 개선점을 찾을 수 있다. 리더십 개발을 위해서는 경험한 것을 성찰할 수 있는 시간적 여유를 갖는 것이 아주 중요하다.

Peter Senge(1990)는 학습 수레바퀴 이론에서 행동과 성찰, 연관과 적용이라는 4단계 경험 학습 방법론을 제시하고 있다. 행동하고 경험한 것에 대한 진정한 반성과 성찰이 없다면 우리는 습관적으로 반복된 행동을 하게 된다. 아무리 리더십 개발에 대한 의욕이 넘친다 하더라도 경험한 것에 대한 성찰과 반성이 없다면 리더십 수준은 현재 상태에서 머물게 된다. 그러므로 상황에 적합하게 리더십을 정의하고, 필요한 스킬을 개발하여 업무 현장에서 직접 경험해 보는 것, 그리고 경험한 것을 성찰하는 것이 리더십 개발을 위한 네 번째 문이다.

리더십 개발의 마지막 문은 다른 사람으로부터 피드백을 받는 것이다. 리더가 안다는 것은 결국 자신이 인식하고 관심을 갖고 있는 한정된 부분에 관한 것일 뿐이다. 그렇기 때문에 여러 가지 이유로 자신이 알지 못하는 부분 그러나 리더십 발휘에 있어 중요한 부분에 대한 인식을 도와줄 누군가가 필요하다. 실제로 아무리 훌륭한 리더라고 할지라고 모든 것을 알고 있다고 자신 있게 말할 수 있는 사람은 지구상에 한 사람도 없다. 하지만 현실적으로 다른 사람의 피드백을 받는 것은 어려운 일이다. 왜냐하면 리더는 자신의 부하 직원으로부터 피드백을 받아야 하는데 조직의 속성상 상사에게 솔직하게 피드백을 해 줄 수 있는 용기 있는 사람이 그리 많지 않기 때문이다.

이상과 같은 이유로 피드백을 받기 위해서는 의식적인 노력이 필요하다. 리더는 부하 직원을 만나서 자신의 진정성을 보여 주고 피드백을 요청해야 한다. 그리고 어렵게 구한 피드백에 대하여 자신을 변명하거나 행동을 방어하지 말고 수용 여부를 심사숙고하여 결정하여야 한다. 물론 피드백을 준 사람에게 감사를 표현하는 것은 당연한 일이다. 만약 후배로부터 피드백을 받는 것이 어렵다면 리더십 개발에 관심이 있는 사람들과 네트워크를 형성하여 서로가 피드백을 주고받는 방법도 있다. 즉, 리더십 개발 프로그램에 참여한 사람들과 모임을 결성하여 주기적으로 만나서 서로 상대방의 리더십에 대하여 피드백을 나누는 것이다. 리더십 개발에 관심이 있는 사람들이기 때문에 솔직한 마음으로 피드백을 주고받을 수 있을 것이다. 이상과 같이 자신의 리더십 행동에 대하여 피드백을 받는 것이 다섯 번째 문이다.

리더십을 개발한다는 것은 지속적인 관심과 노력이 필요한 지난한 과정이다. 그러나 그 결과는 달콤하고 아름답다. 효과적인 리더십을 발휘하여 내가 살고 있는 세상을 더 살기 좋은 곳으로 변화시키며, 구성원을 건강하고 행복하게 만들고, 리더 자신의 삶의 의미를 점검하고 자신의 존재 가치를 확인할 수 있다.

앞의 다섯 가지 리더십 개발 방법을 정리하면 나의 정체성을 명확히 하고, 자신이 처한 상황에 적합한 리더십 정의하기, 정의에 따른 자신의 리더십을 진단하고 의식적으로 행동하기, 리더십 발휘에 필요한 기본적 스킬을 개발하기, 현장에서 리더십을 경험하고 그 결과를 반성하고 성찰하기, 그리고 후배로부터 피드백을 받거나 모임에 참여하여 상호적으로 리더십 피드백을 받는 것이다.

제2부

개인적 차원에서의 리더십 접근

02

온정적 합리주의 리더십[1)]

'온정적 합리주의 리더십(leadership of compassionate rationalism)' 이란 저자가 지금까지 약 20년 동안 리더십을 연구하면서 하나의 새로운 리더십 패러다임을 제시하기 위하여 창안한 용어다(최은수, 2006, 2011). 이러한 온정적 합리주의 리더십은 '전체적으로는 합리주의의 패러다임을 적용하면서도 예외적인 상황에 따라 온정주의 패러다임을 실천해 나가는 리더십'을 의미한다.

이를 위해 이 장에서는 먼저 합리주의적 패러다임의 개념과 한계성을 살펴보고, 이어서 온정주의적 패러다임의 개념과 효과성에 대하여 기술하며, 통합적으로 이 두 가지 패러다임을 통합하여 어떻게 온정적 합리주의의 개념이 생성되는가의 논리성과 아울러 온정적 합리주의 리더십의 실천 방향을 기술하려고 한다. 마지막으로

1) 이 글은 최은수(2011)의 논문을 이 저서의 목적에 맞추어 수정 · 보완한 것임.

온정적 합리주의를 보여 준 인물들의 사례를 제시하도록 하겠다.

이미 언급하였듯이, 온정적 합리주의 리더십의 의미는 전체적인 관점에서는 합리주의적 리더십을 바탕으로 하지만 합리주의의 한계나 부족한 점은 온정주의 리더십으로 채워 나간다는 것이다. 이러한 온정적 합리주의 패러다임의 의미를 구체적으로 파악하기 위해 먼저 합리주의적 패러다임과 그 한계점을 살펴보고, 이에 대한 보완적 접근 방식으로서의 온정주의적 패러다임을 기술하고자 한다.

합리주의

합리주의(rationalism)는 다음과 같은 몇 가지 전제에 바탕을 두고 있다(Hogwood & Gunn, 1984). 첫째, 우리가 살고 있는 이 세상은 이성(reason)의 활동에 힘입어 이해된다. 둘째, 이성은 문제를 해결하는 전략을 세우고 비상식적인 것을 제거하며, 독단을 물리치는 도구다. 셋째, 이성의 힘은 인간의 이해력을 뒷받침해 주는 강력한 도구일 뿐만 아니라 합리적인 의사 결정에 도달하게 해 주는 수단이다. 다섯째, 인간의 이성은 의사 결정시에 객관적이면서도 효율성을 추구하고자 하는 성향이 있다.

합리주의적 패러다임

합리주의적 패러다임은 '예측과 통제(predict and control)' 원리에 기반하고 있다(Mintzberg, 1990). 사실상 이 원리들은 미래에 대한 의문들이 명확하게 정리되어 있을 때 효과적이다. 우리가 해야 할 일이 원칙적으로 무엇인지 알고 있어서 근본적인 성질의 차이가 아니라 단지 정도의 차이를 다루는 수준이어야 하고, 사회의 활동 주체들 사이의 관계가 비교적 안정적이어야 한다. 활동 주체의 가치 시스템이 비교적 안정적이면 서로의 관계가 잘 정리되어 있기 때문에 자신 쪽의 거래 행위 최적화를 시작할 수 있다. 합리주의 패러다임에 기초한 예측과 통제 기획(predict-and-control planning)은 이런 곳에서 효과적이다.

전략을 위한 합리주의적 접근

합리주의적 관점 중 하나는 오직 한 가지 답이 있고 우리가 할 일은 그 답을 찾는 것이라는 생각에서 출발한다. 전략의 목적은 그 한 가지 답에 가능한 한 가까이 가는 것이다. 합리주의자들에게 있어서 전략가 스스로의 관점은 중요하지 않다. 만약 오직 한 가지 답만 있다면 올바른 자원이 주어졌을 때 누구라도 결국에는 그것을 찾을 것이기 때문이다. 그것이 리더일 수도 있지만, 지적 능력이 뛰어난 부하 직원에게 위임하는 것이 합리적인 사고 능력 증진에 유익하다면 규정에 따라 위임하는 것도 가능하다.

합리주의적 전략 수립은 조직의 목표, 즉 비전을 설정하는 것에서 시작된다. 비전의 설정은 조직의 '사명(mission)'과 밀접한 관계성을 갖는다. 한 조직의 리더로서 조직의 목표와 존재의 목표를 정하게 되는데, 이러한 관점은 전략이라는 개념이 비전 설정과 사명을 세우는 것에서부터 시작함을 의미한다.

합리주의적 전략가의 다음 과제는 사명에서 전략적 목표(strategic objectives)들을 이끌어 내는 것이다. 전략적 목표들은 조직의 사명을 업무 현장과 연계시키고 조직의 목적을 작전 수행을 위한 목적(operational goals)으로 만들어 낸다. 이 작전 수행을 위한 목적에서 실행 목표(implementation objectives)를 이끌어 내려면 조직이 가진 능력과 한계를 포함하는 조직 상황을 분석해야 한다. 그다음 관심을 갖게 되는 것이 조직의 맥락적 · 거래적 환경(contextual and transactional environments)이다. 이런 분석을 통해서 조직의 실행 가능한 목표가 만들어진다(Heijden, 2001).

전략을 수립하는 것은 실행 목표를 달성하기 위해서다. 보통 검토해야 할 대안이 몇 가지가 있고, 합리주의적 전략가들은 그중에서 가장 효과적인 대안을 선택한다. 그렇게 하기 위해서는 미래의 사업 환경에 대한 예측이 이루어져야 하고 여러 가지 전략적 대안들은 그 환경에 비추어서 평가된다. 미래의 모습을 결정한 다음에는 각 대안의 효용성이 계산되고 가장 효용이 큰 대안이 선택된다. 사명이 수용되고 최대 효용성을 가진 전략적 대안이 선택되면 더 이상 논의의 여지를 둘 필요가 없다.

그러나 현실적으로 합리주의적 전략가들은 몇 가지 제한점에 직면한다. 가장 먼저 부딪치는 문제는 최선의 대안들을 어떻게 찾아내는가 하는 것이다. 조직의 리더들이 항상 직면하는 골치 아픈 문제는 가진 지적 능력과 연산 능력에 한계가 있기 때문에 그들이 최적의 대안을 그들이 놓칠 가능성이 크다는 점이다. 따라서 리더들은 현실적으로 매우 제한적일지라도 최적의 대안을 찾는 노력을 계속해야만 한다.

예측의 리더십

합리주의적 패러다임에서 리더는 조직 전체를 대표해서 최적안을 만들고자 한다. 그렇게 하려면 그는 미래를 내다보면서 여러 가지 계획을 평가하는 기초가 될 '가장 가능성이 높은' 미래의 모습을 예측해야 한다. 물론 미래는 불확실성을 담고 있어서 정확한 예측은 불가능하다. 그러나 예측에 숨어 있는 기본 가정은 다른 사람들보다 예측을 잘해 내는 전문가가 존재한다는 것, 그리고 우리가 할 수 있는 최선의 것은 앞으로 어떤 일이 생길 것인지에 대해서 그들이 갖고 있는 개인적 혹은 집단적인 의견을 구하는 일이다. 합리주의적 리더의 최종 결과물은 미래의 모습을 그려보면서 자신이 최선을 다해서 추정한 미래의 조직 환경을 구체적으로 열거하는 것이다.

시나리오 기획에 대한 통계적 접근

시나리오 기획이라는 용어는 가끔씩 미래에 대한 확률적 측정을 포함하는 전통적 의사 결정 분석 방법이라는 의미로 사용된다(Heijden, 2001). 시나리오 기획의 목적은 합리주의 패러다임과 일치한다. 왜냐하면 여러 가지 대안을 검토하는 단일 기준을 만들고 논리의 방향을 설정하여 그 결과 최종적으로 하나의 최적안이 나오게끔 되어 있기 때문이다. 조직 현장에서의 이 접근법의 전형적인 예가 일정한 확률 수준에서 가능한 조직 목표의 달성도에 있어서 최고 수준과 최저 수준을 설정하는 것이다. 그러면 여러 가지 정책적 대안의 결과를 그 시나리오를 기준으로 측정하고(일반적으로 최고, 최저, 가장 가능성이 높음의 세 가지), 각각의 실현 가능성 확률에 따라서 가중치를 매길 수 있다. 이렇게 하면 각각의 대안마다 하나의 종합 평가가 이루어지고, 그 결과 가장 좋은 대안이 선택된다.

과학적 관리와 행정 관리 관점

합리주의적 패러다임을 대변하는 이론적 관점은 크게 Frederic Taylor의 '과학적 관리론'과 Max Weber의 '행정 관리론'을 들 수 있다.

Taylor(1911)는 노동자의 생산성을 극대화하기 위하여 과학적 관리 원리를 고안하였다. 그의 과학적 관리는 네 가지 기본 원리로 요약된다. 첫째, 관리자는 관찰, 자료 수집 및 신중한 측정 등 과학적 직무 분석을 바탕으로 각 직무를 수행할 수 있는 최선의 방식을 결정한다. 둘째, 관리자는 직무 분석 후에 노동자를 과학적으로 선발하여 훈련하고, 가르치고, 발전시킨다. 셋째, 관리자는 모든 작업이 과학적 관리 원칙에 부합하게끔 노동자와 협력한다. 넷째, 관리자와 노동자는 거의 동등한 분업과 책임이 있다. 즉, 관리자는 계획, 조직 및 의사 결정 행동을 맡는 반면에 노동자는 그들의 직무를 수행한다.

Weber(1947)의 관료제(bureaucracy)는 행정 관리의 대표적인 개념으로서 효과적인 조직의 구조에 대한 종합적이고도 합리적인 지침과 원리를 추구하였다. 그의 관료제를 이상형(ideal type)이라고도 하는데, 그 특징을 살펴보면 다음과 같다(Hoy & Miskel, 1996; Weber, 1947; Wrong, 1970).

첫째, 조직 목적에 필요한 정상적인 활동은 노동(labor)과 전문화(specialization)의 분업을 통해서 능률을 향상시킨다. 둘째, 관료제의 근무 분위기는 비개인적 지향성(impersonal orientation)이라야 한다. 즉, 정실이나 감정에 치우치지 않고 사실에 입각한 공정한 결정을 하기 위해서 공식적 비개인성(formalistic impersonality)이 지배해야 한다. 셋째, 관료제에서 직위의 구조는 권한의 계층(hierarchy of authority)에 의해 이루어진다. 넷째, 관료제는 미리 정해진 규칙과 규정(rules and regulations)에 의해 일관성 있게 적용되어야 한다. 다섯째, 관료제에서는 인원의 충원과 승진은 기능적인 자격(technical qualifications)이나 연공서열(seniority)이나 성취(achievement) 등 객관적이고도 합리적인 기준에 의해 이루어져야 한다.

Weber(1947)는 관료제를 통하여 합리적인 의사 결정과 행정적인 효율성을 극대화할 수 있다고 하였다.

합리주의 패러다임의 한계

합리주의 패러다임에 입각한 리더십은 효율성을 비롯한 여러 준거 가치를 합리적으로 추구할 수 있는 기본적인 틀을 제공하지만, 다음과 같은 몇 가지 이유로 한계성을 보여 준다.

첫째, 인간의 선택은 항상 완전하거나 합리적으로만 이루어지는 것이 아니기 때문에 합리성의 완벽성에 있어서 한계성을 보여 준다. 그것은 사람의 인식 정도, 계산 능력, 지식 소유, 기술 연마, 일관된 가치 보유 등에 있어서 매우 제한적이기 때문이다(Hogwood & Gunn, 1984). 둘째, 개인적 합리성보다는 집단적 합리성에서 내재적 가치 추구가 어려워진다. 따라서 이익 갈등을 순수한 합리성만으로는 해결하기 어렵다(Niebuhr, 2006). 셋째, 조직 행동이나 조치는 항상 완벽한 것은 아니다. 따라서 개인이 어느 정도 자신의 합리성에 대한 제한점을 극복한다고 할지라도 그 개인이 조직에서 일을 할 때에는 조직의 일부가 되기 때문에 완벽한 합리성을 발휘하기가 어려워진다(Niebuhr, 2006). 넷째, 합리성은 보통 절차나 관례 혹은 주변 환경에 따라 상황적으로 변하게 된다(Hogwood & Gunn, 1984). 다섯째, 합리성을 완벽하게 추구하기에는 자원(resource)이 매번 부족하기 마련이다. 즉, 합리성을 추구할 때에는 이에 필요한 시간과 돈과 에너지가 필수적이다. 만약 합리성을 추구하는 과정에서 비용이 이익보다 클 때에는 비합리성이 작용할 수밖에 없다. 여섯째, 조직의 의사 결정 시에 이성의 활동을 바탕으로 한 합리주의적 패러다임의 적용이 지나칠 경우에는 조직 현장에서의 구성원의 심리적 · 사회적 요인이 무시될 가능성이 높다. 이렇게 되면 조직은 구성원의 적절한 동기 유발이나 충성심을 기대할 수 없을 것이다. 결국 조직의 분위기는 메마르게 되고, 비인간적인 문화가 형성되어 오히려 의도하지 않았던 비합리적인 요인과 환경 형성이 지배적일 수도 있다.

온정주의

앞에서 언급한 것처럼 합리주의 패러다임은 여러 가지 가능성과 장점에도 불구하고 나름대로의 한계성이 있다. 이에 대하여 온정주의(compassionism)는 자연스럽게 이를 보완하는 기능을 갖는다. 그렇다면 온정주의는 어떤 개념을 가지며, 온정주의에 입각한 리더의 특징은 무엇이고, 이에 따른 온정주의 리더십의 한계점은 무엇인가?

'온정(compassion)' 이란 단어는 라틴어 'com-' (함께)이라는 접두어와 'passire' (고통)이라는 동사에서 시작된 것인데, 이 단어의 문자적 의미는 '누구와 고통을 나눈다.' 혹은 '누구와 고통을 함께한다.' 는 것이다. 한마디로 온정이란 타인이나 자신의 정서를 이해하고 삼성을 같이 하는 것이다. 온정이란 말은 감정이입(empathy)이라는 단어와 유사하게 사용되기도 하지만, 동시에 다른 사람들의 고통을 완화 내지는 감소시키고 고통을 겪고 있는 사람들에게 특별한 배려를 하기 위한 욕구(desire)로도 사용된다. 더불어 온정이라는 것은 한 개인이 다른 사람들과의 감정이입을 느끼도록 유도하기도 한다(Zwillick, 2004).

온정주의란 온정을 가지고 행동하는 사람이 온정을 베풀고자 하는 대상에게 행하는 행동을 통하여 특성화된다. 온정주의는 기본적으로 타인의 고통이나 괴로움을 완화시키는 데 중점을 둔다는 점에서 단순히 타인에게 도움을 주거나 인간적인 다른 여타의 행위 행태와는 다르다. 예컨대, 고통이나 괴로움을 완화시키기보다는 어떠한 이익을 주고자 하는 데 목적을 두는 친절함은 박애주의 행동으로 분류하는 것이 더 낫다.

온정주의는 리더십 행위에 있어서 부드러운 측면(soft side)이다. 온정은 모든 사람의 직장 생활이나 개인 생활에서 지녀야 할 귀중한 특성이다. 하지만 온정은 공식 조직 안에서 잘 표현되지는 않는다. 온정이라는 것은 본질적으로 우리 마음속 깊이 내밀한 곳에서 나오기 때문이다. 단순한 사실과 통계적 숫자에 의해 합리적으로 판단하는 것에 익숙한 성과 중심적(result-driven) 리더에게는 온정주의가 다소 낯설 수도 있다. 사실상 공적인 조직 기관에서 온정주의를 실천하는 것은 결코 쉬운 일이 아니다. 이러한 감정이입 중심의 행동은 다른 사람의 고통을 열린 마음으로 대하는 것을 기반으로 하고 있기 때문이다. 비즈니스 세계에서 같은 조직 구성원의 고통에 대하여 열린 마음을 갖는 것은 특별한 경우라 생각할 수밖에 없다. 그것은 사람들이 자신의 고통이나 타인의 고통을 가식화하거나 부인하거나 피하는 것이 일상화되기 때문이다. 비록 리더들이 주변 사람이나 상황에 대하여 온정주의를 취함에도 불구하고, 그들은 조직에서 이러한 민감한 감정을 표현하는 것은 적절하지 못하다고 생각하기 때문에 결국 감정을 숨겨 버리게 된다. 리더가 다른 사람의 역경을 자신의 것으로 체험하는 것은 오로지 다음과 같은 경우에만 가능하다. 즉, 다른 사람들에게 있어서 역경이 민감한 문제라는 것을 인식하고, 또한 그 역경에 대한 다른 사람들이 갖는 두려움과 희망이 무엇이라는 것을 인지하며, 나아가 자신이 그것에 대하여 좀 더 폭넓게 받아들일 때다(Zust, 2008).

온정적 리더

온정적 리더십은 머리보다는 가슴으로 사람들에게 영향력을 행사하는 과정이다. 구성원에게 좀 더 배려하고 동정심을 갖는 리더가 되려는 움직임은 우리 자신에게 '온정적 리더의 특성은 무엇인가?' '구성원에게 어떻게 더 많이 배려할 수 있을까?'라는 질문을 하게 한다. 온정적이라는 것은 양심적인 행동, 즉 윤리적 가치관에 따른 행동을 시사한다(Raelin, 2003). 가치관에 따라 행동한다는 것은 주관적일 수 있다. 왜냐하면 어떤 가치를 지켜야 하는지에 대해서 합의하기가 어렵기 때문이다. 어떤 행동을 하는 동기의 밑바닥에는 가치가 숨어 있기 때문에 온정적으로 행동한다는 것은 조직 구성원들과 협력하여 행동하고 성품이 민주적이어야 한다는 것을 시사한다. 인본주의의 근본 원리로 돌아가서 온정적 리더는 결정에 의해서 영향을 받는 사람들을 결정 과정에 포함하지 않고는 결정을 내리지 않는다. 아주 특수한 경영의 귀재가 아니라면 판단, 새로운 일, 대규모 프로젝트, 아이디어를 조직 전체가 함께할 때 리더 한 사람이 일방적으로 하는 것에 비해서 더 좋은 성과를 낸다.

온정적 가치

온정적 리더십 행동에 맞는 가치는 어떤 것일까? 아마도 가장 중요한 가치 중의 하나는 겸손이라는 가치일 것이다. 겸손이란 다른 사람들에 비해서 태생적 혹은 운명적으로 우월하지 않다고 믿는 마음가짐이다. 이 가치를 실천하는 것은 자신에게 부여된 리더의 특권을 포기하는 것을 의미할 수도 있다. 겸손이라는 가치는 개인에 대한 존중과 맥락을 같이 한다. 우리가 리더의 위치에 있더라도 모든 사람을 존중하고 그들이 인간으로서 갖고 있는 고유한 존엄성을 지켜 주어야 한다(Raelin, 2003).

겸손을 실천하는 것에는 은연중에 실용적인 가치가 담겨 있다. 겸손을 실천하는 리더들은 자신만이 좋은 아이디어를 갖고 있는 것이 아니라는 것을 알고 있다. 그들은 거의 모든 문제에 있어서 조직 구성원들의 도움을 받아서 공동의 해결 방법을 찾는다. 또한 구성원들이 자신감을 갖고 자신의 생각을 표현하고, 심지어 실수를 할 때에도 비판이나 처벌에 대한 두려움 없이 자율적으로 일을 담당할 수 있도록 한다. 이렇게 되면 조직 전체적으로 어디에나 리더들이 자리 잡고 있기 때문에 고도로 효과적이고 효율적인 운영을 할 수 있게 된다.

겸손의 좋은 예는 미국 크라이슬러사의 전임 사장 봅 이튼이 회사에서 서열 두 번째인 당시 사장이자 CEO였던 봅 룻츠를 대하던 태도에서 찾아볼 수 있다. 룻츠는 회사 CEO 자리를 탐내고 있었지만, 1993년 아이아코카는 결국 그가 아닌 그의 밑에 있던 이튼을

CEO로 지명했다. 그럼에도 불구하고 룻츠는 사직하지 않고 이튼과 함께 일하면서 1998년 대임러 벤츠사를 합병하여 크라이슬러를 미국에서 가장 존경받는 기업 중의 하나로 혁신시켰다. 당시에 마이크로 소프트사와 빌게이츠, 인텔사와 앤디 그로브, IBM과 루이스 거스트너, GE와 잭 웰치처럼 많은 기업이 기업의 성공을 CEO 한 사람의 업적으로 돌렸지만, 크라이슬러사에는 두 사람의 리더가 있었다. 이것은 CEO인 봅 이튼이 2인자 룻츠가 거침없이 말하고, 정열적이면서도 위험을 감수할 줄 아는 이단아로 활약할 수 있도록 해주었기 때문에 가능했다. 실제로 이튼은 룻츠와 그의 팀이 만든 5개년 계획을 승인해 주었을 뿐만 아니라, 그 계획의 집행까지도 룻츠에게 자유 재량권을 부여했다. 그 당시 봅 이튼은 자신이 1인자로서 힘을 사용해 봐야 회사에 결코 도움이 되지 않는다고 생각한 것이다. 『USA Today』의 지면을 통하여 룻츠가 "내가 회장 일을 하기도 하고 봅이 내 일을 하기도 합니다."라고 말을 했을 때에도 그는 개의치 않을 정도였다.

온정적 가치관에서 신뢰가 빠질 수는 없다. 조직 차원에서 보면 신뢰는 믿음과 확신이 만드는 연속선상의 중간 어디엔가 자리한다. 리더를 믿는다는 것은 실질적인 증거에 따른 확신을 의미한다. 조직 내 누군가의 리더십을 믿는 것은 실질적인 증거가 없는 상태에서도 그들의 결정을 정서적으로 수용한다는 것을 말한다. 신뢰한다는 것은 증거가 불충분하더라도 리더의 행동을 수용하는 것이다 (Raelin, 2003).

신뢰에 관한 예는 펩시콜라의 전임 CEO인 앤디 피어슨으로부터 찾아볼 수 있다. 그는 미국에서 가장 강력한 '보스형' 리더 중의 한 명(1980년 『포춘』 설문조사 결과)에서 세계 최대의 체인 음식점인 트리콘 글로벌 식당의 외유내강형 임원으로 변화하기까지 20년이 걸렸다. 그는 구성원들의 잘못을 지적하는 대신에 조직에 근무하는 모든 직원이 힘을 발휘할 수 있는 방법을 찾는 데 전력을 다했다. 결과적으로 피어슨은 한 사람 한 사람의 인간적인 감정이 회사 성공의 열쇠라고 믿게 되었다. 그는 인간의 감정이 결코 위로부터 강제될 수는 없고, 오직 관심과 인정, 그리고 보상을 통해서만 일어날 수 있다고 믿는다. 그는 매니저의 역할은 성과를 달성하되 조직이 단순히 지시를 받고 이달의 목표를 달성하는 곳이 아니라 사람들이 기쁜 마음으로 일하러 오는 멋진 직장으로 만들 수 있도록 하는 것이라고 확신한다. 피어슨과 CEO 데이비드 노바크는 CHAMPS 등의 프로그램을 통해서 트리콘사를 온정적 가치관이 지배하는 기업으로 만들었다. CHAMPS 프로그램에서는 동료 근로자의 베스트 프랙티스(best practice)를 인정해 주는 근로자 보상 제도를 실시한다. 또 피어슨은 회사 내 수많은 리더의 멘토가 되어 때때로 하루를 그들과 함께 보내기도 하였다.

온정적 리더는 어떻게 해서 조직 구성원의 신뢰를 얻을 수 있는 것인가에 대해 다음 세 가지 방법을 들 수 있다(Raelin, 2003).

첫째, 역량을 보여 주는 것, 둘째, 순수성을 보여 주는 것, 셋째,

구성원들을 호의로 대하는 것이다. 첫 번째 방법은 리더가 자신의 일을 잘 알고 있다고 구성원들이 확신하는 데에서 나온다. 하지만 이것은 리더가 구성원들의 일을 잘 안다는 것보다는 오히려 리더로서의 할 일을 잘 안다는 것을 의미한다.

둘째로 순수성은 과거의 행동을 통해서 볼 때에 리더가 이기적이지 않고 조직의 이익을 생각한다는 인식에서 나온다. 펩시콜라의 전임 사장 웨인 콜로웨이에 따르면 펩시의 핵심가치 중의 하나는 진실성인데, 이는 정직하고 위험이 따르더라도 자신이 생각하는 대로 말하고 속으로 딴 마음을 먹지 않는다는 것이다. 콘티넨탈 항공사의 CEO인 골든 베툰은 진실성과 대비되는 거짓에 대해서 무엇보다 엄격하다. 그는 자신의 주치의나 변호사에게 거짓말을 하지 않듯이 구성원들에게도 거짓말을 해서는 안 된다고 강조하였다. 따라서 진실한 리더들은 좋은 뉴스든지 나쁜 뉴스든지, 혹은 자신이 아는 일이든지 모르는 일이든지 상관없이 관련 정보를 공유한다. 그들은 또한 자신이 가지고 있는 좋거나 나쁜 감정도 스스럼없이 공개한다.

마지막으로 신뢰할 수 있는 리더는 커뮤니티 구성원들과 좋은 관계를 유지함으로써 자신이 호의를 갖고 있다는 것을 알린다. 구성원들은 누구나 자신이 존중받고 있다고 느끼고 싶어 한다. 호의란 편애하거나 차별해서 승자와 패자를 만들지 않는 것을 말한다.

온정적 가치와 일치하는 행동 보이기

온정적 리더십을 추구한다면 자신의 가치관과 그에 따른 행동에 대해서 검토와 피드백을 받을 준비가 있어야 한다. 이것은 기꺼이 자신의 입장, 감정, 가치관, 기본 가정, 그리고 결론을 공개적으로 표현해야 한다는 것을 의미한다. 그것은 다른 사람들의 의견과 느낌을 갖고자 한다. 또한 새로운 가치들과 현재의 행동 사이에 괴리가 없는지, 그리고 결정이 이러한 가치들과 일치하는지에 관한 공개적인 대화를 필요로 한다. 이 문화의 특징에는 충성, 정직, 겸손, 존경과 같은 인본주의적인 가치관이 담겨 있다(Raelin, 2003).

앞에서 언급한 내용들을 요약해 볼 때에 온정적 리더는 다음과 같은 특성을 갖는다(Zust, 2008).

첫째, 온정적 리더는 다른 사람과 개방적으로 소통한다. 온정적 리더는 타인과의 소통을 기꺼이 나누고자 한다. 그는 동료와 함께 자신의 생각을 나누고, 공감대를 이룬다. 그리고 진지한 질문을 던지고 동료의 관심사와 의도에 귀를 기울인다. 회사나 조직에서 온정적 리더들은 구성원들끼리의 개방적 대화를 권장한다.

둘째, 온정적 리더는 융통성이 있다. 규칙과 절차를 크게 따지지 않는 리더는 오히려 인간적인 면에 중점을 둔다. 그는 동료에 대한 배려와 복지를 우선시하기 때문에 다른 사람들이 그에게 충성심을 보이고 즐겁게 같이 일을 하고자 한다. 그리고 진심 어린 대화를 갖고자 한다.

셋째, 온정적 리더는 기꺼이 감정을 표현한다. 일반적으로 우리는 우리가 감정을 보인다면 구성원들은 우리가 약하다고 생각할 것으로 여긴다. 사람들은 우리가 역경을 당하면 지나치게 감정적으로 변한다고 생각한다. 하지만 이제는 생각이 바뀌어 리더가 감정을 자주 표현하면 좀 더 깊은 리더의 장점을 나타내기도 하고 공공 여론에 흔들리지도 않게 되었다.

넷째, 리더는 모범을 보임으로써 조직을 이끈다. 외적으로만 온정적인 리더십을 보이는 리더들은 신뢰를 얻기에는 역부족이다. 타인의 어려움에 기꺼이 동참하는 것만큼 리더의 역량을 효과적으로 구축하는 것은 없다. 우리는 타인을 리더라고 칭할 때에는 그의 지위나 경제적 힘 때문에 우상화하는 것이 아니고 오로지 그가 다른 사람들을 자신보다 먼저 진정으로, 그리고 겸손하게 대우하기 때문일 것이다.

다섯째, 온정적 리더들은 자신의 자아를 충족시키기 위해서 다른 사람들을 통제하려 하거나 외경의 마음을 갖게 하려고 하지 않는다. 그들은 자신의 자아를 초월하여 다른 사람들을 더 높은 수준으로 향상시켜서 조직 전체에 도움이 되도록 한다. 그들을 특별한 존재로 만드는 것은 그들 스스로가 높은 수준으로 발전하기 때문이 아니라 다른 사람들의 존엄을 지키고자 하는 확고한 자세 때문이다. 그들은 구성원의 지위 혹은 신분과 상관없이 구성원 각 사람을 조직에 공헌할 수 있는 잠재력을 가진 존재로 인정해 준다.

여섯째, 진정한 참여적 리더십을 선택하는 것은 용기를 필요로 한다. 특히 참여적 리더십의 행동 요소들을 연약한 행동이라고 보는 문화에서는 더욱 그렇다. 그러므로 그런 선택을 하는 사람은 누구나 그것이 정치적으로 옳기 때문이 아니라 그것이 관찰자에게 주는 의미가 크기 때문에 그런 선택을 하는 경향이 있다. 다른 사람들을 참여시키는 것은 이 접근 방법이 인간 행동에 긍정적인 영향을 미친다는 것을 우리가 진정으로 믿기 때문이다.

일곱째, 견해의 다양성을 인정하는 온정적 커뮤니티를 형성한다. 비록 어떤 견해가 기존의 멘탈 모델(mental model) 및 관행과 맞지 않더라도 그 견해를 인정한다. 이렇게 해서 온정은 자신의 문화 혹은 경계를 넘어서 혜택에서 소외된 곳으로 확산되어 간다.

온정주의의 행동 양식

온정적 가치관을 실행하기 위해서 리더는 어떤 특성의 행동 양식을 보이는 것일까?

첫째는 경청 능력이다. 다른 사람들이 중요하게 생각하는 것에 진정으로 관심을 갖고 충분히 이야기를 듣기 전에는 자신이 어떻게 응대할 것인지를 결정하지 않는다. 그들은 자신의 생각과 감정을 정리하고 표현하는 과정에서 상대방에게 완벽하게 집중한다. 또한 상대방의 생각이나 감정을 충분히 이해하고 있다는 것을 알리고 상대방이 자신을 충분하게 표현할 수 있도록 적극적 경청 기법을 사용하기도 한다.

둘째는 진정성이다. 그들은 숨은 동기나 의도가 없는 진정한 자신을 드러낸다. 그들은 단순한 이미지가 아니라 실제로 다른 사람들에 대해서 진정한 관심을 갖는다. 또한 사람들과 커뮤니티를 보살피면서 전체를 위해서 자신의 이익을 마지막으로 돌린다. 자신의 권위는 자신이 대표하는 사람들에게서 나온다는 청지기 윤리(stewardship ethic)에 입각하여 동료들을 위해 헌신한다.

셋째는 내면의 평화다. 그들은 삶과 다른 사람들을 경이로운 마음으로 대한다. 그리고 미래를 긍정적으로 바라보고 자신이 세상에 존재하는 것에 대해서 감사한다. 그들의 내면적인 평화가 그들의 발걸음을 가볍게 하는 것으로 보인다.

넷째는 즐거운 마음이다. 그들은 아무리 곤란한 상황에서도 유머 감각을 발휘함으로써 복잡한 문제 앞에서 자신이 부족한 존재라는 것을 인정한다. 또한 세상을 완전히 안다는 것은 궁극적으로 불가능하다는 것을 인정하고 오직 다른 사람들과 힘을 모아야만 인간의 한계를 극복하고 전진할 수 있다는 것을 받아들인다. 유머는 또한 그들도 인간이라는 것, 그래서 접근할 수 있는 대상이라는 것을 알려 준다.

온정적 합리주의 리더십의 효과

오늘날 회사와 같은 비즈니스 조직에서 보는 것처럼 삭막하고 사무적인 분위기 가운데에서 과연 온정적 리더가 설 자리를 찾아볼 수 있을까? 대답은 물론 "그렇다"다. 21세기 조직 운영의 효과성을 극대화하기 위해서는 이성적 활동에 근거한 인지적 정서보다는 오히려 감성적 지능이 더 필요하기 때문에 리더는 온정주의에 입각하여 균형 감각을 유지하면서 공적 활동을 할 필요가 있다. 한 가지 확실한 것은 온정적 리더십의 특성을 보여 주는 리더들은 위기 관리에 능하며, 경제적이고 사회적인 분위기 가운데 좀 더 효과적으로 구성원들과 소통을 할 수 있다.

온정적인 조직은 온정, 협력, 민주적 관행 등의 온정적 원칙에 따라서 움직이고 온정적인 리더들은 배경이나 사회적 · 신체적 지위에 관계없이 모든 의견을 들을 수 있는 공간을 만들고 구성원의 참여와 혹은 임파워먼트(empowerment)의 가치가 발휘되게끔 노력한다. 그러나 대부분의 조직 문화에서는 그러한 바람이 제대로 발휘되지 않을 수도 있다. 왜냐하면 참여 혹은 임파워먼트는 낭만적이고 이상적인 조직 생활을 상정하고 있기 때문이다. 왜 참여 혹은 임파워먼트가 지지되면서도 거의 실천되지 않는 것일까? 생각과 실천 사이의 빈번한 불일치에 대해서 몇 가지 이유를 제시할 수 있다. 인간은 여러 가지 다양한 가치관을 지니고 있고 또한 살아가면서 중요한 가치가 변하기 때문에 누군가의 참여가 자신의 가치라고 말하더라도 실제로는 확고하지 않거나 일시적일 수 있다. 그 경우 그 사람이 진정한 참여를 인정하지 않은 문화에 직면할 경우 별다른 문제의식 없이 자신이 해 오던 민주적인 행동을 중지할 수 있다. 만일 참여라는 가치에 대한 믿음이 약할 경우에는 상황에 관계없이 참여를 중지시키고 통제와 같이 더 주도적인 가치로 돌아가게 된다

(Raelin, 2003).

온정주의 리더십은 다분히 인간 중심적이다. 이러한 인간 중심 접근의 주요 가정은 인간은 더 이상 기계의 부품이 아니며 인간을 열심히 일하게 하는 것은 경제적 보상이 아니라 사회심리적 보상이라는 것이다. 이러한 온정주의 가치가 조직을 이끌어나가는 데 있어서 지나치면 주관주의가 팽배함으로써 객관주의를 상실하고, 기존 질서와 규범이 무너지고, 오히려 온정주의가 추구하고자 하였던 준거 가치인 평등성이나 공정성이 훼손될 가능성이 농후해진다. 따라서 이러한 온정주의는 논리적으로 합리주의 패러다임에 의해 보완될 수밖에 없으며, 새로운 리더십 패러다임, 즉 온정적 합리주의의 출현이 불가피하게 된다.

온정적 합리주의는 온정주의와 합리주의를 통합한 신조어다. 이러한 양 패러다임의 통합 시도는 온정주의와 합리주의 각각의 장점을 강화하면서 동시에 각각의 한계점을 보완하고자 하는 노력의 일환이다. 하지만 이 두 가지 리더십 패러다임의 상대적 비중은 동일하지 않다. 오히려 합리적 리더십 패러다임이 주를 이루고, 온정적 리더십 패러다임은 부분을 차지한다. 즉, 온정적 합리주의 리더십은 합리주의를 기반으로 하면서도 상황에 따라 온정을 베푸는 리더십을 의미하는 것이다.

물론 이와는 정반대되는 개념 정립화를 위한 시도로서 합리적 온정주의를 표방할 수도 있다. 이는 온정주의를 기반으로 하면서 상황에 따라 합리적 패러다임을 적용하는 것이다. 즉, 온정주의가 주가 되고, 합리주의가 부가 되는 셈이다. 그러나 이러한 양자 간의 상대적 비중을 정하는 문제는 현실 세계의 리더십에서는 합리적 온정주의보다는 오히려 온정적 합리주의가 더 적합할 것으로 보인다. 이는 다분히 리더십 현장을 바라보는 필자의 주관적 통찰력에서 나온 판단의 결과다. 그것은 조직을 이끌어감에 있어서 전략적이고도 객관적인 리더십의 강한 면(hard side)을 바탕으로 하지만 때와 상황에 따라 필요 시에 리더십의 부드러운 면(soft side)을 보완하는 리더십이 조직의 현장성을 강화할 수 있다고 판단하기 때문이다. 따라서 이러한 온정적 합리주의는 양 패러다임 사이에서 보다 더 균형화된 시각을 가지고 효율성과 평등성 · 공정성을 동시에 추구하는 조직의 목적과 취지를 제대로 살려 나갈 수 있는 리더십의 패러다임으로 자리매김할 수 있다.

온정적 합리주의 리더십의 개발

리더십 개발이란 개인이 다양하게 리더십을 행사하는 과정에 있어서 효과적일 수 있도록 능력을 확장하는 것을 의미한다. 리더십의 능력을 확장하기 위해서는 우선 개발 경험이 있어야 한다. 개발 경험을 이루는 주요 요소는 측정, 도전, 그리고 지원이다. 측정은 리더십 측정 데이터를 통하여 얻을 수 있다. 도전은 리더로서의 업무에 도전하는 경험이며, 지원은 상사, 동료, 가족, 친구, 전문가 집단, 코치 혹은 멘토와 같은 타인들의 심리적 · 언어적 지원을 받는 것이다. 이러한 다양한 리더십 개발 경험들은 개인의 학습 능력과 어우러진다. 개발 경험을 바탕으로 하는 학습은 세 가지 별도의 활동들을 포함한다. 그것들은, 첫째, 새로운 행동, 기술, 태도가 언제 요구되는가를 인식하는 것, 둘째, 새로운 기술과 행동을 배우고 시험하기 위한 기회를 제공하는 활동에 참여하는 것, 셋째, 필요한 기술과 행동을 얻기 위해 다양한 학습 전략을 개발하고 이를 실제로 활용하는 것이다.

온정적 합리주의 리더십의 개발도 이러한 맥락에서 가능하다. 리더는 우선 자신의 온정적 합리주의 리더십이 어느 정도인지 360도 피드백 등 객관적인 데이터를 통하여 측정하고, 온정주의와 합리주의를 따라 실천할 수 있는 과업, 예를 들면 일상 직무의 효율성을 추구하면서도 추종자들의 아픔을 같이 하고 자신을 희생할 수 있는 활동에 도전해 볼 수 있다. 이러한 과정에서 주변 사람들에게서 적절한 코칭이나 멘토링을 받음으로써 심리적 · 실제적인 지원을 받을 수 있다. 이러한 경험적 활동들을 바탕으로 리더는 자신의 학습 활동의 목적과 프로그램을 설계하며, 리더십 개발 학습 프로그램에 참여하고, 전략적인 마인드를 가지고 학습의 결과를 활용하면 온정적 합리주의 리더십은 상당한 수준으로 개발이 가능해질 것이다.

요 약

지금까지 이 글은 온정적 합리주의 리더십을 설명하기 위하여 합리주의 패러다임의 개념과 한계성을 제시하였다. 이어서 온정주의 리더십의 개념, 온정적 합리주의 리더십의 개념 생성과 효과, 그리고 온정적 합리주의의 리더십 개발에 대하여 서술하였다.

합리주의는 조직 운영의 효율성과 효과성 추구를 위한 이성(reason)의 활동을 기반으로 한다. 합리주의 패러다임의 기초는 예측과 통제의 원리다. 그리고 전략을 위한 합리주의적 접근과 예측의 리더십과 시나리오 기획의 통계적 접근을 근간으로 하고 있다. 합리주의의 패러다임을 대변하는 관리적 관점은 과학적 관리와 행정 관리가 요체를 이루고 있다. 그러나 합리주의 패러다임에 입각한 리더십은 효율성을 비롯한 여러 준거 가치를 합리적으로 추구할 수 있는 기본적인 틀을 제공하지만, 인간의 합리성의 한계성 지적 등 여러 가지 한계성을 보여 주는 패러다임이기도 하다.

온정주의는 기본적으로 타인의 고통이나 괴로움을 완화하는 데 중점을 둔다. 온정주의는 리더십 행위에 있어서 부드러운 면이다. 온정적 리더십은 양심적이어야 하며, 온정주의 가치를 소유하고, 이러한 온정적 가치에 행동이 일치되어야 한다. 온정적 리더의 특징은 개방적이고, 융통성이 있으며, 감정을 풍부하게 표현하고, 모범적 행동을 보이며, 구성원을 자신처럼 존중하고, 참여적 리더십을 보이며, 온정적 커뮤니티를 형성한다. 공식 조직의 운영에 있어서 온정적 리더십의 적용은 나름대로의 한계성을 갖고는 있지만, 충분한 가능성도 잠재한다.

온정적 합리주의 리더십은 온정주의와 합리주의를 통합한 신조어다. 이는 합리주의를 기반으로 하면서도 상황에 따라 온정을 베푸는 리더십을 의미한다. 온정적 합리주의 리더십은 측정, 도전, 지원 등의 다양한 리더십 개발 경험의 요소와 함께 리더 개인의 학습 능력에 힘입어 리더십이 개발될 것이다. 이러한 온정적 합리주의는 21세기에 들어서서 모든 조직이 추구해야 할 효율성과 평등성 및 공정성을 실현시킬 수 있는 리더십의 패러다임으로 자리매김할 수 있다.

성찰질문

1. 합리주의 패러다임에 입각한 리더십의 강점과 약점을 무엇인가?
2. 온정주의 패러다임에 입각한 리더십의 강점과 약점은 무엇인가?
3. 온정적 합리주의의 리더십의 구체적인 실천 방향은 무엇인가?

사례 연구

영화 〈Shindler's list〉의 쉰들러(Shindler)

시류에 맞춰 자신의 성공을 추구하는 기회주의자 쉰들러는 제2차 세계대전 당시 독일군이 점령한 폴란드 어느 마을의 유대인이 경영하는 그릇 공장을 인수한다. 그는 공장을 인수하기 위해 나치 당원이 되고, 독일군에게 뇌물을 바치는 등 갖은 방법을 동원한다. 냉혹한 기회주의자였던 쉰들러는 유대인 회계사인 스턴과 친분을 맺으면서 변하기 시작한다. 냉혹한 유대인 학살에 대한 양심의 소리를 듣고, 강제 수용소로 끌려가 죽음을 맞게 될 유대인들에 대하여 온정을 갖게 된다. 결국 그는 독일군 장교에게 수용소에서 빼내는 사람 숫자대로 뇌물을 주는 방법으로 유대인들을 구해 내려는 계획을 면밀히 세우고 스턴과 함께 구해 낼 유대인들의 명단, 이른바 '쉰들러 리스트'를 만든다. 그는 결국 수많은 유대인을 구하고서도 더 구하지 못하였음을 자책하며 눈물을 흘린다.

영국의 탐험가 어니스트 섀클턴(Ernest Shackleton)

영국의 탐험가 섀클턴 경은 2년에 걸쳐서 리더십 능력을 발휘함으로써 인듀어런스(Endurance) 호의 파괴로 절대절명의 위기에 처한 대원 모두를 구해냈다. 대장(the Boss)이라는 애칭으로 불린 섀클턴은 대원 한 사람 한 사람과 시간을 보내면서 그들의 걱정을 덜어 줌으로써 모두의 관심을 집중시켰다. 항상 어려움에 처한 사람을 우선하고 자신의 안락을 뒤로 돌린 그는 자신의 따뜻한 침대를 몸이 아픈 선원이 대신 사용하도록 하기까지 했다.

그는 상황이 아무리 절박하더라도 항상 낙천성을 잃지 않았으며 앞이 캄캄한 절박한 상황에서도 대원들의 사기를 높이기 위해서 농담을 던지거나 이야기를 하곤 했다. 가장 뛰어난 점은 극도로 어려운 상황에서도 대원들이 서로 화합하도록 하는 섀클턴의 합리성이었다. 업무를 섞고 순번제로 일을 하도록 함으로써 대원들이 서로 공평하게 대하고 관계가 좋아지도록 했다. 그는 또 탐험에서 필수적인 업무를 수행할 때 대원들 간의 신분 차이를 고려하지 않았다. 대신 그는 업무 능력을 중시했다. 섀클턴 자신도 예외가 아니었다. 그도 다른 사람들과 마찬가지로 무거운 물건을 들거나 청소를 했다. 자신도 순번에 따라서 갑판을 청소하거나 거주 공간의 마루 청소와 같은 지저분한 일을 했다. 팀원 모두를 리더로 대하는 이와 같은 방식을 통해서 그는 대원들과 하나가 되고 선상의 모든 일에 품위를 부여할 수 있었다는 것을 인정했다.

*출처: Perkins, D. N. T. (2001). 불가능에 도전하는 섀클턴의 파워리더십(최종옥 역). 서울: 뜨인돌(원저 2000 출판).

03

셀프 리더십

인간이 자신을 효과적으로 관리하기 위해서는 어떤 능력을 가져야 하는 것일까? 또한 어떻게 해야 자신의 잠재적 능력을 일깨우고 성장 가능성을 증대시킬 수 있을까? 이러한 의문을 갖게 되는 이유는 사람이 더 높은 수준의 지식과 기술, 독립성, 자기 의존, 자아 신뢰로 주도권을 행사할 수 있는 셀프 리더십을 갖추기를 바라고 있기 때문일 것이다(유대원, 2003). 이는 셀프 리더십이 과거 전통적인 리더십 이론에서 보여 주는 어떤 특성으로서의 리더십이 아니라 자기 노력으로 길러지고 훈련되는 의미로서 현대의 리더십으로 강조되는 까닭이다. 더불어 개개인이 자신의 삶에 대한 철학적 차원에서 더 효율적으로 자기 능력과 꿈을 최대한 실현할 수 있도록 하기 때문이기도 하다. 이처럼 현대 사회에서 필요한 인재가 되기 위해서는 창의적이고 유연한 사고와 더불어 반드시 갖추어야 할 리더십이 셀프 리더십이다.

그렇다면 어떻게 해야 조직에서 원하는 새로운 형태의 유능한 셀프 리더가 될 수 있을까? 일반적으로 자신에 대한 새로운 가능성을 탐색하여 바람직한 변화를 추구하려는 리더는 모든 조직에서 유능한 리더로 인식되고 있다. 이는 우리가 언제든지 새롭게 세상을 보는 눈을 가질 수는 있지만, 이제 그 눈으로 어떻게 세상을 보아야 하는지는 순전히 자신에게 주어진 몫이라는 맥락과도 같다. 실로 모두 셀프 리더십 발휘를 요구받고 있는 것이다.

따라서 이 장에서는 자신에게 내재한 힘의 근원을 찾고 개발하며 자신의 영향력을 더욱 높게 만들 수 있는 셀프 리더십에 관하여 살펴보기로 한다.

셀프 리더십의 개념

셀프 리더십의 개념은 Knowles와 Knowles(1955)가 모든 집단은 처한 상황에 맞는 리더십을 요구하는 역동적인 기관이라고 가정한 것에서 시작되었다. 이후 1980년대 미국 기업들이 국제 경쟁력에서 밀려 장기적 경기 침체가 이어지자 이를 극복하기 위해 새로운 경영 혁신을 추진하는 과정에서 보여 준 '신세대 노동자 관리' 방법의 문제를 해결하기 위한 자기주도적인 사고와 행동 방식의 개념으로 재조명되었다(김민정, 2007). 신세대 근로자들은 자신의 열정을 자기 일에 쏟고자 하기 때문에 전통적인 관리 방식인 지시와 통제로 관리하면 견디지 못하고 그들의 재능과 능력마저 충분히 발휘되지 못한다는 것이다. 반면에 자율과 책임이 주어지면, 책임성 있는 행동으로 자율성과 열정을 수반하는 셀프 리더십을 발휘한다는 것이다(Manz, 1998). 즉, 신세대 근로자들을 외적 관리의 의존에서 독립적인 자율로 일할 수 있도록 하여 생산성, 품질 등과 같은 실질적인 지표를 개선하도록 한 것이다.

Manz와 Sims(2001)가 비교한 인적 자원 관리에서의 전통적인 관리 기능과 셀프 리더십 연구가 이러한 면을 잘 설명하고 있다. 먼저 전통적인 관리 기능은 주로 외부 관찰, 주어진 목표, 과업 수행에 대한 외부 강화, 외부 보상에 따른 열의, 외부의 비판, 외부로부터의 문제해결, 외부로부터의 직무 할당, 외부로부터의 과업 계획, 부정적 관점, 조직의 비전에 대한 의존 등과 관계된다.

반면, 셀프 리더십은 자기 관찰, 자기 설정 목표, 셀프 리더십 행동에 대한 자기 강화, 일 자체의 자연적인 보상에 따른 열의, 자기비판, 스스로 문제해결, 스스로 직무 할당, 스스로 과업 계획, 긍정적 관점, 구성원이 함께 만든 비전에 헌신 등 주로 내부에서 자율적으로 어떠한 목표, 강화, 보상 계획 등이 발생한다고 보는 점에서 전통적인 관리 기능과 뚜렷한 차이가 있다.

이처럼 사람들은 자기주도적인 사고와 행동 방식으로 자율과 책임이 주어질 때 스스로 책임지고 행동하게 되며, 스스로 설정한 목표를 달성하기 위해 단서를 찾아 끊임없이 노력하는 등 자율성과 열정을 수반하는 셀프 리더십을 발휘하게 된다. 전통적인 리더십이 지시와 명령, 통제, 보상과 비판 등에 의해 영향을 받는다면 셀프 리더십은 스스로 성취 목표를 설정하고 목표 성취에 따라 보상과 비판 등에 자율성을 가진다.

이런 점에서 보면 셀프 리더십은 대부분 개인 차원에서의 자기계발에 초점을 맞추고 있거나 조직의 발전 차원에서 구성원 개인에게 기대되는 행동에 초점을 맞추고 있다. 셀프 리더십을 연구하는 학자들 대부분의 정의에서도 볼 수 있듯이 셀프 리더십은 타인의 지시나 영향을 받지 않고 자신에게 영향력을 발휘한다는 원칙을 강조하고 있고, 개인을 이해하는 분석의 축으로도 사고 패턴과 행동 유형을 이용하고 있다.

학자들의 정의 내용을 좀 더 살펴보면 그 의미를 더욱 잘 이해할 수 있다.

Manz(1983)는 셀프 리더십이란 자기통제와 같은 자율성을 하급자들에게 부여하여 스스로 목표를 설정하게 하고, 스스로 영향력을 행사하도록 하여 일의 성과를 올리는 데 효과적인 내적 리더십이라고 하였다. 주로 자신에게 스스로 영향력을 행사하고 원하는 것을 획득할 가능성을 더욱 높게 만드는 특성과 효과성에 대한 가정을 바탕에 두고 있다. 이때 영향력을 행사하는 방법이란 과업이나 직무를 수행할 수 있도록 자기주도성과 자기 동기 부여를 하기 위해 스스로 자신에게 영향력을 행사하는 과정이라고 할 수 있다. 즉, 셀프 리더십은 리더가 부하 직원에게 영향을 미치는 전통적인 리더십과는 달리 자기가 자기에게 영향을 주는 과정으로, 자기 영향력을 주체적으로 이끌거나 지도하는 일련의 행동 또는 사고 방식이라 정의할 수 있다.

또한 Manz(1986)는 셀프 리더십이란 자아 발견과 자기만족을 향한 여행으로서 스스로 영향력을 행사하여 자기 효능감을 위한 기술을 가지며 행동을 통제하여 자아 완성을 향하는 과정이라고 정의하였다.

Manz와 Sims(1997)는 셀프 리더십이란 개인의 효율성을 증대시키는 과정이면서, 진정 자기가 하고자 하는 일이 무엇인지를 발견하고 일상생활에서 자신이 하고자 하는 일을 실행하기 위한 내적 탐구 과정이라고 하였다.

Blanchard(1995)는 셀프 리더십을 구성원에 대한 임파워먼트(empowerment)에 의미를 두어 정의하였는데, 셀프 리더십을 일터에 적용하면 조직의 구성원들이 주도적으로 일하여 조직의 성과를 이룬다는 것에 초점을 맞추어 설명하고 있다. 구성원이 책임이나 정보를 공유하며 자발적으로 일의 동기를 부여받도록 하여 조직 구성원에게 효과적으로 문제에 접근할 수 있도록 한다는 점에서 임파워먼트에 의미를 부여한 것이다. 이는 서로에게 긍정적인 영향을 미치는 것이며, 권한의 창조적 분배이며, 책임을 공유하는 것으로 결국 개개인이 자기주도적으로 스스로 동기 부여하고 자신을 스스로 리드하게 함으로써 궁극적으로는 자아실현을 이루도록 하는 것이다.

김민정(2007)은 셀프 리더십을 개인이 스스로 목표한 바를 이루기 위하여 생각과 행동을 통제하는 것으로 정의하였다. 즉, 스스로 동기 부여할 수 있는 행동을 발견하고, 시도하고, 긍정적이고 건설적인 마음을 가지고 일에 임할 수 있도록 생각을 변화시키는 것이다.

이때 설정되는 목표는 개인이나 개인이 속한 집단의 특성에 맞는 특별하고 도전적인 목표를 의미한다.

이명국(2011)도 셀프 리더십을 과업이나 직무를 성공적으로 실행하기 위해서 본인 스스로 자신의 사고나 행동이 바람직한 방향으로 진행되도록 영향력을 행사하는 과정으로 보고, 좋아하는 일이나 활동을 수행한다는 그 자체만으로도 행복을 느끼며 만족하는 자연적 보상, 자신의 사고 패턴과 습관 방식을 바꾸어 성과에 긍정적으로 기여하는 건설적 사고, 과업 수행 목표를 스스로 명확하게 설정하는 행위 중심으로 분류하였다.

한편, 신승원(2011)은 셀프 리더십을 성인 학습자의 특성에 접근하여 정의하고 있다. 성인 학습자가 스스로 동기를 부여하고, 긍정적인 영향력을 발휘하고, 초인지적 · 인지적 · 행위적 학습 전략을 사용함으로써 교육 성과와 교육 만족을 향상하는 자기통제(self-control)와 자기 관리(self-management)의 리더십으로 설명하였다. 이는 리더가 구성원에게 영향을 미치는 기존의 리더십 개념과는 다른 내재적 동기 부여 이론과 사회적 인지 이론을 기초로 하여 주어진 목표를 수행하기 위한 자기주도성의 자기통제와 자기 관리의 리더십으로 설명한 것이다.

이처럼 셀프 리더십이란 개인이 자신의 목표를 설정하고, 목표를 이루기 위해 스스로 동기를 부여하는 등 자신에게 영향력을 미치는 일련의 과정이라고 할 수 있다. 각각의 사람들이 사는 사회에서 단순히 가지고 있는 직명이나 역할을 통해 나타내는 것보다는 스스로 어떻게 생각하고 변화시키고 행동하는가에 관심을 둔 것이다. 이는 셀프 리더십이 스스로 행하는 행동 요소에 초점을 맞추고, 개인이 자신의 행동에 영향력을 행사하거나 개선하기 위해 사용하는 일련의 책임 있는 과정이자 행동이라고 할 수 있다.

셀프 리더십의 구성 요소

셀프 리더십 구성 요소의 이론적 배경은 심리학의 영역에서 연구되었던 사회적 인지 이론(social cognitive theory)에 기초한 행동적인 전략과 내재적 동기 이론(intrinsic motivation theory)에 기초한 인지적인 전략에 근거하고 있다(Manz, 1998). 이는 셀프 리더십에서 개인 유효성에 긍정적인 영향력을 행사할 수 있는 전략 제시의 바탕이 되는 것으로, 행동적인 전략은 행동 지향적 전략으로, 인지적인 전략은 자연적 보상 전략과 건설적 사고 전략으로 구분된다. 이러한 이론에 근거한 셀프 리더십의 구성 요소인 세 가지 주요 전략과 하위 요소는 〈표 3-1〉과 같다.

행동 지향적 전략

행동 지향적 전략은 Bandura(1971)의 사회학습 이론에 근거하여 사람들이 자신과 타인의 행동과 그 결과를 관찰하고, 행동하는 이유와 목적한 바를 스스로 인식하여 행동을 강화하거나 억제하여 궁극적으로 행동의 변화를 꾀하는 것이다. 또한 자기통제 이론에 근거하여 자아 인식을 증가시키고 자기 영향력의 수준을 더 높인다. 즉, 행동 지

〈표 3-1〉 **셀프 리더십의 구성 요소**

행동 지향적 전략(behavior-focused strategies)	
자기관찰 (self-observation)	자신이 바꾸고자 하는 행동에 대해서 정보를 수집하고 관찰하여 업무 활동의 효율성을 평가하고 어떻게 해야 할지를 발견하는 것이다.
자기 설정 목표 (self-set goals)	처리해야 할 일들의 우선순위에 따른 목표를 정하고 스스로 행동하도록 하는 것이다.
단서에 의한 관리 (management of cues)	자신이 하고자 하는 행동을 쉽게 하려고 단서가 될 만한 것들을 작업장 주위에 설치하거나 변경하는 것이다.
리허설 (rehearsal)	실제로 업무 수행 전에 예행 연습을 함으로써 업무 수행의 성공률과 효과성을 높이는 것이다.
자기 보상 (self-reward)	바람직한 행동을 완수했을 때 개인적으로 가치 있는 보상을 자기 자신에게 제공함으로써 일할 의욕을 북돋고 차후 행동을 선택하는 데 큰 영향을 미치는 것이다.
자기비판 (self-punishment)	바람직하지 못한 방법으로 행동했을 때 자신에게 일정한 처벌이나 비판을 가함으로써 실수를 줄이는 데 도움을 주는 것이다.
자연적 보상 전략(natural reward strategies)	
자연적 보상	성취하고자 하는 과업과 관련된 긍정적인 인식과 자연적 보상을 통한 자아 존중을 추구하는 것이다.
건설적 사고 전략(constructive thought pattern strategies)	
건설적 사고 패턴의 확립	자신의 바람직한 사고 유형을 확립할 수 있는 건설적이고 효과적인 습관을 기르는 것이다.

출처: Houghton & Neck (2002), pp. 672-691, 재구성.

향적 전략은 자기 인식력을 높여 효과적으로 행동하는 측면을 강조한 일련의 방향, 계획, 실행, 평가에 이르는 내용을 폭넓게 포함한 의사결정의 자기 관리(self-management) 행위 전략이라고 할 수 있다(Manz & Neck, 2004). 이러한 행동 지향적 전략은 자기관찰(self-observation),

자기 설정 목표(self-set goals), 단서에 의한 관리(management of cues), 리허설(rehearsal), 자기 보상(self-reward), 자기비판(self-punishment) 등을 포함하고 있다. 구체적 내용을 살펴보면 다음과 같다.

첫째, 자기관찰은 자신이 바꾸고자 하는 행동에 대해서 정보를 수집하고 관찰하여 업무 활동의 효율성을 평가하고 어떻게 해야 할지를 발견하는 것이다. 스스로 행동을 관찰하고 평가하여 자신의 학업이나 업무 활동의 효율성을 높일 수 있다.

둘째, 자기 설정 목표는 처리해야 할 일들의 우선순위와 목표를 정하고 스스로 행동하도록 하는 것이다. 스스로 도전 목표를 명확히 함으로써 비전을 성취하기 위한 방향에 구체적인 조치와 행동을 연결하게 해 주는 매개가 된다.

셋째, 단서에 의한 관리는 자신이 하고자 하는 행동을 쉽게 하고자 단서가 될 만한 것들을 작업장 주위에 설치하거나 변경하는 것이다.

넷째, 리허설은 실제로 업무 수행 전에 예행 연습을 함으로써 업무 수행의 성공률과 효과성을 높이는 것이다.

다섯째, 자기 보상은 바람직한 행동을 완수했을 때 개인적으로 가치 있는 보상을 자기 자신에게 제공함으로써 일할 의욕을 북돋고 차후 행동을 선택하는 데 큰 영향을 미치는 것이다. 스스로 바람직한 행동에 대해 가치를 부여하여 보상함으로써 사기가 진작되고 동기가 유발된다.

여섯째, 자기비판은 바람직하지 못한 방법으로 행동했을 때 자신에게 일정한 처벌이나 비판을 가함으로써 실수를 줄이는 데 도움을 주는 것이다. 비판적 성찰로 바람직한 행동을 유도해 성장하도록 노력하는 것이다.

자연적 보상 전략

자연적 보상 전략은 성취하고자 하는 과업과 관련된 긍정적인 인식과 자연적 보상을 통한 자아 존중을 추구하는 것이다. 즉, 과업이 가지고 있는 가치에 대한 몰입이나 신념, 즐거움 등을 수립하는 전략이다. 이는 과제 자체에서 동기와 보상을 얻게 되는 전략을 통해 자신감이나 자기 통제, 목적의식 등을 확립하게 되는 것이다(Neck & Houghton, 2006). 기대하는 목표를 달성하기 위해 자기 동기 부여(self-motivation)를 통해 무엇을 해야 하는지, 왜 해야 하는지를 알도록 하는 것이다. 이때 자신감(self-confidence)은 영향력 시도에서 성공할 가능성을 높일 수 있다. 자신감이 높으면 어려운 과제를 시도하고 혼자 힘으로 도전적인 목표를 설정할 가능성이 더 높기 때문이다(Yukl, 2001). 그러나 지나친 낙관은 역기능적인 결과를 가져올 수 있으므로 주의해야 한다.

건설적 사고 전략

건설적 사고 전략은 자신의 바람직한 사고 유형을 확립할 수 있는 건설적이고 효과적인 습관을 기르는 것이다. 건설적이고 효과적인 습관 또는 사고 유형을 확립하는 것으로, 장애 요인에 집착하기보다는 기회 요인을 찾음으로써 건설적으로 사고하도록 관리하는 것이다. 이를 위하여 신념과 가정, 정신적 상상, 내면적인 자기 대화 등의 수단을 이용할 수 있다. 이미 인생을 성공적으로 사는 사람들을 보더라도 그들은 더욱 성공적으로 삶을 주도하기 위하여 필요한 일들을 끊임없이 지속하고 있음을 알 수 있다. 말하자면 좋은 습관은 미래를 결정한다는 사실이며, 기회 요인이 되도록 관리하는 것이며, 미래의 성취에 대한 긍정적 자기암시이기도 하다. 그러므로 일상의 모습이 바로 자기임을 인식할 필요가 있다.

이렇게 볼 때 셀프 리더십의 행동과 인지가 중요한 요소로서 작용하는 것을 알 수 있다. 무엇보다도 셀프 리더십의 세 가지 전략을 활용하는 사람들은 그렇지 않은 사람들에 비해 성과가 높다는 데 주목해야 한다(Prussia et al., 1998; Houghton & Neck, 2002).

셀프 리더십의 자기통제와 자기 관리

셀프 리더십은 일반적으로 자신의 사고와 행동을 변화시켜 자신을 이끌어가는 리더십으로서 더 높은 성과(performance)나 효과성에 도달하게 하기 위해서는 어떻게 자신을 통제하고 관리하느냐가 관건이 된다. 즉, 셀프 리더십은 자기통제(self-control)와 자기 관리(self-management)를 토대로 하고 있다(Manz, 1986).

자기통제

자기통제는 무엇보다도 자신의 계획과 의지대로 하는 활동에서 두드러진다. 보편적으로 셀프 리더십을 갖춘 사람들은 스스로 동기 부여할 수 있는 행동을 시도하며 자신의 목표한 바를 이루기 위해 마음을 다진다. 또한 한 번 세운 목표나 기준이 달성되더라도 그곳에 머무르지 않고 더 높은 목표나 기준을 설정하여 행동하려 한다. 셀프 리더십을 발휘함으로써 개인은 스스로 목표한 바를 이루기 위하여 행동과 생각을 통제하는 것이다. 인간은 능동적인 성장 가능성을 가진 주체로서 자기 조절 능력이 있고 자기통제적이기 때문에 자발성과 자율성이 강조되는 점 또한 같은 맥락이다. 이는 개인의 지각과 내부적 욕구에 대한 자기통제 과정이 성과나 효과성에 크게 작용하고 있음을 의미한다. 이와 관련해 Kanfer와 Ackerman(1989)은 행동과 결과에 관심을 둔 자기관찰과 바람직한 상태를 현재 상태와 비교하는 자기평가, 그리고 자기만족과 자기 효능감으로 표출되는 자기 반응 행위들을 자기통제 순환 과정으로 제시하였다.

Manz와 Sims(2001)도 셀프 리더십을 발휘하는 구성원들은 더 높은 통제감을 경험하게 된다고 보았다. 이는 행동과 의사 결정에 있어서 더 높은 수준의 독립성으로 이어질 수 있다. 반면에 셀프 리더십을 발휘하지 못하는 구성원들은 외부의 영향력에 의존할 수밖에 없어서 점점 더 사고와 행동이 독립적이기 어렵다.

자기 관리

셀프 리더십은 무엇보다 자기 관리(self-management)의 차원에서 관심을 끌고 있다. 셀프 리더십에 있어서 자기 관리는 자신의 행동에 영향을 미치고 개선하기 위해 사용하는 일련의 전략이다. 조직에서 리더십을 대체하기 위해 제안되었으며 변화를 위해 목표화된 행동 전략들을 포함한다(Manz & Sims, 1980). 보편적으로 자기 관리를 잘 하는 사람은 무엇을 하려는지 분명해서 그것을 달성하기 위해 의식적으로 행동한다. 이는 개인이 어떻게 하면 보다 더 효과적일 수 있는지와 관계가 있다. 좀 더 구체적으로 살펴보면 개인적 목표와 그에 따른 우선순위 결정, 효율적 시간 관리, 행동을 포함한 결과 모니터, 그리고 목표를 달성하기 위한 효과적 행동을 배우려고 노력하는 사항 등이 이에 해당한다.

다행스러운 것은 이러한 내용이 차원 높은 수준으로 접근하는 것이 아니라 아주 실제적인 문제로 접근한다는 사실이다. 그러므로 자기 관리 전략들은 자신감을 높이고 더 많은 노력을 하고 시간을 효과적으로 관리하는 데 필요하다. 이런 까닭에 Manz와 Neck(2004)는 목표를 달성하기 위해 촉진하거나 방해가 되는 환경을 관찰하면서 내재적 보상을 관리하는 행위를 자기 관리 과정에 포함시켰는데, 이는 셀프 리더십에서 자기 관리 차원이 중요하게 작용하고 있음을 보여준 것이라 하겠다.

그러나 자기 관리는 추구하는 바, 동기 부여의 근원, 그리고 관점의 원근성에서 셀프 리더십과는 다른 개념으로 이해할 수 있다(Manz,

1998).

첫째, 자기 관리는 눈에 보이는 효과에 초점을 맞추고 있으나 셀프 리더십은 개인의 내부에서 시작되며 자아 완성에 초점을 두고 있다. 이는 서로 추구하는 차원이 다르다. 둘째, 자기 관리가 외적인 측면에서 동기 부여가 된다면 셀프 리더십은 내적인 측면에서 동기를 부여받는다. 둘은 동기 부여의 근원에서 차이가 있는 것이다. 셋째, 자기 관리는 외적인 기준에 초점을 맞추고 있으나 셀프 리더십은 내적으로 정해진 기준에 부합하도록 초점을 두고 있다. 관점의 원근성 측면에서 볼 때, 자기 관리는 단기적인 안목에서 나타나며 셀프 리더십은 장기적인 안목에서 자기 영향력을 행사하기 위한 것이다.

이런 맥락에서 보면 셀프 리더십은 더 포괄적이고 더 높은 수준의 자기 영향력으로 자기 관리의 개념을 초월한다고 할 수 있다.

셀프 리더십 효과

셀프 리더십 효과는 셀프 리더십을 발휘하여 나타난 일련의 행동과 그로 인한 결과와 관련된다. 따라서 지금까지 다수 진행된 셀프 리더십의 결과 변인에 관한 선행 연구의 결과를 보면 쉽게 알 수 있다. 이는 대부분 셀프 리더십 전략을 통해 성과 변수에 영향을 미치는 것으로 적시된 몰입(commitment), 자율성(autonomy), 긍정적 정서(positive affect), 직무 만족(job satisfaction), 자기 효능감(self-efficacy), 창의성(creativity), 혁신성(innovation), 교육 만족 등이다(Prussia et al.,

1998; Dolbier et al., 2001; Manz & Sims, 2001; Diliello & Houghton, 2006; 윤영남, 2010).

학자들의 연구 내용을 좀 더 자세히 살펴보면 그 의미를 더욱 구체화할 수 있다.

Manz와 Sims(2001)는 몰입 수준에서 셀프 리더십을 발휘하는 구성원은 그들의 과업이나 작업 환경에 대한 소유 의식 증가로 셀프 리더십을 발휘하지 않는 사람들에 비해 과업이나 목표, 조직에서 더 높은 수준의 몰입을 보인다고 하였다. 또한 더 높은 자율성을 경험하게 됨으로써 독립성 또한 더 높은 수준이 된다고 하였다.

Dolbier 등(2001)은 셀프 리더십과 긍정적 정서 및 직무 만족과의 상관관계 연구에서 유의미한 결과를 보여 주었다. 셀프 리더십 수준이 높은 구성원들이 스트레스나 갈등을 더 효과적으로 관리하고, 업무에 대해 더 낙관적인 태도를 보이고 있는 것이다.

Prussia 등(1998)은 자기 효능감은 특히 셀프 리더십의 결과 변인으로 주목받는 것으로, 셀프 리더십이 학업 성과와 상관이 있고 자기 효능감이 매개 기능을 하고 있음을 보여 주었다.

Diliello와 Houghton(2006)은 창의성과 관련된 문헌으로부터 나온 많은 중요한 개념이 셀프 리더십과 관련이 있다는 것을 설명하면서 셀프 리더십이 높은 구성원이 낮은 구성원에 비해 창의성과 혁신성이 높다는 점을 제시하였다.

한편 셀프 리더십과 교육 만족 간에도 인과관계가 실증되었다. 교육 만족에 영향을 미치는 대표적인 학습자 관련 변인인 동기나 자기 주도성은 셀프 리더십의 구성 개념이다(주영주, 윤희숙, 2006; 박성희, 정진아, 2010; 윤영남, 2010).

결과적으로 보면 셀프 리더십이 자신의 사고 유형을 효과적으로 관리하고 변화시킴으로써 자신에게 주어진 상황이나 과제를 인지적 · 초인지적으로 재구성하고 행위적 전략을 통해 삶과 학습을 주도한다고 할 수 있다(신승원, 2011). 특히 셀프 리더십은 의존과 수동성에서 자율과 능동성으로 책임감을 강조하는 리더십이고, 자기 통제와 관리를 통해 높은 성과를 가져오기 때문에 개인의 만족도를 크게 높이게 된다.

김향식(2009)의 연구에서 연구 참여자 한 사람 한 사람에게서 드러난 학습 경험에 대한 본질인 '자기 도움(self-help)' 분석 역시 자기 주도성이 강조된 셀프 리더십 효과와 같은 맥락에서 이해할 수 있다. 스스로 행동하고 성찰하는 일련의 셀프 리더십으로 자신이 지향하는 바람직한 변화를 도모하거나 이끌어 낼 수 있는 것으로 볼 수 있으며, 사람들 개개인이 자신의 욕구와 목적을 성취할 수 있도록 한다는 데 가치가 있다.

이처럼 셀프 리더십의 선행 연구에서 볼 수 있듯이 셀프 리더십은 긍정적인 결과를 가져올 수 있는 다양한 성과 또는 종속변수들이 있음을 알 수 있다. 이와 관련해 Neck와 Houghton(2006)은 셀프 리더십이 자기 규제 이론, 사회적 인지 이론, 내재적 동기 부여 이론, 자기통제 이론 등의 다양한 배경하에서 이루어지며, 셀프 리더십 전략을 통해 성과 변수들에 영향을 주어 개인, 팀, 조직 성과의 개선을

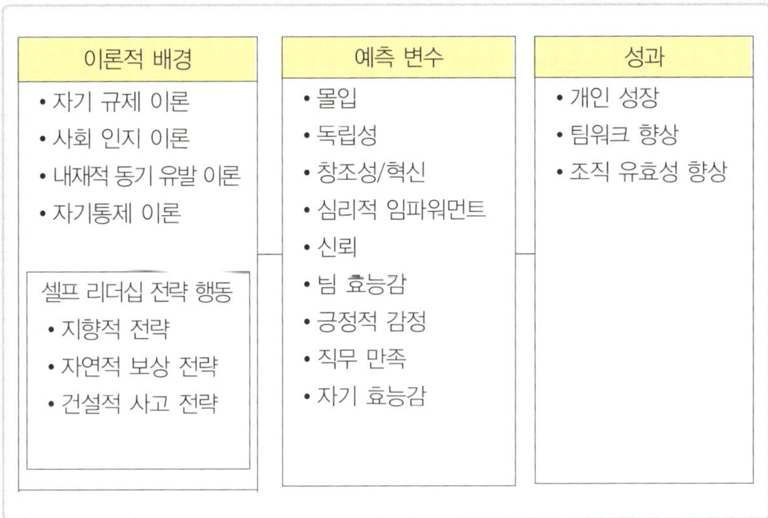

[그림 3-1] 셀프 리더십의 이론적 배경과 메커니즘 모델

출처: Neck & Houghton (2006), p. 285.

가져온다고 주장하고, 이들 관계에 대한 메커니즘을 [그림 3-1]과 같이 제시하였다.

셀프 리더십 개발

리더십 개발의 근본 목적은 리더들이 급격한 변화에 대한 대처와 변화를 모색하게 하는 높은 수준의 지식과 기술 등 리더십 역량을 발휘할 수 있도록 하는 데 있다. 외부 환경에서 변화의 속도가 높아지고 그만큼 많은 새로운 도전에 직면하는 이유에서다. 따라서 모든 구성원에게 각자 리더의 역할을 할 수 있도록 하는 것이 중요하다.

이때 우리는 사람들이 궁극적으로 리더십 개발을 개인별 능력 계발로 받아들이고 있고, 리더십 효과를 촉진하는 능력이 학습을 통하여 개발될 수 있다는 점을 주목해야 한다(McCauley, Moxley, & Vesor, 1998; 김민정, 2007). 사람은 기본적으로 배우고, 성장하고, 변화할 수 있기 때문이다.

그러므로 우선 개인의 다양한 리더십의 역할과 과정에서 학습을 통해 스스로 영향력을 행사하는 과정을 포함해 효과적일 수 있도록 해야 한다. 나아가 무엇을 할 필요가 있으며, 어떻게 하면 그것을 효과적으로 할 수 있는지를 이해하는 과정뿐만 아니라 개인의 목표를 달성하기 위해 촉진하는 노력과 미래의 도전 과제에 대응할 준비를 하는 것도 포함해야 한다.

지금까지 셀프 리더십의 개념과 구성 요소를 살펴보았듯이 셀프 리더십이란 개인이 목표한 바를 이루기 위하여 행동과 생각을 통제하는 능력임을 알 수 있다. 그래서 스스로 동기를 부여할 수 있는 행동을 하고 긍정적이고 건설적인 마음으로 일에 임하는 자세를 가져야 하는데, 문제는 사람마다 생각하고 행동하는 방식이 다르고 학습에서도 개인적인 차이가 크다는 것이다. 따라서 셀프 리더십을 개발하고자 할 때 기본적으로 취해야 할 행동과 사고의 방향을 정하는 것이 필요하다. 이를 셀프 리더십의 전략적 차원에서 접근한 것이 Manz(1998)가 제시한 행동적 전략과 인지적 전략이다.

행동적 전략으로는 사람들이 자신과 타인의 행동을 관찰하고, 그들이 하는 행동의 이유와 목적을 스스로 인식하여 성공적인 행동을 강화하고, 그렇지 않은 행동은 조절하여 궁극적으로 바라는 행동으로 변화시키는 전략이다. 또한 인지적 전략으로는 우선순위가 정해진 일을 더욱 즐겁게 할 수 있도록 보상과 강화를 주는 전략이다. 더불어 생각을 긍정적이고 바람직한 방향으로 수정하고 확립하는 전략이다.

그렇다면 셀프 리더십 전략의 성공적 실행에 필요한 셀프 리더십 역량을 파악하고 개발하기 위해서는 어떤 리더십 개발 방식이 제시될 수 있을까?

통상적으로 리더십이 개인적인 관점에 따라 각자가 가장 관심을 두는 측면에서 다양하게 정의되고 있는 것을 보면 셀프 리더십 개발 방식도 단순히 리더십 연속선상의 한 부분으로만 인식하여 접근하기보다는 여러 측면에서 통합적으로 바라보는 관점이 필요하다. 그

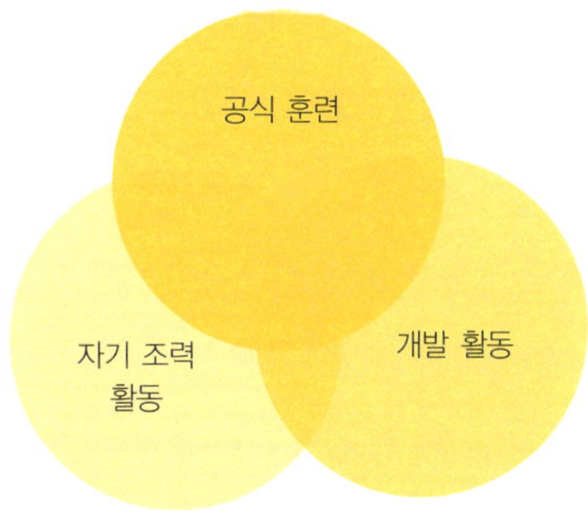

[그림 3-2] 리더십 역량을 습득하는 세 가지 방법

출처 : Yukl (2001), p. 396.

런 의미에서 일반적으로 리더십 역량을 얻을 수 있는 개발 방식인 개발 활동의 유형과 촉진 조건을 제시할 수 있다(Yukl, 2001). 먼저 개발 활동의 유형으로는 일반적으로 [그림 3-2]와 같이 리더십 개발 방식인 공식 훈련(formal training), 개발 활동(developmental activities), 자기 조력 활동(self-help activities)의 세 범주를 들 수 있다. 이는 셀프 리더십 기술과 역량을 개발하기 위해 무엇을 할 수 있는지를 구체적으로 이해할 수 있는 방법이다.

첫째, 공식 훈련은 한정된 기간에 훈련 전문가에 의해 대부분 시행되는 공식적 훈련 프로그램이다. 예를 들어, 연수원에서의 짧은 워크숍이나 대학의 MBA 코스 등이 이에 해당한다.

둘째, 개발 활동은 보통 할당 직무 내에 포함되거나 할당 업무와 함께 시행된다. 이는 상사나 동료의 비공식 지도를 보충하기 위해 사용할 수 있으며, 대부분 공식 훈련 프로그램과 함께 사용할 수 있다. 예를 들어, 중다출처 피드백, 개발을 위한 업무 할당, 직무 순환 프로그램, 실천 학습, 후견, 경영 지도, 야외 도전 프로그램, 개인 성장 프로그램 등이 있다.

셋째, 자기 조력 활동은 개인이 자기 자신의 기술을 개발하기 위해 무엇을 할 수 있는가가 아니라, 구성원들이 리더십 기술을 개발하기 위해 조직이 무엇을 할 수 있는가에 초점을 둔다. 예를 들어, 실무 서적, 상업용 CD, 대화형 컴퓨터 프로그램 등이 있다.

또한 리더십 개발을 위한 구체적 접근 방법은 자신의 현재 상태와 바람직한 상태를 파악하기 위한 측정과 리더십 역할과 과정에 참여하는 도전, 그리고 학습하고 성장하는 노력이 가치 있다는 지원을 통해 셀프 리더십을 경험하는 것에서 시작된다. 측정은 향후 리더십 개발에 관한 방향을 잡아 주기 위한 것이며, 도전은 리더로서의 도전 의욕을 고취할 수 있고, 지원은 변화에 대해 긍정적으로 생각하고 학습하여 성장할 수 있도록 하는 데 자신감을 부여하기 때문이다.

한편 사용하는 개발 방법과는 관계없이 얻을 수 있는 리더십 역량은 조직 내의 몇 가지 조건에 의해 촉진될 수 있다. 지원이나 학습 환경에 많은 영향을 받는 것으로 상사의 지원이나 학습 풍토, 그리고 배치 결정을 위한 개발 준거가 조건이 되고 있다. 이처럼 셀프 리더십 개발은 모든 사람이 학습을 통하여 셀프 리더십을 갖출 수 있다는 방향에서 보면 개인별 능력 개발로 이어질 뿐만 아니라 21세기 사회가 요구하는 준비된 셀프 리더가 되도록 하는 데 크게 이바지할 것이다.

요 약

지금까지 셀프 리더십을 설명하기 위해 셀프 리더십의 개념, 구성 요소, 자기 통제와 자기 관리, 효과, 그리고 셀프 리더십의 개발에 관하여 서술하였다.

셀프 리더십은 외적 관리의 의존에서 독립적인 자율성을 부여하여 더 효율적으로 자기 능력과 꿈을 최대한 실현할 수 있도록 하는 리더십이다. 그러므로 셀프 리더십은 개인 차원에서의 자기계발에 초점을 맞추고 있거나 조직의 발전 차원에서 구성원 개인에게 기대되는 행동에 초점을 맞추고 있고, 타인의 지시나 영향을 받지 않고 자신에게 영향력을 발휘하도록 하는 새로운 관점의 리더십이다.

셀프 리더십 구성 요소의 이론적 배경은 사회적 인지 이론에 기초한 행동적인 전략과 내재적 동기 이론에 기초한 인지적인 전략에 근거하고 있다. 이는 셀프 리더십에서 개인의 유효성에 긍정적인 영향력을 행사할 수 있는 전략 제시의 바탕이 되는 것으로, 행동과 인지가 조직 구성원의 행동에 중요한 요소로 작용하는 것을 알 수 있다. 또한 셀프 리더십은 자기통제와 자기 관리를 토대로 목표 달성을 위한 효과적인 행동을 계획하고 실천하는 데 있어서 몰입, 자율성, 긍정적 정서, 직무 만족, 자기 효능감, 창의성, 혁신성, 교육 만족 등 다양한 성과 변수에 영향을 주어 개인, 팀, 조직 성과의 개선을 가져온다.

한편, 셀프 리더십 개발은 개인적인 학습과 인식의 전환을 통하여 가능할 뿐만 아니라 훈련과 교육을 통해 바람직한 요소를 학습할 수 있는 것으로 이해할 수 있다. 개발 방식은 여러 측면에서 통합적으로 바라보는 관점과 이론이 필요한데, 일반적으로 리더십 역량을 얻을 수 있는 개발 활동의 유형으로 개발 방식의 세 가지 범주인 공식 훈련, 개발 활동, 자기 조력 활동을 들 수 있다. 셀프 리더십은 모든 사람이 학습을 통하여 갖출 수 있다는 방향에서 보면 개인별 능력 개발로 이어질 뿐만 아니라 현대사회가 요구하는 리더십 역량 또한 기를 수 있을 것이다.

성찰질문

사람은 어떤 능력을 가져야 자신을 효과적으로 관리할 줄 아는 것일까? 또한 어떻게 해야 자신의 잠재적 능력을 일깨우고 성장 가능성을 증대시킬 수 있을까?

사례 연구

수십 년 전 영국 옥스퍼드 대학교에서 있었던 일이다. 알렌이라는 청년과 빌이라는 청년이 룸메이트가 되었다. 알렌은 전형적인 상류층 자제이자 수재 중의 수재였다. 그는 마치 왕자 같은 사람이었다. 모든 사람이 그와 친구가 되고 싶어 했고, 모든 여자가 그와 사귀고 싶어 했다.

반면 빌은 전형적인 하류층 자제였다. 그 역시 수재였으나 알렌만큼은 아니었다. 그는 무엇이든 스스로 노력해야만 얻을 수 있었다. 그도 사람들에게 인기가 있었고 여자들의 관심을 끌었지만 알렌과는 비교가 되지 않았다. 빌은 결손가정 출신이었고, 수중에 돈 한 푼 없었으며, 권력은 단지 희망 사항일 뿐이었다. 그가 가진 것이라곤 오직 미래에 대한 꿈밖에 없었다.

알렌과 빌의 의식은 두 사람의 물질적 환경만큼이나 차이가 컸다. 알렌은 매사에 부정적이었다. 그는 삶의 나쁜 점만 보았고 감사할 줄 몰랐다. 인간관계 역시 마찬가지였다. 그에게는 모든 인간관계가 계산적이고 가식적으로 보였다.

하지만 빌은 '변화'를 믿었고, '변화'를 일으킬 수 있는 주인공이 다른 누구도 아닌 자기 자신이 될 수 있다고 믿었다. 빌은 자신이 하기에 따라서 어떤 가식적인 인간관계도 진실된 인간관계로 변화시킬 수 있다고 생각했고, 모든 인간은 지구를 보다 살기 좋은 행성으로 만들기 위해 태어났다고 믿었다. 부자들의 무시나 사회의 냉대 같은 것은 염두에 두지도 않았다. 빌이 생각하기엔 그런 것들은 불평하라고 있는 게 아니었다. 내가 개천에서 난 용이 되면 그들에게 신선한 충격을 던져 줄 수 있다. 그러면 그들의 생각도 변화할 수 있고, 부자와 빈자는 나를 통해 서로 하나가 될 수 있다. 내가 하기에 따라서 얼마든지 그렇게 만들 수 있다고 빌은 믿었던 것이다.

훗날 알렌은 1971년에 자살로 생을 마감했고, 빌은 1992년 미국의 42대 대통령에 당선되었다.

* 출처: 이지성(2007), 꿈꾸는 다락방, 국일미디어.

04

오센틱 리더십

현대사회에서 도덕성과 윤리성의 상실은 한 기업의 생존을 넘어서 국가와 세계경제에까지 커다란 부정적 영향을 미친다. 이에 오센틱 리더십(authentic leadership)은 이러한 도덕적 해이를 극복하고 튼튼하고 건전한 기업으로 지속적이고 실제적인 기업 성과를 유지하는 리더십으로 주목받고 있다.

이 장에서는 오센틱의 의미를 살펴보고 이제까지 연구된 오센틱 리더십의 개념을 비교하였다. 이어서 오센틱 리더십의 핵심적 구성요소와 기존에 연구된 변혁적 리더십, 카리스마 리더십, 서번트 리더십, 영성 리더십 등 긍정적 리더십과의 차이점을 살펴보았다. 다음으로 오센틱 리더십 개발 모델을 중심으로 긍정적 심리 자본, 긍정적 조직 풍토, 인생 주요 사건 등 리더십 개발의 이슈를 고찰하였다. 마지막으로 오센틱 리더십이 실제적이고 지속적으로 조직 성과에 미치는 효과를 살펴보았다.

오센틱의 의미

오센틱은 진정한, 진실한, 진성의, 정직한 등의 뜻으로 번역하여 쓰고 있으나, 어느 하나 오센틱의 의미를 담기에 충분하지 않다. 그래서 이 글에서는 원어 뜻을 그대로 전달하기 위해 우리말로 번역하지 않고 그대로 오센틱으로 쓰기로 하겠다.

오센틱 리더십의 핵심 개념인 오센틱에 대한 논의는 고대 그리스 철학에서 시작하여 실존주의 철학과 인본주의 심리학에 이어 긍정 심리학으로 이어져 왔다. 고대 그리스 철학자들의 '너 자신을 알라.' 와 '너 자신에 진실하라.' 는 명제는 오센틱한 자신을 돌아보는 본원적인 질문이다. 현대에 들어와서 참된 내면의 질문은 실존주의 철학에서 재조명되기 시작하였다.

Kierkegaard는 인간의 실존을 '신 앞에 선 단독자'라 표현했다. Nietzsche는 '인간의 삶을 가로막고 있는 모든 것으로부터 우매함을 떨쳐 버리고 인간이 주체적이고 창조적인 모습을 회복했을 때'를 실존의 모습으로 보았다. Heideger는 인간의 진실한 모습을 이해하기 위해 '현 존재'라는 개념을 도입하였는데, 이 현 존재는 성찰을 통해 자신의 존재를 이해하고 있어야 한다(윤정구, 2012). Sartre는 사람들이 존재의 무의미에 직면해서 진정한 자아 탐색에 나선다고 주장하면서 오센틱을 '개인적인 의미 탐색'이라고 정의하였다. 오센틱은 노력을 통해서 획득해야 할 대상으로 사회적 맥락에서 개인 양심의 안내에 따라 모습을 드러낸다. Maslow는 오센틱을 자신의 본성에 자신의 삶을 맞추는 것으로 보았다. 그는 자아를 실현하는 사람들은 자신의 충동, 요구, 의견 등 자신의 주관적인 내부 세계에 대해서 어린아이와 같은 개방성을 갖고 있기 때문에 외부의 현실에도 마찬가지 자세로 대응할 수 있다고 강조하였다. 인본주의 심리학자인 Rogers는 Kierkegaard의 말을 인용해서 자신이 오센틱을 회복하는 것이 삶의 목표가 되어야 한다고 주장한다. 그는 오센틱을 회복하기 위해서는 의무감에서 다른 사람을 만족하게 하려고 하는 등의 가식에서 벗어나서 자신의 내면의 소리를 들으라고 권유한다. Kernis(2003)는 오센틱을 Rogers의 온전히 기능하는 사람에 대한 개념을 토대로 자기 인식, 균형 잡힌 정보 처리, 행동, 관계 지향성의 네 가지 요인으로 이루어진 개념으로 보았다. Harvey, Martinko와 Gardner(2006)는 정확한 자기 인식을 통해서 자신의 내적 가치, 신념, 감성, 생각과 행동이 일치하도록 해 주는 개발 과정이 오센틱이라고 주장하였다.

오센틱이 도덕성을 포함하는가에 대해서는 이견이 있다. May와 Chan, Hodges, Avolio(2003)는 도덕성을 오센틱 리더십의 필수 요인으로 보았고, Gardner와 Avolio, Luthans, May, Walumbwa(2005)도 도덕성이 낮은 사람이 오센틱하기는 어렵다고 하였다. 그러나 Shamir와 Eilam(2005)은 자신에 대한 진실이 반드시 높은 도덕 수준이나 윤리적 행동과 일치하는 것은 아니라고 하여 다소 다른 주장을 하기도 하였다(홍성화, 2011).

오센틱 리더십의 개념

오센틱 리더십에 대한 연구는 크게 두 가지 방향으로 이루어져 왔다. 하나는 사회과학 연구 결과에 기초한 이론적 접근이고, 다른 하나는 현장 경험과 구성원의 교육과 훈련 자료를 중심으로 하는 실무적 접근이다(Northouse, 2010). 두 가지 접근 방법에 따라 주요 오센틱 리더십 개념을 살펴보면 다음과 같다.

Chan(2005)의 연구를 토대로 하여 오센틱 리더십을 이론적으로 접근하는 연구자들을 인간 내적 관점, 개발적 관점, 관계적 관점으로 구분하였다. 그들은 각기 다른 관점에서 오센틱 리더십을 조망하고 강조점도 각기 다르다. 인간 내적 관점의 오센틱 리더십 연구자는 리더의 내면에 초점을 맞춘다. Shamir와 Eilam(2005)은 오센틱 리더를 '자아 개념의 핵심 요소이고, 명확한 자아 개념을 갖고 있으며, 자아와 일치하는 목표가 있고, 행동이 자기 표현적인 사람'이라 정의하였다. 그들은 오센틱 리더들의 내적 경험을 강조하면서도 구성원 역시 리더의 오센틱 리더십에 영향을 미치는 것을 인정하였다.

개발적 관점에서 오센틱 리더십은 고정된 기질이 아니라 살아가면서 겪는 주요 사건에 의해서 개발된다고 본다. Walumbwa와 Avolio, Gardner, Wernsing, Perterson(2008)은 개발적 관점에서 오센틱 리더십을 "긍정적 심리 자본과 긍정적 조직 풍토의 증진을 통해서 추종자들과 함께 일하면서 자기 인식, 내면화된 도덕적 시각, 균형 잡힌 정보 처리, 관계의 투명성을 육성하고 긍정적 자기계발을 이루는 리더의 행동 양식"이라고 정의하였다.

관계적 관점은 오센틱 리더십이 리더와 구성원 사이에 생기는 인간관계 과정이라고 생각한다. Illies, Morgeson과 Nahrgang(2005)은 관계적 관점에서 오센틱 리더를 '자기 인식, 균형 잡힌 정보 처리, 오센틱 행동, 오센틱 관계 지향의 리더'로 정의하였다.

오센틱 리더십의 실무적 접근의 대표적인 연구자로는 Terry와 George가 있다(Northouse, 2010). Terry는 리더들에게 자신과 조직 및 세상에 대해 진실하고 정확한 상황 판단에 기초해서 행동할 것을 권유하였다. 그는 리더 행동을 진정한 행동과 진정하지 않은 행동으로 구분하고, 리더들이 조직에 잠재된 문제에 대해서 올바른 진단과 처방, 즉 진정한 행동을 할 수 있도록 돕기 위해 행동 휠 모델을 개발하였다.

리더는 올바른 행동을 위해 진단과 처방의 두 단계를 거쳐야 한다. 첫째, 행동 휠을 활용하여 현재 어떤 일이 실제로 일어나고 있는지 파악한다. 둘째, 행동 휠을 활용하여 그 일에 필요한 조치를 결정한 다음 실행에 옮긴다. 행동 휠은 바깥쪽과 안쪽을 중심으로 이루어져 있다. 바깥 휠과 안쪽 휠은 같은 여섯 가지 요소로 이루어져 있는데, 이 여섯 가지 요소는 힘, 사명, 의미, 존재, 자원과 구조다. 안쪽 휠은 진단을 위한 것이고, 바깥 휠은 처방을 위한 것이다. 행동 휠의 중심에는 목표의 달성을 뜻하는 성취가 자리한다.

George는 오센틱 리더의 특성에 초점을 맞춰 연구하였다. 30년

이상의 현장 경험과 125명의 다양한 분야에서 일하는 성공적인 리더의 인터뷰를 통해 그는 오센틱에서 시작해서 오센틱으로 끝난다고 주장 한다. George에 따르면 오센틱 리더는 다른 사람들에게 봉사하고자 하는 진실한 욕구를 가진 사람으로서, 다음 다섯 가지의 특성을 지닌다.

첫째, 명확한 삶의 목적이 있고 열정적으로 그 목적을 추구한다. 둘째, 명확한 가치관을 따르고 있고 그에 따라 행동한다. 셋째, 따뜻한 마음으로 다른 사람을 돕고 보살핀다. 넷째, 자신을 개방하고 소통하면서 다른 사람들과 오랫동안 좋은 관계를 맺는다. 다섯째, 자기 규율을 발휘해서 목표 달성을 위해 일관성 있게 행동한다(Northouse, 2010).

이에 오센틱 리더십 개념과 관련하여 관점과 핵심 요소를 정리하

〈표 4-1〉 **오센틱 리더십 관점과 핵심 요소**

접근	관점	핵심 요소	구성 요소	분석 수준	시간
이론적 접근	개인 내부	내부 과정과 시스템으로서의 오센틱 리더십	자기 인식, 자기 규제, 메타 인지, 가치	개인	일반적 단기
	관계	긍정적 · 관계적 힘으로서의 오센틱 리더십	관계의 투명성, 행동 일관성, 관계 지향	둘 이상	다양
	개발	성장을 향한 개인 여정으로서의 오센틱 리더십	이야기, 인생 이야기, 통찰, 주제, 자아 성찰	개인	일반적 단기
실용적 접근		증명할 수 있는 결과에 대한 수단으로써 오센틱 리더십	기대 이상의 성과, 실제적 성장	둘 이상	다양

출처: Chan (2005), p. 231.

면 〈표 4-1〉과 같다.

오센틱 리더십의 구성 요소에 대해서 살펴보면 Luthans와 Avolio(2003)는 긍정적 심리 자본, 긍정적 조직 풍토, 자기 인식, 자기 규제를 오센틱 리더십의 구성 요소로 제시하였다. 그러나 Shamir와 Eilam(2005)은 긍정적 심리 자본을 오센틱 리더십 구성 요소로 보지 않고 리더 역할에 초점을 맞춘 정체성, 명확한 자아 개념, 가치관과 일치하는 목표, 가치관과 일치하는 행동을 오센틱 리더십의 구성 요소로 보았다. Illies 등(2005)은 자기 인식, 균형 잡힌 정보 처리, 오센틱 행동, 오센틱 관계 지향을 오센틱 리더십의 구성 요소로 제시하였다. Gardner 등(2005)은 오센틱 리더십의 핵심 요소를 자기 인식과 자기 규제로 보고 자기 규제에는 내적 규제, 균형 잡힌 정보 처리, 관계적 투명성, 진정성 있는 행동이 포함된다고 설명하였다. Walumbwa 등(2008)은 오센틱 리더십의 구성 요소를 찾고 측정 도구를 개발하기 위해 광범위한 문헌 연구와 전문가 면접을 시행하였다. 그 결과, 그들은 오센틱 리더십은 자기 인식, 균형 잡힌 정보 처리, 관계의 투명성, 내재화된 도덕적 관점의 네 가지 구성 요소를 지니며, 다음과 같은 특성이 있다고 주장했다.

첫째, 긍정적 심리 자본과 긍정적 조직 맥락이 오센틱 리더십 개발을 촉진하지만 오센틱 리더십 자체를 구성하지는 않는다. 둘째, 자기 인식과 함께 자기 규제인 균형 잡힌 정보 처리, 관계적 투명성, 내재화된 도덕적 관점이 오센틱 리더십의 핵심 요소다. 셋째, 오센틱 리더십을 리더와 구성원 간의 진정성 있는 상호 관계로서 리더와 구성원이

〈표 4-2〉 **오센틱 리더십 구성 요소 비교**

연구자	구성 요소				
Luthan와 Avolio(2003)	자기 인식	자기 규제	긍정 심리 자본	긍정 조직 풍토	-
Avolio와 Gardner(2005)	자기 인식	자기 규제	긍정 심리 자본	긍정 도덕 관점	-
Gardner 등(2005)	자기 인식	진정성 있는 행동	균형 잡힌 정보 처리	관계적 투명성	내적 규제
Illies 등(2005)	자기 인식	진정성 있는 행동	균형 잡힌 정보 처리	진정성 있는 관계 지향	-
Walumba 등(2008)	자기 인식	내재화된 도덕 관점	균형 잡힌 정보 처리	관계적 투명성	-

출처: 홍성화(2011), p. 19.

성장하는 데 중요하다.

이에 오센틱 리더십 구성 요소를 정리하면 다음과 같다.

오센틱 리더십의 구성 요소를 집으로 비유하면 [그림 4-1]과 같다. 자기 인식은 오센틱 리더십이라는 집의 지붕과 같이 높은 곳에서 모든 것을 조망한다. 이는 리더가 자기 자신에 대해서 통찰하는 것을 의미한다. 그것은 결과 그 자체가 아니고 과정이다. 리더가 자신의 강점과 단점을 포함한 자기 자신을 이해하며 리더가 다른 사람들에게 미치게 될 영향을 이해하는 과정이다. '자기 인식'의 개념은 자신의 핵심적 가치관, 정체성, 정서, 동기, 목표, 마음의 깊은 밑바닥에 있는 자신을 반영하는 개념이다. 그리고 자기 인식은 자신의 정서를 인식하고 신뢰하는 것도 반영하고 있는 개념이다(Kernis, 2003). 리더가 자기 자신을 알고 있고, 자신이 누구이며, 무엇을 위해 일하고 있

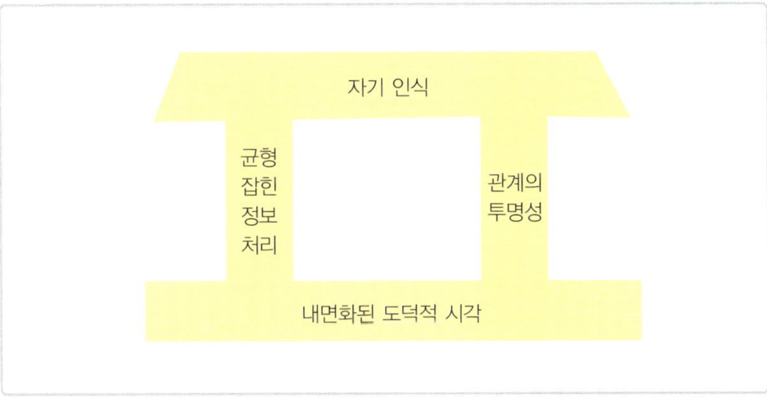

[그림 4-1] 오센틱 리더십 구성 요소

는가에 대해 뚜렷이 인식하고 있을 때, 그것은 리더의 결정과 행동이 표류하지 않게 하는 강력한 닻의 역할을 한다(Gardner, 2005). 사람들은 자기 인식이 강한 리더들을 보다 정직한 리더로 인식한다.

내면화된 도덕적 시각은 오센틱 리더십을 집에 비유했을 때 주춧돌과 같다. 이는 자기 규제의 과정을 가리키는 말이다. 리더는 자기 규제를 통해서 자신의 내면적 도덕 기준과 가치관을 행동의 지침으로 삼는다. 그리고 외부의 압력이 자신을 통제하지 않게 한다. 사람들은 내면화된 도덕적 시각을 가진 리더를 정직한 리더로 인식한다. 그 같은 리더의 행동은 그가 말하는 신념, 도덕 기준과 일치하기 때문이다.

균형 잡힌 정보 처리는 오센틱 리더십이라는 집을 유지하는 한쪽 기둥으로 결정을 내리기 전에 정보를 객관적으로 분석하는 능력, 그리고 다른 사람의 의견을 검토하는 능력을 말한다. 균형 잡힌 정보 처리 능력은 또 어떤 특정 문제에 대한 편애를 피하고 선입견이나 편견이 없는 것을 의미하기도 한다. 그리고 균형 잡힌 정보 처리 능력은 자기와 의견을 달리하고 있는 사람들의 의견 제시를 요청하여 자신의 행동을 취하기 전에 그들의 입장을 고려하는 것도 포함한다. 사람들은 균형 잡힌 정보 처리 능력을 갖춘 리더를 정직하다고 인식한다. 그 같은 리더는 자신의 시각을 숨기지 않을 뿐 아니라 다른 사람의 시각도 객관적으로 고려하기 때문이다.

관계의 투명성은 오센틱 리더십이라는 집을 유지하는 나머지 기둥이며 자신의 참된 모습을 다른 사람에게 공개적으로 정직하게 나타내는 것을 가리키는 말이다. 자신의 감정의 응어리, 동기, 성벽을 적절한 방식으로 다른 사람들과 나눌 때 나타나는 현상이 '관계의 투명성'이다(Kernis, 2003). 관계의 투명성에는 자신의 긍정적인 측면과 부정적인 측면을 다른 사람들에게 보이는 것도 포함한다. 간단히 말해서 관계의 투명성은 다른 사람들과의 관계에서 진실한 사실을 공개적으로 의사소통하는 것이다.

오센틱 리더십과 긍정적 리더십 비교

Avolio와 Gardner(2005)는 오센틱 리더십 이론은 긍정적 리더십 이론의 근거가 되는 기초 구성체라고 전제한다. 기초 구성체란 '긍정적 리더십의 다른 형태를 구성하는 기본'인 것을 의미한다. 예를 들면, '영감(Vision)'은 변혁적 리더십, 카리스마 리더십, 서번트 리더십, 영성 리더십의 중요한 구성 요소다(Bryman, 1992). 리더는 구성원이 오랜 기간 헌신할 수 있는 바람직한 미래상을 만들 수 있도록 구성원의 능력에 대해 영감을 줄 수 있는 사람으로 보일 수 있다. 만약 그 리더가 진정으로 구성원의 능력에 대한 영감을 주는 리더라면, 리더가 희망하는 것이 그대로 이루어지지 않더라도 시간이 지날수록 구성원의 참여가 활발해지고, 구성원이 앞으로 나아갈 방향에 대해 더 명확히 인지함으로써 바람직한 미래상에 조금씩 다가설 수 있다. 하지만 그 리더의 비전에 대한 진정성이 의심된다면 그 비전은 자칫 리더 본인의 개인적 목적을 달성하기 위해 구성원을 조종하는 속임수가 될 수 있다. 또한 언젠가 그 구성원들이 속았다고 생각한다면, 그들은 자연스럽게 업무에 비협조적으로 임하고, 장기적인 성과도 부진하게 될 것이다.

오센틱 리더십을 기초 구성체로 전제함으로써 전체 긍정적 리더십 연구는 기초 구조가 되는 구성 프로세스를 더 깊이 있게 논의할 수 있는 특권을 얻게 되었다. 또한 긍정적 리더십의 다양한 형태의 구성 요소를 단순히 분석하는 것이 아니라, 진실하고 지속 가능한 성과를 촉진하는 리더십 기초에 대한 정보를 얻을 수 있다(Avolio & Gardner, 2005).

오센틱 리더십 이론은 인간의 가장 깊은 부분인 자아와 사회를 중심으로 성립하는 이론이기에 집단, 조직, 사회 등 모든 수준에 적용할 수 있다. [그림 4-2]는 오센틱 리더십과 긍정적 리더십을 비교하고 있다(Avolio & Gardner, 2005).

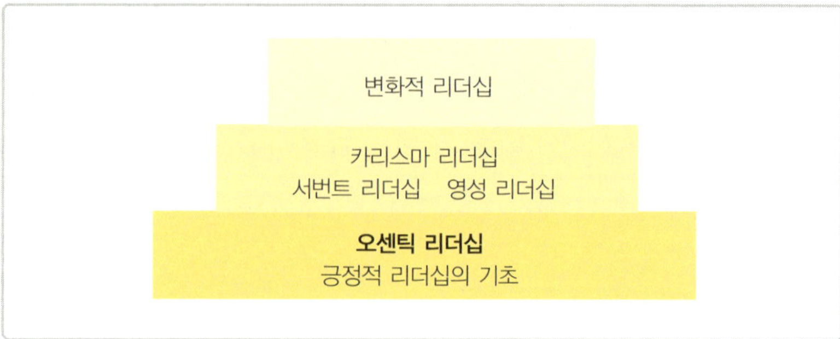

[그림 4-2] 오센틱 리더십과 긍정적 리더십 비교

출처: Meacham (2007), p. 74.

오센틱 리더십과 변혁적 리더십의 차이는 오센틱 리더십 이론은 리더와 부하 직원에 대한 자기 인식, 자기 규제, 긍정적 심리 자본 및 긍정적 조직 풍토 등의 역할을 포함하는 반면 변혁적 리더십은 낙천적이고, 희망적이며, 개발 지향적이고 높은 도덕적 특성 등을 포함한다는 점이다(Bass, 1998). 따라서 오센틱 리더십은 변혁적 리더십을 포함하면서 긍정적 심리 자본을 수반하여 변혁적 리더십을 넘어서고 있다(Luthans & Avolio, 2003). Bass(1998)는 리더가 변혁적으로 보이기 위해서는 진실해야 하지만 오센틱 리더가 된다는 것은 반드시 변혁적이어야 하는 것을 의미하지는 않는다고 하였다. 오센틱 리더와 변혁적 리더와의 가장 큰 차이는 오센틱 리더십은 깊은 자기 인식에서 출발한다는 것이다(Avolio & Gardner, 2005).

오센틱 리더십과 카리스마 리더십의 차이는 카리스마 리더십에는 리더와 구성원 간에 자기 인식, 자기 규제에 대한 논의가 없다는 것이다. 오센틱 리더와 카리스마 리더의 또 다른 차이는 리더가 구성원의 가치와 도덕적 관점에 영향을 주는 방식의 차이에 있다. 오센틱 리더십과 마찬가지로 서번트 리더십, 영성 리더십은 모두 리더의 자기 인식, 자기 규제의 역할에 대한 명시적 · 비명시적 인지를 포함한다. 하지만 오센틱 리더십 개발 관점이 자기 인식, 자기 규제의 논의를 위해 임상학적 문헌과 긍정 · 사회심리학적 문헌을 빌리는 것과 비교해 볼 때, 서번트 리더십 이론은 이에 관한 실증적 연구가 부족하고, 이론적으로 충분하지 못하다(Avolio & Gardner, 2005).

Fry(2003)에 의해 발전한 영성 리더십 이론은 비전과 이타적인 사랑, 희망, 믿음 등을 강조하며 리더의 자아 인식의 역할에 대한 명확한 인지를 포함한다. 또한 영성 리더십은 통합, 신뢰, 용기, 희망, 회복 능력 등을 강조하며 오센틱 리더십과 유사해 보인다. 그러나 영성 리더십에서도 서번트 리더십 같이 자아 인식과 자아 규제에 대한 논의 및 조직적 환경 등과 통합할 수 있는 이론적 연구가 부족하다.

따라서 오센틱 리더십은 최근까지 연구되고 있는 카리스마 리더십, 변혁적 리더십, 서번트 리더십, 영성 리더십 등에 비해 긍정적 심리 자본과 연계하여 자기 인식과 자기 규제를 기반으로 리더십 개발에 도움을 주는 유용한 리더십 개발 모델이라 할 수 있다(박시남, 2011).

오센틱 리더십 개발 모델

Luthan과 Avolio(2003)에 따르면 오센틱 리더십 개발은 두 가지 측면으로 이루어진다. 첫째, 어떠한 적극적 시도도 없이 타고난 개인 능력과 경험의 사건들이 결합하여 리더십이 개발되는 경우다. 둘째, 적극적 리더십 개발자들이 계획적 주요 사건을 통하여 오센틱 리더십을 개발하거나 훈련할 수 있도록 설계하는 것이다. 불가피한 부정적 사건들, 특히 파괴적일 수 있는 사건들을 이용하여 효능감, 희망, 낙관주의, 회복력 등과 같은 학습된 능력을 통해 리더의 진정성을 강화하는 방법이다. 특히 긍정 심리학과 긍정 조직 행동적 접근 방식이 매우 중요하다. 이에 긍정 조직 행동과 변혁적 리더십 이론에 근거하여 [그림 4-3]에서와 같은 오센틱 리더십 개발 모델을 제안한다. 이 모델에서는 긍정적 심리 자본, 긍정적 조직 풍토, 인생 주요 사건 등을 오센틱 리더십 개발의 핵심 요소로 설정하였다.

오센틱 리더십 개발에 핵심적인 영향을 미치는 것에는 긍정적 심리 자본이 있다. 긍정적 심리 자본은 자기 효능감, 희망, 회복력, 낙

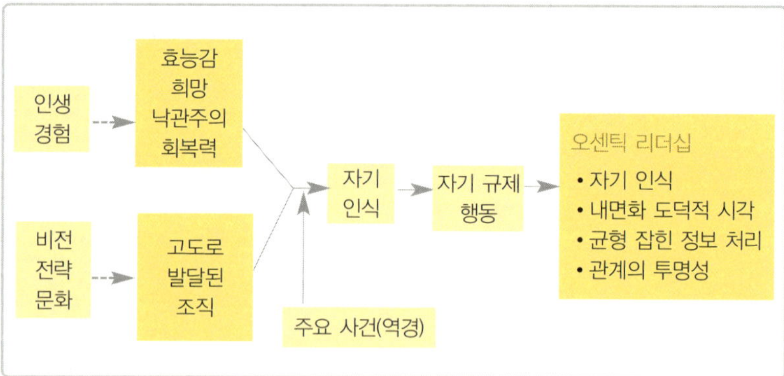

[그림 4-3] 오센틱 리더십 개발 모델

출처: Luthans & Avolio (2003), p. 251.

관주의로, 이 네 가지 요인은 실증 심리학이나 실증적 조직 행동 분야에서 도입한 개념이다(Luthan & Avolio, 2003). 네 가지 긍정적 심리 자본의 요소는 오센틱 리더십의 구성 요소를 개발하고 리더의 능력을 증대시킨다. 이 심리 자본은 외향적인 성격처럼 평생에 걸쳐 드러나는 상대적으로 고정적 성격 측면을 나타내고 있기 때문에 '성격과 같은 특성'이거나 '정신 상태 같은 특성'이리고 한다. 그래서 훈련이나 코칭을 통해 개발하고 변화시킬 수 있는 것이다(Northouse, 2011).

가장 발달한 성숙한 조직 문화에서는 리더가 자신의 임무를 성공적으로 달성하는 데 신경 쓰는 만큼 타인의 개발에도 신경을 쓴다. 이러한 환경과 문화의 성숙은 도덕적 성숙성과 유사하고, 사람들이 오센틱 리더라는 점을 보여 주는 추론과 유사하다. 최적의 리더십 발달을 동기 부여하고 지원해 줄 수 있는 문화 형태는 오센틱하고 성숙하며, 매우 잘 발달한 조직 풍토라는 사실을 가리킨다. 고도로 발달한 조직의 환경이나 문화는 리더가 더 높은 수준의 오센틱 리더십 능력을 개발하는 데 필요한 자기 인식과 자기 규제를 지원할 것이다. 개인의 오센틱을 개발하기 위해서는 개인의 긍정적 심리 자본과 고도로 발달한 조직 환경 및 문화 발달이 일치해야 한다. 조직의 환경이란 비전, 전략, 문화 외에도 그 개인이 속한 작업 집단의 차상위 수준의 리더를 포함한다. 이 상황을 구성하는 각 요소와 시너지를 내는 결합은 오센틱 리더를 개발하는 데 중요한 역할을 한다. 특히 고도로 발달한 조직 문화는 새로 부상하는 오센틱 리더들이 자신의 모든 잠재력을 발휘하도록 적합하게 도전하는 주요 사건을 촉발하는 것이다.

오센틱 리더십 개발은 리더 자신이 살아온 개인 삶과 그가 경험하는 인생의 주요 사건에 영향을 받는다. 리더가 살아온 개인 삶은 가족의 영향과 역할 모델, 초기 삶의 도전, 어린 시절, 문화, 교육, 직업 직무, 역할 모델 등 리더가 되기 전의 경험으로 구성된다. 인생에서의 주요 사건은 긍정적 성장과 발달을 자극한다. 주요 인생 사건은 대체로 부정적인 사건인 역경과 고난 등이 대부분이지만 승진, 경력 확대 등 긍정적 사건도 리더십 개발을 촉진한다(Luthans & Avolio, 2003).

오센틱 리더십과 조직 성과

오센틱 리더십 개발 선행 요인의 한 측면인 개인 역사와 주요 사건은 오센틱 리더십 개발에 핵심적으로 작용하는 요인이다. 이러한 요인들의 영향이 어떻게 조직의 성과에 영향을 미치는지는 [그림 4-4]를 통하여 알 수 있다.

오센틱 리더는 높은 수준의 자기 인식 과정을 경험하며, 자기 인식 과정은 가치, 정체성, 정서, 동기, 목적 등을 포함하고 있다. 가치는 자신의 행동 근거가 되고 다른 사람들과 사건들을 평가하고 이해하는 준거가 된다. 오센틱에는 자기 자신과 자신의 핵심가치에 대한 일관성을 포함한다. 정체성은 개인이 자신의 특징, 성격, 경험을 기술하고 설명하는 개인에 대한 이론이다. 정체성 형성에서 자기 동일시는 자신의 정체성을 개인적으로는 자기에 대한 성찰로 이루어진다. 정서는 자기 인식에 중요한 요소로, 정서적으로 우수한 사람은

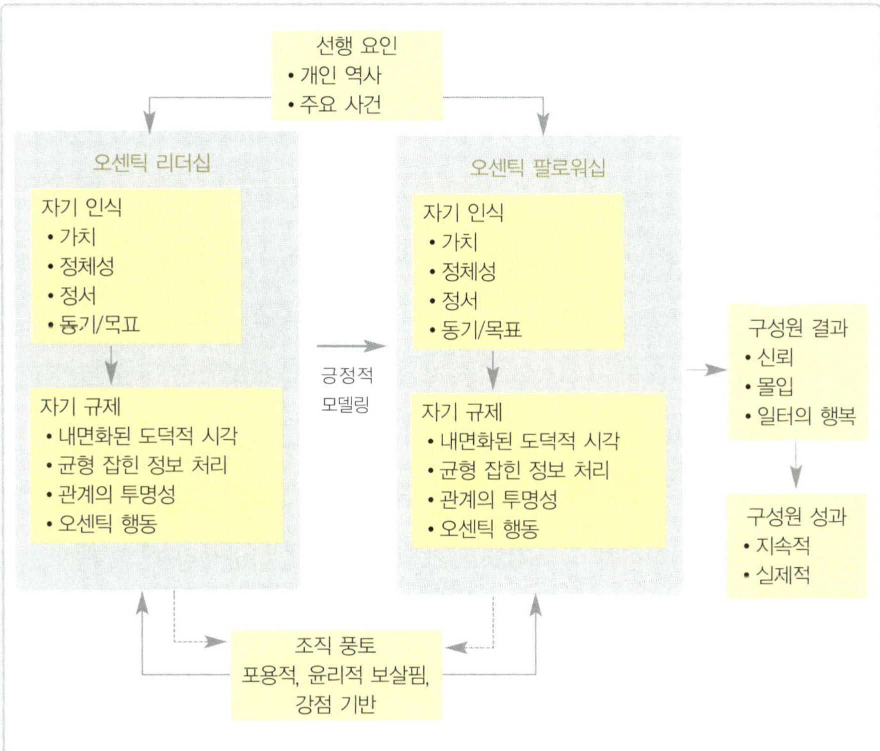

[그림 4-4] 오센틱 리더십이 조직 성과에 미치는 영향

출처: Gardner, Avolio, Luthans, May, & Walumbwa (2005), p. 346.

자기 자신의 정서를 잘 알고 타인의 정서를 이해하며 민감하게 반응한다(박시남, 2011).

이러한 자기 인식을 바탕으로 자기 규제가 적절하게 이루어지는데, 자기 규제란 자아에 대한 내적 기준을 설정하고 이 기준과 결과 간의 차이를 평가하고 그 차이를 해결하기 위해 행동하는 것을 말한다. 자기 규제에는 내면화된 도덕적 시각, 균형 잡힌 정보 처리, 관계의 투명성 및 오센틱 행동이 포함된다. 오센틱 리더는 자기 인식과 자기 규제의 과정을 거치면서 구성원에게는 긍정적 모델의 역할을 하고, 조직에는 긍정적 조직 풍토 형성에 영향을 미쳐 포용적이고 윤리적이며 보살핌이 있고 강점을 키우는 문화를 형성한다. 오센틱 리더에게 영향을 받는 구성원들은 [그림 4-4]와 같이 오센틱 리더십에서 자기 인식, 자기 규제와 같은 절차인 오센틱 팔로워십의 내부 과정을 거친다. 결국 구성원들은 조직에 대한 신뢰와 업무에 대한 몰입을 이루고 일터에서의 행복을 형성하는데, 이는 지속 가능하고 실제적인 성과를 창출하는 데 기초를 이룬다(박시남, 2011).

오센틱 리더십은 궁극적으로 조직의 성과에 이바지한다. 오센틱 리더가 구성원과 함께한 시간은 단순히 긍정적인 결과를 강화하고 부정적인 결과를 축소하는 것 이상을 의미한다. 오센틱 리더는 행동으로 나타내기 때문에 무엇이 어떠한 내적 · 외적 결과를 초래하는지 구성원이 명확하게 이해할 수 있게 한다(Gardner, Avolio, Luthans, May, & Walumbwa, 2005). 높은 수준의 통합된 도덕적 기준의 모델을 보여 줌으로써 오센틱 리더는 구성원의 더 깊은 개인적 헌신을 이끈다. 이러한 과정을 통해 자신이 노력을 더할 때 성취할 수 있다는 자기 인식을 증진한다.

시간이 흐를수록 구성원은 자기 인식을 하고 오센틱 리더의 가치와 관점을 내재화하고 효과적으로 의사 결정하는 법을 학습한다. 따라서 구성원 및 조직 전체의 성과에도 긍정적인 영향을 미친다. 개인의 내적 진정성을 강화할 때 조직의 궁극적인 성과를 증진하는 오센틱 리더십이 강화되며, 이는 기업의 경쟁 우위와 실제적이고 지속해서 우월한 성과의 창출을 이끈다. 기업의 경쟁 우위는 일반적으로 '평균 이상의 성과를 꾸준한 기간에 보이는 것'을 의미하고, 지속적인 성과는 '조직의 능력이 오랫동안 높은 수준의 성과와 성장을 성취하는 것'이라 할 수 있다. 진정하고 지속적인 성과는 재정, 인적 자원, 사회 자본, 심리 자본을 모두 포함한다.

오센틱 리더십이 조직 성과에 미치는 효과를 정리하면 다음과 같다.

첫째, 개발된 자기 인식으로 가치와 정체성 파악을 통한 업무의 의미를 새롭게 찾는다. 둘째, 내면화된 도덕적 시각으로 사람을 존중하고 포용하는 조직 풍토를 조성한다. 셋째, 균형 잡힌 정보 처리를 통하여 합리적이고 올바른 의사 결정을 한다. 넷째, 투명한 관계 형성을 통하여 구성원의 신뢰와 헌신을 이끌어 내 업무의 몰입을 유도하고 일터의 행복을 느낀다. 결국, 이러한 효과는 구성원의 성과를 지속하여 실제로 유지해 주며, 이것이 궁극적으로 기업의 재무적인 성과도 높여 줄 것이다.

요 약

진리와 정의마저도 상대화되어 간다는 포스트모던 사회에 오센틱의 화두는 앞으로 다가올 불확실성의 시대에서 기본으로 돌아가야 한다는 외침과 그 맥락을 같이 한다. 오센틱 리더십은 긍정적 심리 자본과 긍정적 조직 풍토의 증진을 통해서 리더가 추종자들과 함께 일하면서 자기 인식, 내면화된 도덕적 시각, 균형 잡힌 정보 처리, 관계의 투명성을 육성하고 긍정적 자기계발을 이루는 리더의 행동 양식으로 정의한다. 이에 오센틱 리더십 개발의 핵심 요인으로 긍정적 심리 자본과 긍정적 조직 풍토 등을 설정하고 적극적 리더십 개발자들이 계획적 주요 사건을 통하여 오센틱 리더십을 개발하거나 훈련할 수 있도록 설계한다.

오센틱 리더십이 조직 성과에 미치는 실제적이고 지속적인 효과는 자기 인식 과정인 가치, 정체성, 정서, 동기와 목적을 일깨우고, 자기 규제 과정인 내면화된 도덕적 시각, 균형 잡힌 정보 처리, 관계의 투명성 등을 통하여 긍정적 조직 풍토를 조성하며, 구성원의 신뢰와 몰입을 강화하여 구성원의 성과를 지속적이고 실제로 유지하는 것이다.

성찰질문

1. 오센틱 리더십은 인간 내면에 있는 오센틱(진정성, 진실, 정직, 진성)을 자기 인식과 자기 규제 과정(내면화된 도덕적 시각, 균형 잡힌 정보 처리, 투명한 관계 유지)을 통하여 찾아나가는 인생 여행이라 할 수 있다. 이러한 오센틱 리더십 개발을 위한 개입(인터벤션)으로 긍정적 조직 시스템 설계, 주요 사건 훈련, 일대일 코칭 등을 어떻게 적용해야 할지 논의해 보자.
2. 오센틱 리더십 개발 훈련의 참가자가 단지 자신의 개인적 파워 또는 이기적 이익을 얻기 위해 오센틱 리더십 개발을 악용할 경우, 이를 어떻게 처리해야 할지 오센틱 리더십 개발 프로그램 운영 절차에 반영하여 논의해 보자.

링컨은 대표적인 오센틱 리더의 한 사람이다. 링컨은 친어머니를 아홉 살 때 잃었다. 그 후 아버지는 세 명의 자식이 있는 여자와 재혼하였다. 그는 7명의 형제와 작은 오두막집에서 지내야 했다. 링컨은 친어머니에게 유산으로 물려받은 손때 묻은 성경을 평생 가지고 다니며 세 삶의 지표로 삼았다. 이것은 그가 어려서부터 내면화된 도덕적 시각을 갖추게 하는 계기가 된다.

링컨의 생애를 살펴보면 그가 오센틱 리더의 특질을 빠짐없이 갖추었음을 알 수 있다. 그의 능력 가운데 몇 가지는 선천적이었지만, 그 밖의 것은 인생을 살아가면서 스스로 취득한 것이다. 자기 인식, 내면화된 도덕적 시각, 균형 잡힌 정보 처리, 관계의 투명성, 정직, 청렴, 인권의 존중 등은 유년기와 소년기에 받은 기독교적 교육의 산물이다.

성인이 되고 나서 링컨은 경제적 · 정치적으로 끊임없는 어려움에 부딪치고 심한 스트레스와 역경을 극복해야 했다. 오하이오 강에서 뱃사공으로 일했고, 농장 노동자, 우체국 직원, 측량기사, 심지어 상점의 점원으로도 일했다. 스물세 살에는 윌리엄 베리라는 동업자와 함께 잡화상을 시작하기도 했지만, 그 사업은 실패했고 결국 빚더미에 앉기도 했다.

그러나 그 후 그가 선택한 변호사의 길은 훗날 대통령으로 활약하는 데 큰 밑거름이 되었다. 그는 변호사 시절에 자신을 스스로 표현하고 자신의 신념과 생각을 남에게 명확하게 밝히는 힘을 길렀다. 이때 사람을 설득하고 지도하고 움직이는 능력을 갖추었으며, 관계에서의 투명성을 키웠다.

링컨은 정계로 진출하겠다는 꿈을 염두에 두고 항상 훌륭한 연설가가 되고자 노력했다. 링컨은 힘 있는 연설가가 되기 위해 자신의 뛰어난 재치와 스토리텔링의 천부적인 재능을 교묘하게 결합시켰다. 또 그는 지속적인 탐구심과 학습 능력으로 창의력을 지닌 인물이 되었다.

미국 대통령으로서 링컨은 균형 잡힌 정보 처리를 통하여 의사 결정이 신속하고 정확했다. 이는 전임 대통령인 부캐런이 최악의 상황을 물려주었는데도 짧은 기간에 남북전쟁에서 승리를 거두고 미국의 분열 방지를 위한 연방정부 수립 등의 위대한 업적을 남긴 것으로 증명할 수 있다.

자기 인식

링컨은 학교에서 정규 교육을 거의 받지 못했고 주로 혼자 공부했으며, 글쓰기와 수사법의 기본을 배우기 위한 책도 겨우 빌려서 보았다. 자전적 글에서 링컨은 '내가 학교에 다닌 기간 전부를 다 합쳐도 일 년이 채 되지 않을 것' 이라고 밝혔다. 그는 결코 학생의 신분으로 대학에 다닌 적이 없다. 변호사 자격증을 따기 전까지는 대학의 강의실에 들어가 본 적도 없었지만 혹 배움의 기회를 갖기라도 하면 모든 것을 완벽히 이해하기 위해 노력했다. 아버지로부터 독립한 스물세 살부터는 완벽하지는 않았지만 훌륭하게 말하고 쓰기 위해 영어 문법을 공부했다. 또 연방의회의 의원이 된 이후에도 유클리드 기하학 여섯 권을 거의 통달하기도 했다. 그는 자신을 항상 성찰하며 돌아보았고, 자기 인식을 통해서 자신의 부족함을 인지하고 그 부족함을 채우기 위해 모든 학습에 온 힘을 다했다.

내면화된 도덕적 시각

링컨이 스프링필드로 말을 타고 간 아침, 그의 수중에는 한 푼의 현금도 없었으며, 설상가상으로 그는 1천1백 달러의 빚까지 있었다. 뉴 세일럼에서 베리와 동업으로 운영하던 잡화점이 망하는 바람에 돈을 모두 잃었기 때문이다. 그 당시 베리는 완전히 술에 절어 있었고, 링컨은 혼자서 그 책임을 떠맡게 되었다. 솔직히 말해서, 링컨이 혼자 갚을 필요는 없었다. 사업이 실패한 것은 두 사람의 공동 책임이었으며, 이런 점을 호소하면 법적으로도 책임을 면할 방법이 있었던 것이다.

하지만 링컨은 어려서부터 기독교를 통해서 내면화된 도덕적 시각을 형성하고 있었다. 이에 링컨은 오히려 채권자들을 찾아가서는 자기에게 시간을 준다면 이자까지 덧붙여 갚겠다고 했다. 채권자 가운데 한 사람인 피터 반 베르겐이라는 사람만 빼고는 모두 그렇게 하라고 했다. 하지만 베르겐은 바로 소송을 제기했고, 판결이 나자 링컨의 말과 측량기구들은 공개 경매에 붙여졌다. 그러나 다른 사람들은 그의 말을 믿고 기다렸고, 링컨은 그 약속을 지키기 위해 14년 동안 먹고 싶은 것, 입고 싶은 것, 쓰고 싶은 것을 참아 가면서 빠듯하게 살았다. 국회의원이 된 1848년까지 그는 봉급 일부를 이 오랜 잡화점의 나머지 빚을 갚느라고 보냈다.

균형 잡힌 정보 처리

내각을 구성했던 수어드, 체이스, 스탠던, 하니발 햄린, 기디언 웰스, 베이츠 등은 서로 미워하며 화합하지 못했다. 링컨의 심기가 편할 리 없었다. 하지만 링컨은 자신에게 굴욕감을 주고 무례하게 대한 내각 구성원인 이들의 의견을 경청하고, 의견의 차이에 대해 설득했다. 링컨 자신의 인생에서 가장 훌륭하고 관대하게 처리해 냈다.

관계의 투명성

1853년 말, 그러니까 링컨이 대통령이 되기 8년 전인 마흔네 살에 그는 맥린 순회 법정에서 달랑 30달러의 수임료만 받고 네 건의 소송을 처리했다. 그는 소송을 의뢰하는 사람들이 대부분 자기처럼 가난한 사람들이라 도저히 많은 수임료를 받을 수 없다고 했다. 수임료 25달러를 보내 준 의뢰인에게 수임료가 너무 많다며 그중 10달러를 되돌려보낸 적도 있었다. 한 번은 링컨이 실성한 여자의 재산을 가로채려는 사기꾼의 음모를 막아 준 적이 있었다. 링컨은 단 15분 만에 그 사건을 처리했고, 한 시간 뒤에 동료 변호사 워드 레몬이 수임료 250달러를 나누려고 그에게 왔다. 링컨은 그를 심하게 꾸짖었다. 레몬은 수임료는 미리 약속한 액수이며 여자의 오빠가 흔쾌히 준 것이라고 항변했다. 그러나 링컨은 "하지만 나는 마음이 편하지 않네. 그 돈은 말이야, 실성한 가련한 여자에게서 나온 돈일세. 이런 식으로 그 여자의 돈을 받느니 차라리 굶고 말겠네. 최소한 이 돈의 반은 돌려주게. 그렇지 않으면 나는 한 푼도 갖지 않겠네."라고 반박했다. 이렇듯 링컨은 모든 관계에서 투명성을 유지하였다.

* 출처: 데일 카네기(2010), 데일 카네기, 나의 멘토 링컨, 리베르.

05

감성 리더십

리더십이라는 것은 타인에게 미치는 영향력을 어떻게, 그리고 어떤 방향으로 이끌어 가는지에 초점이 있는데, 이 과정에서 발생하는 인간의 감성에 대한 이해는 리더십의 성패 여부에 있어 매우 중요하다. 리더십이란 타인에게 영향을 미치는 과정이다. 타인에게 긍정적 영향을 미치기 위해 리더는 팔로워의 감성을 잘 관리하는 자여야 한다. 특히 조직 구성원의 좌절(frustration)감을 다룰 수 있고, 낙관(optimism)적 감정을 창출할 수 있는 능력이 리더에게 중요한 요소라고 할 수 있다(Antonakis, Ashkanasy, & Dasborough, 2009; Humphrey, 2002).

많은 학자는 조직에 있어서 개인의 성공에 감성 지능이 중요할 뿐만 아니라 지도성을 발휘하는 지위에 있는 개인에게 있어서도 감성 지능이 중요함을 주장하고 있다(Dulewicz & Higgs, 1999). 최근의 리더십 연구의 흐름을 살펴보았을 때 이성적인 측면과 더불어 감성적인 측면에서의 영향력 또한 중요시하고 있음을 확인할 수 있다.

Goleman(2002)은 위대한 리더십의 도구로써 감성 지능을 제시하였는데, 이는 차세대 리더가 갖추어야 하는 중요한 요소라고 인식하였다. 또한 그는 뛰어난 리더를 결정짓는 요소 중에 인지적 능력과 감성적 능력의 비율을 따져보면 조직의 상위 계층으로 갈수록 기술적인 능력보다는 감성적인 능력에 기초한 능력이 더욱 중요하다고 인식하였다. 소통을 중요시하는 요즘의 사회 분위기에서 인간의 감성에 기초한 리더십 능력은 매우 중요하다 할 수 있으며, 이는 위대한 리더를 가늠하는 중요한 능력 요소 중의 하나라고 할 수 있다.

감성 지능의 개념

감성 리더십을 정의하는 데 있어 가장 필수적인 것은 감성 능력, 즉 '감성 지능(Emotional Intelligence)'을 이해하는 것이다. Gardner(1983)는 그의 다중지능 이론에서 '개인 내 능력(intrapersonal intelligence)'과 '개인 간 능력(interpersonal intelligence)'을 타인의 감정을 인식하고 감정이입할 수 있는 능력과 자신의 감정을 인식하는 능력으로 파악하였는데, 이것이 바로 감성 지능 이론 개발의 기초가 되었다. 개인 내 능력은 자기 자신의 감정 상태나 동기와 같은 마음 내면을 잘 살필 수 있는 능력을 의미하며, 이러한 능력이 높은 사람은 자기 자신을 보다 정확하고 솔직하게 잘 살피고 관리하여 건강하게 적응해 나가는 특성을 가지고 있다. 또한 개인 간 능력은 남을 이끌어

가는 지도성, 우정을 나누고 유지하는 인간관계 능력, 갈등이나 분쟁을 해결하는 능력을 포함하는데, 이러한 능력이 높은 사람은 사람들이 일하려 하는 이유를 알고 어떻게 하면 서로 협동하는지를 잘 알고 있다.

Bar-On(1988)은 '감성지수(Emotional Quotient)'라는 용어를 사용하였으며, 인생에서 성공을 가져올 수 있는 능력이나 개인의 일반적이고 심리적인 웰빙(well-being)에 대하여 영향을 미칠 수 있는 일련의 역량이나 기술로 감성 지능을 정의하고 있다.

감성 지능이라는 용어는 Mayer와 Salovey(1990)가 이성적 지능에 대비되는 개념으로 사용하기 시작하였으며, 감정을 정확히 지각하고 인식하며 표현하는 능력, 감정을 생성하거나 이용하여 사고를 촉진시키는 능력, 감정과 감정 지식을 이해하는 능력, 감성 발달과 지적 발달을 촉진하기 위하여 감정을 조절하는 능력으로 정의하고 있다.

Goleman(1998)은 감성 지능이 각 개인의 삶과 생애에 성공을 가져다주는 주요한 지적 능력이라고 보고 있으며, 학교나 직장에서 개인의 성공을 가장 잘 예언할 수 있는 특성이라고 진단하고 있다. 또한 감성 지능은 개인의 모든 성공적 삶을 예측할 수 있는 유일한 변인이며, 이는 이성적 지능을 훨씬 능가할 뿐만 아니라 전통적인 지능의 두 배 정도라고 주장하고 있다.

Chermiss와 Adler(2000)는 감성 지능은 현실적인 자신감, 개인적인 정직성, 개인의 강점과 약점에 대한 지식, 변화나 어려운 시기에 있어서의 탄성력, 자신의 사기 진작, 인내심 및 다른 사람들과 잘 지내는 요령 등과 같은 개인적인 능력의 기본이 된다고 주장하였다.

이화용(2004)은 감성 능력이란 감정을 다스릴 줄 아는 통제력을 말하는데, 인내심, 지구력, 충동, 억제력, 만족 지연 능력, 용기 절제 등 이른바 신념과 용기가 있는 사람, 자기 절제를 잘하는 사람에게서 높게 나타난다고 하였다.

이처럼 감성 지능에 대한 나름의 정의가 존재하기는 하나 MaCalum과 Piper(2000)는 감성 지능에 대한 기초 연구 및 응용 연구가 개념의 모호성, 연구의 부진, 애매한 조작적 정의 등의 이유로 초보적 수준에 머물러 있다고 지적하였다.

감성 지능의 구성 요소

Bar-On은 감성 지능을 대내, 대외, 융통성, 스트레스 관리 및 일반 분위기 영역 등의 다섯 가지의 구성 요소로 분류하였다. Salovey와 Mayer는 감성 지능의 요소로 감성의 평가와 표현, 감성의 조절, 감성의 활용, 감성의 인식 · 평가 · 표현, 감성의 사고 촉진, 감성 지식의 이해와 활용, 감성의 반영적 조절의 요소로 나누고 있다. 또한 Goleman은 감성 지능을 자기 인식 능력(Self-Awareness), 자기 관리(Self-Management) 능력, 사회적 인식(Social Awareness) 능력, 관계 관리(Relationship Mangement) 능력의 네 가지 차원으로 구분하고 있다.

〈표 5-1〉 **감성 지능의 네 가지 차원**

자기 인식 능력(Self-Awareness)	
감성적 자기 인식 능력	자신의 감정을 읽고 그것의 영향력을 깨닫는 것. 결정을 내리는 데 본능적인 감각을 이용한다.
정확한 자기평가 능력	자신의 장점과 한계를 아는 것
자기 확신 능력	자신의 가치와 능력에 대해 긍정적으로 생각하는 것
자기 관리 능력(Self-Management)	
감정적 자기 제어 능력	파괴적인 감정과 충동을 통제하는 것
솔직할 수 있는 능력	솔직히 있는 그대로를 보여 주는 것, 진실함
적응력	상황의 변화에 적응하고 장애를 극복하기 위해 유연하게 대처하는 것
성취력	나름대로 정해 놓은 최선의 기준을 충족시키기 위해 노력을 아끼지 않는 능력
진취성	주도적으로 먼저 나서고 기회를 포착할 수 있는 능력
낙천성	모든 사물을 긍정적으로 보는 능력
사회적 인식 능력(Social Awareness)	
감정이입의 능력	다른 사람의 감정을 헤아리고 그들의 시각을 이해하며 그들의 생각에 적극적인 관심을 표명할 줄 아는 능력
조직적 인식 능력	조직 단위에서의 흐름과 의사 결정 구조, 경영 방식 등을 읽어 내는 능력
서비스 능력	부하 직원과 고객의 요구를 알아차리고 부응하는 능력
관계 관리 능력(Relationship Management)	
영감을 불어넣는 능력	확고한 전망으로 사람들을 이끌고 동기 부여를 하는 능력
영향력	다양한 설득의 기술을 구사할 수 있는 능력
다른 사람들을 이끌어 주는 능력	적절한 피드백과 지도로 다른 사람의 능력을 지지해 주는 능력
변화를 촉진하는 능력	새로운 방향을 제안하고 관리하며, 사람들을 그곳으로 이끄는 능력
갈등 관리 능력	관계의 망을 만들고 유지하는 능력
팀워크와 협동을 이끌어 내는 능력	팀을 구성하고 협력 체제를 조성하는 능력

출처: Goleman, Boyatzis, & Mckee (2002).

자기 인식

자기 인식(Self-Awareness) 능력은 자신의 감정을 이해하고 자신의 감정이 타인에게 미치는 영향을 이해하는 능력을 말한다. 자기 인식 능력의 하위 요소로, 감성적 자기 인식 능력, 정확한 자기 평가 능력, 자기 확신 능력이 포함된다. 감성적 자기 인식 능력이 뛰어난 리더는 자신의 내면적 철학에 귀 기울이며 복잡한 상황에서도 자신이 취해야 할 최선의 행동을 직관적으로 알 수 있다. 정확한 자기 평가 능력이 있는 리더는 자신의 능력과 한계에 대한 인식이 뚜렷하며 자신에게 부족한 것을 배움에 있어 겸허하며 건설적인 비판과 의견도 기꺼이 받아들인다.

이처럼 자기 평가를 통해 자신에 대한 능력을 정확히 인지한 리더는 자신의 장점을 최대로 발휘할 수 있으며 타인과는 다른 존재감과 자기 확신을 갖추게 된다.

자기 관리

자기 관리(Self-Mangement) 능력은 감정적 자기 제어 능력, 솔직할 수 있는 능력, 적응력, 성취력, 진취성, 낙천성의 요소를 포함하는 것으로, 리더로 하여금 자제력, 책임감, 변화에 대한 개방성 및 적응력을 갖게 한다.

자신을 혼란하게 만드는 감정이나 충동을 다스릴 줄 알고 그것을 유용한 형태로 바꿀 줄 아는 감정적 자기 제어 능력은 리더에게 조직의 위기 상황에서도 일체의 동요 없이 문제를 해결할 수 있게 하는 원동력이 된다.

자신의 감정과 믿음과 행동에 대해 다른 사람에게 숨기지 않는 솔직함은 리더로 하여금 성실함을 낳는다. 이러한 리더는 자신의 실수와 오류를 솔직히 인정하며 다른 사람의 비윤리적 행위를 외면하지 않고 정면으로 부딪힐 수 있게 하는 용기를 가진다.

뛰어난 적응력을 가진 리더는 주위에서 밀어닥치는 요구에 흐트러지지 않고 집중력을 가지고 처리할 수 있는 능력이 있다. 이런 능력은 요즘과 같이 변화무쌍한 사회 환경 속에서 리더가 새로운 도전에 유연하게 적응하며 유동적 변화에도 순발력 있게 대처하도록 한다.

성취력이 뛰어난 리더는 조직 내 구성원이 가지고 있는 능력을 정확히 인지하되 그보다 조금 더 높은 목표를 설정한다. 그러한 목표가 충분히 도전해 볼 가치가 있는 목표인지 따져 그것을 잘 해내기 위한 방법을 꾸준히 배우고 가르친다.

리더에게 있어 진취성이라는 것은 미래를 위해 더 나은 가능성을 찾을 수만 있다면 과감히 형식을 타파하거나 규칙을 바꿀 수 있는 유연성을 말한다. 이러한 리더는 자신의 운명을 이끌고 나가는 데 있어 매우 적극적인 자세를 취한다.

낙천적인 리더는 힘든 상황에서도 절망하지 않고 오히려 기회를 엿보면서 유연하게 대처할 줄 안다(Goleman, Boyatzis, & Mckee(2002). 이런 리더들은 자신뿐만 아니라 타인 또한 긍정적인 시각으로 바라볼 수 있으며 긍정적으로 상황에 대처하곤 한다.

사회적 인식

사회적 인식(Social Awareness)은 타인의 감정을 이해하고, 타인의 감정에 대응하여 처리할 수 있는 능력을 말하며, 감정이입의 능력, 조직적 인식 능력, 서비스 능력을 포함한다.

감정이입의 능력을 가진 리더는 타인의 말에 귀를 기울일 줄 알며, 다른 사람의 견해를 받아들일 줄 안다. 여기서 의미하는 감정이입이라는 것은 구성원의 감정에 대해 깊이 숙고하고 나서 그것이 제대로 발현될 수 있도록 현명한 결정을 내리는 것이다. 감정이입의 능력은 다양한 환경이나 다른 문화권의 사람들과 잘 지낼 수 있도록 만들어 주므로 요즘과 같은 글로벌 · 다문화 사회에서 필요한 리더의 능력이라 할 수 있다.

조직적 인식 능력을 갖춘 리더는 조직 내의 정치적 역학 관계 혹은 조직 구성원을 움직이는 지도적 가치관과 무언의 원칙을 제대로 이해하는 리더를 말한다.

서비스 능력은 조직원과 고객의 요구를 알아차리고 부응할 수 있는 능력을 말하며, 이러한 능력을 갖춘 리더는 그들의 만족도를 주의 깊게 살핀다.

관계 관리

관계 관리(Relation Mangement) 능력은 확고한 전망으로 사람들을 이끌고 동기 부여하여 리더로 하여금 자신이 다른 사람에게 요구하는 바를 스스로 직접 보여 주어 다른 사람들이 기꺼이 따르는 공동의 사명을 제시하는 것을 가능하게 한다.

관계 관리 기술이 뛰어난 리더는 다양한 설득의 기술을 구사할 줄 아는 영향력이 있으며, 적절한 피드백과 지도로 다른 사람의 능력을 지지해 줄 수 있다. 또한 새로운 방향을 제안하고 관리하며 조직원들을 그러한 방향으로 이끄는 힘을 갖게 한다.

또 다른 관계 관리 능력의 요소로, 갈등 관리 능력과 팀워크와 협동을 이끌어 내는 능력이 있다. 갈등 관리 능력은 숨어 있는 갈등을 표면에 드러낸 뒤 모든 사람의 느낌과 입장을 파악하고 그 에너지가 공동의 목표를 위해 쓰일 수 있도록 만든다. 팀워크와 협동을 이끌어 내는 능력을 갖춘 리더는 동등한 동지애의 분위기를 이끌어 낸다. 이러한 리더는 조직에서 힘을 합할 일이 있을 때 사람들의 열정적 참여를 이끌어 낸다(Goleman, Bouatzis, & Mckee(2002)).

감성 지능과 리더십

성공적으로 사업을 이끌고 있는 40명의 리더를 대상으로 15가지의 공통 자질을 발견한 Neff와 Citrin(1999)의 연구에 의하면 성공적인 리더가 보유하는 자질은 대부분 지적 · 기술적 측면의 자질보다 감성 지능과 관련되어 있는 것으로 알려졌다.

성공적인 리더의 공통 자질 대부분이 소프트한 차원의 감성 지능을 기반으로 한 태도나 의지와 연관되어 있는데, 아주 유능한 리더의 경우 여섯 가지 정도의 주요 감성 지능 능력에 대해 매우 높은 수준

〈표 5-2〉 **성공 리더의 공통 자질**

성공적인 리더의 자질	
지적 · 기술적 측면의 자질	**감성적 측면의 자질**
• 지적 능력 • 명료한 사고 • 폭넓고 해박한 사업 지식	• 열정, 넘치는 에너지 • 커뮤니케이션 기술, 설득력 • 강한 유대감, 동기 부여 • 성실성 및 도덕성 • 자만심의 견제 • 경험의 적절한 활용 • 내적 평화, 긍정적 태도 • 올바른 일을 올바르게 처리하려는 태도

출처: Neff, Citrin, & Brown (1999).

을 보여 주고 있다고 Goleman이 그의 저서에서 밝힌 바 있다. 이러한 감성적 측면의 자질은 열정과 넘치는 에너지, 커뮤니케이션 기술, 강한 유대감과 동기 부여, 성실성 및 도덕성, 자만하지 않는 태도와 경험의 활용, 긍정적 태도, 올바른 일을 올바르게 처리하려는 의지 등이 해당된다. 성공적인 리더가 가지고 있는 감성적 측면의 자질은 감성 지능에서 포함하는 능력의 특징을 모두 포함하고 있다. 이처럼 성공적인 리더의 자질에는 감성 지능 능력이 중요한 부분을 차지하기 때문에 감성을 바탕으로 하는 감성 리더십(Emotional Leadership)이라는 개념의 등장은 매우 당연한 일이라고 할 수 있다.

리더 스스로가 자신의 감정 상태를 정확하게 알고 이를 통제하고 관리하는 것이 감성 리더십 발휘의 전제 조건이라고 할 수 있다. 리더는 많은 사람에 의해 예의 주시되고 있기 때문에 리더의 사소한 언행과 감정 표현이 조직 구성원의 감정 표현과 분위기에 막대한 영향을 미친다는 것을 인식할 필요가 있다. 예를 들어, 리더가 걱정하는 모습을 살짝 비추기만 해도 그것은 조직원으로 하여금 무언가 더 주의를 기울이고 심사숙고해야 한다는 긴장감을 유발한다. 이처럼 리더가 자신의 감정을 명확히 인식하는 것은 단순히 개인적인 문제가 아니라 조직의 성패를 좌우할 정도로 중요하다고 볼 수 있다. 따라서 리더는 파괴적이고 충동적인 감정 표현으로 조직에 악영향을 끼치지 않도록 주의해야 한다. 동일한 집단에서 함께 일하는 사람들 간에는 시기, 불안, 행복 등의 모든 감정이 쉽게 전이되므로 리더는 이를 분명히 인식하고 자신의 감정을 잘 다스리고 관리해야 한다.

감성 지능이 부족한 리더는 타인을 이해하고 배려하기보다는 자신의 입장과 이익에 몰두하는 경향을 보이며 현장에 밀착해 구성원들과 의견을 공유하여 문제해결에 앞장서기보다는 자신의 권력을 앞세워 매우 독선적이고 강압적인 리더십을 발휘한다. 반면 감성 지능이 뛰어난 리더는 집단의 감성적 충동을 이끌어 내고 규범 혹은 문화를 올바른 방향으로 변모시킬 수 있는 방법을 알아내는 눈치 빠른 리더라고 할 수 있다. 감성을 중요하게 여기는 리더들은 이해 관계자들에게 부드럽고 친근한 표현과 이미지를 나타내며 공감(empathy) 능력이 뛰어나고, 감성에 민감하여 상대방의 마음을 이해하는 데 능숙한 리더라고 할 수 있다(Humphrey, 2002).

감성 지능이 높은 리더는 팀에 대하여 두 가지 중요한 역할을 하는데, 첫째, 팀의 목표 달성을 위하여 팀의 구성원들에게 동기 부여를 한다. 둘째, 팀의 유효성이나 성과 달성을 위하여 팀의 구성원에게 도전의식을 심어 주고, 팀 구성원의 상호작용을 촉진하고, 상호 신뢰를 구축하며, 구성원에게 조직의 비전을 실행하기 위한 영감을 불어넣어 준다. 이와 같은 능력을 갖춘 리더는 조직 구성원과의 관계에서 자신의 감정을 조절하여 표현함으로써 불필요한 갈등과 반목을 줄이고, 동시에 타인의 감정을 더 잘 이해하고, 필요한 경우 조직과 조직 구성원을 위해 필요한 행동이 무엇인지 파악하여 대응하는 등 조직 구성원과의 관계를 원만하게 이끌어 나갈 수 있다.

감성 리더십 개발

감성 리더십을 본질적으로 이해하고 효과적으로 개발하기 위해서는 감성 지능 개발이 필수적이라 할 수 있는데, 무엇보다 리더 스스로가 감성 지능을 구성하는 다양한 감성 역량을 갖추기 위해 노력하는 것이 중요하다. 이를 위해 리더는 냉철하게 자아를 관찰하고 이해해야 하며, 자신의 감정을 통제할 수 있어야 하며, 타인에 대한 배려와 애정이 있어야 하며, 도전정신과 열정이 뒷받침되어야 한다(신정길 외, 2004).

리더십을 개발하는 과정에서 가장 중요한 것은 그것이 자기 주도적(Self-Directed)이며 자발적인(Self-Motivated) 학습의 형태를 띠어야 한다는 것이다. Goleman(2002)은 이를 위해 우선적으로 자신의 이상적 자아에 대해서 뚜렷한 비전을 가지고 있어야 하고 현실적 자

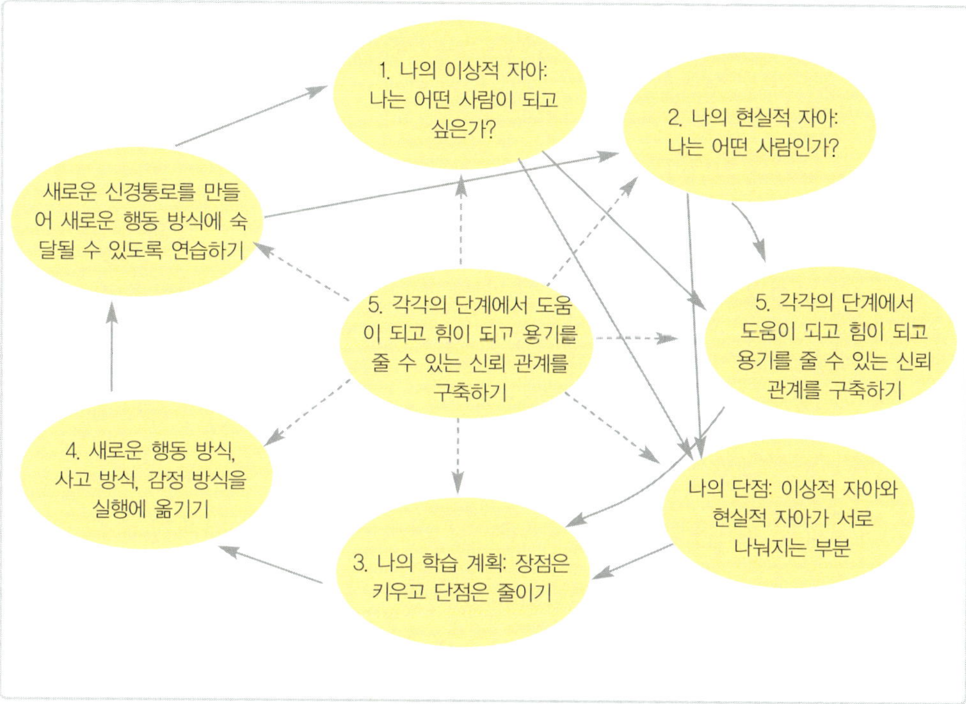

[그림 5-1] Boyatzis의 자발적 학습 이론

출처: Goleman, Bouatzis, & Mckee (2002)

아, 즉 현재의 자신의 정확한 모습을 알고 있어야 한다고 했다.

[그림 5-1]은 Boyatzis의 자발적 학습 모델을 보여 준다. 이는 다섯 가지 발견의 과정을 포함하고 있는데, 각각의 발견을 하나의 도구로 사용하여 리더십 능력을 갖춘 감성 지능 리더가 되는 데 필요한 변화를 이끌어 내는 것이다. 감성 리더십을 개발하기 위한 과정을 자발적 학습 이론에 근거하여 살펴보면 다음과 같다.

첫째, 이상적 자아의 모습 인식, 둘째, 현실적 자아의 모습 인식, 셋째, 나의 학습 계획 수립, 넷째, 새로 익힌 행동 방식, 사고 방식,

감정의 방식을 실행에 옮기고 연습을 통해 익히기, 다섯째, 성공적인 변화를 가능하게 만들어 주는 든든하고 믿음직한 인간관계를 만들어 나가는 것이다.

감성 지능을 키워 나가거나 혹은 유지하기 위해서는 무엇보다 먼저 자신의 이상적 자아에 대해서 생각해 볼 필요가 있다. 이상적 자아는 자신이 되고 싶은 존재의 모습을 의미하며, 인생과 일에서 원하는 바도 포함된다. 이상적 자아에는 그 사람의 열정, 감정, 동기가 배어 있기 때문에 개인이 삶에서 원하는 것이 가장 솔직하게 드러난다. 이상적 자아는 개인의 가치관을 반영하고 있으며 리더가 어떤 리더십 유형을 선택할지에 있어서도 중대한 영향을 미친다. 리더에게는 이런 이상적 자아가 개인적인 차원의 것이 아니라 미래를 향한 조직 공동의 전망으로 바뀌어야 한다. 리더가 자신의 이상적 자아가 무엇인지를 알고 그것을 다른 사람 앞에서 분명히 말하고 진정으로 추구하고 싶은 인생을 살고자 한다면 자기 인식 능력을 갖춰야 한다 (Goleman, 2002).

리더로서 좀 더 깊이 있는 감성 역량을 개발하기 위해서는 이상적 자아와 삶에 대한 전망을 확고히 갖게 되었을 때 발현되는 자신의 현실적 자아의 솔직한 모습을 드러내야 한다. 리더로서의 현재 자신의 모습인 자신의 현실적 자아를 자세히 살펴보기 위해서는 우선 자신이 가지고 있는 재능과 열정을 자세히 살펴보아야 한다. 이는 말처럼 쉬운 일만은 아니다. 우리는 이미 일상의 습관으로 굳어져 버린 타성에 젖어 있기 때문에 실제 우리 자신의 진정한 모습을 보기가 어렵다.

이를 극복하기 위해서는 뛰어난 자기 인식 능력을 갖춰야만 한다.

리더가 자신의 현실적 모습을 보기 어려운 이유 중의 하나로 최고 경영자 증후군을 들 수 있다. 이것은 구성원이 리더의 행동과 리더십 유형, 조직의 실상에 대해서 중요한 정보를 제공하지 않는 것을 의미하는데, 리더는 이같이 차단된 정보만을 듣고 자신의 진솔한 모습을 보기 어려워지는 것이다. 이러한 행동의 주된 이유는 사람들이 다른 사람의 행동에 대해 솔직한 피드백을 주는 것을 거북해하기 때문이다(Goleman, Bouatzis, & Mckee(2002). 다른 사람에게 상처 주지 않고 생산적인 방향으로 피드백을 해 줄 수 있는 방법을 아는 사람도 거의 없기에 많은 사람이 자신이 관찰한 내용을 정확하게 전달하지 못한다. 하지만 그러한 거짓된 피드백은 우리가 발전하고 성장하는 데 중요한 정보를 제공하지 못한다.

감성 지능이 뛰어난 리더는 긍정적인 것뿐만 아니라 부정적인 피드백에도 귀를 기울인다(Goleman, Bouatzis, & Mckee(2002). 현실적 자아 인식 단계에서 자기 인식 능력은 자신이 유지하고 싶은 부분과 개발하고 싶은 부분의 균형을 인식할 수 있는 것을 의미한다. 리더의 이상적 자아와 현실적 자아가 만나는 지점이 바로 리더의 장점이 될 것이고, 만약 그것이 일치하지 않는다면 그것은 리더의 단점이 된다. 이처럼 리더에게는 철저한 자기 인식을 통해 이같은 장점과 단점의 균형을 맞추어 나가는 노력이 필요하다.

리더십 습관의 형성을 위해서는 오랜 기간 동안 장점은 키워 나가고 단점은 줄여나가기 위한 구체적인 학습 계획을 수립할 필요가

〈표 5-3〉 **목표 설정 특징**

- 목표는 자신의 약점이 아닌 장점을 바탕으로 세워야 한다.
- 목표는 반드시 자기 자신의 것이어야 하며, 다른 사람이 부과한 것이어서는 안 된다.
- 계획을 세울 때는 그 계획을 실천에 옮겨야 할 사람들이 나름대로 준비할 수 있도록 배려해야 한다.
- 계획은 통제 가능한 수순에 따라 실행에 옮길 수 있는 것이어야 한다.
- 계획이 사람들의 학습 스타일과 맞지 않으면 오히려 동기를 박탈할 뿐만 아니라 집중력을 떨어뜨릴 수도 있다.

출처: Goleman, Boyatzis, & Mckee (2002).

있다. 수많은 계획 속에 어떤 것이 유용하게 쓰일 수 있는지 구별할 필요가 있는데, 감성 지능을 향상시킨 사람들에 대한 최근 연구를 통해 유용한 정보 혹은 도구의 특징을 가려 낼 수 있다. 그 중요한 특징은 〈표 5-3〉과 같다.

리더십 개발에 필요한 다음 단계는 새로운 행동 방식과 사고 방식, 감정의 방식을 실행에 옮기는 것이다. 리더십 습관이라는 것은 우리가 리더십의 모델로 삼은 사람이 하는 것을 보고 따라하면서 혹은 직접 그렇게 해 보는 것을 반복하면서 형성된 것이다. 이처럼 개인의 리더십은 하루아침에 만들어진 것이 아니므로 이를 위한 새로운 행동 방식과 사고 방식, 감정의 방식을 변화시키고 실천한다는 것은 쉬운 일이 아니다. 하지만 자신이 나쁜 습관이 있다는 것을 자각하고 의식적으로 더 나은 방법을 훈련할 수 있고 새로 익힌 행위가 저절로 나올 수 있도록 기회가 닿을 때마다 그것이 완전히 몸에 밸 때까지 반복할 줄 안다면 자신의 능력을 향상시킬 수 있다. 즉, 새로운 감성 지능 능력을 숙달하기 위해서는 반복과 연습이 필요하다.

마지막 단계는 각각의 단계에서 도움이 되고, 힘이 되고, 용기를 줄 수 있는 신뢰 관계를 구축하는 것이다. 우리가 맺은 인간관계는 우리의 리더십 능력이 얼마나 향상되었는가를 파악하고 우리가 학습하는 것의 유용성을 파악할 수 있는 바탕이 되기 때문이다(Goleman, 2002). 솔직하고 신뢰할 만하며 자신을 뒷받침해 줄 만한 인간관계가 감성 리더십 개발을 위해서는 반드시 필요하다.

요 약

소통을 중요시하는 요즘의 사회 분위기 속에서 인간의 감성에 기초한 리더십 능력은 매우 중요하다. 이성과 합리성을 중시하였던 과거의 리더십 관점이 인간의 감성에 기초한 리더십으로 변화하게 되었으며, 감성 지능이 위대한 리더를 가늠하는 중요한 능력 요소 중의 하나라고 할 수 있다. 감성 지능이라는 용어는 이성적 지능에 대비되는 개념으로 감정을 정확히 지각하고 인식하며 표현하는 능력, 감정을 생성하거나 이용하여 사고를 촉진하는 능력, 감정과 감정 지식을 이해하는 능력, 감성 발달과 지적 발달을 촉진하기 위하여 감정을 조절하는 능력이라 할 수 있다.

Goleman(1998)은 감성 지능이 각 개인의 삶과 생애에 성공을 가져다주는 주요한 지적 능력이라고 보고 있으며, 학교나 직장에서 개인의 성공을 가장 잘 예언할 수 있는 특성이라고 진단하고 있다. 또한 감성 지능은 개인의 모든 성공적 삶을 예측할 수 있는 유일한 변인이며, 이는 이성적 지능을 훨씬 능가할 뿐만 아니라 전통적인 지능의 두 배 정도라고 주장하고 있다. 성공적으로 사업을 이끌고 있는 40명의 리더를 대상으로 열다섯 가지의 공통 자질을 발견한 Neff와 Citrin(1999)의 연구에 의하면 성공적인 리더가 보유하는 자질은 대부분 지적·기술적 측면의 자질보다 감성 지능과 관련되어 있는 것으로 알려졌다.

감성 지능이 뛰어난 리더는 집단의 감성적 충동을 이끌어 내고 규범 혹은 문화를 올바른 방향으로 변모시킬 수 있는 방법을 알아내는 눈치 빠른 리더라고 할 수 있다. 감성을 중요하게 여기는 리더들은 이해 관계자들에게 부드럽고 친근한 표현과 이미지를 나타내며 공감(empathy) 능력이 뛰어나고, 감성에 민감하여 상대방의 마음을 이해하는 데에 능숙한 리더라고 할 수 있다(Humphrey, 2002). 이처럼 감성 지능이 높은 리더는 조직 구성원과의 관계에서 자신의 감정을 조절하여 표현함으로써 불필요한 갈등과 반목을 줄이고, 동시에 타인의 감정을 더 잘 이해하고 필요한 경우 조직과 조직 구성원을 위해 필요한 행동이 무엇인지 파악하여 대응하는 등 조직원과의 관계를 원만하게 이끌어 나갈 수 있다.

감성 리더십을 본질적으로 이해하고 효과적으로 개발하기 위해서는 감성 지능 개발이 필수적이라 할 수 있는데, 무엇보다 리더 스스로가 감성 지능을 구성하는 다양한 감성 역량을 갖추기 위해 노력하는 것이 중요하다고 할 수 있다. 이를 위해 리더는 냉철하게 자아를 관찰하고 이해해야 하며, 자신의 감정을 통제할 수 있어야 하며, 타인에 대한 배려와 애정이 있어야 하며, 도전 정신과 열정이 뒷받침되어야 한다(신정길 외, 2004).

성찰질문

1. 감성 지능 능력을 리더십에 어떻게 적용할 수 있을지 자신이 처한 상황에 대입해 논의해 보자.
2. 현대의 조직에서 더욱 요구되는 리더십의 유형으로써 감성 리더십이 어떠한 가치가 있는지 논의해 보자.

사례 연구

건설업계의 감성 리더십을 활용한 감성 경영

안전을 최우선으로 하는 건설사들은 과거 다른 기업군에 비해 군대 문화에 가까울 수밖에 없었다. 그러나 지금도 그렇다고 생각하면 오산이다. 딱딱한 조직 문화는 한없이 부드러워지고 있다. 그리고 그 중심에는 CEO들의 '스킨십'이 있다.

정동화 포스코건설 사장이 대표적이다. 정 사장은 지난해 6월 직원 100여 명과 함께 인천 송도 사옥 4층 대강당에 모여 '비빔밥 소통'을 했다. 대형 양푼에 밥과 나물, 고추장 등을 넣고 즉석에서 비벼 먹은 것이다. "여러 재료가 한데 어우러지는 비빔밥처럼 우리 모두 포스코건설이라는 울타리 안에서 한마음 한뜻으로 뭉쳐 큰 시너지를 내자."는 취지였다. '일처리가 엄격하고 성품이 강직하기로 정평이 난 정 사장이지만 업무를 떠나서는 임직원들을 가슴으로 보듬는다.'는 것이 회사 관계자의 전언이다. 추석 연휴 후에는 사옥 로비에서 출근하는 직원들을 맞이하며 일일이 포옹하는 프리허그 행사를 하기도 했다. 고향을 다녀오느라 지친 임직원들에게 기를 불어넣어 주는 차원이었다.

스킨십 경영 면에선 기옥 금호건설 사장도 뒤지지 않는다. 직원들과 같은 층에 집무실을 두고 수시로 직원들과 격의 없는 대화를 나누는 것으로 유명한 기옥 사장은 이따금씩 번개 메일을 띄운다. 메일의 제목은 '머리 좀 식힙시다.' 인근 미술관에서 미술 전시를 관람한 뒤 맥주 한 잔 하자는 식이다. 처음엔 누가 장난 메일을 보냈다고 생각하던 직원들은 이제 CEO의 메일을 손꼽아 기다린다.

해외에서 근무하는 직원들도 살핀다. 김석준 쌍용건설 회장은 해마다 연말연시에는 해외 오지 현장을 방문한다. '해외에서 고생하는 직원들과 연말을 함께하는 것보다 중요한 것은 없다.' 는 신념으로 1983년 사장 취임 이후 한 해도 거르지 않고 있다. 1992년 이란 플랜트 현장 방문 때는 하루에 비행기를 5번이나 갈아타기도 했으며, 1986년 추석에는 3개국 10개 현장을 방문하면서 72시간의 출장 기간 중 54시간을 비행기와 자동차에서 보내는 진기록을 세우기도 했다. 지난 연말에는 인도 고속도로 현장을 찾아 직원들의 향수를 달래줬다.

윤석경 SK건설 부회장도 명절 때는 세계 각국에 위치한 현장을 방문해 직원들과 같이 차례를 지내는 것으로 유명하다.

대림산업은 올 초 종로구 통의동에 위치한 대림미술관에서 해외에서 근무하는 임직원의 가족 200여 명을 초청해 뜻깊은 시간을 보냈다. 대림산업 관계자는 '해외에서 근무하는 임직원들의 사기를 고취시키는 한편 가족들을 위로하기 위해 기획했다.' 고 말했다. 특히 이번 행사에는 해외 근무 중인 직원들이 가족에게 전하는 새해 메시지와 소망을 담은 영상 편지가 공개돼 가족을 감동시켰다. 뿐만 아니라 대림산업은 직원 아이들에게 문화 예술 체험의 기회를 제공하는 '해피 칠드런', 예술 · 문화 · 인문학을 주제로 하는 조조 세미나를 정기적으로 개최하고 있다.

*출처: 건설경제신문 기사입력 2012-3-2.

06

교수 리더십

존경받는 선생님들의 공통점은 무엇일까? 훌륭한 교수는 어떻게 학생들을 대할까? 유능한 강사는 어떻게 가르칠까? 이처럼 가르침에 대한 여러 의문을 갖게 되는 이유는 가르친다는 것이 그저 지식만을 전달하는 것이 아니며, 학습자들이 교사나 강사, 교수에게 다양한 요구와 기대를 하고 있다는 전제를 바탕으로 하기 때문일 것이다. 그렇다면 '효과적인' '유능한' '존경받는' '멋진' '훌륭한' 등과 같은 수식어가 붙는 교수자들에게는 어떤 공통된 리더십 특성이 존재할까?

유능한 교수자(教授者, instructor)는 학습자의 지적 호기심을 자극하고, 학습자의 내적 자원인 자신감, 자기 주도성, 자기 효능감, 자아실현 욕구 등을 향상하는 내적 동기를 제공한다(Hoy & Hoy, 2009). 이러한 유형의 교수자는 강의실에 있고 싶어 하지 않는 부정적 학습자까지도 동기를 유발시켜 그의 지식, 기술, 태도를 긍정적으로 변화시키고 그의 삶에 영향력을 미치는 독특한 리더십을 발휘한다. EBS 다큐멘터리를 통해 소개된 최고의 교수들의 공통점을 분석한 내용을 보더라도 '철저한 강의 준비, 과목에 대한 열정, 학생들과 소통하는 열린 사고, 질문의 힘에 대한 강조' 와 같이 교육 리더는 다른 분야의 리더들과는 차별적인 리더십 역량을 갖추고 있다(최고의 교수 제작팀, 2008: 6).

한편 평생학습이 과거 어느 때보다도 생존, 즉 행복한 삶과 직결되는 요즘 다양한 평생교육 현장에는 교육을 통해 제2의 삶의 기회를 모색하는 성인 학습자들이 꾸준히 증가하고 있다. 이러한 현상은 이들 성인 학습자가 평생학습 경험을 통해 자신에 대한 새로운 가능성을 탐색하고 바람직한 변화를 추구하려는 의지의 표출로 보인다. 이와 같이 성인 학습자는 자신에게 내재한 힘의 근원을 찾고, 다듬고, 개발하며 자신의 삶을 주도해 나간다(신승원, 2011). 그러나 이와 같은 성인 학습자의 자기 인식과 학습 경험은 교수자의 리더십에 의해 빛이 발하기도, 퇴색되기도 한다. 이러한 맥락에서 교수자들은 자신의 전통적 교수 방법에서 벗어나 학습자와 학습 원칙에 대한 이해를 기반으로 더욱 유연하고, 학습자 중심적이며, 문제 중심적인 접근법으로 탈바꿈할 것을 요구한다(Buttaro & King, 2001).

교육을 매개로 개인과 세상의 의미 있는 변화를 희망한다면 교수자는 교수(敎授), 즉 가르침의 본질을 파악하고, 가르치는 일에 종사하는 이들에게만 국한되는 독특한 리더십을 파악하는 것이 필요하다. 특히 변화와 도전, 창의와 감성이 부각되는 새로운 시대에는 새로운 교육적 맥락에 기초한, 교수자와 학습자 모두의 요구에 부합하는 교수 리더십 패러다임이 요구된다. 대부분의 교사 리더십이나 교육 리더십에 대한 모델 또는 일부 교수법에 대한 이론 및 사례들이 교수자의 역량을 다루고 있지만, 교수 리더십을 조망할 수 있는 통합적이고 객관적인 틀을 제시하는 데 한계를 드러내고 있다. 따라서 이 장에서는 교수 리더십의 개념과 특성, 성인 학습의 원리, 학습 동기, 교수 리더십의 구성 역량 및 효과, 실천 방법 등을 통합적인 관점에서 제시하고, 이를 통해 효과성과 효능감을 갖춘 교수자가 될 수 있는 실마리와 방법들을 제안하고자 한다.

학습자에 대한 이해
–안드라고지적 관점을 중심으로

가르치는 일에 종사하는 이라면 누구라도 자신이 전달하고 싶은 메시지를 효과적으로 전달하고, 멋진 교수자로 기억되고 싶은 바람을 갖고 있을 것이다. 이런 바람을 갖고 있는 교수자라면 어떤 식으로 학습자들에게 메시지를 전달하고, 동기를 부여하고, 그들과 교감할 것인가에 대해 지속적으로 고민한다. '어떻게'에 대한 해답을 모색하면서 역설적으로 우리는 과거에 우리가 학습자로서 경험했던 몹시 불만족스러웠던 강의 장면을 어렵지 않게 떠올리게 될 것이다. 한 자리에 고정되어 학생들과의 눈 맞춤도 없이 일방적으로 수업을 진행했던 강사, 구체적인 사례나 시각적 자료 없이 교재의 내용만 읽듯이 전달하며 학습 분위기를 썰렁하게 이끌었던 준비 안 된 교수님, 혹은 학생들의 발표나 질문에 비판적이고 부정적 반응을 보여 학생들에게 상처를 주곤 했던 권위적인 선생님들의 모습은 그리 낯설지 않다.

과연 우리는 어떤 자질 및 개념들을 교수 리더십의 프레임으로 삼아야 할까? 교수 리더십을 제대로 이해하기 위해서 우리가 놓쳐서는 안 될 한 가지 중요한 사실은 우리가 가르치는 학습자에 대한 올바른 이해를 해야 한다는 점이다. 이는 교육이란 진공 상태에서 이루어지는 것이 아니라 교수자와 학습자에게 내재되어 있는 다양한 요인들이 상호 유기적으로 영향력을 주고받는 과정이기 때문이다.

교수자가 '안드라고지(andragogy)'로 대표되는 성인 학습의 원리와 성인 학습자에 대한 특징을 제대로 이해한다면 교수자의 관점이 아닌 학습자의 관점에서 수업을 계획하고 교수법을 고안하려는 시도를 하게 될 것이다.

교육에 종사하는 사람이라면 교육학을 의미하는 페다고지(pedagogy)라는 용어에 익숙할 것이다. 그러나 성인 교육 분야의 여러 학자는 성인 학습자와 성인 학습에 관한 연구를 통해 전통적 교육 방법인 페다고지보다 좀 더 학습자 중심의 교육 원칙에 집중하는 안드라고지(andragogy)의 개념을 소개해 왔다(Knowles, 1973; Knowles, Holton, & Swanson, 2005; Merriam, Caffarella, & Baumgartner, 2007). 간단히 말해서 안드라고지란 성인 교육 혹은 성인 학습자에 대한 일련의 특징을 의미하며, 이러한 특징에 기초해 성인 학습자의 학습을 강화할 수 있는 교육 방법을 뜻한다(Conaway, 2009). 성인 학습의 고유한 특성을 조명하는 안드라고지는 성인의 학습을 촉진하는 예술이자 과학으로 인정받으면서 성인 교육 분야의 핵심 주제가 되어 왔다(Knowles, 1980). 비록 안드라고지가 성인 학습자의 특징이나 학습 스타일을 반영한 교육 모델을 의미한다 하더라도, 학습자의 성향이나 동기는 보편적이고 공통적인 요소가 많기 때문에 안드라고지는 연령을 초월해 모든 학습자에게 적용 가능한 원칙이며 의미 있는 발견이다.

안드라고지 논리처럼 학습의 효과는 학습자의 특성이 교육에 적절히 반영되고 강화될 때만 극대화된다. 교수자가 학습자를 지도하는 상황에서 다음 학습자에 대한 다섯 가지 특성을 제대로 이해한다면 좀 더 효과적으로 교수 리더십을 발휘하게 될 것이다.

첫째, 대부분의 성인은 자기 주도적 학습자다. 자기 주도성이란 자아실현에 대한 학습자의 욕구와 자신의 선택에 대한 책임 수용을 뜻한다. 학습자의 참여와 주인의식은 교수 리더십의 성공에 필수적이다. 학습은 재미와 직접적으로 비례하는데, 이는 학습의 즐거움이 참여에서 온다는 것을 의미한다. 즉, 학습자의 열정과 참여를 이용해서 그들이 자기 주도적으로 학습에 몰입하게 함으로써 재미 있는 TV 프로그램이나 게임에서 얻을 수 있는 즐거움을 학습에서도 얻게 하는 것이다. 그러므로 교수자는 학습자들에게 최대한 자기 주도성을 발휘할 수 있는 기회를 부여해, 이들 스스로 자신의 문제에 대한 답을 이끌어 낼 수 있는 과제나 그룹 토론, 사례 연구 등을 강의에 활용하는 것이 필요하다.

둘째, 성인 학습자는 이미 다방면의 경험이 풍부하다. 이러한 그들의 경험은 학습을 위한 풍부한 자원이 될 뿐만 아니라 성찰의 기회를 제공하고 의미 있는 학습을 위한 맥락과 틀을 제공한다. 교육의 초점은 우리가 무엇을 알고 있는가가 아니라 우리가 알고 있는 것으로 무엇을 할 수 있는가에 있다(김경석, 유제필 역, 2004). 그러므로 교수자는 학습자의 경험을 인정하고 칭찬하고 격려해 주어야 한다. 즉, 학습자 개개인의 다양한 경험이 학습에 적절히 활용할 수 있도록 강의를 기획하고 리드해야 한다.

셋째, 학습자들에게는 무엇을 학습하기 전에 왜 배우는지와 어떻게 자신의 삶에 적용할지를 알고자 하는 욕구가 있다. 즉, 학습자는 이러한 궁금증을 해소할 때 학습에 대한 동기가 더욱 강화된다. Merriam(2001)은 이것을 학업의 효과를 최적화하기에 적합한 '가르칠 수 있는 순간들(teachable moments)'로 표현하면서 이러한 것을 유도해 내는 교수자의 역할을 강조했다. 흥미나 관심이 강의에 미치는 긍정적 영향을 고려할 때 학습자의 기대감을 어떻게 고조시켜서 효과를 얻을 수 있을 것인지를 교수자는 고민해야 한다. 예를 들어, "교수자가 교수 리더십을 제대로 알고 있지 않다면 어떤 문제가 발생할까요? 여러분이 교수 리더십을 잘 배운다면 어떤 일이 일어날까요?" 등의 질문은 관련성과 적용도, 활용도를 강조하여 흥미와 학습 동기를 유발하는 데 효과적이다.

넷째, 학습자는 자긍심, 사회적 인정, 효능감, 자아실현 등의 내적 동기가 충만했을 때 학업에 더욱 정진한다. 인간의 가장 주된 욕구 중 하나는 인정받는 것이다. 다시 말해, 교수자는 칭찬의 필요성을 알고 있어야 하며 효과적으로 칭찬하는 방법을 연구해야 한다. 이는 학습자들이 이러한 인정과 칭찬을 통해 삶의 질을 변화시킬 내적 필요성을 느끼고 학습에 대한 더 강한 동기를 갖게 되기 때문이다. 훌륭한 교수자라면 학습자의 마음을 움식여, 높은 성취 목표를 실정하게 하고, 할 수 있다는 자신감과 동기를 불러일으키는 영향력을 발휘해야 한다.

다섯째, 성인들의 학습에 대한 목표는 과목 중심에서 문제 중심, 삶 중심으로 옮겨 간다. 이는 성인들이 배운 지식을 미래에 적용하기보다는 즉각적으로 적용하고 싶어 하는 성향에 기인한다. 교육에 대한 성공의 절반은 처음부터 학습자의 관심을 얼마나 집중시키는가에 달려 있다. 모든 학습자는 아마도 '이 교육이 나한테 무슨 도움이 되지? 강의를 열심히 안 듣는다면 무엇을 놓치게 될까?' 와 같은 질문을 수도 없이 스스로에게 던질 것이다. 모든 학습자를 나의 수업에 빠져들게 하길 원한다면 이러한 질문에 대한 명쾌한 해답을 그들에게 제시해야 한다.

이상에서 열거한 성인 학습자의 다섯 가지 특성은 성인 학습자에게 좀 더 두드러지게 나타나는 특성들이지만 어린 학생들에게도 상당 부분 내재되어 있다. 다시 말해, 어린 학습자들의 자기 주도성, 경험, 내적 동기와 같은 특성 역시 교수 리더십의 효과성을 높이는 데 반드시 고려하여야 할 요소라는 것이다.

효과적인 리더는 무엇을 하는가에 초점을 맞추던 대부분의 리더십 연구와는 달리, 교수 리더십은 학습자에 대한 교수자의 지식이 학습자를 어떻게 이끌 것인가와 교수자와 학습자 간의 상호작용에 초점을 맞춘다(Printy, 2008). 학습자는 교수 리더십의 대상인 동시에 교수 리더십을 형성하는 한 요소이기도 하다는 김영태(2004)의 지적대로, 학습자에 대한 이해의 정도에 따라 교수 리더십의 효과는 달라질 것이다. 즉, 교수자가 학습자의 경험, 능력, 동기, 자아 개념, 셀프 리더십 및 효능감 등을 제대로 이해하고, 학습자의 성장을 도울 수 있는 교수 리더십을 발휘할 때 교육의 효과성을 높일 수 있다.

이러한 맥락에서 교수 리더십은 교수자가 학습자를 제대로 이해해야 어떻게 가르칠지를 이해하게 되고, 학습자들이 어떻게 배우게 될지를 이해하게 된다는 점을 강조한다. 리더로서 교수자의 역할은 지식을 전수하는 것만이 아니라 학습자의 학습 요구를 파악하고, 학습을 자극할 수 있는 전문 지식과 과제가 적절히 혼합된 환경을 조성하고, 학습 동기를 자극할 수 있는 보상을 마련하고, 학습을 지원할 수 있는 다양한 자원을 제공하는 것이다(Stein & Nelson, 2003).

지금까지 제시된 학습자의 특성에 대한 올바른 이해를 바탕으로 다음에 소개되는 교수 리더십의 개념과 특징, 방법, 효과 등을 이해한다면 교수 리더십을 좀 더 체계적이고, 효과적으로 파악하고 적용하는 것이 가능하다.

교수 리더십의 개념과 특징

교육 분야에서의 리더십에 대한 정의는 지속적으로 진화되고 확장되었는데, 최근 주목받고 있는 코칭 리더십, 감성 리더십 등과 마찬가지로 교수 리더십 역시 다양한 리더십 이론들의 역사적 진화를 통해 틀을 갖추었으며, 특성, 행동, 상황, 변혁적 리더십이 융합된 개념이다(Alig-Mielcarek, 2003). 교수 리더십이란 간단히 설명하면 초·중·고생, 대학생, 주부, 직장인, 노인 등 모든 학습자의 평생학습에 대한 동기를 고취해서 그들이 학습 목적을 실현하고 더 나아가 자기 주도적 삶을 살 수 있도록 도와주는 교수자들의 직접·간접적 행위라 할 수 있다. 이들 교수자는 교사, 대학교수, 강사를 포함해 평생교육원의 강사, 사내 강사, 연수원 강사, HRD 강사, 문화센터 강사, 직업훈련학교 교사 등 다양한 분야에서 학습자들의 교육을 담당하는 모든 교육자가 포함된다. 이들 교수자는 학습자의 학업 성취, 전문가적 성장, 자아실현을 지원하기 위해 그들의 요구에 부응하는 교육 목표를 수립하고, 교육 자원을 창의적이고 효과적으로 활용하며, 교육 과정과 교수 방법을 개선한다.

교수 리더십의 속성을 연구한 Northern과 Bailey(1991)는 효과적인 교수자들에게 나타나는 일곱 가지의 공통된 역량을 비전적 리더십, 전략적 기획력, 변화의 동인, 의사소통 능력, 높은 기대 수준에 대한 역할 모델, 긍정적 교육 분위기 조성, 성장을 향한 지속적 도전

정신으로 제시했다. 이를 통해 볼 때 교수 리더십은 효과적 수업에 초점을 맞추면서 학습자의 목표 지향적인 측면에 비중을 두고 동시에 교육적 분위기 조성과 관리 기능에 초점을 맞추면서 관계 지향적인 의미에 무게를 둔다고 할 수 있다(정광희, 2008).

Gupton(2010)은 교수 리더십에는 크게 교수자의 성품과 태도를 강조하는 인간적 특성과 교수자의 지식과 기술을 강조하는 능력적 특성의 두 가지 자질이 포함된다고 한다.

교수 리더십 = **인간적 특성**(성품과 태도) + **능력적 특성**(지식과 기술)

교수 리더십에 대한 이 두 가지 자질에 대해서는 많은 이가 공감할 것이다. 왜냐하면 교수 주제에 대한 전문 지식도 풍부하고 교수 기법도 훌륭해서 능력적 측면에서는 손색이 없지만 학습자를 무시한다든지 그의 고충에 대해 냉담하다든지 소위 인간적 자질이 결여된 교수자는 학습자에게 진정한 행복감을 주지 못하기 때문이다. 역으로 성품이 온화하고 겸손하며 학생들 개개인을 존중하고 배려하는 등 인격적으로 훌륭하지만 강의 기법이 지루하다거나 강의 내용이 진부하다든가 등의 능력적 특성이 부족한 안타까운 교수자 역시 학습자에게 불만스럽긴 마찬가지다. 이 두 가지 자질은 마치 자전거의 앞바퀴와 뒷바퀴 같이 동시에 발휘되어야 하며 균형감 있게 조화를 이룰 때만 강의는 탄력을 받고 시너지를 내게 된다.

교수 리더십의 핵심 역량

교수자는 전문가로서 학습자가 자신의 문제에 대한 답을 찾아낼 수 있도록 방향을 안내하거나 방법 및 자료를 제공하는 동시에 인생의 스승으로서 학습자의 긍정적 변화, 성장을 이끌어 내는 촉매자이자 역할 모델이 되어야 한다. 이 두 가지 자질을 좀 더 세부적으로 구분하면 교수 리더십에는 전문가적 소양, 안드라고지적 지향성, 교수기법의 세 가지 역량이 포함된다(신승원, 2011). 이와 유사한 맥락에서 조벽(1999)은 존경받는 교수자에게 필요한 세 가지 자질로 전문지식, 강의 기술, 마음 자세를 들고 있다. 이 장에서 소개한 안드라고지적 지향성과 조벽(1999)이 언급한 마음 자세는 강사의 성품 및 태도에 초점을 맞춘 것에서 일맥상통한다고 할 수 있다.

교수 리더십의 핵심 역량 =

전문가적 소양(전문 지식) + **안드라고지적 지향성**(마음 자세) + **교수 기법**(강의 기술)

그렇다면 각각의 역량이 구체적으로 의미하는 바가 무엇인지, 나에게는 어떠한 교수 리더십 역량이 좀 더 개발되어야 할지를 다음의 설명과 사례 등을 통해 이해하고 성찰해 볼 필요가 있다.

유능한 교수자에게 필요한 첫 번째 역량은 전문가적 소양이다. 이는 강의 내용에 관한 지식으로, 강의하는 분야마다 전문 지식은 달라질 수 있다. 예를 들어, 리더십 강사라면 리더십에 관련된 전문성, 즉 리더십 이론과 다양한 사례에 대한 지식, 리더십 트렌드에 대한 이해, 리더십 개발에 대한 노하우 등의 지식을 기본적으로 갖추어야 한다. 또 다른 예로 영어 교사의 연수를 담당하는 강사가 영어를 제대로 구사하지 못한다거나 영문법, 영어 음운론, 외국어 습득 이론이나 영미 문화에 대한 지식이 부족하다면 어떻게 효과적으로 교수 리더십을 발휘하겠는가?

교수자에게 필요한 두 번째 역량은 안드라고지적 지향성, 좀 더 포괄적인 차원으로 볼 때 마음 자세다. 이러한 역량은 학습자와의 신뢰감 형성, 학습자를 배려하고 존중하기, 강의에 성의와 열정을 쏟는 행위로 나타난다. 다시 말해 효과적 교수자는 "학습자에게 '무엇'(내용)을 '어떻게'(강의 기술) 가르칠 것인가를 아는 동시에 이를 행동으로 옮기려는 마음 자세"를 갖추어야 한다(조벽, 1999: 59). 이와 더불어 학습자의 특성에 대한 올바른 이해를 바탕으로 교수자 자신을 촉진자로 간주하면서, 학생의 학습 동기를 고취하고 자기 주도적 능력이 발현하도록 함으로써 자기 성장과 자아실현을 조력하는 안드라고지적 지향성에 기초한 마음 자세를 갖추어야 한다.

유능한 교수자가 갖추어야 할 세 번째 역량은 교수 기법이다. 교수 기법은 학습과 관련된 학생의 모든 것, 즉 성격 유형, 지능과 사고력의 유형, 배경지식과 경험, 학습 스타일, 학습 동기 등을 강의에 포함하는 능력을 의미한다. 또한 교수 기법은 교수자가 알고 있는 것을 효과적으로 학습자에게 전달하는 프레젠테이션 능력을 뜻하는데,

대표적 프레젠테이션 기술로는 시각적 교재의 적절한 활용, 언어(verbal)와 비언어(non-verbal)의 효과적 사용을 들 수 있다. 이와 같은 효과적 교수 기법의 활용은 학습자의 학습 성과를 높이고 교육에 대한 만족도를 높이는 데 효과적일뿐만 아니라 교수자와 학습자의 인간적 관계까지도 개선시킨다.

요약하면 교수 리더십에는 전문적 지식, 교수자로서 갖추어야 할 창의성과 테크닉, 그리고 인간적 품성과 윤리적 자질이 모두 포함되어야 한다. 첫 번째 자질은 학문적 지식의 중요성을 강조하며, 두 번째 자질은 윤리적이고 온정적인 측면을 포함하고, 세 번째 자질은 교수기술과 방법과 같은 효과성에 초점을 맞춘다. 이처럼 교수 리더십은 학습자의 성취, 태도, 정서적 성장에 긍정적 영향을 미칠 수 있는 교수자의 지식과 행위, 새로운 아이디어에 대한 개방성과 창의성, 학습자에 대한 태도와 연관성이 높다고 볼 수 있다.

여러분의 교수 리더십 수준을 알아보고 싶다면 신승원(2011)의 '교수 리더십 진단지' 혹은 조벽(1999)의 강의 '자가 진단표' 를 참고할 것을 제안한다.

교수 리더십의 실천 방법

교수 리더십에 대한 전체적 이해를 통해 유능한 교수자는 교수-학습과 연관된 포괄적 이해 및 지식, 기술적 측면의 전문성과 인간 중심적인 관계적 성향을 지녀야 한다는 것을 알게 되었다. 즉, 진정한 의미의 교수 리더십은 방법이나 기술뿐만 아니라 어떤 가치와 성과를 위해 리더십을 실천해야 하는가에 대한 목적의 측면을 포괄해야 한다(Reitzug, West, & Angel, 2008). 이와 같이 교수 리더십의 개념과 특징 및 교수 리더십에 포함되는 역량 등에 대해 전반적으로 이해했으므로 이제 어떻게 하면 교수 리더십을 효과적으로 실천할 것인가에 대한 실용적 방법을 제시할 것이다. Hallinger와 Murphy(1985), Murphy(1990)와 Weber(1996)의 교수 리더십 모델, 조벽(1999)의 새 시대 교수법, Pike(김경석, 유제필 역, 2004)의 창의적 교수법에 근거한 교수 리더십의 구체적 실천 전략과 사례를 살펴보면 다음과 같다.

첫째, 학습자의 학습에 대한 요구와 동기를 정확히 파악해야 한다. 우선 그들의 학습 요구를 진단하고 그들에 대해 가능한 많은 것을 파악해야 한다. 학습자가 갖고 있는 지식과 경험의 수준은 어느 정도인가? 학습자를 과소평가하지도, 또는 몇몇 개념이나 이론을 당연히 알 것이라고 과대평가하지 않는 것이 중요하다. 학습자가 갖고 있는 지식의 수준과 그가 필요로 하는, 그리고 도달하고자 하는 학습 요구를 파악하는 것이 성공적 교수 리더십을 위한 필수 조건이다.

또한 교수자는 학습자의 다양한 동기를 이해하고 조율할 수 있어야 한다. 효과적 교수자라면 학습자의 학습 동기는 목표 지향성, 학습 지향성, 활동 지향성 중 한 가지에 치우친다는 점을 이해하고 각 학습자 유형에 맞게 강의 방법을 조절해야 한다. 재미난 예로 Pike(김경석, 유제필 역, 2004)는 학습자의 다양한 학습 동기를 네 가지 학습자 유형, 즉 죄수, 휴가자, 교제자, 학습자로 설명하고 있다.

학습 동기 =

죄수 + 휴가자 + 교제자 + 학습자

죄수, 즉 교육 포로들은 강제로 강의에 참가한 학습자로 강의를 받는 것을 고문처럼 느낀다. 휴가자는 강의 받는 것을 일에서의 탈출로 생각하고 편안하게 참여하고 싶어 한다. 교제자는 이 시간을 새로운 사람들을 만나 즐거운 시간을 보낼 수 있는 기회로 생각하며, 학습자는 새로운 지식과 기술을 배워 자기계발을 하려고 하는 학생이다. 모든 교수자는 아마도 학생 모두가 네 번째 학습자 유형이었으면 하는 한결같은 바람이 있을 것이다. 그러나 실제 강의실에는 앞에서 언급한 다양한 스펙트럼의 학습자 유형이 골고루 섞여 있다. 따라서 이들 모두를 위한 학습 환경을 조성하고 강의를 계획하는 것은 쉬운 일이 아니다. 그럼에도 불구하고 학습자 중심의 강의를 계획하고 강의에 대한 그들의 흥미와 결과에 대한 기대감을 고조시킨다면 까다로운 학습자들까지도 내 편으로 만들 수 있다. 예를 들어, 간단한 브레인스토밍 활동을 통해 그룹으로 하여금 강의에 열심히 참여함으로써 얻게 되는 이익과 피할 수 있는 손실에 대해 토론하게 하는 것이 효과적이다. 또한 강의 주제, 예를 들어 리더십 특강이라면 리더십 진단지를 통해 그들의 배경지식이나 직장에서의 역량 수준을 파악하고 강의에 적절히 활용하는 것도 유익하다.

효과적 교수자는 수업을 관리하고 학습자를 지원하는 역량을 갖추어야 한다. 이는 교육 목표와 능력, 요구, 학습 동기들이 각기 다른 학습자들로 북적대는 강의 현장을 생산적이고 협동적인 교육의 장이 될 수 있도록 지원해서 모든 학습자가 자기 주도적으로 자신의 학습을 관리할 수 있게 하는 시스템을 창출할 수 있는 교수 리더십을 갖추어야 함을 의미한다(Hallinger & Murphy, 1985; Murphy, 1990; Weber, 1996).

둘째, 효과적 교수자는 인본주의적 관점에서 학습자의 내적 자원인 자신감, 자기 주도성, 자아실현 욕구, 자존감 등을 상승시키는 내적 동기를 제공하며, 행동주의적 관점에서 학습에 대한 명확한 목표 설정과 구체적 보상 및 처벌 등의 외적 동기를 적절하게 제공해야 한다(Hoy & Hoy, 2009).

효과적 강사 =

인본주의적 관점
(내적 동기 제공 – 효능감, 자기 주도성, 자아실현 욕구, 자존감) +

행동주의적 관점
(외적 동기 제공 – 명확한 목표 설정, 구체적 보상과 처벌)

다시 말해 유능한 교수자는 학습에 대한 관심을 유지시키고, 학습자의 지적 호기심을 자극하고, 그들의 자기 효능감을 향상시켜야 한다. 이를 실천하기 위해서 교수자는 학습자의 자존심을 높여 주고, 적당히 도전적인 과제를 제공하여야 하며, 열정적이고도 재미있게 강의를 진행해야 한다. 강의 시간에 늦게 나타나거나, 강의 주제와 상관없는 잡담이나 자기 자랑을 늘어놓거나, 명확한 가이드 라인도 없이 학생에게 발표나 토론을 시키는 식으로 시간을 때우려는 강사나 교수로 인해 시간이 아깝다거나 무시당했다는 생각을 해 본 학습자가 더러 있을 것이다.

강의 시작하기 5분 내지 10분 전에 강의실에 도착하는 것과 강의 주제에 대해 철저히 준비하는 것은 신뢰감을 쌓는 데 있어 가장 기본이다. 수업 시간을 지키고 강의를 완벽하게 준비하는 것은 교육에 대한 열정과 의지, 책임감, 학생에 대한 존중감을 '행동'으로 표현하는 것이기 때문이다(조벽, 1999). 교수자가 강의에 쏟는 성의와 열정은 학습자에게 그대로 전달되어 학습에 대한 높은 동기로 이어진다. 또한 학습자로 하여금 이전보다 자기 자신에 대한 긍정적 자아개념을 갖게 하는 진심어린 칭찬과 격려를 하거나 강의를 듣게 되었다는 사실에 만족감을 갖게 함으로써 학습자의 자신감을 향상시키는 기회를 제공해 주어야 한다.

학습자의 학습 동기를 유발할 수 있는 가장 중요한 마지막 요소는 많은 강사나 교수가 종종 간과하고 있는, 그러나 강의에 꽃이라고도 할 수 있는 웃음이다. 아무리 배움에 대한 열정이 대단한 학습자라도 재미없고 지루한 수업에서 의미를 찾는 것은 쉬운 일이 아니기 때문이다. 재미나 흥미가 강의의 모든 것은 아니지만 학습자가 무언가를 배우면서 동시에 재미도 느낄 수 있다면 강의의 효과나 만족도는 수직 상승할 것이다. 그러기 위해서 강사는 내가 갖고 있는 교재, 정보, 강의 기법을 어떻게 재미있게 활용할 것인가를 다각도로 연구할 필요가 있다.

셋째, 교수자는 자신의 프레젠테이션 스킬에 대한 지속적인 자기 관찰과 연습을 통해 이를 자연스럽게 강의에 적용할 수 있어야 한다. 즉, 언어와 비언어적 스킬을 강의에 최대한 효과적으로 활용해야 하며, 시각적 자료를 포함한 모든 교육 기자재를 강의에 적절히 이용해야 한다. 또한 강의의 서론, 본론, 결론에 대한 효과적 구성과 전달 방법에 대해 이해하고 있어야 한다. 예를 들어, 강의의 도입부에는 지난 강의 때 다루었던 중요한 내용을 간단히 요약하는 것이 필요하며, 이번 시간에 소개할 주제의 중요성과 핵심 내용을 흥미를 유발시키는 방법으로 소개해야 한다. 강의의 본론 부분을 다룰 때는 학습자의 집중력을 고려해서 소주제별로 강조점을 두고, 강의 방법에 변화를 주는 것도 필요하다. 결론 부분에는 설득력 있는 메시지로 강의의 주된 내용을 학습자에게 각인시키거나 강의에서 학습한 내용이 학습자 자신의 삶과 어떠한 연관성을 맺는지에 대해 성찰할 시간을 주는 것이 적절하다.

이 밖에 다양한 은유, 직유, 인용문, 시 등 설득력 있는 언어적 표현을 연구하고 활용해야 한다. 목소리의 높낮이, 속도를 조절하고, 발음을 명확하게 하며, 한 자리에 부동자세로 서 있지 말고, 학습자에게 시선을 주는 등의 비언어적 표현을 극대화하는 것 또한 대단히 중요하다. 무엇보다 강사는 얼굴 표정, 제스처, 목소리, 자세 등 모든 언어적 · 비언어적 메시지를 통해 강의 자체와 강의 주제에 대한 자신감과 열정적인 모습을 보여야 한다.

최근 효과적 강의 기법에 대한 관심이 증폭됨에 따라 학습자에 대한 이해의 폭도 넓어졌다. 예를 들어, 하워드 가드너의 다중지능이나 학습자의 다양한 학습 스타일을 강의에 반영하려는 시도를 유능한 교수자의 강의에서 종종 엿볼 수 있다. 이뿐만 아니라 학습자의 다양한 성격 유형을 이해하고 강의 기술을 발휘하는 것도 대단히 중요하다.

재미있는 예로 조벽(1999: 74)은 100명의 학습자 유형을 대략적으로 "불안감이 높은 불안 초조형 26명, 영웅형 9명, 동기 부족형 4명, 입 다물고 있는 침묵형 20명, 시키는 대로 꼬박꼬박하는 순종형 10명, 강의와 무관하게 딴 짓을 하는 독립형 12명, 불평거리를 찾아서 비판하는 불평형 9명, 호의를 보이는 친절한 아부형 11명"으로 분류하고 있다.

이렇게 다양한 학습자의 학습 스타일, 성격, 학습에 대한 동기를 이해한다면 강의 시간에 휴대전화에서 손과 눈을 떼지 못하는 학습

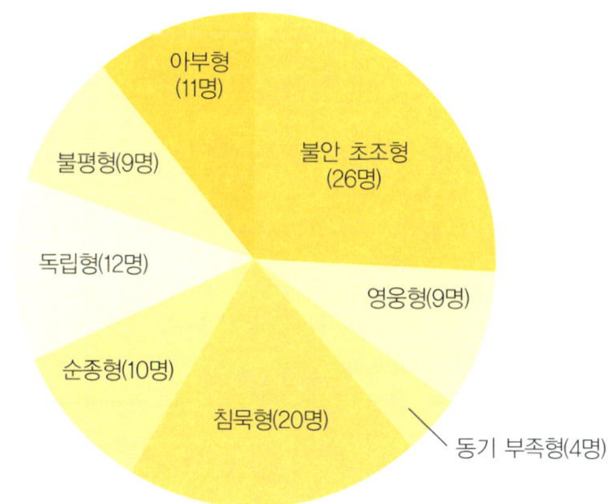

[그림 6-1] 학습자 유형(조벽, 1999: 74)

자, 옆자리의 친구와 소곤소곤 떠드는 학습자, 꾸벅꾸벅 조는 학습자를 원망하기보다는 나의 강의 기법에 문제가 있는 것은 아닐까라는 반성을 먼저 하는 것이 순서일 것이다.

넷째, 사회문화적 관점에서 학습자를 학습 공동체에 적극적으로 참여시킴으로써 학습 동기를 유발하는 다양한 전략을 사용해야 한다. 수업 현장은 복합적인 사회적 시스템으로서 긍정적인 수업 분위기와 공동체 문화를 조성하는 것은 효과적 교수-학습에 필수적 요소다(Hallinger & Murphy, 1985; Murphy, 1990; Weber, 1996). 특히 교수자는 상당수의 학습자가 활동 지향적인 학습 스타일을 가졌거나 새로운 인맥을 만들고 사회적 네트워크를 형성할 목적으로 강의에 참여한다는 것을 감안해야 한다. 따라서 교수자는 교육 성과와 만족도에 중요한 영향력을 행사하는 사회적 맥락의 중요성을 인지하고, 그룹 토론 및 활동, 다양한 팀 프로젝트 등을 통해 학습자 간의 건설적 네트워크와 유대감을 강화시켜 주어 그룹 공동체의 효능감을 높여야 한다.

다섯째, 교수자 자신에 대한 자아 개념(self-concept), 학습자와의 관계 및 강의 전반에 대해 지속적으로 성찰하고 개선하려는 노력을 해야 한다. 교수자 자신이 어떤 자아 개념을 갖고 있는가에 따라 학습자를 대하는 태도, 강의 방법, 학습자와의 관계가 달라지기 때문이다.

교육심리학자들의 연구에 따르면 교수자가 갖는 가장 일반적인 자아 개념은 소크라테스, 회의 진행자, 전문가, 장군, 회사 사장, 코치, 관광 안내자의 일곱 가지 유형 중 하나에 속하는 것으로 나타났다(조벽, 1999). 예를 들어, 자신을 '회사 사장'이라고 여기는 교수자는 학습자를 '직원' 처럼 대할 것이고, 자신을 '코치' 라고 여기는 교수자는 모든 학습자의 역량에 맞게 역할을 부여하고 임파워먼트(empowerment)를 통해 각 학습자의 장점이나 개성을 최대한 활용하여 성공적으로 팀을 승리로 이끄는 역할을 담당할 것이다.

물론 강의의 특성이나 학습자의 유형에 따라 교수자는 자신의 자아 개념이나 역할에 변화를 줄 수도 있다. '코치' 와 '회사 사장' 의 은유를 통해 알 수 있듯이, 유능한 교사와 무능한 교사는 자신을 바라보는 관점과 이해하는 방식에서 차이가 있다(신승원, 2010). 즉, 자신의 가치와 효과성에 대한 교수자의 긍정적 인식은 가르치는 일에 대한 만족뿐만 아니라 학습자의 학업 성취 및 삶에도 유의미한 영향을 미칠 것이다.

이와 같이 기본적인 자아 개념도 중요하지만 교수자 자신이 학습자와의 관계를 어떻게 인식하는가, 그리고 어떤 관계를 만들어 갈 것인가에 대한 지속적인 성찰은 강의 전반에 영향을 미치게 된다.

교수 리더십의 효과

왜 모든 교사와 강사 및 교수가 교수 리더십을 올바로 이해하고 효과적으로 실천해야 하는가? 교수 리더십은 학습자의 교육 만족과 교육 성과에 긍정적 영향력을 발휘할 뿐만 아니라 학습자 자신과 세상에 대한 인식의 전환을 도모하며, 그들 삶을 변화시킬 수 있는 가능성의 열쇠이기 때문이다.

Symlie와 Denny(1990)는 리더로서 교수자는 촉진자(facilitator), 조력자(helper), 변화를 위한 촉매(catalyst for improvement), 정서적 지원(emotional support), 지식의 원천(source of knowledge) 기능을 담당한다고 한다.

교수자 =

촉진자 + 조력자 + 변화를 위한 촉매 +

정서적 지원 + 지식의 원천

구체적으로 교수 리더십은 교수자가 학습자에 대한 애정과 책임감, 사명감과 교육 비전을 가지고 교육 활동을 실천함으로써 학습자의 교육적 성장은 물론 그와 상호작용하는 모든 구성원과 조직의 질적 향상에 기여한다. 이와 같이 학습자의 배움은 교수자가 무엇을, 어떻게 가르치는가에 달렸다. 무엇을, 어떻게 가르치는가는 교수자가 강의에 쏟는 지식, 기술, 헌신과 교수자 스스로 평생학습자로서 학습을 지속하려는 노력에 좌우된다(Feiman-Nemser, 2001).

교수 리더십의 효과적 실천은 학습자가 동기, 만족, 효능감을 높이고, 자기 성찰에 대한 기회를 갖고, 학습을 실천하는 데 긍정적인 영향을 미친다(Larson-Knight, 2000). 교수 리더십을 발휘하는 교수자는 장차 학습자가 다양한 삶의 현장에서 새로운 아이디어를 적용하고, 다양한 직업적 전략을 개발하고, 인간의 다양성에 더 수용적이고, 진지하게 삶을 준비하고 계획하며, 자신의 긍정적인 변화를 위해 최선의 노력을 할 수 있게 돕는다.

여러 실용적 사례를 통해 교수 리더십의 정서적 지능과 사회적 지능 요인은 학습자의 학업 성취뿐만 아니라 태도 및 삶 전반에 긍정적인 영향을 미치는 것을 알 수 있다. 모든 교육 현장에서 그 가치가 입증되고 있는 교수 리더십은 학습자의 가치의 전환, 지식의 축적, 자아 개념의 고양과 변화의 경험에 이바지할 것이다(Tobing, 1989).

이상에서 제시된 교수 리더십 원칙을 기반으로 한 교수 리더십의 이해와 실천을 통해 교수자들은 학습자의 삶에 대한 변화의 진수를 목격할 것이고, 더 나아가 가르치는 일에 대한 의미를 찾게 될 것이다.

요 약

모든 교육의 목적은 학습자의 긍정적 변화에 초점을 두고 있다. 한 시간짜리든 백 시간짜리든 교육을 받은 후에 학습자는 이전보다 더 좋은 성적을 내든지, 새로운 기술을 익히든지, 태도가 달라지든지 등의 긍정적 변화를 보여야 한다. 이러한 가시적인 결과뿐만 아니라 교육을 받은 후에 학습자는 지존감, 자아 성취감과 같은 자기만족을 느끼고 자아 개념, 자기 효능감이 높아지는 것을 느껴야 할 것이다. 즉, 개인이나 조직에게 물리적 혹은 심리적 혜택이 돌아가지 않는다면 교수 리더십이 제대로 발휘되었다고 할 수 없다. 교수 리더십을 발휘하는 교수자는 학습자의 요구와 동기에 부응하는 교육 목표를 수립하고, 전문가적 성장을 지원하고, 긍정적 학업 분위기를 조성해 평생학습에 대한 의욕을 고취하는 교육 전문가다.

이 장에서 우리는 교수 리더십의 핵심적 요인은 교수-학습의 개선에 이바지하는 효과적 교수 자질이며 능력이자, 학습자의 삶을 긍정적으로 변화시키는 인간적 품성임을 이해했다. 즉, 유능한 교수 리더는 해당 분야에 대한 지식, 교수 전략, 교육과정, 학습자의 특성, 학습 상황, 교수 목표 등에 대한 전문적 지식뿐만 아니라 창의적이고 조직적인 기획력과 온화함과 친절, 교육에 대한 열정 등의 자질을 갖추어야 한다.

또한 유능한 교수자라면 교육 목표의 실현을 위해서 학습자의 요구와 성취도에 초점을 맞추며 강의의 질을 개선하고, 강의 시간과 자원을 창의적이고 효과적으로 활용하고, 학습자의 성취 과정을 관찰하고, 관찰과 평가 자료를 강의 기획에 집중적으로 반영할 수 있어야 한다.

이 장에서 다룬 교수 리더십의 특징과 구성 요소에 대한 관점을 종합해 보면, 효과적으로 리더십을 발휘하는 교수자는 학습자들의 학습을 책임지는 것은 물론 그들의 자아 개념과 삶 전체에 긍정적 영향력을 발휘하는 가이드이자 조력자라는 것을 알 수 있다. 특히 리더인 교수자에 의해 전달된 기대는 학습자의 효능감을 높이고 동기를 부여함으로써 새로운 학업 목표에 기꺼이 도전하게 할 것이다. 자기 성찰과 지적인 영감, 건전한 자아 개념에 기초한 회복력(resilience) 등이 교육이 추구해야 하는 본질이라면 교수자는 학습자의 자아 개념이나 셀프 리더십, 효능감 향상과 같은 내적 조화와 개발에 강조점을 두어야 할 것이다.

성찰질문

이 장에서 언급된 주요 교수 리더십 역량, 즉 전문 지식, 강의 기법, 안드라고지적 지향성 또는 마음 자세를 토대로 나는 몇 점짜리 교수자인지, 나 스스로에게 만족하고 있는지를 진지하게 성찰해 보고, 어떤 부분에 대한 개선이 필요한지, 어떠한 노력을 기울일 것인지에 대해 숙고해 보자.

사례 연구

최고의 교수자는 어떻게 가르칠까

몇 해 전 EBS 다큐멘터리를 통해 미국 각지에서 선정된 최고의 선생님(best teachers)들이 소개된 적이 있다. 이들이 최고의(best) 또는 우수한

(excellence)이란 타이틀을 부여받기 위해서는 다음의 기준을 통과해야 했다(Bain, 2004). 먼저 자신이 가르치는 과목이나 분야에 대해 얼마나 이해하고 있는가, 어떻게 강의를 계획하고 준비하는가, 학생들에게 어떤 기대치를 갖고 있는가, 어떻게 가르치는가, 어떻게 학생들을 대하는가, 학생들의 노력이나 성과에 대해 어떠한 피드백을 주고 어떻게 평가하는가?

다음에 소개되는 사례는 이러한 여섯 가지 기준에 부합되어 EBS 다큐멘터리 '최고의 교수'에 소개된 인물들이다(최고의 교수 제작팀, 2008).

『정의란 무엇인가』라는 저서로 잘 알려진 하버드 대학교 정치철학과 Sandal 교수는 심오하고 난해한 이슈를 재미있게 질문하는 능력을 갖고 있는 교수자다. 그는 이러한 질문을 '딜레마로의 초대'라고 지칭하는데, 학생들은 이러한 갈등에 행복한 고통을 느낀다고 한다. 비슷한 예로, 로드아일랜드 디자인스쿨의 Cannon 교수 역시 주입식 강의는 최소화하고 학생들이 자유롭게 질문하고 토론할 수 있도록 임파워(empower)하는 것으로 유명하다. 그녀는 최대한 덜 가르치는 게 가장 많이 가르치는 것이라는 의미 있는 말을 던지곤 한다(최고의 교수 제작팀, 2008: 238). 이는 『입 다물고 가르치기(teaching with your mouth shut)』란 책의 제목이 시사하는 것처럼 학생들이 스스로 생각하고 고민하며 끊임없이 질문을 던지고 해답을 찾아가게 하는 것이 교육의 핵심이라는 것이다.

미시건 공과대학의 조벽 교수와 피츠버그 대학교에서 국제정치학을 강의하는 Goldstein 교수는 학생들과의 소통, 동기 부여, 겸손을 통해 최고가 되었다. Goldstein 교수의 수업 콘셉트는 '열정과 재미'로 그의 역사 강의는 마치 버라이어티 쇼처럼 생생하게 연출된다. ……그는 수많은 시간을 수업 준비에 할애하면서 때론 히틀러로, 마오쩌뚱으로, 무솔리니로 변신한다. 조벽 교수 역시 시험 성적이 아닌 긍정적 발전과 변화를 보인 학생들에게 다양한 상과 아낌없는 칭찬을 제공하고, 대기만성형과 노력형 또는 우수한 질문을 하는 학생에게 후한 점수를 주는, 즉 절망을 주는 평가가 아닌 희망을 주는 평가를 하며, 무엇보다 철저하면서도 신선한 강의법을 통해 학생들의 삶을 변화시킨다. 마찬가지로 밴더빌트 의과대학의 Norden 교수, 하버드 대학교 화학과의 Herschbach 교수 모두 무척이나 난해한 전공을 가르치지만 학생들의 눈높이와 흥미에 맞춰 때론 춤을 추기도, 시를 쓰기도 하며, 스토리를 들려주는 것으로 유명한 교수자다.

이 시대의 위대한 교수자들은 공통적으로 학생의 성장 가능성에 대한 믿음을 갖고 새로운 세상을 향한 문을 열어 주며, 웃음과 호기심을 유발해 학문에 대한 애정을 갖게 하고, 머리가 아닌 가슴으로 학생들을 이해하고, 그들과 교감하고 소통하며, 배움과 가르침에 대해 끊임없이 고민하고 연구하며, 배움과 가르침의 진정한 즐거움과 열정을 느끼는 사람들이다.

*출처: 최고의 교수제작팀(2008), 최고의 교수, EBS 다큐멘터리.

07

영성 리더십

동양에선 영성적 깨달음을 추구하는 오랜 전통이 있었지만, 서양 교육에서 영성이 주목받게 된 것은 과학적 합리주의와 자본주의, 인간의 이기심이 빚어낸 문제들을 교육적으로 해결할 수 없을 뿐만 아니라, 1990년대 후반 들어 베이비붐 세대의 은퇴와 고령자의 증가로 이들의 삶의 질을 향상시키기 위해서는 삶의 궁극적 의미 발견을 돕는 영성적 접근이 필요하다는 것을 깨닫고, 그 요구가 크게 늘어나면서부터라 할 수 있다.

리더십 분야에서 영성에 관심이 모이게 된 것은, 리더의 핵심적인 역할이 비전을 설정하고, 그것을 조직 구성원과 공감 · 공유하는 것과 자발성을 이끌어 낼 수 있는 내재적인 동기를 부여하는 것이고, 이러한 리더의 역할을 수행하는 데 있어 영성이 효과적이라는 것을 알게 되면서부터다. 상식적으로 인간은 만물의 영장으로서, 영적인 존재이기 때문에 리더는 구성원의 신체적 욕구나 심리적 욕구뿐만 아니라, 영적인 욕구를 균형 있게 충족시켜야만 구성원이 만족한 상태에서 조직에 애정을 갖고 몰입하게 할 수 있다. 따라서 영성에 관심을 두지 않을 수 없다.

영성 리더십은 동기 부여에 초점을 두었던 Fry(2003)의 연구에서 영성 지능에 초점을 두는 Zohar(2005)의 연구 등 다양한 연구가 진행 중에 있다. 아직까지는 영성 리더십의 구성 요소나 영성 지능의 요소를 나름대로 설정하고, 그런 것들이 리더십 성과인 조직 몰입도나 직무 만족도 등에 어떤 영향을 미치는지를 알아보는 수준에 머물러 있다. 풍부한 영성 교육의 역사를 가진 동양은 이론과 실천 면에서 영성 리더십의 보고(寶庫)이기 때문에, 영성 리더십 분야에서 21세기를 주도하는 지역이 될 잠재력을 가지고 있다.

영성 리더십의 정의

인간은 전인(whole person)이기 때문에 리더십도 전인적 관점에서 인간을 다루고 발휘해야 함은 당연하다. 그것은 우리가 전인교육을 지향한다면, 마음뿐만 아니라 신체와 영성을 함께 생각해야 하므로 영성 교육에 관심을 갖지 않을 수 없는 것과 같다. 영성 리더십은 인간을 전인적 관점에서 보며, 영성 내지 영성 지능을 발현시키고, 내재적으로 동기 부여를 하는 데 역점을 둔다. 2000년대부터 리더에게 구성원의 신체, 마음, 정신, 영혼의 영역을 통합하는 좀 더 전인적인 리더십이 필요하다고 역설하고 있다(Moxley, 2000).

영성 리더십은 영어로 'spiritual leadership' 혹은 'spiritually intelligent leadership'으로 표현한다. 영성 리더십의 대표적인 학자인 Fry(2003)는 'spiritual leadership'이란 용어를 사용했는데, 이 용어는 기독교, 특히 개신교에서 목회자의 종교적 리더십을 지칭하는 것으로 많이 사용되어, 종교와는 무관하게 보편적으로 사용하는 '영성 리더십'과 혼동을 초래하였다. 그래서 영성 지능(SQ)을 강조하는 Zohar(2005)와 학문적인 보편적 영성을 추구하는 입장에 있는 사람들은 'spiritually intelligent leadership'이라는 용어를 사용하기도 한다.

Fry(2003)는 '영적 잔존(spiritual survival)'이란 개념을 통해서 영성 리더십에 접근하고 있다. '영적 잔존'이란 사람의 육신이 소멸해도 영(spirit)은 소멸하지 않는다는 것이고, 소멸하지 않는 영적인 요소를 말한다. Fry는 일터 영성(workplace spirituality)에선 두 가지 차원으로 영적 잔존이 나타난다고 한다. 하나는 자아를 초월하는 초월감(sense of transcendence)으로 직업적 소명의식을 말하고, 다른 하나는 사회적 연결(social connection) 또는 멤버십을 말한다. 후자는 사람의 육신이 소멸하더라도 그와 연결된 사람, 후손, 후배나 동료를 통해 그의 업적이나 정신이 역사적 존재로 계속 남아 있게 된다는 생각에 바탕을 두고 있다.

Fry(2003)는 '영적 잔존'의 개념을 사용하여, 영성 리더십을 소명(calling)이나 멤버십을 통한 영적 잔존감(sense of spiritual survival)을 갖도록 자신의 자아나 다른 사람을 내재적으로 동기화하는 데 필요한 가치와 태도, 행동을 구성하는 것(comprising)으로 정의했다.

이와 달리 Zohar(2005)는 영성 지능을 기르는 열두 가지 원리를 적용하여 영성 지능을 길러주는 리더십으로 영성 리더십을 정의한다. Zohar가 말한 영성 지능을 기르는 열두 가지 원리는 영성 지능의 특징이기도 하다. 자기 인식(self-awareness), 자발성(spontaneity), 비전과 가치가 끌어가는 삶(being vision-and value-led), 전일성(holism), 연민(compassion), 다양성의 존중(celebration of diversity), 휩쓸리지 않음-군중에 맞서 확신을 지키는 것(field independence), 겸손(humility), 근본적인 질문을 던지는 경향성(tendency to ask fundamental 'why' questions), 기존의 틀을 전환하여 재구성하는 능력(ability to reframe), 역경을 긍정적으로 사용할 줄 아는 능력(positive use of adversity), 소명 의식(sense of vocation)이 그것이다.

영성 리더십을 좀 더 잘 이해하기 위해서 영성(spirituality)과 영성 지능(spiritual intelligence: SQ)에 대해서 살펴보기로 하자.

영 성

인간을 전인적으로 신체, 정신, 영으로 구성되어 있다고도 하고, 신체, 마음, 영으로 또는 신체, 정신, 마음, 영으로 구성되어 있다고도 하는데, 이 부분에 대해서 부연 설명을 하고 시작하기로 한다. 영성은 '자아(ego-self)' 또는 '나'에 관한 문제, '의식'에 관한 문제가 연관되어 있기 때문이다. 영성은 '나'를 초월할 때 드러난다. 영혼을 뜻하는 프시케(psyche)는 일본, 한국 등에서 정신(精神)으로 번역되었다. 그래서 프로이트의 'psychoanalysis'는 정신분석학으로 번역

되었다. 현대에 와서 '정신'이란 말은 '마음(mind)'을 의미하게 되었으며, 마음의 과학이라 하여 psychology를 '심리학(心理學)'이라 번역하고 있다.

인간이 신체, 정신 또는 마음, 영으로 구성되어 있다면, 인간성은 각각 물성, 심성, 영성으로 구성되어 있다고 할 수 있으며, 인간의 욕구는 신체적 생존 욕구, 심리적인 욕구(지식 욕구나 지배욕 등), 영적인 욕구로 구성되어 있다고 할 수 있다. 따라서 신체적 생존 욕구와 심리적인 욕구, 영적인 욕구가 균형 있게 충족되어야 비로소 행복감을 느끼게 될 것이다. 골고루 충족되지 않고, 뭔가 결핍되어 있으면 그 욕구를 충족하기 위해 행동하게 된다. 행동은 욕구를 충족하는 방향으로 일어나기 때문에 욕구 충족은 동기의 측면에서 리더에게 중요하다. 영적인 욕구엔 도덕적 욕구라든지, 의미나 가치를 추구하는 욕구 등이 포함된다. 리더는 개인과 조직의 신체적 · 심리적 · 도덕적 욕구를 균형 있게 충족시킬 수 있도록 욕구 관리를 할 필요가 있다. Herzberg(1964)의 위생 요인인 지위, 직장의 안정성, 급여, 복리후생, 작업 조건 등은 주로 신체적 욕구 충족과 관계되는 요소이며, 동기 요인은 심리적 · 영적 욕구와 관련되는 내재적(intrinsic) 동기 요소라 할 수 있다.

이 논의를 자아의 측면으로 연장해 보면, 인간의 자아는 신체적 자아, 심리적 자아, 영적 자아로 이루어져 있다고 말할 수 있다. 그런데 대부분 '나'라고 할 때에는 신체적 자아와 심리적 자아를 지칭한다. 자신의 신체와 마음을 '나'로 동일시하기 때문이다. 신체는 눈에 보이고 개체화되어 있어서 가장 손쉬운 동일시의 대상이 된다. 신체적 자아는 생존 경쟁의 상황에 놓여 있기 때문에 개체적이고 경쟁적이다. 심리적 자아는 신체적 자아보다는 사회적 존재로서 공유된 문화적 배경이 있기 때문에 개체성이 덜하고 집단적인 성향이 있지만, 그래도 언어나 인종이나 성별 · 연령별 교육 환경이나 자라난 상황 등 여러 가지 개별적 특수적 요인에 의해 영향을 받아서 상당히 개체성이 강하다. 그러므로 신체적 · 심리적 자아가 지배하는 '나'로 살아갈 경우엔 개체적 이익을 주로 추구하는 삶을 살 가능성이 높다. 개체적 자아를 벗어나면 영적 자아가 드러나는데, 영적 자아는 '나'를 초월하여 '나'가 없음으로 가게 된다. 이것이 영성이다. 영성(spirituality)은 자아(ego)를 초월했을 때 드러나는 특징이나 상태를 말한다(김명권, 2009). 사람이 죽어서 육신이 소멸해도 영적 자아는 계속 살아 남는다고 하는 근거가 되기도 한다.

이제 영성에 대한 보다 분명한 이해를 위해 보편적 영성(generic spirituality)에 대해서 조금 더 살펴보기로 한다. 영성 리더십을 이해하기 위해서는 영성에 대한 깊이 있는 이해가 필요하기 때문이다.

보편적 영성

우리가 보편적 영성이라 할 때, 영성은 종교와는 무관하게 영적인 존재로서 인간이라면 누구나 보편적으로 갖고 있는 영성을 말한다. Wolman(2001)이 영성을 종교나 신학적 성향과는 무관하며, 자기다움(selfhood)의 수준을 높여 가는 방향으로 움직여 가는 지성(intellectuality)의 혼(soul)이라 한 것과 같은 맥락이다. 초월심리학자들이 연구 대상으로 삼는 영성이 바로 보편적 영성이다.

형이상학에서 다루고 있는 것 중 신(神), 도덕, 가치, 의미 등과 같은 것은 영성적 주제에 속한다. 만약 우리 인간에게 이와 같은 영성적 주제를 이해할 수 있는 코드가 없다면, 우리는 형이상학적 주제를 이해할 수 있을까? 다시 말하면 영성이 없다면, 영성적 주제를 이해할 수 있을까 하는 점이다. 아마도 불가능할 것이다. 마치 영어를 모르면 영어로 하는 말을 알아들을 수 없는 것과 같은 이치다. 어느 문화이든지 본질에 들어가면 표현 형식은 다를지라도 공통된 추구 방향이 있음을 보게 된다. 예를 들어, 진선미라 해도 좋고, 영원하고 신적(神的)이고, 영혼의 정화와 구원을 추구하는 것 등이 여기에 속한다. 영성적 관점에서 보면 인류 문화는 보편적인 도덕적 기준과 추구의 방향을 만난다. 이것이 보편적 영성이다. 이는 종교와는 무관하다. 문화인류학자들의 노력 덕분에 문화의 우열, 즉 야만과 문명의 전통적 잣대는 사라지고, 문화적 상대주의가 자리 잡은 것도 보편적 영성의 발견 덕분이라 생각된다. 이러한 관점 내지 보편적 영성에 대한 인식은 글로벌 시대의 다문화 사회에서 리더십을 발휘하는 데 중요하다.

프랑스 철학자인 De Chardin(1976)은 우리는 영적 체험을 하기 위한 인간이 아니라, 인간의 체험을 하기 위한 영(spirit)이라고 하였다. 이것이 의미하는 바는 무엇인가?

영성적 자아는 육신이 소멸해도 살아 남는다고 본다면, 진정한 자아는 영속성을 지닌 자아이기 때문에 영이 주가 되고, 나머지 신체적 자아나 심리적 자아는 한시적인 동반자의 위치에 있기 때문이라는 것도 하나의 이유가 된다.

삶을 주어진 생존 기간 동안의 항해에 비유한다면, 항해를 하기 위해서는 목적이 있어야 하고, 방향을 일러 주는 나침반이 필요하다. 목적이 있는 존재만이 진화할 수 있고, 열역학 제2법칙인 엔트로피 증가의 법칙을 거스를 수 있다. 열역학 제2법칙은 자연법칙으로, 시간이 경과하면 붕괴되는 방향으로 진행되는데, 그 예외 중 하나가 생명체다. 생명체는 진화를 통해서 시간이 지나면서 더 통합되는 방향으로 나아갈 수 있다. 물론 더 퇴화되는 방향으로 진행할 수 있지만, 그러한 생명체는 도태되어 소멸하고 만다. 목적은 모든 존재하는 것의 근원이고 존재 이유이므로, 자아의 경우엔 가장 근원적인 자아인 영성적 자아의 영역이다. 영성은 늘 가치와 의미와 결부되는 것이다. 조직체를 예로 들어 봐도, 조직은 어떤 목적에 의해서 결성되었다가 목적이 다하면 사라진다. 따라서 목적과 방향을 주관하는 영성적 자아가 삶을 끌어가는 선장인 셈이다. Zohar와 Marshall(1999)은 삶의 의미와 가치를 추구하는 지능이 바로 '영성 지능(spiritual intelligence)'이라고 하였다.

영성은 인간이 기본적으로 영적인 존재이고, 의미 만들기와 관련하여, 베이비붐 세대의 은퇴와 인구 고령화와 더불어 평생교육의 중요한 영역으로 부각되고 있다(Merriam et al., 2009). 성인들은 중년을 경과하면서 자신의 내면으로 들어가서, 삶의 의미와 죽음, 영적인 측면에 관심을 갖기 때문이다.

신체적 자아와 심리적 자아는 개체성을 띤다. 개체성만 가지고는 사회생활을 조화롭게 해 나갈 수 없다. 우리가 공동체 생활을 영위해 나갈 수 있는 것은 상호 연결될 수 있는 공유 · 공감의 바탕, 상생 · 공생의 질서를 창달할 수 있는 개체성을 초월한 영성적 자아가 있기 때문에 가능하다. 도덕적 행동은 개체적 욕구를 억누르고 전체가 살아나게 움직일 때 구현된다. 공자는 『논어』에서 "극기복례가 인(仁)이다."라고 했다. 자신을 이기고 예로 돌아가는 것이 유교 도덕의 핵심인 인(仁)이라 한 것은 도덕의 본질을 잘 보여 준다. 도덕적 삶은 영적 욕구의 중요 부분이며, 도덕적 욕구를 충족하기 위한 삶이 중심이 될 때 좀 더 인간다운 삶을 기약할 수 있다.

자신의 존재에 근원적 질문을 던질 수 있는 인간은 양심의 소리를 듣는다. 양심이 한낱 교육의 결과이고, 하나의 마인드세트(mind-set)라는 견해가 있기는 하지만, 우리에게 울림이 된다면 참된 것이라 할 수 있고, 그런 의미에서 좋은 교육이 필요한 것이다. 영성적 자아는 양심을 통해 자신의 존재를 궁금해하며 나는 누구이며, 무엇을 위한 삶인가라는 질문을 던지고, 성찰하게 하고, 참된 삶을 추동해 간다. Zohar와 Marshall(1999)이 영성 지능(SQ)을 우리가 왜 여기에 있는지를 질문하고, 그 답을 창조적으로 찾아가는 능력으로 정의한 관점과 일치한다.

이제 영성이 사람을 변화시키고 능력 개발을 주도해 나가는 본질을 이해하기 위해 전환 학습과 동양의 깨달음이 만나서 융합하는 지점에서의 영성에 대해 추가로 살펴보자.

전환 학습과 동양적 깨달음의 융합적 관점으로서의 영성

Mezirow(1978)는 전환 학습 개념을 처음 만들 때, 전환 학습을 '관점 전환(perspective transformation)'으로 파악했고, 그 후 '의미 구조의 재형성'이라고 정의(Mezirow, 1994)하면서, 비판적 성찰을 통해 더 정당화된 신념에 도달하여, 전환된 관점에서 행동하는 경향성을 획득하는 과정으로 설명했다. 또한 문제의 소지가 있는 준거 틀(마음 상태, 사고 행태 및 의미 관점 등)을 보다 포용적이고, 안목 있으며, 개방적이고, 반성적이며, 감정적으로 변화 가능한 방식으로 바꿔 주는 절차라고 정의(Mezirow, 2006)하기도 했다.

Kegan(2000)은 진정한 준거 틀은 인식 주체인 '나'를 말하며, 인식 주체인 '나'를 부단한 성찰의 대상으로 삼아 비판적으로 틀을 깨 나가는 과정이라고 전환 학습을 설명한다. 우리가 '주체'라고 여겼던 것이 '대상'이 되어 가는 점진적 과정을 통해서 그릇의 용량이 커져 가는 발달 과정, 즉 구성주의적 발달론 입장에 Kegan은 서 있다. 이렇게 할 수 있는 바탕은 '나'란 존재가 완벽하지 않다는 것이다. '내'가 아는 지식, 감정, 의식이 완벽하지 않고, 늘 대상화될 수 있으며, 상황에 따라 관점이 변화될 수 있는 불완전한 존재라는 것이다. '나'는 고정불변한 실체가 아니라, 어떤 구인(構因, constructs)들로 구성되어 있음을 의미한다. 완벽하지 않음을 자각한 존재가 나아갈 길은 자명하다. 다른 관점을 수용(embrace)함으로써 더욱 온전한 실체적 지식(real knowledge)으로 부단히 다가가는 것이다. 요컨대, Kegan은 전환(trans)하고 깨뜨려야 하는 대상인 'form(틀, 모양)'을 바로 '나'로 보고 있는 것이다.

동양사상(東洋思想)을 한자 문화권인 한국을 비롯한 중국과 일본에서 발달한 사상으로서 인간 삶의 궁극적 경지를 제시하고, 거기에 이르는 구체적인 학습의 방법을 제시하여 오늘날까지 지속적으로 우리 삶에 큰 영향을 미치고 있는 것으로 한정해 보자. 이런 관점에서 동양사상은 유교, 불교, 노자 『도덕경』을 기초로 한 도교와 우리 민족 고유의 선(仙)을 말한다(송항룡, 2000). 이 네 사상은 비록 출발이나 표현 방법은 달랐지만 상호 영향을 주고받으면서 융합되었고, 그 궁극적인 지향점은 '깨달음(道通)'을 통한 인격의 완성이었다. 그렇다면 동양사상에서의 '깨달음'은 무엇이며, 깨달음에 이르는 길은 무엇인가?

유교(儒敎)에서의 깨달음은 공자의 인(仁) 사상을 통해 엿볼 수 있다. 공자는 인(仁)에 대해 다양한 말을 했는데, 그중에 살신성인(殺身成仁)(논어 위령공편), 극기복례(克己復禮)(논어 안연편)가 대표적이다. 여기서는 인(仁)을 '신체적 욕망에 따르는 이기적 자아(自我)'를 극복할 때 드러나는 덕성으로 본 것이다.

불교에서는 석가가 깨달은 '아뇩다라삼막삼보리(無上正等正覺)'에 이르는 것을 궁극의 깨달음으로 보았다. 깨달음에 이르는 방법으로 『마하반야바라밀다반야심경』에선 무안이비설신의(無眼耳鼻舌身意), 『금강경』에선 무주상(無住相), 무아상 무인상 무중생상 무수자상

무법상(無我相 無人相 無衆生相 無壽者相 無法相)을 말하고 있다. 불교에서 말하는 상(相)은 일체의 형태를 말한다고 볼 수 있다. 아상 인상 중생상 수자상(我相 人相 衆生相 壽者相), 즉 나라는 생각, 남이라는 생각, 중생이라는 생각, 목숨에 연연하는 생각 등을 대표적인 준거 틀로 들고 있다.

도가사상(道家思想)의 경우, 노자 『도덕경(道德經)』의 첫머리에 '도를 도라 이름 부를 수 있다면 늘 있는 도가 아니다(道可道 非常道).' 라는 구절이 있다. 노자 역시 궁극의 도(道)는 개념화시켜 말로 닿을 수 없는 절대 지점에 있다는 것을 말하는 셈이다. 『도덕경』 4장 무원(無源)편에 '도는 텅 비어 있고…… 깊어서 만물의 근원과 같다(道沖…… 淵兮 似萬物之宗).' 고 하였다. 도가사상에서는 도에 이르기 위해 무위자연(無爲自然)을 실천하라고 가르친다. 김영우(2009)에 의하면 무위자연이란 아무것도 하지 않는 사람이 아니라, 무위(無爲) 무아(無我) 무욕(無慾)의 순리적인 삶을 사는 것이다.

한국 민족을 '한민족'이라 부른다. 한(韓)은 '하늘, 하나'의 뜻으로 풀이되고 있다(조옥구, 2010). 한민족이란 하늘을 숭상하는 민족 내지 하늘 민족이라 부를 수 있다(조한범, 1999). 선(仙) 내지 국선(國仙)과 관련된 한민족 고유의 사상인 '한사상(韓思想)' 은 신인합일(神人合一)의 특징을 가지고 있다(강구영, 2012). 즉, 신본주의(神本主義)나 인본주의(人本主義)가 아니라 신인상화(神人相化)의 특성이라고 하였다. 요컨대, 한사상은 사람과 하늘(또는 신)이 분리된 것이 아니라 사람이 곧 하늘이므로, 인간은 하늘과 합일될 수 있으며, 신인합

일의 경지에 이르는 것을 깨달음의 목표로 삼았다고 할 수 있다.

유불도선(儒佛道仙)의 동양사상은 공통적인 내용을 다르게 표현하고 있다(임종수, 2010; 김도공, 2010). 유불도선의 동양적 깨달음의 궁극은 만물이 생겨난 궁극적 뿌리, 즉 근원을 깨닫는 것이며, 근원은 무한한 가능성을 내포한 절대(絶對)의 지점으로서 인지(認知)로 잡을 수는 없으나 분명한 작용이 있다. 만물은 그로부터 스스로 드러난 것이며, 근원이므로 누구에게나 와 있으며 멀리 있지 않고, 실생활에서의 실천을 통해 증명할 수 있다는 것이다. 또한 유불도선은 근원 내지 궁극의 지혜에 이르는 길로서, 무아(無我), 무상(無相, formless), 무위(無爲)를 강조하고 있다.

전환 학습은 준거 틀을 전환하는 것이며, 끊임없이 인식의 주체를 대상화함으로써 더 포용적이고, 안목 있으며, 개방적이고, 반성적이며, 감정적으로 변화 가능한 방식으로 바꿔 주는 과정이다. 개체성을 벗어나 내포하면서 초월하는 더 상위의 홀라키(Wilber, 2004; 이상오, 2009)로 자아가 발달하는 것을 의미한다. 그렇다면 그러한 발달의 궁극, 구성주의적 자아 발달의 궁극은 어디인가? 이 부분을 전환 학습에선 밝히지 못한다. 다만, 그러한 발달 과정이 영원히 지속될 것이라는 점만 시사할 뿐이다. 그러나 동양사상은 궁극에 대한 해답을 제시하고 있다. 비판적 성찰이나 문답식 대화(예컨대, 간화선)를 통해 '나'를 대상화하여 무아(無我)에 이르게 되고, 근원에 닿음으로써 일체의 지혜와 덕과 존재적 생성의 근원에 도달하게 된다는 것이다. 이 지점에서 동양의 깨달음은 서양의 전환 학습이 추구하는 궁극에 대해 답을 준다고 볼 수 있다. 그것은 바로 '영성' 이다.

영성 지능

영성 지능은 근원적 지성으로서 궁극적 지능이다(Zohar & Marshall, 1999). 지성은 아는 성품인데, 아는 능력을 지능이라 한다. Zohar(1999)는 1997년에 영성 지능(SQ)을 처음으로 개념화했지만, 다중지능 이론을 개발한 Gardner(2001)는 두뇌에서의 생물학적 증거가 관찰되지 않았다는 이유로 영성 지능을 포함시키지 않았다. 그러나 다음과 같이 영성 지능의 생물학적 근거들이 속속 밝혀지면서 그 존재의 인정 여부를 떠나 이젠 어떻게 하면 영성 지능을 개발할 수 있을 것인가에 초점이 모아지고 있으며, 영성 지능(SQ)의 개념이 학자는 물론 대중적으로도 널리 사용되고 있다.

Persinger(1996)와 Ramachandran(1999)은 뇌의 측두엽에 영적 중심인 '신의 장소(God spot)' 가 있다고 하였다. Singer와 Gray(1995)는 뇌에 이성적 · 감성적 · 영적 경험을 상호 연결하는 신경 과정이 있다는 것을 발견했다. Deacon(1997)은 인간의 뇌는 상징적 상상 과정을 구성할 능력이 있으며, 그것이 인생의 의미나 경험, 인간 실존에 관한 깊은 성찰을 하게 한다고 하였다. Hamer(2005)는 '신유전자(God gene) 이론' 을 개발하였는데, VMAT2(versicular monoamine transporter)로 알려진 유전자는 자아 초월(self-transcendence), 망아(忘我, self forgetfulness), 신비적 통찰(mystical insights)과 같은 영성적 기질과 직접적인 상관관계가 있음을 밝혔다.

IQ, EQ, SQ는 생존을 위해서 모두 필요하다(Zohar, 2005). 두뇌 구조상 대뇌피질은 IQ, 감정 중추인 변연계는 포유류의 뇌로서 EQ를 주관하고, 원시적 뇌 또는 파충류의 뇌라고 불리는 뇌간이나 시상은 SQ와 관계가 있다(Goleman et al., 2003). 시상이나 뇌간을 '구뇌'라고도 하며, 구뇌는 신뇌인 대내피질의 명령을 치리하며, 신체적 생명에 직접 관계되는 심장 박동, 혈압, 신경, 소화, 내분비, 면역계 등의 기능을 대뇌의 판단을 거치지 않고 자율적으로 처리, 관장한다.

Covy(2005)는 영성 지능이 다른 모든 것을 지도하는 원천이 되기 때문에, 모든 지능의 중심이고 근본이라 하였다. 영성 지능에 대해서 Zohar와 Marshall(1999)은 우리가 왜 여기에 있는지를 질문하고 그 답을 창조적으로 찾아가는 능력으로, Emmons(2000)는 일상 문제를 해결하고 목적을 달성할 수 있도록 영적 정보를 적응적으로 사용하는 것으로, Vaughan(2002)은 마음과 영의 내면 생활에 관여하면서도 그것들을 외부 세상과 관련짓는 것이라 했고, Wigglesworth(2006)는 지혜와 연민을 가지고 활동하는 능력으로, Diedrich는 상위 자아와 동일시하는 능력으로, King과 Teresa(2009)는 초월을 향한 정신적 능력으로 정의하였다.

White(2006)는 영성 지능의 일곱 가지 인지적 특징으로, 첫째, 이성적으로 보다 높은 수준의 의식, 둘째, 정서 지능 개발 역량, 셋째, 궁극적 목적에 녹아들어 있는 비전을 만드는 능력, 넷째, 관념과 현실 경험 간의 연결을 직관적으로 볼 수 있는 능력, 다섯째, 다른 사람에 대한 공감적 이해와 결부된 자기 효능감의 토대를 제공한다는 점, 여섯째, 눈에 보이지 않는 연결 관계를 알고, 이론을 지지하는 답을 찾아 가는 성향, 일곱째, 뇌의 생리적 조직은 영적 사고를 만들어 내기 위해 설계되었다는 것을 과학적 연구를 통해 제시하고 있는 점을 들고 있다.

지금까지 영성의 정의와 영성 능력의 발현을 주관하고, 그 능력을 측정할 수 있는 지표로서의 영성 지능(SQ)에 대해 살펴보았다. 이제 영성과 리더십에 대해 살펴보기로 하자.

영성과 리더십

Zohar(2005)는 영성 리더십을 발휘한 리더로, 처칠(Churchill), 간디(Gandhi), 넬슨 만델라(Nelson Mandela), 킹 목사(Martin Luther King Jr.) 그리고 테레사 수녀(Mother Teresa)를 들었다. 처칠은 카리스마 리더십을 발휘한 인물로, 간디나 마틴 루터 킹 목사, 넬슨 만델라는 변혁적 리더로, 마더 테레사는 서번트 리더십을 발휘한 사례로 꼽힌다. 그래서 영성 리더십은 변혁적 리더십과 카리스마 리더십, 서번트 리더십과 관계가 깊음을 알 수 있다.

인간을 전인적 관점 또는 보편적 영성의 관점으로 보면 누구나 영성을 갖고 있으며, 일상생활을 통해 부지불식간에 영성적 삶을 살아간다. 의미를 찾고 가치를 추구하며, 뜻있는 비전을 설정하고 그에 맞춰 삶을 계획하며, 도덕적 기준으로 행동을 평가한다. 그리고 끊임없이 양심의 목소리를 듣고 자신을 성찰하면서 삶의 의미와 존재 이유에 대해 근본적인 질문을 던진다. 신체적 욕구나 심리적 욕구가 월등하게 강해서 영성이 없는 사람이라고 극단적으로 말하기도 하지만, 사람인 이상 영성이 없는 사람은 없다. 다만, 우리는 영성에 대해 너무나 고매해서 이해하기 어렵고, 개발하거나 다가가기 어렵다는 인식을 갖고 있을 뿐이다. 이는 위대한 성현만 영성을 가지고 있다는 생각에서 오는 편견에 지나지 않는다. 리더의 핵심 역량으로 꼽히는 비전 설정이나 내재적 동기 부여의 역량, 도덕성은 영성(지능)의 영역에 속한다. 그래서 Covy(2005)는 앞으로의 지도자는 영성적으로 탁월한 인물이 될 가능성이 많고, 마땅히 그렇게 되어야 한다고 하였다.

Wigglesworth(2006)는 기후 온난화나 자원 고갈, 글로벌화에 따른 문화적 충돌과 갈등, 농수산 자원의 고갈 등 복잡하고 정교한 해법을 필요로 하는 시대적인 문제를 해결하기 위해서는 개체적인 에고 중심적인 발달 단계(Tier 1단계)의 리더십으로는 불가능하고, 보다 성숙한 영적 발달 단계(Tier 2단계)의 리더십이 필요하다고 역설하였다. 현재의 성인 발달 단계는 Tier 2단계로 진입하지 못했으며, 현재 지구상에서 가장 높은 단계에 진입한 수준은 개인주의적 단계다. 이 단계는 에고 중심성을 벗진 못했지만 다른 발달 단계를 이해하고 수용하는 단계이기 때문에 Tier 2단계 진입의 문턱에 와 있는 수준이라고 하였다. 네덜란드나 스칸디나비아 국가들이 이 단계에 있다고 한다.

리더십을 목표를 달성하기 위해 리더가 발휘하는 영향력으로 정의(Yukl, 2010)할 때, 영향력인 힘(power)의 원천에 주목하게 된다. 파워(power)는 포스(force)와는 달리, 대인 관계 내지 사회 관계를 전제로 할 때 그 의미가 잘 드러난다. 리더십에서의 힘의 원천은 다섯 가지로 French와 Raven(1968)에 의하면 합법적(legitimate), 보상적(reward), 강압적(coercive), 전문적(expert), 준거적(referent) 힘을 들고 있다. 전문성은 누구나 갖춰야 할 기본기이고, 특히 낮은 지위에서 생존하고 인정받기 위해 가장 중요한 능력이다. 합법적, 보상적, 강압적 힘은 지위 권력(position power)으로서, 진정한 리더십이라기보다는 보스십(bossship)에 가깝다. 지위가 높으면 리더십을 발휘할 기회는 많이 주어지지만, 지위가 높더라도 리더십을 발휘하지 못하는 경우가 많고, 리더십과 보스십의 개념조차 모르는 고위직이 많은 현실이기 때문에 지위와 리더십은 반드시 일치하는 것은 아니다.

다섯 가지 힘의 원천 가운데 준거적 힘(referent power)은 다른 사람들이 리더로 생각해 주는 힘이다(최은수, 배석영, 2009). 사람들이 볼 때 리더가 매력적이고, 유능하고, 추종자들이 동일시하고 싶은 요소를 갖고 있으면서 이해해 주는 그런 부분이 있는 것이다. 준거적 힘을 가진 리더는 자기 자신을 과소평가하고 있는 추종자들에게 영감을 불어넣어 미처 깨닫지 못하고 있는 잠재 가능성을 찾도록 돕는다. 추종자들은 준거적 힘을 가진 리더를 본받고 싶어 한다. 이 힘이 리더십을 발휘하는 데 있어 가장 강력하며, 가치가 있다. 준거적 힘은 에고를 벗고, 남을 배려하고, 전체적인 시각에서 공동체 이익에 대한 공감을 형성하고, 영감을 불러일으키고, 가슴 뛰는 비전을 제시하고, 열정을 불어넣는 영성에서 나오는 힘이다.

영성 리더십의 효과

영성 리더십의 효과에 관한 연구는 영성 지능의 요소나 영성 리더십의 요소가 어떻게 조직 몰입이나 직무 만족도, 생산성 등에 영향을 미치는가를 주로 연구하였다.

Fry(2003)는 인간의 근본적인 욕구인 영적 욕구를 활용해서 좀 더 조직에 몰입하게 할 수 있다고 하였다. 영적 욕구를 충족시킴으로써 이기심을 극복하고 다른 사람을 돕고 조직에의 헌신을 이룰 수 있으리라는 가설은 충분히 이치에 닿는 것이다. 영적 자원이 풍부한 사람은 자기 자신의 이익보다는 공동체 전체의 이익을 우선시하고, 다른 사람을 돕는 경향이 강하기 때문이다. Fry는 에고 중심적 이기심의 반대편에 있는 이타적 사랑이 어떻게 일터의 영적 잔존감(sense of spiritual survival)인 소명의식과 멤버십에 영향을 미쳐, 조직 몰입 또는 생산성으로 드러나는 조직 성과에 긍정적 결과를 가져오는지를 개념적으로 설명하고 있다.

Fry 등(2005)은 2003년도의 개념적 가설(Fry, 2003)을 미국 텍사스에 있는 아파치헬기 비행대 부대원을 대상으로 검증한 결과, 처음에 세운 가설을 지지하는 긍정적인 결론을 얻었다. 그리고 영성 리더십의 효과는 리더나 추종자 모두에게 영적 유대감을 형성함으로써 팀과 구성원 개개인에 이르기까지 가치의 일치를 이루어 더 높은 수준의 조직 몰입과 생산성, 직원의 웰빙을 북돋아 준다는 것이다. Fry 등(2005)은 영성 리더십 이론을 조직 변혁(organizational transformation)을 목적으로 하는 목적 지향성 인과적 리더십 이론(causal leadership theory)으로 규정했고, 변혁적 리더십과 카리스마 리더십뿐 아니라 윤리와 가치에 기반을 둔 오센틱 리더십이나 서번트 리더십을 포괄한다고 하였다. 즉, 영성 리더십은 조직의 변혁을 이루어 내는 데 효과가 탁월하고, 인간의 올바른 도리나 인간 존중에 바탕을 둔 리더십을 발휘하게 된다는 것이다.

Kolondinsky 등(2003)은 영성 리더십이 구성원의 영적 욕구를 충족시켜 이직률을 감소시키고 조직 몰입을 증가시킨다고 하였고, 김하나 등(2012)은 비전, 이타적 사랑, 신념 등 세 가지 영성 리더십 요소가 조직 몰입, 특히 하고 싶어서 일하는 정서적 몰입과 마땅히 해야 해서 일하는 규범적 몰입에 긍정적인 영향을 미치는 것을 밝혔다.

자아를 초월하는 것이 영성의 특징이라 하였는데, 몸과 동일시하는 작은 자아에서 가족과 마을과 조직과 국가와 이웃과 지구촌과 인류와 우주와 동일시하는 큰 자아로 나아가면서, 국가에서 벌어지는 일이나 지구촌에서 벌어지는 일이 더 이상 남의 일이 아닌 자신의 일로 받아들이는 책무성이 확대된다. 영성은 모든 동일시에서 벗어나 자아 초월의 경지로 방향을 잡아 주기 때문에 인간의 발달을 자아의 발달 관점에서 볼 때, 무아(無我) 내지 궁극적 깨달음에 이를 때까지 발달은 계속될 것이고, 그러한 발달을 추동하게 된다. 인간이 실패를 통해서도 학습하는 것은 영성 때문이다. 우리가 영성에 관심을 갖는 것은 세속적인 성공과 실패가 아니라 자아의 발달과 삶의 성장이기 때문이다. 우리는 에고 중심적인 이기적 자아를 벗고, 영성에 다가가 영성이 드러날수록 이타적이 되고, 일 자체에서 의미를 찾고, 보상보다는 기여하는 데서 가치를 찾고(최금자, 2000), 도덕적으로 된다. 영성 리더십은 구성원의 영적 욕구를 충족시켜 개인의 성취와 조직의 성과를 동시에 달성시킬 수 있는 것이다.

영성 리더십 개발

리더십을 기른다는 것은 리더십을 발휘하기 위한 힘(power)을 기른다는 의미로도 볼 수 있다. 영성의 특징을 힘의 관점에서 보면, 거의 준거적 힘이라는 것을 알 수 있다. 준거적 힘은 리더십의 가장 본질적인 힘으로써 지위 권력과는 무관하게 발휘할 수 있다. 그래서 영성은 리더십의 바탕이 된다고 할 수 있다. 인도를 영국의 식민지에서 독립시킨 간디는 특별한 지위 권력이 없었지만, 그의 도덕성에서 우러난 힘은 아무도 무시할 수 없는 막강한 영향력을 발휘하였다. 이런 힘이 준거적 파워이고, 영성의 힘이 아니겠는가.

영성 리더십 개발은 영성 지능이나 영성 리더십 구성 요소를 분석하고 찾아서 그것을 개발하는 식으로 접근하는 분석 과학적 방법이 있고, 영성 체험을 통해 영성을 발현시키는 방법이 있다. 요소를 쪼개서 하나하나 개발해서 합쳐 놓으면 전체적으로 리더십이 개발

될 것이라는 분석 과학적 접근은 구성의 오류에 빠질 위험이 있고, 영성 체험을 통한 방법은 영성적 힘이 발현된다고 해서 반드시 리더십으로 연결할 수 있는 것인가 하는 문제가 남는다. 하지만 여기서는 이런 문제는 차치하고, 영성 지능이나 영성 리더십 요소를 개발하는 것과 영성 체험을 통한 영성 능력의 발현에 대해서만 살펴보기로 한다.

영성 지능 개발

Vaughan(2002)에 의하면 어떤 형태의 지능도 그것을 정련(refining)하기 위해서는 훈련이 필요하며, 영성 지능도 예외가 아니라고 하였다.

Wolman(2001)은 영성을 측정하는 지표로 '심리 매트릭스 영성 목록(Psychomatrix Spirituality Inventory: PSI)을 개발하고, 다음의 일곱 가지 영성 요인(spiritual factors)'을 제시하였다. 신성함(divinity), 마음 챙김(mindfulness), 지성(intellectuality), 함께 움직임(community), 초지각(extrasensory perception), 아동적 영성(childhood spirituality), 영성을 알아차리게 하는 자극으로서의 트라우마(Trauma)가 그것들이다.

White(2006)는 대학생들이 대학 교육을 통해서 영성을 기를 수 있는 처방적 모델(prescriptive model)을 제시하고 있다. White의 모델은, 첫째, 학문적 교과 활동, 둘째, 성찰적 시간과 공간, 셋째, 사회적 봉사 활동의 세 가지 개념을 중심으로 구성되어 있다.

학문적 교과 활동(academic curricular activities)을 통한 영성 개발은

학제 간 교육과정 편성과 예술 교육의 중시, 그리고 요가나 태극권, 명상 등을 통해서 육체(body)와 마음(mind)이 상호 연결된 시스템이라는 것을 탐색할 기회를 제공함으로써 이루어질 수 있다.

성찰적 시간과 공간(reflective time and space)이란 성찰할 수 있는 시간과 공간을 제공하라는 뜻이다. 영성은 따로 떨어진 것 같이 보이는 여러 사상(事象, events)을 상호 연결하고, 의미 상관을 발견하는 원천이기 때문에, 영성은 의미를 찾아낼 수 있는 성찰적 시간과 공간을 필요로 한다.

사회적 봉사 활동(social-servant action)은 연민(compassion)과 사랑을 통해 실천되며, 연민과 사랑은 영성의 중요한 특징이다. 우리는 사회경제적으로 또는 정치적으로 고통받는 사람들을 외면하지 말아야 한다. 사회적 봉사 활동을 통해 사랑과 연민 외에도, 감정이입(empathy), 자비심(sense of mercy), 세계시민정신(sense of global citizenship)을 개발할 수 있다.

영적 체험을 통한 영성 개발

절정 체험(peak experiences)이란 용어를 처음 사용한 Maslow(2009)는, 절정 체험을 통해 사람들은 보다 큰 힘 앞에 무력감(helpless)을 느끼게 되고, 황홀과 경외감을 느끼며, 시간과 공간이 없어지고, 마침내 뭔가 아주 중요하고 가치 있는 일이 일어났다는 확신이 들어, 주체가 변환되고(transformed) 일상생활을 통해 그 확신이 강화된다고 하였다.

영성을 깨달으면 절정 체험을 겪게 된다. 절정 체험은 영성 체험 외에도 몰입(flow: Csikszentmihalyi, 2008), 고원 경험(plateau experience: Krippner, 1972), 변성 의식 상태(altered states of consciousness: Tart, 1969)에서도 유사하게 경험된다. 하지만 도박에 몰입하거나 마약을 통해서도 변성 의식으로 진입할 수 있기 때문에 이춘호(2012)는 몰입이나 변성 의식이란 용어 대신 명상을 통해 얻을 수 있는 최고의 의식 수준을 절정 체험으로 정의한다.

고원 경험은 절정 체험이 일상화되는 것을 말한다. 명상의 단계에 따라 절정 체험을 단계별로 파악하는 경우도 있지만(Wilber, 2004), 영성 체험은 단계와는 무관하면서도(진중절, 2008) 명상을 통해 얻을 수 있는 최고의 의식 수준인 절정 체험이라 할 수 있다.

Aristotle은 참지식(episteme)은 보편적이고 필연적이며 변하지 않는다고 하며, 일단 참지식을 만나면 더 이상 그 존재 여부에 대해 왈가왈부할 수 없게 된다고 하였다(전재원, 2012). 구성주의적 관점으로 말한다면, 진리에 가까운 지식을 만날수록 더 이상 낡은 지식에 안주할 수 없고, 전환 학습을 경험하게 됨을 의미한다. 통합 그 자체인 영성, 즉 궁극적 진리에 이르게 되면 그 경지를 바탕으로 모든 패러다임이 새롭게 조정된다.

이춘호(2012)가 밝힌 절정 체험자의 공통된 모습을 보면, 절정 체험자들은, 첫째, 세속적 영달에 집착하지 않으며, 둘째, 갈구하지 않아도 필요한 때에 충분히 이루어지는 경험을 하고, 셋째, 항상 개인보다 전체를 생각하고, 넓은 시야와 지혜를 갖추어 주변과 좋은 인간

관계를 형성하고, 넷째, 개선된 체력과 젊음을 유지하고, 적극적이면서 걸림 없이 살며, 다섯째, 자주적이고 생업을 부지런히 하고 봉사에도 적극적이고, 여섯째, 사람들은 저마다 서로 다르지만, 본질은 같음을 알기에 소통을 잘하고 자비심을 발휘하며, 일곱째, 황홀경을 찾아 산으로 들어가기보다는 자기가 사는 누항(陋巷)에서 이웃에게 배움을 나누기를 원한다.

절정 체험자들의 공통된 모습과 White(2006)가 말하는 영성 지능의 인지적 특징은 아주 비슷함을 알 수 있다. 절정 체험 내지 영성 체험은 자아가 드러나기 이전의 참된 본래 모습을 경험하는 것이기 때문에 높은 의식 수준에 도달하게 되며, 모든 존재가 한 근원에서 드러났음을 알게 되고, 한 몸 내지 하나라는 것을 깨달음으로써 다른 사람에 대한 공감적 이해와 정서 지능(EQ)이 개발되고, 자비심과 배려심이 생기고, 삶의 궁극적 목적과 의미를 발견하게 됨으로써 지혜로워진다는 것을 알 수 있다.

요 약

전인교육을 지향한다면, 마음뿐만 아니라 신체와 영성을 함께 생각해야 하므로 영성 교육에 관심을 갖지 않을 수 없다. 전인을 대상으로 하는 리더십 역시 영성을 발현하고, 동기 부여를 하는 영성 리더십에 초점을 맞추어야 한다. 2000년대부터 리더에게 구성원의 신체, 마음, 정신, 영혼의 영역을 통합하는 좀 더 전인적인 리더십의 필요성이 역설되었다(Moxley, 2000).

독일의 철학자 Kant(1982)는 이성(理性)으로 신(또는 근원)의 존재를 증명할 수는 없다고 했다. 그렇다면 어떻게 해야 할까? 칸트는 실천과 체험을 통해서 눈에 보이지 않는 형이상학적인 존재를 알 수 있는 가능성을 열어 두었다. 이것을 '실천이성(實踐理性)'이라고 하였다. 바꾸어 말하면 삶의 체험을 통해서 고개가 끄덕여지는 부분이 있다는 것이다. 삶을 통해서 드러나며 그것이 아주 보편적으로 드러난다면 과학적 실험으로 증명할 수는 없다고 하더라도 검증이 가능한 길이 열린다고 보았다. 과학적 실험만이 유일한 검증의 방법이라고 고집한다면 그 실험이 가능한 물질 세계의 영역만 존재하는 것이 되어, 눈에 보이지 않는 세계를 무시할 수밖에 없고, 도저히 알 길이 없을 것이다. 그동안 과학적 합리주의 내지 논리적 실증주의는 철저히 눈에 보이지 않는 형이상학적 세계를 부정해 왔다. 만약 눈에 보이지 않는 세계가 엄연히 존재하는데도 불구하고 그 세계를 무시해 버린다면 우리의 삶은 전체를 포괄하는 삶이 아니라, 부분적인 시야만 가지고 많은 중요한 부분을 놓치고 살아가야 하는 불구(不具)적이고도 어리석은 삶으로 귀결되고 말 것이다. 이렇게 되면 풍요로우면서도 진정으로 참된 삶을 누리지 못하게 되고, 결과적으로 삶의 질은 떨어지고 말 것이다.

Gardner가 포함시키지 않았던 영성 지능은 1997년부터 Zohar에 의해 개념화되어 학문적으로 보편적 영성으로 인정받아 연구가 활발하게 이루어지고 있고, 영성 지능에 대한 생물학적 근거도 밝혀져서 이젠 영성이나 영성 지능의 존재를 두고 논쟁하는 단계를 지나, 어떻게 하면 영성 지능을 개발하고, 이것을 리더십을 포함한 풍요로운 삶을 위해 활용할 수 있을 것인가에 관심의 초점이 모아지고 있다.

영성 리더십은 일터에서 이타적 사랑이나 비전, 신념과 같은 영적 요소를 통해 자발적인 조직 학습을 활성화하고, 개인의 신념을 조직의 사명과 일치시켜, 소명과 멤버십 등의 영적 욕구를 충족시킴으로써 생산성과 조직 몰입도를 높일 수 있음이 밝혀지고 있다.

영성 리더십은 영성 지능의 요소나 영성 리더십의 요소를 개발하거나 영적 체험을 통해서 일정 부분 개발할 수 있다. 이러한 맥락에서 신의 선물이란 의미를 가진 카리스마도 영성의 영역이라고 본다면, 더 이상 개발할 수 없는 영역은 아닐 것이다.

성찰질문

1. 카리스마를 비롯한 영성적 자질을 기를 수 있다고 보는가? 기를 수 있다고 본다면 당신의 인간관과 철학적 근거는 무엇인가?
2. 인간이 영적 존재라고 할 때, 영적 존재임을 확신하는 근거는 무엇인가? 영적 존재임을 확신하는 것이 영성 리더십과 무슨 상관이 있는가?

사례 연구

간디가 보여 준 영성 리더십의 힘

Zohar가 영성 리더십을 발휘한 인물의 한 사람으로 꼽은 간디(Mahatma Gandhi, 1869~1948)는 진리의 파지(사탸그라하)와 실천을 통해 이상과 현실을 하나로 묶어 인도의 독립을 쟁취한 리더였다. 진리를 향한 구도적 자세와 수양을 통해 얻은 결론은 사심이 없었고, 다른 사람에게 요구하기 이전에 먼저 실천했고, 그의 전략은 단순하면서도 확실성이 있었다. 이러한 힘이 제1차 세계대전 때 독립시켜 주겠다는 약속을 믿고 150만 명의 병력과 3억 파운드의 군사비를 제공했음에도, 약속을 지키지 않고 오히려 「로울래

트법」을 만들어 독립운동을 탄압하고 아므리차르 대학살을 저지른 영국에 대한 분노와 굴욕감을 딛고, 절망과 빈곤 속에서 속수무책이던 인도 국민의 독립운동을 마치 안개를 걷어 내는 시원한 바람처럼 새로운 차원으로 끌어올린 원동력이었다.

간디는 자서전에서 "진리가 나의 유일한 종교다."라고 하였다. 1931년 스위스에서 로망롤랑(Romain Rolland, 1866~1944)을 만났을 때에만 "하느님이 진리라기보다도 진리가 하느님이다."라고 말했다. 그는 독실한 힌두교도로서 평생 채식주의와 힌두교적 교리를 성실하게 실천했지만, 다른 종교에 대해서 관용적이었다. 1946년 인도가 독립한 이후 종교가 다르다는 이유로 인도와 파키스탄이 분리되는 순간에도 그는 나라가 쪼개지는 것을 끝까지 반대했다.

간디는 명상과 수양을 통해서 주관적으로 옳다는 나름의 진리를 발견하면, 반드시 실험하고 실천을 통해서 확인한 다음, 스스로 옳다는 확신이 들어야 다른 사람에게 권했다. 남아프리카에서 학교를 열어 아이들을 가르칠 때도 한 번도 아이들 앞에서 자신의 무식을 감추려 하지 않았기 때문에 오히려 재미있게 수업을 끌어나갈 수 있었고, 아이들의 사랑과 존경을 잃은 일이 없었다고 한다. 이러한 진솔하고 겸허한 마음이 진리를 발견하는 기본 자세이고, 겸허의 극치가 아힘사(不傷害)라 보았기 때문에 아힘사를 진리를 실현하는 유일한 길로 보았다. 우리는 동물보다 인간을 우월하다고 보기 때문에 동물을 해친다. 다른 사람보다 자신이 우월하다고 보기 때문에 다른 사람을 함부로 해치게 된다. 내가 다른 존재보다 본질에 있어 나은

게 없다는 겸허의 극치로 가면 다른 존재를 해칠 수 없게 된다.

간디는 아힘사와 함께 사탸그라하(진리파지), 브라흐마챠라(자기 정화)를 기반으로 비폭력 무저항운동의 스와라지(자치)를 펼쳐갔다. 간디는 자기 정화나 진리파지와 같은 영성적 수행을 통해 리더로서의 힘을 충전했다. 자서전에서 간디는 "진리를 향해 전진해 나가는 가운데 노여움이나 이기심이나 증오는 자연히 사라진다. 그렇지 않고서는 진리에 도달할 수 없기 때문이다."라고 말하였다. 그리고 투쟁하는 방법에 대해 "민중에게 불평을 합법적으로 해결해 가는 모든 방법을 보여 주는 것이 나의 의무다. 자기가 자기를 차지하고 싶어 하는 국민은 자유에 이르는 모든 수단과 방법을 알아야 한다.' 고 말하였다.

간디는 독립운동과 같은 거대한 투쟁 또는 지배자에 대한 저항에선 폭력이 불가피하다는 기존의 상식을 깨고, 비무장 비폭력 투쟁으로도 독립을 쟁취할 수 있다는 것을 보여 주었다. 그렇게 할 수 있었던 것은 진리를 향한 굳은 의지와 개체성을 초월하여 종교와 이념을 통합할 수 있는 영성적 리더십의 힘이었다고 할 수 있다.

＊ 출처: 마하트마 간디 저, 함석헌 역(2002), 간디 자서전, 한길사.

리더십 팀 리더십 학습조직 리더십 퍼실리테이션 리더십 코칭 리더십 창의적 리더십 서번트 리더십 기업 리더십
더십 리더십 접근에 대한 이해와 개발 온정적 합리주의 리더십 셀프 리더십 오센틱 리더십 감성 리더십 교수 리더
더십 공유 리더십 팀 리더십 학습조직 리더십 퍼실리테이션 리더십 코칭 리더십 창의적 리더십 서번트 리더십 기업
리적 리더십 리더십 접근에 대한 이해와 개발 온정적 합리주의 리더십 셀프 리더십 오센틱 리더십 감성 리더십 교수
리더십 공유 리더십 팀 리더십 학습조직 리더십 퍼실리테이션 리더십 코칭 리더십 창의적 리더십 서번트 리더
더십 윤리적 리더십
더십 영성 리더십
리더십 윤리적
리더십 영성 리
더십 기업 리더십
더십 교수 리더십
트 리더십 기업
감성 리더십 교수
더십 서번트 리더십
리더십 감성 리더
리적 리더십 서번트
오센틱 리더십
더십 창의적 리더십
리더십 오센틱 리
코칭 리더십 창의
더십 셀프 리더십
리더십 코칭 리
주의 리더십 셀
리테이션 리더십
정적 합리주의 리더
더십 퍼실리테이션
개발 온정적 합리
조직 리더십 퍼
이해와 개발 온
더십 학습조직 리더
에 대한 이해와
팀 리더십 학습
십 접근에 대한
리더십 팀 리더
더십 리더십 접근
십 공유 리더십
적 리더십 리더
리더십 공유 리
더십 윤리적 리더십
십 영성 리더십
리더십 윤리적 리더십 리더십 접근에 대한 이해와 개발 온정적 합리주의 리더십 셀프 리더십 오센틱 리더십 감성
리더십 영성 리더십 공유 리더십 팀 리더십 학습조직 리더십 퍼실리테이션 리더십 코칭 리더십 창의적 리더십
더십 기업 리더십 윤리적 리더십 리더십 접근에 대한 이해와 개발 온정적 합리주의 리더십 셀프 리더십 오센틱 리더
더십 교수 리더십 영성 리더십 공유 리더십 팀 리더십 학습조직 리더십 퍼실리테이션 리더십 코칭 리더십 창의적
트 리더십 기업 리더십 윤리적 리더십 리더십 접근에 대한 이해와 개발 온정적 합리주의 리더십 셀프 리더십 오
감성 리더십 교수 리더십 영성 리더십 공유 리더십 팀 리더십 학습조직 리더십 퍼실리테이션 리더십 코칭 리더십
더십 서번트 리더십 기업 리더십 윤리적 리더십 리더십 접근에 대한 이해와 개발 온정적 합리주의 리더십 셀프 리더
리더십 감성 리더십 교수 리더십 영성 리더십 공유 리더십 팀 리더십 학습조직 리더십 퍼실리테이션 리더십 코칭
리적 리더십 서번트 리더십 기업 리더십 윤리적 리더십 리더십 접근에 대한 이해와 개발 온정적 합리주의 리더십 셀

제3부

조직적 차원에서의 리더십 접근

08

공유 리더십

새 시대는 새로운 리더십을 요구한다. 수직적이고 위계적인 사회에서 수평적이고 평등한 사회로 발전함에 따라 특정 리더에 의존하는 리더십에서 구성원 간의 관계성을 기반으로 한 그룹이나 팀 리더십의 필요성이 부각되고 있다. 이에 공유 리더십의 개념과 정의, 공유 리더십의 필요성, 공유 리더십에 대한 역사적 관점을 다루고자 한다. 이어서 공유 리더십의 핵심적 특징인 임파워먼트(empowerment)와 공유 리더십의 촉진 요인과 저해 요인, 그리고 정신적 모델과 양립된 지식 공유 등 공유 리더십의 구성 요소를 살펴볼 것이다. 마지막으로 공유 리더십이 효과적으로 발휘되는 조직의 일곱 가지 조건과 공유 리더십이 효과적으로 발휘되는 팀의 다섯 가지 조건이 제시된다.

공유 리더십의 개념

오늘날의 사회와 조직은 기존의 수직적 사고에서 수평적 사고로의 전환을 요구하고 있다. 이러한 사회적 요구에 부응한 공유 리더십은 수직적 관료주의에서 수평적인 조직으로 사고와 행위의 중심이 옮겨가야 함을 강조한다. 문제 상황에 대한 신속한 대응 및 고객의 욕구에 부응할 수 있는 창의적 아이디어의 중요성이 강조되면서 나이와 직위 또는 경력에 의한 수직적 상명하달이 아닌 수평적인 의사 결정이 이루어지는 팀 체제의 확립이 요구되고 있다. 새로운 변화에 적응해야 하는 오늘날의 조직에서는 구성원의 다양성, 즉 각자가 지닌 문화적 자본, 경험 등의 차이가 조직이 당면한 문제를 해결하고 산을 옮겨 놓는 일과 같은 힘든 혁신을 이루어 낼 수 있다(이상오, 2008).

사회 발달과 변화에 따른 21세기 시대정신인 공유 리더십이란 무엇인가? Pearce와 Conger는 각각의 구성원이 조직의 목표를 성취하기 위해 서로를 이끌어 가는 역동적이며, 상호작용적인 과정이라고 하였다. 공유 리더십에서 리더십은 한 명의 실력자에 의해 발휘되는 중앙 집중식의 전통적 리더십과는 달리 구성원 개개인에게 폭넓게 분배되거나 공유되는 활동으로 인식된다. 공유 리더십에서 리더십의 영향력은 동료 간에 수평적으로 발휘되며, 때때로 상향식 또는 하향식으로 발휘되기도 한다(Pearce & Sims, 2002).

공유 리더십을 통해 리더십을 공유하는 조직은 더 큰 협력과 협응뿐만 아니라 문제에 대해 보다 참신하고 혁신적인 해결책을 도출해 낸다(Manz & Sims, 1993). 공유 리더십은 의사 결정 권한의 확대로 온전하게 임파워된 팀을 특징으로 한다.

시시각각 조직이 새롭고 복잡한 문제에 봉착하는 다양한 위기 상황에서 전통적 리더의 보편적 지식과 리더십만으로 문제를 해결하는 것은 불가능하며 위험하다. 창의적 문제해결이 필요한 21세기의 조직에서는 다양한 구성원이 암묵지식, 즉 상황적으로 문제를 해석하고 대처할 수 있는 역량을 발현하는 것이 특히 요구된다. 또한 조직의 리더에게는 조직 구성원 개개인이 보유한 잠재성과 역량에 대한 부분의 총합을 통해 시너지 효과를 낼 수 있는 수평적이고 총체적인 리더십이 필요하다.

공유 리더십의 초점은 다양성을 활용한 성과 향상에 있는데, 이는 서로 다른 독특한 개성을 지닌 사람들이 뜻을 모아 효율적으로 계획을 추진하여 새로운 차원의 창의성, 혁신, 문제해결을 도모하는 것을 의미한다(이상오, 2008). 모든 것을 잘할 수 있는 리더는 이 세상에 없다. 그러한 점에서 구성원과 리더십을 공유하는 일이야말로 기업이 성공할 수 있는 가장 좋은 방법이 될 것이다. 미래의 리더는 자신의 장점이 무엇인지 확실하게 파악해서 자신의 약점을 보완해 줄 수 있는 장점을 지닌 다른 구성원과의 협력을 모색해야 한다. 바야흐로 리더십 공유의 시대가 도래한 것이다(이상오, 2008: 54).

역사적 관점에서의 공유 리더십

공유 리더십은 어떠한 역사적 맥락에서 출현하게 된 것일까? 과거 수직적 조직의 관점에서 리더십은 리더에게 많은 초점이 모아졌지만 본격적인 리더십 연구라고 할 수 있는 상황 이론에서는 리더에서 추종자에게로 관점이 이동하는 증후가 발견되기 시작했다.

리더십에서 상황적 측면의 중요성은 다음 링컨 대통령의 연설에서 잘 드러난다.

> 어떤 때에도 적용할 수 있는 정책 같은 것이 나에게는 없다. 나는 단지 때와 경우에 따라서 가장 적당하다고 생각되는 일을 시도할 뿐이다. 그렇다고 원칙이나 규칙이 필요 없다는 것은 아니다. 다만, 그것이 변화하는 상황에 대처하는 데 너무 무력한 것이 될 때에는 거기에 집착하지 말라는 뜻이다(이준형, 2002: 263).

이는 상황에 따라서 리더십의 유형이 달라져야 한다는 논리를 반영하는 것으로, 여기서 상황 요인은 직무 구조, 공식 권한, 시스템 등 환경 요인과 조직의 비전, 목표 외에 구성원이 연출해 내는 조직 분위기를 꼽을 수 있다. 구체적으로 조직 구성원의 역량, 성취 동기, 자기 주도성, 헌신성, 창의성, 경험 등은 21세기의 조직이 리더십 역량을 극대화하는 데 결정적 요인이다(이상오, 2008).

이러한 리더십에 대한 개념과 환경적 요인의 변화에 기인해 최근 공유 리더십이 주목받고 있다. 공유 리더십은 다음 표에서 제시하는

〈표 8-1〉 **공유 리더십의 역사적 배경**

이론/리서치	핵심 이슈	대표 학자
상황의 법칙	개인이 아닌 상황이 '지시'를 결정하게 함	Follett(1924)
인간관계와 사회적 체제 관점	피고용인의 사회적 · 심리적 요구에 주목해야 함	Turner(1933) Mayo(1933) Barnard(1938)
그룹 내에서 역할의 다양성	그룹의 성원들이 전형적으로 다양한 형태의 역할을 취함	Benne & Sheats(1948)
공동 리더십 (Co-leadership)	두 사람 간에 리더십 역할의 배분에 초점-멘토와 프로티지(protege)의 관계	Solomon, Loeffer, & Frank(1953) Hennan & Bennis(1998)
사회적 교환 이론	사람들이 사회적 상호작용 속에서 상과 벌을 교환함	Festinger(1954) Homans(1958)
목표와 참여적 목표 수립에 의한 관리	리더와 팔로워가 연계해서 수행 목표를 수립함	Drucker(1954) Erez & Arad(1986) Locke & Latham(1990)
출현적 리더십 (Emergent leadership)	리더가 없는 그룹에서 리더가 '출'함	Hollander(1961)
상호 리더십 (Mutual leadership)	리더십이 동료들로부터 발현됨	Bowers & Seashore(1966)
기대에 기초한 팀 성원 교환	팀 성원들이 다양한 팀 성원들 간의 역할 모델을 개발함	Berger, Cohen & Zelditch(1972) Seers(1989)
참여적 의사 결정	상황에 따라 의사 결정 과정에 조직원의 적극적 참여를 권장함	Vroom & Yetton(1973)
수직적 짝 관계/ 리더와 구성원 간의 교환	리더와 추종자 간에 형성되는 인(in) 그룹과 아웃(out) 그룹 과정을 연구함	Graen(1976)

(계속)

리더십의 대체	상황적 특성이 리더십에 대한 필요성을 감소시킴 (예: 극도로 일상적 업무)	Kerr & Jermier(1978)
셀프 리더십	피고용인들이 스스로를 이끌 수 있는 역량이 있음	Manz & Sims(1980)
팀 리더십 혹은 자기 주도적 워크 팀	팀 멤버가 관리자에게 국한되었던 역할들을 맡게 됨	Manz & Sims(1987, 1993) Yukl(1998)
팔로워십	훌륭한 추종자들의 특성을 연구함	Kelly(1988)
임파워먼트	힘의 분배를 연구함	Conger & Kanungo(1988)
인식의 공유	팀 성원들이 주요한 내·외적 환경적인 이슈들에 대해 유사한 심적 모델을 공유하는 정도를 연구함	Klimoski & Mohammed(1994) Cannon-Bowers & Salas(1993) Ensley & Pearce(2001)
연계적 리더십 (Connective Leadership)	리더들이 얼마나 효과적으로 팀의 내·외부적으로 다른 사람들과 인적 네트워크를 맺는지를 연구함	Lipman-Blumen(1996)

출처: Pearce & Conger (2003), pp. 4-5.

것과 같은 역사적 발달 배경을 기초로 한다(Pearce & Conger, 2003).

공유 리더십의 특징, 임파워먼트

조직은 나름의 조직 문화를 갖는데, 일반적으로 조직 문화에는 리더십 및 조직이 어떻게 운영되어야 하는가에 대한 가치 체계가 내포되어 있다(Shein, 1985). 따라서 무엇이 이상적이고 효과적인 리더십인가 또는 리더가 정보와 권력을 독점하는 정도는 조직과 사회의 문화에 따라 차이가 있다는 것에 대한 이해가 전제되어야 한다(백기복 외, 2000).

조직의 분화와 다원화가 심한 오늘날, 과거의 정체적인 조직 모델로는 조직을 이해하기 어렵다. Peter Drucker(1993)가 조직은 이미 확립된 것, 관습적이고 익숙한 것, 편안한 것을 포기하면서 혁신을 이루어 나가야 하기 때문에 원칙적으로 불안정한 것이라고 설명한 것에서 잘 나타난다.

조직에 대한 패러다임의 변화는 전문성의 분산과 권력의 탈중앙화를 초래하였고 위계적 조직 형태에서 고객 중심 형태로 변화가 일어났다. 다시 말해 전략적 변화라는 복잡한 도전에 직면한 조직의 역량은 구성원 모두의 리더십과 역량에 의존하게 된 것이다. 즉, 리더십 역할과 과정은 조직이 공통된 목표를 향해 일을 추진하는 데 있어 방향을 설정하고, 유연한 조정력을 발휘하고, 헌신을 하도록 촉진하는 집합적인 구성원들의 조직적 역량으로 이루어진다(Velsor & McCauley, 2004).

오늘날의 조직은 불충분한 자원, 접근법, 해결책으로 인해 한층 더 애매하고 복잡해진 도전 과제에 직면하고 있다. 조직의 리더는 다양한 이해 관계자의 요구를 충족하기 위해 더욱 체계적인 전략을 도입해야만 한다는 것을 절감하고 있다. 다시 말해, 이들 리더는 조직 구성원과의 파트너십과 리더십 공유를 통해 조직의 영향력을 증대할 수 있는 지렛대 효과를 통한 변화를 시도해야 한다(O'Connor & Quinn, 2004).

이러한 전략은 조직 구성원의 새로운 역량 개발과 새로운 형태의 대외적 관계 설정과 조직적 체제 정립을 필요로 하는 것이다. 리더십 공유에 대한 인식의 전환과 이에 따른 조직의 방향을 재정립하는 것은 조직 구성원의 가치를 존중하고 그러한 가치를 만들어 내는 조직적 문화 창출을 필요로 한다. 즉, 잠재력이 큰 구성원들이 리더십을 공유함으로써 조직의 성과 및 문제해결에 보다 능동적이고 효과적으로 대처해 나가는 것이다. 따라서 조직 구성원 각자에게 내재된 리더십을 조직 전체의 자산으로 살펴보아야 하며, 조직의 문제해결에 있어 더 많은 조직 내 구성원을 포함시켜야 한다(O'Connor & Quinn, 2004).

비록 임파워먼트와 리더십 공유의 개념이 새로운 것처럼 보이지만, 세계적으로 일부 성공적인 조직들은 수년 동안 이 원칙들의 많은 부분을 적용해 오고 있다. 최근까지 리더십의 초점은 개개인의 고유한 자산으로 간주된 특성에 모아졌으며, 보편적으로 리더의 자질은 수직선상의 상단에 위치한 개개인에 국한되는 것으로 여겨져 왔다. 이렇듯 전통적으로 리더십의 과학과 실천은 개개인 리더들의 식별과 개발에 국한되어 왔지만 점차 리더십에 대한 수직적이고 배타적인 관점은 리더십의 포괄적이고 수평적인 이해로 변화하고 있다(Day, 2000; O'Connor & Quinn, 2002).

이러한 맥락에서 오늘날 임파워먼트(empowerment) 또는 권한 이양(delegation) 개념이 강조되는데, 조직에서 권력을 분산시키는 것은 구성원으로 하여금 맡은 업무에 대한 동기를 부여하는 일이다. 즉, 권한 위임은 서로에게 긍정적인 영향을 미치는 것이며, 권한의 창조적 분배이며, 책임을 공유하는 것이다. 공유 리더십의 핵심어는 임파워먼트다. 그것은 지식 활용을 원활하게 하는 윤활유 구실을 하기 때문이다.

공유 리더십은 관계성을 기반으로 한 그룹 리더십

리더십 과제를 수행할 수 있는 조직의 유연성과 능력의 정도는 조직 내에 존재하는 관계성의 패턴과 밀접하게 연관되어 있다. 관계성(connectivity)이란 조직 구성원 간의 상대적인 상호 관련성으로, 구성원이 조직의 문제를 집합적으로 파악하고 해결할 수 있는 중요한 요소다(McCauley & Douglas, 2004). 조직 구성원 누구나 모든 사람과 말을 나눌 수 있으며 상호 관계로 연결된 망이 조직이다. 조직 구성원들이 인지적 · 행위적 · 사회적으로 상호 관계를 맺게 됨에 따라 관계성은 묵시적으로 또는 가시적으로 조직의 효과성에 영향을 미치게 된다.

리더십이 개인의 전유물이라는 개념에서 탈피하여 전체 조직의 자산으로 간주될 때, 리더십의 효과는 시스템의 어느 한 부분(리더와 같은)에서 나오는 결과라기보다 부분들의 관계를 통해 나온 시너지적 결과인 것이다. 즉, 조직의 리더십 역량은 한 조직의 관계성의 형태를 늘려 줌으로써 확충되거나 개발될 수 있다. 도전 과제들이 혁신이나 창의성을 요구하는 특수한 환경에서는 더욱 심오하고, 유연하고, 맞춤형 패턴인 관계성이 개발되어야만 한다(O'Connor & Quinn, 2004).

이러한 관계성과 리더십 역량에는 리더십에 대한 인식의 공유, 개발 대상의 범위, 조직적 성과에 대한 인정이라는 세 가지 요인이 영향을 끼친다. 다시 말해, 보다 체제적이고 통합적인 리더십 관점에 대한 인식의 전환, 리더십 개발을 위한 대상의 확장, 일터와 학습의 유기적 통합에 가치를 두는 것이 조직의 리더십 역량을 증대시키는 데 기여한다(McCauley & Douglas, 2004).

조직이 당면한 더 복잡해진 문제들을 해결하기 위해서 리더십을 이해하고 규정하는 데는 더 복잡한 방법이 요구된다. 리더는 리더십을 보다 효과적으로 발휘하기 위해 관계성의 중요성을 인식하고, 효과적인 관계성을 창조해야 한다. 전문화와 창의성이 첨예화되는 시기에 개인의 역량은 조직이라는 관계망 속에서 더 큰 시너지 효과를 낼 수 있는 개연성이 높아지고 있는데, 이러한 메시지는 리더십의 대가인 Whitley(1999: 66)의 글에도 잘 나타나 있다.

> 조직의 성과에 영향을 주는 것은 두 가지 또는 그 이상의 요소 간에 생기는 관계로 시스템은 개인에게 영향을 미치고 개인은 시스템을 이끌어 낸다.

한 조직 내에서 관계성을 넓히기 위해서는 조직의 어떤 요소와 관점이 필요할까? 개인이 복잡한 문제를 해결하는 데 있어서 다른 사람들과 함께 일할 수 있도록 가능성을 열어 두어야 한다. 즉, 개인의 기술, 지식, 능력을 개발하는 것을 조직의 능력을 향상시키는 해결책으로 간주하면서, 다음에 제시되는 조직 내 사회적 자본을 활용하는 것이 필요하다(O'Connor & Quinn, 2004).

사회 시스템의 속성은 개인과 개인 간의 관계(relationship)에서 연유하는 전체로, 개인과 개인의 관계에서 발생하는 전체는 개인의 속성의 합이 될 수도 있지만, 그 이상이 될 수도 그 이하가 될 수도 있다(이상오, 2008). 조직원들은 자신이 속한 조직 내에 퍼져 있는 관계성(connections)의 특성, 질, 형태, 범위를 개선해서, 궁극적으로 잘 통합된 리더십의 틀을 구축하려는 노력을 기울여야 한다. "19세기 위대한 철학자였던 괴테는 어떠한 현상은 고립된 사건이 아니라 다른 현상과의 관계를 맺은 결과로 나타난다는 사실에 주목했고, 틱낫한 스님은 나뭇잎은 대지, 물, 열, 바다, 구름, 태양, 시간, 공간 등 주변의 모든 환경 요소와의 관계 속에서만 존립이 가능하다."(Whitley, 1999)고 하였는데, 여기서 관계란 상호 의존의 관계와 상호작용의 관계 모두를 포함하는 것이다(이상오, 2008).

리더의 리더십을 공유된 일(shared work)로 간주한다면, 리더십은 관련된 실체들, 즉 개인, 팀, 그룹, 공동체, 조직, 조직의 시스템, 크고 작은 문화, 산업체들 '간에(between)' 이루어지는 '연계된 리더십(connected leadership)'으로 간주하여야 한다. 이러한 연계된 리더십을 개발하기 위해서는 리더의 우수한 특성을 포함시키되 한계를 초월해야 하며, 새로운 형태의 리더십을 창의적으로 개발하고, 다양한 사람을 리더십에 참여시키는 것이 필요하다.

공유 리더십의 촉진 요인과 저해 요인

역할이란 사회적 단위에 속해 있는 구성원의 상호작용에 의한 행동 패턴으로 구성된다. 구성원의 상호작용이 빈번해지고 의미 있는 관계가 정립되면서 진화하게 된다. 조직의 구성원이 역할에 대해 갖는 의미는 구성원으로서 자신이 해야 할 일과 어떻게 상호작용해야 할지에 대해 알기 때문에 불필요한 대화나 노력, 오해를 줄이고 효과적으로 협력할 수 있다는 것이다.

물론 성숙한 멤버들로 구성된 조직에서의 효과적인 리더십과 미성숙한 멤버로 구성된 조직에서의 효과적 리더십은 다르다. 왜냐하면 성숙한 조직 구성원이 모여 있는 조직에서는 헤드십(headship)은

〈표 8-2〉 **공유 리더십의 촉진 요인과 저해 요인**

공유 리더십의 촉진 요인	공유 리더십의 저해 요인
1. 업무는 역할 차별성과 복합적인 상호 관계를 요구한다.	1. 사람들은 리더십을 공유한다는 생각을 싫어한다.
2. 목표를 향해 기여하는 조직원의 능력에 대한 높은 평가	2. 위계적 역할 부여에 대한 당연한 인식
	3. 리더의 특성을 강조하는 리더십 이론
3. 상호 우호적인 관계	4. 인구학적 특성
4. 일반화된 상호 교류의 기준	5. 리더가 없는 그룹에서의 리더의 출현

출처: Seers, Keller, & Wilkerson (2003), p. 90.

자칫 권력 남용과 오용의 누를 범할 가능성이 높고, 반대로 미성숙한 조직에서 파트너십이나 멤버십의 유형을 적용하려고 한다면 배가 산으로 갈 가능성도 배제할 수 없기 때문이다. 분명 사회 변화의 추세에서 본다면 조직의 특성, 즉 성숙 대 미성숙, 민주화 대 비민주화, 경직된 조직 대 유연한 조직 등을 잘 감안하여 어떤 리더십으로 리드할 것인가를 결정하는 것이 바람직하다(이상오, 2008).

공유 리더십의 저해 요인

공유 리더십의 효과성에 대한 회의적인 입장은 그 개념이 생겨난 역사만큼이나 길다. 예를 들어, 대부분의 사람은 리더의 역할이 구성원의 역할과 더 확실히 차별화될수록 조직의 응집력이나 생산성 및 만족도가 높아진다고 믿고 있다. 지위에 대한 차별성의 정도는 그룹 내에서의 단조로운 서열을 창조하는데, 이러한 위계는 형식적 제도화를 잘 반영하고 있다. 그룹 리더십에 대한 초기 연구에서는 '리더가 존재하지 않았던 그룹'에서도 대개는 한두 명의 비공식적 리더가 지명된다는 것을 입증했다(Bales, 1958). 이는 자기 주도적 팀조차도 리더십을 공유하지 않는다는 점을 시사한다.

리더십 이론도 공유 리더십에 잠재적 저해 요인이 되는데, 이는 인지적 편견이 리더십에 대한 인식에 영향을 미치기 때문이다(Seers, Keller, & Wilkerson, 2003: 90). 리더로 분류된 개인은 리더십 스키마를 얼마나 많이 닮고 있는가에 기초하며 리더 아니면 추종자라는 인지적 범주하에 리더를 제한한다. 이러한 인지적 편견은 리더는 늘 단수로 취급되고 추종자 혹은 구성원은 늘 복수로 취급되는 언어에도 내포되어 있다.

그룹의 인구학적 특성도 공유 리더십의 저해 요인이 된다. 연령, 교육 수준, 성별, 인종의 차이는 조직이나 다른 사람들에 대한 개인의 태도와 행위에 영향을 미친다는 것을 시사한다. 그룹에 대한 개인의 평가는 조직의 문화에 의해 제도화된 가치를 반영하는 경향이 짙기 때문이다. 예를 들어, 백인 남성이 주류인 그룹이라면 여성과 소수민족은 자신을 리더로 인식하지 않을 것이다.

공유 리더십 촉진 요인

자기 주도적 팀에서 힘과 영향력의 분산은 그룹의 역동성을 통해 구성원들이 차별화된 역할을 담당할 수 있도록 이루어져야 한다. 그러므로 그룹 내에서 상호 보완적 특성이 있는 차별화된 역할로의 진화는 공유 리더십을 촉진한다(Seers et al., 2003: 90).

공유 리더십을 촉진하려면 이러한 다양성에 지위와 영향력의 수준뿐만 아니라 다른 기반 요인을 포함시켜야 한다. 다양한 지위와 영향력으로 이끄는 기반 요인으로는 그룹이 맡은 과업이나 문제의 특성, 구성원의 속성, 그룹의 역동성이 있다(Seers et al., 2003: 90). 그룹이 복잡하거나 복합적인 과제에 직면했을 때 개개의 구성원이 그룹의 목표를 위해 독특한 기여를 하게 하기 위해서는 보다 폭넓은 기반 요인이 긍정적으로 상호작용해야 한다. Pearce와 Sims(2000)는 최근의 연구에서 복잡한 업무 처리와 공유 리더십, 긍정적 상관관계가 있음을 입증했는데, 이는 복잡하고 복합적인 과제일수록 구성원 간의 복합적 교환관계를 요구한다는 점을 시사한다.

구성원에 의한 팀워크 성과로 이어지는 상호 보완적 역량 차원을 넘어서 구성원의 인식과 반응 역시 공유 리더십을 촉진한다. Feldman(1973)는 서로에 대한 구성원의 긍정적 인식과 서로의 역량에 대한 호의적 평가 정도에 따라 공유 리더십이 촉진 혹은 지해된다고 지적한다.

마지막으로 공유 리더십을 촉진하는 데 중요한 요인은 적합한 그룹의 규모다. 역할과 과제의 협응 측면에서 볼 때 그룹의 규모는 공유 리더십에 영향력을 미칠 수 있다. Feldman(1973)은 너무 작은 그룹 형태의 경우 공유 리더십의 발현 기회가 쉽지 않으며, 지나치게 큰 그룹의 경우에는 위계가 형성되기 때문에 공유 리더십이 실현되기가 어렵다고 지적했는데, 이상적인 그룹은 6명에서 13명 사이로 구성된 경우다.

공유 리더십의 구성 요인

복잡성과 모호성으로 특징지워지는 경영 환경에 직면하고 있는 조직은 생존과 발전을 위한 전략으로, 조직 자원 활용의 시너지를 모색하는 공유 리더십을 활용할 필요가 있다. 조직이 잠재성을 제대로 발휘하지 못하는 주요 이유는 구성원의 행위 간에 조화로운 협력 활동이 이루어지지 못하는 것과 협력 과정을 이끌어 갈 효과적 리더십이 부재하다는 것이다(Burke, Fiore, & Salas, 2003). 당면 과제에 대하여 자율권을 가진 구성원이 상황을 공유하고 공동의 목표를 달성하기 위하여 상호 협력하며 서로가 가진 지식을 활용하여 새로운 시너지적 해결 방안을 모색하는 것이다.

공유 리더십에서 구성원은 다양한 리더십 역할과 기능을 공유하게 된다. Manz와 Sims(1989)는 리더의 일차적 목표는 구성원들에게 셀프 리더십 역량을 개발시키고 그러한 역량을 공유해서 팀의 효과성을 높이는 것이라고 강조했다.

공유 리더십의 효과적 실행에 기초가 되는 네 가지의 인지적 구성 요인은 정신적 모델, 상황 평가, 초인지 그리고 태도다(Burke et al., 2003). 이 네 가지 구성 요인 중 상황 평가와 초인지는 특정한 요구의 맥락 내에서 실행되므로 역동적인 반면에 정신적 모델과 태도는 조직 구성원에 의해 사용되는 인지적 부산물을 나타내기 때문에 정적이다.

공유 리더십이 효과적이기 위해서는 구성원들이 정신적 모델을 공유해야 할 뿐 아니라 구성원 간 양립될 수 있는 지식 공유도 필요하다. 양립될 수 있는 지식 공유는 공유 리더십에 영향을 미치는데, 이는 공통된 가정과 신념하에서 구성원들이 공동 작업을 통한 시너지를 창출하기 때문이다. 공유된 정신적 모델은 리더십 기능의 완만한 이양을 통해 팀 구성원들에게 요구되는 협력적 행위를 이끌어 낸다(Burke et al., 2003).

공유 리더십을 통한 조직 성과의 창출

조직의 성과에 영향을 미치는 혹은 성과를 결정하는 요소에는 무엇이 있을까? 조직의 성과와 관련된 요소를 살펴봄으로써 리더의 공유 리더십이 어떻게 발현되어야 하는가에 대한 구체적인 관점을 확립할 수 있다.

공유 리더십의 요소

Rickards와 Moger(1999)는 조직을 진단할 수 있는 요소로 이해의 틀(platform of understanding), 공유된 비전(shard vision), 조직의 분위기(team climate), 아이디어에 대한 주인의식(ownership of ideas), 실패로부터의 회복력(resilience to setbacks), 네트워크의 촉매제(network activators), 경험적 학습(experiential learning)의 일곱 가지를 들었다.

첫째, 이해의 틀은 조직 구성원이 서로의 생각과 가치, 관점을 존중해 주고 인정해 줄 때 생성되는 화합의 효과를 발휘한다. 둘째, 공유된 비전은 업무에 대한 목표와 책임의식 그 이상의 것이다. 모든 조직은 어떤 것을 성취하고자 하는 목표와 책임의식을 가지고 있지만, 그러한 것을 공유된 비전으로 발전시키는 조직은 거의 없다. 공유된 비전은 조직이 발전하고 유지될 수 있도록 한다. 셋째, 조직의 분위기는 조직 내의 창조적인 변화와 발전을 위한 심리적인 분위기를 말한다. 창의적인 조직의 분위기는 성공적이고 혁신적인 변화로 이어진다. 넷째, 아이디어에 대한 주인의식은 조직 구성원이 의사 결정을 통하여 합의된 아이디어에 대해 스스로 주인의식을 갖는 것이다. 다섯째, 실패로부터의 회복력은 말 그대로 조직이 문제를 해결하던 중 실패나 좌절을 경험했을 때 좌절하지 않고 다시 일어나서 나아갈 수 있는 힘을 말한다. 이상적인 조직도 때때로 실패를 겪는다. 이러한 경우에 실패로부터의 회복력은 조직의 성공을 위한 중요한 요소가 된다. 여섯째, 네트워크 촉매제는 조직 외부의 주요 인사들과 관계를 잘 맺는 조직 내의 구성원이다. 이러한 구성원은 비공식적인 통로로 주요 인사들과 교류하고, 아이디어를 교환하며, 지원받는 활동을 한다. 일곱째, 경험적 학습은 경험을 통한 학습을 말한다. 기본적으로 경험을 통한 학습 없이는 다른 여섯 개 요소에서의 발전을 기대할 수 없다.

Rickards와 Moger(1999)는 조직은 이상적인 팀, 일반적인 팀, 그리고 문제성 팀으로 분류할 수 있으며, 이상적인 조직으로 발전하기 위해서는 공유 리더십이라는 요소가 필요하다고 하였다. 공유 리더십은 권한 위임과 퍼실리테이션을 통한 문제해결에 초점을 두고 있다고 할 수 있다.

공유 리더십 리더의 특성

Rickards와 Monger(1899)는 공유 리더십을 발휘하는 리더의 중요한 특성을 다음 네 가지로 정의하였다.

첫째, 공유 리더십을 발휘하는 리더는 상호성의 원리(mutuality

principle)라고 하는 가치 체계를 가지고 있다. 그는 문제해결에 있어 모두가 상생할 수 있는 결과를 만들고자 하며, 그에 대한 믿음을 갖고 있다. 둘째, 공유 리더십을 발휘하는 리더의 리더십 스타일은 권한 위임적이고 동기 부여적이다. 셋째, 공유 리더십을 발휘하는 리더는 조직의 구성원으로 하여금 스스로 학습하고 문제를 해결할 수 있도록 하는 전략과 테크닉을 효율적으로 사용한다. 넷째, 공유 리더십을 발휘하는 리더는 조직 구성원 각 개인들의 요구와 팀의 업무가 서로 어긋나지 않게 조정한다.

공유 리더십은 리더십의 주체가 반드시 한 명의 정해진 리더일 필요는 없다는 특징을 나타낸다. 리더십의 기능, 역할, 태도 등은 조직의 구성원에 의해서 수행될 수 있으며, 성숙한 조직의 구성원은 스스로 이러한 역할을 공유하는 것을 당연한 것으로 인식한다.

공유 리더십 팀의 조건

Hackman(2006) 역시 공유 리더십은 어떤 특정한 한 사람이 단독으로 수행하는 것이 아니라고 하였다. 리더십은 리더로서 공식적으로 임명된 사람뿐만이 아니라 팀 조직의 모든 구성원이 수행할 수 있다. 리더와 팀 구성원은 각자 자신이 가지고 있는 전문성이나 기술을 이용하여 팀의 성과를 향상시키는 조건을 창출할 수 있다. 그는 팀이 효과성을 증진하기 위한 조건으로 다음의 다섯 가지를 들었다.

첫째, 팀이 명목만의 팀이 아니라 진정한 팀일 것, 둘째, 문제에 대한 명확한 인식과 방향을 갖고 있을 것, 셋째, 공동 작업을 용이하게 해 주는 활성화된 구조를 갖고 있을 것, 넷째, 조직적인 지원 시스템을 운영할 것, 다섯째, 조직의 팀워크를 위해 적시에 적절한 전문가 코칭을 제공할 것이다.

요 약

SNS의 발달로 세상은 좁아지고, 평평해졌다. 시대의 변화에 따라서 공유 리더십이라는 새로운 패러다임의 리더십 시대가 도래하였다. 공유 리더십은 구성원들이 조직의 목표를 성취하기 위해 서로를 이끌어 가는 역동적이며, 상호작용적인 과정을 의미하는 것으로, 특정 공식적 리더의 리더십 패러다임에서 임파워된 팀 구성원 전원이 리더십을 발휘하는, 구성원 간 관계성을 기반으로 하는 그룹의 리더십이다. 특히 갈수록 복잡하고 불확실한 문제에 당면하고 있는 오늘날의 팀의 현실을 보아 공식적인 팀 리더 한 사람의 리더십의 발휘로 문제가 해결되고 성과를 달성할 것을 기대할 수 없는 상황이다. 따라서 이러한 복잡하고 모호한 문제해결을 위해서는 팀 구성원 모두가 동일한 정신적 모델로 상황을 인지하여 적극적으로 협력해야 한다.

이러한 공유 리더십을 발휘하는 리더의 특성은 상호성의 원리(mutuality principle)라고 하는 가치 체계를 가지고 있으며, 리더의 리더십 스타일이 권한위임적이며, 구성원들로 하여금 스스로 학습하고 문제를 해결할 수 있도록 촉진하며, 각 구성원 개인의 요구와 팀의 요구를 조정하고 지원한다.

성찰질문

공유 리더십은 '리더가 이끈다.'는 기존의 리더십 패러다임과는 전혀 다른 '팀 구성원의 관계성을 기반으로 한' 새로운 리더십 패러다임이다. 팀 내 가장 우수한 자는 팀이라는 신념을 갖고 팀을 앞세우고, 리더나 구성원 개인의 힘보다는 팀 구성원의 협력과 헌신 그리고 리더의 팀 학습 지원으로 성과를 낸 공유 리더십 사례를 생각해 보자.

사례 연구

포스코의 파이넥스 공법 개발

포스코가 파이넥스 공법 개발을 추진하기로 한 배경은 크게 두 가지였다. 첫째는 독자적 기술과 경쟁력을 확보하지 않으면 살아남을 수 없다는 위기 의식이었고, 둘째는 미래의 선택은 보다 환경 친화적 공법이라는 판단이었다. 파이넥스 공법 개발에 착수한 시점은 바로 포스코가 단위 제철소로는 세계에서 가장 큰 광양제철소를 완공한 1992년이었다.

포스코의 파이넥스 공법 개발은 업계 최초의 시도는 아니었다. 최초는커녕 유럽과 일본의 거의 모든 주요 제철 회사가 이미 고로를 대체할 공법 개발을 진행 중이었다. 그렇다면 어떻게 후발주자인 포스코가 가장 먼저 성공할 수 있었을까? 여기에는 두 가지 성공 요인이 절묘한 시너지를 일으켰다. 첫째는 10여 년간 계속된 최고경영진의 일관된 지원과 신뢰, 둘째는 포항 바닷가에서 세계 최초를 만들어 내고야 말겠다는 개발팀의 소망과 의지, 즉 공유 리더십이었다.

그 기간 동안 포스코의 최고경영진은 몇 번 변동은 있었지만 파이넥스 프로젝트에 대한 지속적인 관심과 지원을 아끼지 않았다. 엔지니어들의 판단을 믿는 엔지니어 출신 경영자, 제철의 미래에 대한 혜안을 가진 경영자야말로 포스코가 내로라하는 선발 주자들을 추월할 수 있었던 결정적 요인이었다고 개발자들은 말한다. 다른 하나의 결정적인 성공 요인은 공유 리더십이었는데, 전사 차원의 팀 선발, 연구자와 조업자 간의 전례 없는 동고 동락, 반목과 갈등을 뛰어 넘은 공동 목표, 수많은 절망을 딛고 선 새로운 다짐과 역경, 고로팀과의 선의의 경쟁 속에서 친환경적이며 효율적 공법의 개발이라는 목표 달성을 위한 리더십이 공유된 것이었다.

09

팀 리더십

한국의 기업 및 조직에는 이미 팀제가 정착화된 지 오래다. 1990년대 중반에 기업에 팀제가 확산되기 시작하고 점점 한국형 팀제를 도입하기에 이르렀으며, 이제는 대부분의 조직이 팀 운영 방식으로 개편이 되어 있는 상태다. 급기야 공공 조직에서도 팀제를 운영하고 있다. 하지만 팀이라는 개념을 정확히 이해하고 그에 적정한 운영 방식으로 이끌어 가는 조직은 그다지 많지 않다.

갑자기 많은 기업이 팀제로 개편하면서 자신의 조직도 개편하지 않으면 시대에 뒤처지는 듯한 느낌을 가지다 보니 팀이란 용어를 사용하면서 조직 개편을 했지만 그 이면에 정확하게 팀제를 구축하고 운영하는 조직은 아주 드문 것이 현실이다.

팀제라는 조직 운영 방식이 성공하기 위해서는 과거의 전통적 환경 속에서 보다 많은 일련의 기술이, 그리고 사람과 과업 간, 사람과 사람 간의 새로운 메커니즘이 요구된다. 팀은 대외 경쟁력이 심화되고 고객의 압력이 증대되는 현 상황에서 보다 높은 수준의 제품과 서비스를 창출할 수 있게 해 주며, 급변하는 환경에 융통성 있게 적응하게 해 주며, 팀 구성원 간 서로 다른 업무의 원활한 조정이 이루어지게 하고, 조직 구성원에게 보다 나은 직무 만족과 자기계발을 통한 조직 혁신을 이끌어 낼 수 있게 해 준다(Shonk, 1992). 이러한 팀제의 장점을 제대로 발휘하기 위하여, 팀 리더십은 무엇이고 어떤 조직이 효과적인 팀인지, 팀 리더십 개발 방법을 살펴보고자 한다.

팀 리더십의 정의 및 중요성

팀 리더십은 팀이 목표로 하는 성과를 달성하고, 팀의 유지와 발전을 이끄는 것이다(권기술, 최은수, 2010). 이러한 목적을 달성하기 위하여 팀 리더십은 두 가지 핵심적 기능을 한다. 하나는 업무 수행을 통해서 고성과를 창출하는 기능이며, 다른 하나는 집단의 결속을 강화하는 팀 유지 기능이다.

효과적인 팀의 특징에서 거론되는 리더십의 공유라는 항목을 보면 팀제하에서의 팀장의 리더십이 어떠한 형태로 발휘되어야 하는지에 대한 단서를 제공한다. 즉, 팀제하의 리더십 발휘는 리더가 부하 직원에게 일방적으로 영향을 미치는 형태가 아니라 팀장을 포함한 팀원 모두가 리더십을 발휘할 수 있는 형태로 발휘되어야 함을 말해 주고 있다.

그동안 우리나라 기업에서 팀제를 도입, 실시하면서 성공적이라고 자체 평가한 기업들은 그 성공 요인으로, 첫째, 최고경영층의 적극적인 참여 및 리더십, 둘째, 조직 구성원의 의식 전환, 셋째, 팀 단위 목표의 명확화, 넷째, 치밀한 사전 준비, 다섯째, 구성원의 전문 능력 등을 들고 있다(서성희, 2002).

하지만 팀제에 대한 성패는 팀장이 어떠한 역할을 수행하며, 팀을 어떻게 이끌어 나아가는가에 달려 있을 정도로 팀제에 있어 팀장의 역할은 매우 중요하다. 따라서 팀제를 도입하고 있는 회사들은 직위와 직책을 분리하여 제도를 운영하고 있다. 대다수의 기업은 팀장 선정에 있어 연공서열식으로 직급이 높은 사람을 팀장으로 선정하고 있다. 하지만 사람의 자질이나 능력에 상관없이 팀장으로 선정하면 팀 운영이 제대로 이루어지지 못한다. 팀장의 자질 부족, 간부들의 경영에 대한 이해 부족, 자율권의 박탈, 구성원의 전문적 분야에 대한 부적절한 배치 등이 또 하나의 실패 요인이라고 볼 수 있다. 또한 팀장이나 팀 구성원 역시 자신이 맡은 분야 및 관련 분야에 대한 전문가적 업무 수행 능력이 부족하면 팀제가 실패할 가능성은 높아진다.

팀에 있어 팀장의 역할은 무엇보다 중요하다. 팀장은 의사 결정의 구심점이며 업무는 물론 부하 직원의 일상까지도 맡아야 하는 등 강력한 리더십, 탁월한 경영 지식, 경영 관리 능력이 요구된다. 그러므로 팀장의 선발이 팀의 성패를 가늠한다고 볼 수 있다.

효과적인 팀의 특성

팀의 특성은 대규모의 그룹 조직 속에서 혼자 일하는 개인보다 월등히 높은 업무 능력을 지니고 있다. 그 이유는 다음과 같다.

첫째, 팀은 팀 내의 어떤 개인이 갖고 있는 기술이나 경험보다 더 많은 상호 보완적인 기술과 경험을 동원할 수 있기 때문이다. 둘째, 팀은 명확한 목표와 접근 방법을 공동으로 개발함으로써 문제를 해결하고 이니셔티브를 갖게 하는 정보 전달 방법을 수립하기 때문이다. 셋째, 팀은 경제적 · 행정적 특면을 보강하는 독특한 사회적 요인을 제공하는, 즉 장애를 다 함께 극복함으로써 팀에 참여한 사람이 상호 신뢰와 자신감을 구축하게 된다. 넷째, 팀은 많은 즐거움을 제공한다. 종종 최고 수준의 팀에서는 고도로 발전된 유머 감각을 볼 수 있다(Katzenbach & Smith, 1994).

Glenn Parker(1990)는 효과적인 팀의 특성을 다음과 같이 제시했다.

첫째, 명확한 목적, 비전, 사명, 목표, 과업, 활동 계획이 정의되어 있고 수용되어 있다. 둘째, 비공식석상이나 격식을 따지지 않고 편안하며 여유 있는 분위기다. 셋째, 참여나 많은 토론이 이루어지고, 모든 사람에게 참여가 권장된다. 넷째, 타인의 의견을 경청하고 팀원이 타인의 의견을 효과적으로 경청하기 위한 기술을 구사한다. 다섯째, 예의를 갖춘 이견을 내세우며 그 이견을 팀이 편안하게 받아들인다. 팀은 갈등을 피하거나 적당히 넘어가지 않으며 억누르지도 않는다. 여섯째, 합의를 통해 의사 결정을 한다. 철저한 토론을 통한 실질적인 견해를 일치시키고, 투표 방식은 지양한다. 일곱째, 의사소통은 개방되어 있으며, 감정 표현이 인정되고 안건을 은폐하지 않는다. 여덟째, 명확한 역할과 책임이 할당되어 있으며 명확한 기대와 균등한 책임도 할당되어 있다. 아홉째, 팀 내에 공식적인 리더가 있지만 모든 팀원이 리더십을 공유하고 있으며, 효과적인 리더십 행동을 수행한다.

한편 효과적인 팀이 되기 위해서는 다음과 같은 요건이 선행되어야 한다.

첫째, 효과적인 팀이 되기 위한 요건 중의 하나로 팀의 규모를 들 수 있다. 팀이란 2인 이상의 구성원을 갖춘 그룹으로, 보통 2~25명으로 구성되나 일반적으로 7~15명으로 팀원을 구성하는 것이 가장 이상적이라 할 수 있다. 팀제의 목적은 팀 조직이 팀장과 팀원에 의하여 자율적으로 운영되는 데 있다. 이는 자율적인 조직 운영이 구성원의 자율성에 따른 주인의식과 팀 몰입을 높이고, 나아가 창의적 문제해결을 통해 환경 대응력과 시장 대응성을 높이기 때문이다. 전통적인 조직화 논리는 주어진 문제를 얼마나 효율적으로 해결했는가에 있었지만 팀제는 문제를 스스로 찾고 문제를 새롭게 정의하며, 창의적으로 해결 대안을 도출하고 실행시키느냐에 달려 있기 때문이다. 따라서 팀은 팀원의 자율성과 창의성을 최대한 발휘할 수 있도록 팀 규모가 설계되어야 한다.

둘째, 효과적인 팀이 되기 위한 중요한 요건으로 팀장의 역할을 들 수 있다. 팀장은 팀의 공동 목표와 비전, 그리고 실천 방안을 설정하고 제시하여야 한다. 팀장은 팀 비전과 목표에 따라 새로운 업적과 가치를 창출하고 팀 성과를 높이기 위하여 팀원 간의 업무 영역을 조정하고 원활한 의사소통을 도모하며, 팀원 간의 갈등을 해소시키며 팀원이 창의성을 최대한 발휘할 수 있는 여건을 만들어 주며, 팀의 인사권, 예산권, 의사 결정권 등의 고유의 권한을 가진다. 이때 팀원은 업무 수행자로서 역할 수행과 팀장의 업무를 보좌하며 팀의 공동 목표를 추진하고 부단한 자기계발을 통하여 개인 능력과 자질을 향상시켜 고능률의 업무 수행을 담당할 책임을 갖는다. 또한 팀 성과에 대한 공동 배분과 업무 프로세스 개선을 위한 제안 등의 권한을 갖는다.

〈표 9-1〉 **팀 구성원의 역할, 책임 및 권한**

구분	사명	책임	권한
팀장	팀장은 상하 참여를 통하여 팀의 사명과 목표를 명확히 하고 인재 육성을 통해 이를 달성한다.	• 팀의 사명 달성 • 업무 목표 명확화 및 달성 • 팀원 능력 개발 • 공정한 평가 및 보상 • 팀 분위기 활성화 • 사내외의 적절한 서비스	• 팀 내 인력 활용과 평가 • 팀 내부 구조 결정 • 개인별 권한 책임 부여 • 팀원의 육성, 평가 보상 • 팀 내 의사 결정과 대표권 • 예산, 비품, 장비 등 물적 자원의 활용
독립 담당	팀장으로부터 자신에게 부여된 업무 목표를 달성하는 한편, 팀원으로서 팀 전체의 시너지 창출에 기여함	• 팀장과 합의하여 자신의 업무 목표를 명확히 하고 이를 달성함 • 팀원으로서 팀 전체 업무 목표 달성 및 능력 개발 활동에 참여	• 자신의 업무 책임을 달성하기 위해 팀장으로부터 위임받은 권한 행사 • 전체 팀 운영에 있어 팀장으로부터 위임받은 권한 행사

파트 리더	팀장으로부터 부여된 업무 목표를 달성하는 한편, 팀원으로서 팀 전체의 시너지 창출에 기여함	• 팀장과 합의하여 파트의 목표를 명확히 하고 이를 달성함 • 파트원의 능력 개발 및 적절한 지원 • 팀원으로서 팀 전체 업무 목표 달성 및 능력 개발 활동에 참여	• 팀장으로부터 파트에 부여된 책임과 권한을 파트원에게 부여하고 지휘 통솔 • 파트원의 육성, 평가 보상에 관해 팀장에게 의견 제시 • 파트 내 의사 결정권과 파트 대표권
파트 구성원	파트 리더로부터 부여된 업무 목표를 달성하는 한편, 팀원으로 팀 전체의 시너지 창출에 기여함	• 자신에게 부여된 업무 목표 달성 • 파트 및 팀의 업무 추진 활동과 능력 개발 활동에 참여	• 자신의 업무 책임 달성을 위해 파트 리더로부터 위임받은 권한 행사

출처: 유영석(1997).

팀 커뮤니케이션

조직 내 커뮤니케이션은 조직의 효율성과 효과성을 성취할 목적으로 이루어지는 구성원 간의 정보와 지식의 전달 과정이다. 여러 사람의 노력을 합하여 공동의 목표를 추구해 나아가는 조직에 있어, 조직 커뮤니케이션은 기본적인 존재 기반이고 성과를 결정하는 핵심 기능이다. 최근 정보화 사회에 부응하여 조직의 성과와 유효성을 높이기 위해서 그 어느 때보다 조직 구성원 간의 커뮤니케이션의 효율성을 강조하고 있으며, 커뮤니케이션은 조직의 성과와 유효성에 비례한다는 측면에서 팀 내 커뮤니케이션의 중요성을 인식할 필요가 있다. 이에 따라 팀 커뮤니케이션의 개념과 중요성, 팀 내 커뮤니케이션 관리와 방법에 대해 알아보고자 한다.

커뮤니케이션의 개념과 중요성

팀은 조직 내부에서 살아 움직이는 생명체처럼 존재해야 한다. 살아 움직인다는 말은 조직 구성원 사이에 상호작용이 끊임없이 이루어지며 소통한다는 말이다. 그런데 팀 구성원은 각자 살아온 경험도 다르고 가치관도 다르며, 각기 다양한 행동 특성과 강점을 가지고 있다. 구성원의 다양성 때문에 이를 조합하고 성숙한 조직으로 만드는 데 많은 시간과 노력, 인내가 필요하다. 팀은 시간의 흐름에 따라 발전하면서 성숙되어 가는데, 네 단계의 과정을 거치면서 진화를 한다. 〈표 9-2〉는 팀 발전 단계에 따른 팀 발전의 핵심 요인인 헌신(commitment), 신뢰(trust), 목적(purpose), 커뮤니케이션(communication), 참여(involvement), 업무 프로세스(process orientation)가 어떻게 나타나는지에 대한 내용을 정리한 것이다. 팀 발전의 핵심 요소 중 커뮤니케이션은 다른 발전 요소인 헌신, 신뢰, 목적 참여, 업무 프로세스 등의 달성에 커다란 영향을 주는 필수 요소이며, 구성원 간의 대인 관계의 기본이 되는 것이라 할 수 있다.

일반적으로 팀 커뮤니케이션이라 함은 커뮤니케이션을 조직론의 입장에서 다루는 개념으로, 팀의 구성원 및 구성원 집단이 다른 구성원 및 집단의 행동을 변화시킬 의도로 전달되는 과정을 의미한다. 여기에서 팀 구성원은, 첫째, 개인으로서, 둘째, 팀의 대표자로서, 셋

〈표 9-2〉 **발전 단계에 따른 팀 발전의 핵심 요인**

구분	초기 단계	진행 단계	성숙 단계	자율 단계
헌신	개인이 나는 누구인가를 묻는 단계로, 서로 질문을 던지면서 완전한 참여를 유보하는 단계	동참의 분위기가 하위 집단으로 확산되지만 팀 전체에 이르지는 못함	팀의 구성원은 직무를 완성하는 데 헌신하게 됨	팀 구성원은 조직뿐만 아니라 자신의 팀에 헌신적으로 참여함
신뢰	신뢰는 일단 두고 보자는 수준의 단계로, 신뢰가 구축될 토대가 아직 없는 상태	팀 구성원은 신뢰할 수 있는 사람, 그렇지 못한 사람, 잘 모르는 사람으로 구분함	팀 구성원은 함께 일한 경험을 토대로 신뢰를 발전시켜 나감	개방적인 신뢰 관계가 형성되어 있음. 신뢰는 불신보다 훨씬 자연스러움
목적	일반적으로 팀의 목적과 사명을 이해하지만 의욕을 가질 정도는 아님	팀의 목적은 좀 더 발전하고 있지만 확신과 지침이 필요함 상태	수행과 목표 달성에 초점을 둠	명확한 목적과 비전이 확립되어 있음. 팀은 변화하는 사업 요구에 유연하게 대처함
의사소통	의사소통은 대부분 시도해 보는 수준에서 이루어짐. 리더와 구성원 사이의 질문과 답변 형식으로 이루어짐	구성원이 자신의 주장을 내세움으로 갈등이 유발됨. 의사소통은 직접적이고 공격적으로 이루어짐	팀 내 과업 중심적으로 소통함 구성원은 팀 외부의 지원 그룹과 관계를 발전시켜 나감	복잡한 의사소통이 전개 필요에 따라 자발적으로 이루어짐. 빈번한 회의 필요성이 있을 때마다 회의
참여	참여는 뒤섞인 상태. 적극적인 구성원은 팀 내 중심 위치를 차지함	여전히 몇몇 구성원들이 집단을 좌우하고 있음	대부분의 팀 구성원은 팀 내의 각자의 역할에 만족함	팀 내 참여가 잘 이루어짐. 신입 구성원조차 참여 후 제안을 하고 리더십 발휘

업무 프로세스	팀 가정들이 낯설고 친숙하지 않음. 구성원들은 혼란에 빠지며 개인의 다양한 경험에 의존하려는 경향	표준적인 과정이 겨우 나타나기 시작하지만 팀이 활용하기에는 낯설고 어려운 수준	팀 과정은 보다 유연하게 보다 자연스럽게 이루어짐	팀 과정은 작업의 정규적인 한 부분으로 더 이상 부속물이 아님. 지속적인 개선과 혁신은 팀의 내적 가치가 됨

출처: William, Richard, & Jeanne (1991).

째, 팀의 내부, 넷째, 외부에 대한 커뮤니케이션을 행함을 말한다.

팀 커뮤니케이션 관리

일찍이 1969년 미국의 심리학자 Thomas Harris는 인간은 태어나 자라오면서 어떤 환경에서 자라는가에 따라 네 가지 인생의 태도를 가지게 된다고 하였다(조성숙 역, 2008). 그것은 승-승의 패러다임, 승-패 패러다임, 패-승 패러다임, 그리고 패-패의 패러다임이다. 변화무쌍한 조직 환경에서 구성원 사이의 관계는 이러한 네 가지 패러다임이 자주 등장한다. 가장 바람직한 관계인 승-승의 패러다임이야말로 조화와 공존의 관계임을 인식하는 것이 필요하다.

이러한 승-승의 패러다임으로 가기 위한 커뮤니케이션 기술은 갈등이 발생하는 문제를 얼마나 적합하게 해결하는가? 또한 문제 발생 시 방어적 행동을 감소시키며 적절히 상대에게 대응하는가가 될 수 있다. Myers 등은 다음과 같이 바람직한 대인 관계를 위한 커뮤니케이션 기술의 중요성을 이야기하고 있다(임칠성, 1995).

문제해결과 협상 문제해결과 협상에는 무엇보다도 태도가 포함되고, 그래서 따라야 할 일련의 단계가 포함된다. 결과적으로 여기에는 문제의 명료화, 해결책들의 산출, 해결책에 대한 우선순위, 가장 좋은 해결책의 선정, 그것의 이행, 결과에 대한 평가가 포함된다. 비록 대인 간 혹은 한 쌍의 커뮤니케이션에 초점을 맞추고 있고, 가끔은 주로 두 사람 사이에서 쓰일 수 있는 기술에 대해 초점을 맞추었지만, 우리가 소개한 대부분의 집단을 중심으로 일어나는 것은 분명하다. 대부분의 원리는 둘보다 더 많은 수의 사람이 모인 집단에서도 똑같이 적용할 수 있다.

신뢰 구축 상대를 신뢰하기 위해서는 상대가 자신에게 해를 끼치지 않을 것이며, 약속을 지킬 수 있다고 믿어야 한다. 상대로부터 신뢰를 구축하는 것이 마술처럼 이루어지는 것은 아니다. 대인 신뢰는 상대와 일련의 작은 위험을 무릅쓰는 상호작용을 통하여 혹은 이른바 점차 증가하는 과정을 통하여 구축된다. 신뢰의 관계가 확립되기 위해서는 다음 세 가지 요인이 제시되어야 한다.

첫째, 상대가 어떻든 신뢰를 구축하는 작업에 참여해야 한다. 둘째, 상대와 자신은 서로를 이용하고 싶은 충동에 따르거나 자기 이익만을 취해서는 안 된다. 그리고 상대가 자신을 믿는 것을 바보스럽거나 천진난만하거나 풋내기의 행동으로 생각해서는 안 된다. 셋째, 사소할지라도 언제든지 신뢰와 위험을 감수하는 과정에서 공동 작업(협상)에 기꺼이 참여해야 한다.

방어 행동 감소 방어적 행동을 줄이기 위해서는 평가보다는 기술적 커뮤니케이션을 사용하는 것이 좋다. 계략을 사용하기보다는 기꺼이 자발적으로 참여해야 한다. 방관자가 되지 말고 직접 참여해야 한다. 우월하고 완고하고 혹은 독재적 태도를 보여 주기보다는 공유하며 유동적이 되도록 노력해야 한다.

적절한 스타일 개발 건강하지 못하고 기능적이지 못한 스타일로서, 첫째, 공격적으로 비난하고 책망하는 것, 둘째, 저자세나 시간을 끌어 대충 넘어가는 것, 셋째, 주의를 흩뜨리거나 조종하는 것이 아니라 보다 건강하고 보다 기능적인 솔직하고 분명한 스타일이 필요하다.

타인과 의사소통에 어려움을 느끼는 사람들은 수줍어한다든지 과묵하거나 혹은 의사소통에 공포증을 느끼는 것과 같이 다양한 증상을 보인다. 의사소통에 있어 두려움은 많은 사람에게 직 · 간접적인 영향을 미친다. 두려움이 많은 사람은 의사소통을 회피하거나 주눅이 들기 쉽다. 따라서 그들은 다른 사람보다 긍정적으로 받아들이지 않으려고 노력하며, 주눅이 든 태도 때문에 그에 대한 사람들의 반응이 부정적으로 나타난다(김명혜, 1996). 이러한 경우 팀의 리더는 상호 교류의 중요성을 감지하여 흐름을 부드럽게 하기 위하여 상대방의 감정을 예의 주시하고 먼저 부드럽게 허용함으로써 효과적인 커뮤니케이션의 길로 유도해야 한다. 팀 구성원 간 원활한 대화가 유지되도록 분위기를 파악하는 것도 중요하다.

팀 커뮤니케이션 과정에 대한 관점

커뮤니케이션의 정의 및 제반 개념을 통해 팀 커뮤니케이션에 대한 몇 가지 관점을 살펴보면 다음과 같다.

첫째, 구조적 관점에서 보면 커뮤니케이션을 정보 또는 메시지의 단순한 송·수신 과정으로 보고 그 구조 자체에 비중을 주는 견해로, 커뮤니케이션을 정보나 메시지의 유통 과정에 비중을 두는 것이다. 이는 커뮤니케이션의 의미나 결과를 경시하는 듯한 느낌을 갖게 한다.

둘째, 기능적 관점으로, 커뮤니케이션을 인간의 기호 사용 행동 자체로 보고 그 기호와 및 해석 과정에 비중을 두는 견해다. 즉, 커뮤니케이션을 자극에 대한 한 생물체의 분별적 반응이라 보는 견해다. 어떻게 인간이 기호를 사용해서 서로 의미를 창조하고 공통의 의미를 수립하고 있는가 하는 기능적인 면에 중점을 둔다.

셋째, 의도적 관점으로, 커뮤니케이션이란 한 인간이 다른 인간에게 영향을 미치기 위하여 의도적으로 계획한 행동이다. 커뮤니케이션이란 말과 설득이란 말과 같은 의미로 사용하는 것이 바로 이 관점이다.

다시 말하면, 구조적 관점은 커뮤니케이션의 기술적 영역에 비중을 두고 보는 관점이며, 기능적 관점은 의미적 차원에서 보는 관점이며, 의도적 관점은 커뮤니케이션의 효과적 문제에 중점을 두는 관점에 해당됨을 알 수 있다.

과정을 통한 커뮤니케이션을 살펴보면 다음과 같다(차근배,

1995).

첫째, 커뮤니케이션이란 커뮤니케이터가 다른 생물체에 자극을 주어 어떠한 반응을 일으키는 행동이다. 하지만 인간의 행동은 단순히 외적 자극에 대하여 단순한 반응을 보이는 존재가 아니라 태도, 성격, 내부의 심리 상태 등의 모든 외적 요인과 함수 관계의 결과다. 따라서 커뮤니케이션을 통하여 커뮤니케이터가 수용자로부터 어떠한 반응을 얻기 위해서는 먼저 수용자의 내적 요인(태도, 성격 등)을 파악하고 있어야 하며, 상대에게 적절한 매체 및 방법을 조직해야 한다.

둘째, '커뮤니케이터 → 메시지 → 매체 → 수용자 → 효과'란 커뮤니케이션 과정 그 자체와 그에 포함된 요소를 말하는데, 그 과정을 중심으로 볼 때 커뮤니케이션이란 주어진 상황에서 커뮤니케이터가 메시지를 고안하고 매체를 통하여 수용자를 자극해서 수용자로부터 어떤 반응을 얻어 내는 과정이라 할 수 있다.

셋째, 커뮤니케이션은 연속적 과정이다. 이처럼 팀 커뮤니케이션에서는 전달되는 과정이 중요하다. 그리고 전달되는 과정에서 이용되는 것이 매체다.

커뮤니케이션 매체의 유형

매체의 특성을 언급하는 데 있어 자주 사용하는 개념이 정보 풍부성(information richness)이다. '채널 풍부성'이라고도 하는 이 개념은 커뮤니케이션 방법 또는 채널이 정보를 취급하거나 메시지에 포함된 의미를 나눌 수 있는 능력을 말한다.

이 풍부성을 결정하는 요건으로 다음 네 가지를 들 수 있다(서성희, 2002).

첫째, 수신자에게 피드백을 받을 수 있는 능력, 둘째, 다양한 의미를 전달할 수 있는 능력(얼굴 표정, 신체 언어, 옷 등), 셋째, 메시지가 구체적 상황을 묘사할 수 있는 능력, 넷째, 언어의 다양성이다.

이와 같은 기준에 의하면 거의 언어에 제약을 받지 않는 대면 회합이 가장 풍부한 매체이고, 간접적으로 쓰인 메모가 가장 빈약한 매체라고 할 수 있다. 채널 풍부성이 높은 매체는 대화, 이메일, 개인적 문서 교환, 대중적 연설, 통계 보고 순이다.

팀 커뮤니케이션의 경우 사보나 사내 방송 같은 대중 매체적 성격의 수단만 쓰인다고 볼 수 없고 전화와 같이 매체를 사용하기는 하지만 근본적으로 대인 접촉에 해당하는 경우도 많다. 더 근본적으로 얼굴을 맞대고 접촉하는 대면 커뮤니케이션이 많으며, 사람과 사람의 연결 고리, 즉 인맥 및 회의, 회합, 회식과 같은 공식적 또는 비공식적 모임도 팀 커뮤니케이션의 중요한 매체로 볼 수 있다. 따라서 팀 커뮤니케이션에서 매체란, 메시지를 담는 용기, 메시지를 운반하는 운반체 및 메시지를 나르는 수단, 즉 사람, 사람들의 집합을 총칭하는 것이라고 할 수 있다.

팀 구성원의 가치관

사회 환경의 변화, 조직 구성원의 지적 수준과 의식 구조는 하루가 다르게 변모하고 있다. 어느 조직이나 모든 사람은 영향력을 행사하고 있으며, 또한 영향력을 받고 있다. 그러나 그 과정에서 개인이나 조직의 규범, 구성원의 특성과 가치관, 규칙과 같은 다양한 행동기대 등과 같은 요인에 의해 영향을 받고 있다. 또한 팀 구성원은 리더에 의해 많은 영향을 받고 있으며, 팀의 성패는 다양한 구성원의 특성을 어떻게 조화시키는가에 따라 팀의 성과에 영향을 준다. 어떤 조직이든 생존과 지속적인 성장을 위해서는 자신에게 되풀이되어 다가오는 환경적 요소와 조직 내부적 요소에 대한 적응의 문제, 그리고 내적인 통합의 문제를 효과적으로 해결하고 동질성을 확보하여 일치된 힘으로 조직의 유효성을 높이는 것이 필요하다.

이런 문제와 관련하여 최근 우리나라에서 조직이 경험하는 문제 중의 하나는 신구 세대 간의 갈등 문제라고 할 수 있다. 최근 국제화, 정보화 시대에 즈음하여 조직의 성과와 유효성을 높이기 위해서는 그 어느 때보다 조직 구성원 간의 동질성 확보의 필요성이 강조되고 있다. 조직의 동질성 확보는 조직의 성과와 유효성에 비례한다는 측면에서 리더는 조직 내의 구세대와 신세대의 속성(가치관)을 분석하여 효과적인 리더십을 발휘함으로써 조직의 유효성을 향상시켜야 한다.

이에 팀의 리더로서 구성원의 가치관 분석의 중요성에 따라 가치관의 기본 개념을 이해하고 세대별 가치관의 특징, 신세대 및 구세대의 가치관 차이, 세대별 가치관과 리더십의 효과성을 알아보자.

가치관의 개념

가치관이란 어떤 사물의 형상에 대해 그것이 바람직하다 또는 바람직하지 않다(desirable or undesirable)고 하는 이성적 판단에 기초한 사고를 의미한다. 따라서 가치관에는 무엇이 옳고, 무엇이 좋고, 무엇이 바람직한지에 대한 개인적인 생각을 담고 있으며, 도덕적인 내용도 포함하고 있다. 또한 이러한 판단 결과에 따라 '사형제도가 옳은가, 그른가' '권력을 추종하는 것이 옳은가, 그른가' 등과 같은 문제에 대한 해답을 찾을 수 있는데, 이와 같은 생각이 모여서 가치 체계를 형성한다.

그런데 이런 가치관이 개인이나 집단과 같은 어떤 행위 주체가 행위를 하고자 할 때 행동 선택의 기준이 되고 행위의 방향, 목적 달성을 위한 수단까지도 결정한다. 예컨대, 권력의 추종에 가치를 부여하는 사람은 권력을 확보하기 위하여 일반 사람이 생각하기 어려운 행동과 수단을 동원하기도 하는데, 과거 유대인에 대한 말살 정책이 옳다고 판단한 광적인 게르만 집단의 행위 등도 모두 가치관의 중요성을 제시하는 것이다.

Roketch(1973)는 가치관을 수단적 가치와 최종 가치로 분류하고 있는데, 이를 요약하면 다음과 같다.

〈표 9-3〉 **수단적 가치와 최종 가치**

수단적 가치 (instrumental value)	수단적 가치란 개인에 의해서 선호되는 행위 방식이나 행동 양상을 말한다. 예를 들면, 잘 사는 것, 행복한 삶이라는 최종 가치를 얻기 위한 수단으로써 돈을 말하는 사람도 있고, 정직을 말하는 사람도 있다.
최종 가치 (terminal value)	최종 가치란 개인이 선호하는 최종 상태를 말한다. 지혜나 구원과 같이 살아가는 동안 획득하고자 하는 존재 양식이나 목표를 말한다.

출처: Roketch (1973), p. 87.

Graves(1970)는 개인의 가치관 변화를 다음과 같이 7단계로 구분하고 있다.

첫째, 신생아와 같이 기본적 욕구만을 추구하여 생리적 욕구에만 반응을 보이는 반응적 단계, 둘째, 독립심이 없이 타인의 영향력하에서 말단 직원처럼 움직이기를 선호하는 부족적 단계, 셋째, 극도의 공격적 · 이기주의적 성향하에서 움직이는 자기 중심적 단계, 넷째, 자신의 가치관만을 신봉하면서 타인의 가치관을 수용하지 못하는 정합화 단계, 다섯째, 사물이나 인간을 조작하여 자신의 목적을 달성하려는 특징을 지니는 조작적 단계, 여섯째, 타인과 공존공영, 타인과의 협력을 추구하는 사회 중심적 단계, 일곱째, 타인의 가치관을 폭넓게 수용하는 한편, 강압, 권력, 지위에 의한 외부적 압력을 거부하는 실존적 단계다.

Graves(1970)는 이러한 발전 단계를 제시하면서 기업 조직 내의 대부분의 개개인은 2~7단계에 속한다고 주장하였다. 문제는 다양한 가치관을 소유한 개개인이 하나의 조직체 구성원으로 통합될 때 야기될 수 있는 부조화라 할 것이다. 결국 리더는 조직 구성원의 행동이 그들 저변의 가치관에 의해 크게 영향을 받음을 인식하고, 다양한 가치관의 유형과 작업 환경을 일치시켜 주는 노력이 요구된다.

세대 간 가치관의 차이

가치관이 지닌 가장 대표적인 특징은 가치관은 사회와 역사의 변천에 따라 변한다는 점이며, 가치관은 모방되는 것이며, 가치관은 사회화 과정을 따른다는 것이다. 따라서 부모 세대의 가치관이 여타의 이유로 온전히 자식의 세대에 전위되지 않거나, 또는 한 세대가 성장하면서 그 이전의 세대가 경험하지 못한 생활과 사건들을 그들 나름대로 의식적으로 유사하게 경험하면, 그 세대는 이전의 세대와는 구별되게 자기 나름의 가치관을 발달시킬 것으로 추정된다(김주엽,

〈표 9-4〉 **신세대와 구세대 간의 가치관의 차이**

구분	구세대 가치관	신세대 가치관
세대별 특징	인생 목표-출세와 성공 현실 안주적 사고 이성적, 논리적 전체주의적, 희생적 책임감, 협동적 연공주의 선호 관행적 사고 권위주의적	내면적 자아의 실현 혁신과 변화, 창조 추구 감성적, 창의적, 도전적 개별성, 이기적, 자기주장 책임 회피, 타산적, 비협동 능력주의 선호 생활과 편의 중심 평등과 탈권위주의

출처: 임창희(1995).

1994).

정보통신과 인터넷의 급속한 발달로 이제 지구는 하나의 마을로 인식되고 있다. 그래서 이웃나라 일본은 물론이고 유럽, 남미도 그다지 먼 곳이 아니다. 한 가수의 영향으로 강남의 옷과 춤과 노래는 지구의 반대편 나라에서도 동시에 유행을 따르고 춤을 추며 노래를 부른다. 그러나 이와 달리 조직 상황에서는 신세대와 구세대 간에 자명한 가치관의 차이가 여전하다(임창희, 1995).

신세대 가치관의 긍정적 특징과 부정적 특징

아무리 신세대가 기존 세대와 차이가 나고, 다르다는 이유로 비판하고 평가해 봤자 그들이 우리와 다른 지식과 경험으로 다져진 우리의 공존 세대임은 부인할 수 없다. 어쩌면 신세대의 현재 모습은 우리 기성세대가 만든 유산이다. 기성세대는 무작정 신세대를 비판하기보다는 이들이 가진 긍정적인 측면을 알아보고 포용할 수 있는 마음의 준비가 필요하다.

신세대의 긍정적 특징을 정리해 보면 다음과 같다.

첫째, 신세대는 자유와 개성을 추구하는 주체이며, 탈이념주의와 더불어 자신의 관심 분야에 몰두하는 특징이 있다. 미래보다는 현실적인 삶을 추구하고 나는 나일뿐 타인에게 자신을 인식시키려 하지 않는다. 둘째, 평등의식에 있어 남녀 성별을 구분하지 않고, 개인의 성취욕을 중요시하며 상의하달식 요구에는 과감히 '아니요'라고 한다. 셋째, 도전적이고 창조적인 근성으로 전문성을 추구한다. 학력

우선의 관습을 거부하고 독자적인 창의력을 바탕으로 독립의식 및 자기계발에 전력하는 모습을 보인다. 넷째, 관례를 존중하고 변화를 두려워하는 기성세대와 달리 합리적인 사고 방식을 소유하고 다양한 문화 접촉 및 방식으로 기존 세대의 권위주의나 실속 없는 관습을 과감히 거부한다. 즉, 합리적인 이익을 챙긴다. 다섯째, 풍부한 언론 매체 및 영상 매체를 통하여 입체적인 사고와 이미지 중심의 사고를 하고 있다. 여섯째, 기계 및 장비 조작 능력이 뛰어나고, 지적 수준 및 자기 표현력이 명확하다.

한편, 신세대에게도 부정적인 면도 있다.

첫째, 개인주의와 이기주의적인 면이 강하다. 핵가족 환경 아래에서 남의 입장이나 남의 눈치를 보지 않고 자라난 이들은 자신이 하고 싶은 대로 생각하고 자신을 중심으로 행동하며 자기 중심적 사고 방식이 형성되어 있다. 둘째, 입시 위주의 사회에서 공교육 · 사교육을 받으면서 자라나 문제해결보다는 맞다, 안 맞다는 이분법적 사고 방식과 나에게 받아들일 것인가 아니면 나와 상관없는 문제라는 감정적 태도를 지니고 있다. 셋째, 과소비 풍조에 따른 사치성이 있다. 절약이 미덕이라는 기존 세대의 인식과는 달리 소비는 멋을 즐기는 행위의 표현이라고 생각하며, 그것을 생활의 일부로 받아들이고 있다. 아무리 집이 없어도 자동차는 있어야 하며, 직장을 얻지 못하지만 휴대전화 요금과 그와 결부된 비용에는 관대하다. 넷째, 미래 지향적인 기존 세대와 달리 현실에 충실하고자 한다. 후회 없는 삶을 위해서 살아가는 것은 좋지만, 가까운 미래 계획조차 세우기 싫어하고 이를 실현하기 위한 노력을 하지 않는다. 다섯째, 의무감, 업무감의 결여다. 개인의 자유를 강조하다 보니 사회, 조직적 차원의 의무감이나 공동체 의식이 결여되어 있다. 여섯째, 자기 억제력의 부족이다. 과잉보호 속에서 자란 신세대는 개성이 강하여 자기가 하고 싶은 일은 적극적으로 추진하며, 그렇지 않은 경우에는 자기 억제력이 부족하여 조급한 성격, 자극적 언어, 폭력적 성향을 보인다.

구세대와 신세대의 가치관과 리더십 적용

기존의 많은 연구에 의하면 기존의 리더십 모델의 공통적 특징이 어떻게 하면 리더가 부하 직원을 복종하게 하고 그들의 노력을 얻을 수 있는가에 초점을 두고 있다. 이것이 바로 교환, 거래이며 이런 특성을 가진 리더십을 거래적 리더십이라고 하였다(Bass, 1985). 구세대 부하 직원에게 리더는 팀원들이 원하는 보상을 제공하고 그 대가로 부하 직원으로부터 원하는 업무 성과를 제공받는 관계를 유지하게 된다. 그러기 위해 기존의 세대는 규정을 지키고 조직 윤리를 잘 준수하며 상사의 권위에 순응하고 개인의 가치 추구보다는 조직 전체의 조화에 자신을 희생한다. 팀 리더는 이런 구세대 팀원이 가지고 있는 가치관을 고려하여 어떤 것은 교화할 목적으로 접근하여 리더와 팀원 간의 교환 관계를 근간으로 보상을 제공하며 그 대가로 부하 직원의 업무 성과를 제공받는 관계를 효과적으로 유지할 수 있게 된다.

반면, 즉흥적이고 오류가 많으며 복잡한 절차를 싫어하는 신세대는 막연한 미래보다는 현실을 중시하고 개인적인 책임 의식 및 민주적 사고 방식, 탈권위주의를 좋아한다. 상사이며 연공서열이 높기에 순종하기보다는, 차라리 순종하지 않고 내가 일한 만큼만 얻으려 하고 불확실한 미래를 위해 맹종한다는 인식보다 지금-여기에서 명확한 대우를 원한다.

이에 신세대가 바라는 리더의 구체적 행동으로는 팀원에게 격려를 아끼지 않고, 효과적 성과를 이룬 구성원에게 객관적 칭찬을 아끼지 않고, 어려움이 있을 때 공감해 주고 문제해결에 적극적인 태도를 보이는 것이다. 항상 팀원에게 관심을 갖고 대하며 팀원이 팀장의 의사 결정에 영향을 미치도록 허용하고 진실성 있는 대화를 원한다.

팀 리더십 개발

새로운 팀장의 역할

조직 구조가 수직 조직에서 수평 조직으로 바뀜에 따라 요구되는 새로운 팀장의 역할로 다음 다섯 가지를 들 수 있다. 즉, 코치, 상담자, 비전 형성 및 목표 설정자, 도전 기회의 창조자, 역량 개발자 및 필요 자원 확보자의 역할이다.

첫째, 코치로서의 역할이다. 코치로서 팀장은 구성원이 능력을 최대한 발휘하여 기대 이상의 성과를 달성할 수 있도록 도와주고 이끌어 주며 피드백을 해 주어야 한다. 둘째, 상담자로서 역할이다. 상담자로서의 팀장의 역할은 구성원의 문제에 대해 해결안을 찾아 주는 것이 아니라 구성원을 도와 그가 처한 상황을 올바로 이해하고 스스로 문제를 해결해 나아가도록 촉진하는 데 있다. 셋째, 비전 형성과 목표 설정자로서의 역할이다. 구성원과 함께 비전을 형성하고 공유하며, 공동의 목표를 달성하기 위하여 민주적으로 이끌어 나아가야 하며 추진력을 발휘하도록 해야 한다. 넷째, 도전 기회 창조자로서의 역할이다. 팀원들의 자세를 적극적이고, 능동적으로 변환시켜 구성원들이 자율적으로 업무를 추진하며 몰입하게 만드는 일이다. 이를 위해 팀장은 구성원들이 도전감을 느낄 수 있도록 계기를 만들어 주어야 한다. 다섯째, 역량 개발자 및 필요 자원 확보자로서의 역할이다. 팀장의 역할은 비전과 목표, 도전 기회의 창조를 넘어 팀원들이 도전감을 느끼고 목표를 달성할 수 있도록 그들의 역량을 키워 주어야 한다.

팀 성공을 위한 핵심 요소 개발

첫째, 주인의식이다. 독립된 팀으로서 자율권을 위임받은 뒤 팀워크를 통하여 팀 미션을 수행하고 문제를 해결해야 할 입장에서 주인의식은 필수적인 요소다. 둘째, 프로세스 지향이다. 타 부서와 타 팀과 단절하기보다는 고객 가치 창조에 부합하기 위하여 팀 간에 자연스러운 교류가 있어야 하며, 같은 조직 안에서 하나라는 개념으로 접근하고, 모든 팀의 구성도 프로세스 관점에서 형성되어야 한다. 셋째, 팀 미션의 공유다. 팀이 존재하는 이유를 팀원 모두가 공유하고, 고객 가치 실현에도 도움이 되는 방향으로 과업을 수행해야 한다. 때문에 팀 목표와 미션은 구성원 간에 항상 숙지되어야 하며 의사 결정은 합의를 바탕으로 이루어져야 한다. 넷째, 원활한 의사소통이다. 프로세스의 원만한 진행을 위해서 팀 내부는 물론 팀 간의 의사소통과 신속한 의사 결정이 핵심이며, 이를 위해 갈등과 마찰을 해소하는 데 주력해야 한다. 다섯째, 공정한 평가와 보상이다. 성과 측정을 위한 객관적 지표의 개발에 주목하고, 팀원들의 창의력을 계발하여 성과 지표가 개선될 수 있도록 하고, 이에 따른 적절한 보상이 이루어져야 한다. 여섯째, 계층 구조의 타파다. 팀원이 팀장을 필요로 하듯 팀장도 함께 일하는 팀원을 필요로 한다. 팀원으로서 팀장, 팀, 회사 전체의 이익을 위해 변화해야 할 부문이 있는지 팀장과 정기적으로 소통하며 팀장을 지원해야 한다.

요 약

일반적으로 집단, 떼, 무리로 통칭되는 팀(team)은 몹(mob)과 다르다. 몹이 그냥 모여 있는 무리라면 팀은 명확한 목적지가 있다. 효과적인 팀 리더는 조직 전체의 비전에 일치하도록 팀의 목표를 명확하게 만들어 간다. 그 목표를 설정함에 있어 외부의 환경과 내부의 모습을 조화시켜 설정해야 하며, 팀 구성원과 함께 만들어 가야만 시너지가 발생할 수 있다. 그런 의미에서 팀장은 팀 구성원 간에 서로 소통할 수 있도록 적절한 커뮤니케이션을 해야 하며, 소통 시 발생할 수 있는 구성원 간의 가치관도 고려해야 한다. 그런 가치관을 일치시켜 나아가야만 갈등을 줄일 수 있고, 효율적이고 효과적인 팀을 운영할 수 있다. 한편, 팀 리더십 개발을 위하여 팀장은 모든 구성원이 팀 미션을 공유하고, 내부 · 외부의 고객과 가치에 부합하기 위한 프로세스를 지향해야 하며, 원만한 소통과 공정한 평가로 동기를 부여해야 하며, 각자 주인의식을 가지고 팀워크를 이끌어 낼 수 있도록 지원해 가야 한다.

성찰질문

김 팀장은 자신의 업무도 많아 바쁜데 그룹에서 부탁한 업무, 타 부서에게 부탁한 업무 등이 산재해 있다. 효율적인 업무 처리를 위한 우선순위 구별법은 어떤 것이 있을지 생각해 보자.

사례 연구

영화 〈리멤버 타이탄〉은 팀 리더십에 대하여 많은 것을 생각하는 계기를 준다. 〈리멤버 타이탄〉은 1960년대의 시민권 운동이 막 끝나고 흑 · 백 고등학교가 통합되던 1971년의 버지니아 주를 배경으로, 인종 차별을 극복한 고교 풋볼 팀의 실화를 그린 감동의 영화다.

1971년 알렉산드리아 시는 학교 시스템을 변경, 세 개의 학교를 하나로 통합했다. 알렉산드리아 시는 전설적인 백인 감독인 빌 요스트 대신 흑인인 허만 분(이하 감독)을 코치로 승격시켰다. 그 바람에 그는 험한 시련에 맞서야 했지만 승리 감독이 되겠다는 다짐을 한다. 지금도 인종 차별이 존재하고 있는 미국 사회! 흑인인 분을 감독으로 인정하지 않고 백인 빌 요스트 코치를 감독으로 세우려는 백인들, 흑인을 경계하는 백인들의 행동은 흑인 사회를 폭발 직전까지 이르게 한다. 그러나 흑인들은 분 감독을 열렬히 환영한다. 겸손한 분은 자신에게 적대적이었던 코칭 스태프를 성공적으로 규합하고, 통제 불가능할 것 같았던 학생들도 하나가 되게 하려고 많은 노력을 한다.

흑인 감독 분의 리더십에 많은 갈등을 하는 백인 코치 빌 요스트. 온유한 스타일의 빌 코치와 강력한 카리스마의 분 감독은 관객에게 여러 가지 상상을 하게 한다. 같은 동료 선수이지만 흑인과 백인이라는 선을 그어 놓고 서로가 넘지 못하는 엄청난 벽을 허무는 작은 일이 일어난다. 그것은 흑인 선수들의 세계에 백인 선수가 합세한 것이다.

분 감독은 코칭 스태프에 분담 리더십을 제의한다. 감독 분에겐 선수들의 화합이 최우선이었다. 흑백의 화합을 위한 여러 가지 방법이 동원된다. 그 와중에도 선수들의 주도권 다툼은 계속되고 결국 패싸움까지 일어난다. 감독 분은 선수들의 분노를 조절하기 위해 혹독한 훈련을 시킨다. 죽을 만큼 힘든 훈련은 선수들 스스로 협력하지 않으면 견딜 수 없다는 것을 알게 한다. 하느님은 흑백 모두를 사랑하신다는 것을 느끼도록 한다. 동료에 대한 분석을 하도록 하고, 자기 본분을 망각한 선수들을 새벽 3시에 기상시켜 과거의 전쟁터로 데려간다. 전쟁 중에 군인들의 원한과 증오를 선수들에게 알게 하고, 하나가 되지 못하면 모두가 망가짐을 알려 준다.

선수들이 변하기 시작했다. 선샤인이라는 새로운 선수가 합세하고, 음악을 통한 화합이 시작된다. 선수들은 사기충천하여 열심히 훈련을 한다. 그런데 지역 주민의 흑인 버스 통학 반대로 또 다른 어려움에 봉착한다. 세 개 학교를 통합한 의미가 부각되지만 여전히 흑백 갈등은 지속되고 있다. 투쟁과 생존의 경기장에서 시합은 엉망이 된다. 백인 부모의 우월주의는 자기 아들을 주전으로 뛰게 하라는 압력으로 이어진다. 그러나 감독 분은 단호하게 거절한다. 지고 있던 시합에서 선수들의 포지션을 변경한 후에 기적 같은 승리를 한다. 똑같은 선수라도 감독이 바뀌면 게임도 바뀐다는 것이 사실로 증명되는 순간이다. 선수들은 훈련과 시합을 통하여 하나가

되었지만, 선수들의 친구들은 흑백 갈등이 여전했다. 친구를 택할 것인가 팀 동료를 택할 것인가 하는 선택의 기로에서 친구보다 팀 동료를 택하는 모습은 잔잔한 감동을 준다.

철저한 상대 분석과 훈련으로 선수들은 자신감으로 가득 차 있다. 타이탄 선수들은 자신들만의 트레이드마크를 만들어 낸다. 음악에 맞춰 힘 있는 춤을 추면서 입장하는 모습은 선풍적인 인기를 얻는다. 팀의 화합과 승리를 위하여 주장은 팀을 어렵게 만드는 동료를 과감하게 제명한다. 팀은 계속 승리를 이어가고, 인종 차별이 심했던 백인들도 변하기 시작한다. 타이탄의 승리를 저지하려는 무리들은 심판까지 매수하여 타이탄이 승리할 수 없도록 심판에게 방해를 한다. 흑인 감독을 물러나게 하면 자신이 자연스럽게 감독이 되고 명예의 전당에 오르게 되는 빌 코치. 그러나 그는 자신의 이익을 저버리고 심판에게 경고를 한다. 결국 시합은 이겼지만 빌 코치는 명예의 전당에 오를 심사에서 탈락한다. 기회는 또 있다며 딸을 달래는 빌 코치, 그는 진정한 스타였다. '리더는 위기에서 어떻게 행동해야 하는가?'를 생각하게 하는 장면이었다.

타이탄은 연일 승전보를 전한다. 마을 주민의 열렬한 환영이 있던 날 팀의 핵심이자 주장인 게리의 교통사고가 일어난다. 아들이 병상에 누워 있지만 게리의 어머니는 게리에게 강한 모습을 보여 주라고 용기를 북돋아 준다. 병상에 찾아온 흑인 동료 줄리어스에게 게리는 고백을 한다. 흑인 동료들을 괴롭혔던 것은 자기보다 더 잘할 것 같은 두려움 때문이었다고 고백하며, 흑백의 피부 색깔을 없애자는 약속을 한다.

한편, 주전인 게리의 교통사고로 타이탄은 큰 위기에 빠진다. 위기의 리더십이 절실하게 필요한 순간이다. 그러나 난세에 영웅이 난다고 했던가? 게리의 어머니가 관중석에 나타나고 선수들은 힘을 얻는다. 게리 여자 친구도 선수들을 찾아와 격려를 한다. 특히 흑인 선수들에게 미안함을 전하며 친구가 될 것을 약속한다. 선수들은 승리를 다짐한다. 이때 백인 선수 선샤인은 자신을 흑인 선수 피터로 교체해 줄 것을 코칭 스태프에 요구한다. 피터는 주장 게리가 주전에서 제명시켰던 선수다. 선샤인의 양보로 선수가 교체되고 지고 있던 시합은 대반전이 일어난다.

이렇게 〈리멤버 타이탄〉은 막을 내리지만 '어울릴 수 없는 흑백의 세계에서 하나가 되게 하는 리더십은 무엇이었을까' 하는 궁금증은 여전히 남는다. 그것은 하나가 되는 팀워크를 위하여 흑백의 공존 배려와 시너지를 위한 상대 인정이 아니었을까? 위기를 탈출하는 리더십은 결국 팀을 위한 자기희생이었다. 팀의 공유된 목적을 달성하기 위하여 갈등 상황에서는 상대를 인정하며 긍정적 에너지를 이끌어 내고 화합과 소통을 통하여 성공적으로 팀을 이끌어 가는 리더십을 엿볼 수 있다.

10

학습조직 리더십

최근 환경 변화의 급속화, 복잡성, 다양성을 극복하기 위한 대안으로 학습조직(Learning Organization)이 부각되고 있다. 우리나라의 경우 1990년대 학습조직이 유행하였으나 그 이후 주춤하다가 최근 다시 국내외 연구 주제로 학습조직이 주목받게 되는 것을 여러 논문을 통해서 알 수 있다. 이것은 학습조직이 단편적이고 낡은 혁신 기법이 아닌 종합적인 관점에서 조직이 지속적으로 추구해야 할 비전과 철학으로서, 조직의 발전과 혁신에 기여할 수 있다고 생각하기 때문이다. 이러한 상황에서 온고지신(溫故知新)이라는 말처럼 옛것을 통해 새로운 것을 찾고자 한동안 유행했던 학습조직을 바탕으로 급변하는 환경 속에서 요구되는 학습조직 리더십을 제시하고자 한다. 개인의 성장과 발전, 그리고 조직의 변화를 위한 새로운 전략으로 개인과 조직 차원의 지속적인 학습을 통해 지식의 창조와 공유는 물론 조직 경쟁력을 강화하는 새로운 리더십으로서 학습조직 리더십이 요구되고 있다.

비즈니스 환경 변화에 따라 조직은 물론 개인 역시 새로운 리더십으로 미래에 대한 확신과 지속적인 성장을 가능케 하는 통로가 되는, 즉 학습이 기본이 되는 학습조직 리더십은 다양한 창의성이 요구되는 오늘날 새로운 리더십의 기본이라고 할 수 있다.

이 장에서는 학습조직, 학습조직 리더십의 개념, 학습조직 리더십의 효과, 학습조직 리더십 개발 방법과 과제에 대해 살펴보고자 한다.

학습조직

학습조직에 대한 정의는 크게 네 가지로 시스템 관점, 학습 지향적 관점, 전략적 관점 및 통합적 관점에서 이루어진다(Yang, Watkins, & Marsick, 2004).

첫째, 시스템 관점에서 Senge는 학습조직을 적응하는 능력뿐 아니라 대안적인 미래를 만들어 낼 수 있는 능력을 가진 조직으로 정의했다. Senge의 정의에 따른 학습조직이란 개인이 지속적으로 성과를 이루고자 하는 능력을 확장하고 창조하며, 그 가운데 새롭고도 확산적인 사고 형태를 배양하며, 자유롭게 전체적인 목표 지향점을 공유하고, 또한 지속적 학습 방식을 통해서 어떻게 공동으로 학습할 것인가를 논의하는 조직을 의미한다. 이러한 방법에는 팀 학습, 공유 비전, 정신적 모델, 개인적 숙련, 그리고 시스템 사고가 있다.

둘째, 학습 지향적 관점에서 Pedler, Burgoyen과 Boydell(1991)은 학습조직이란 조직원의 학습을 가능하게 하고 전략적 목표를 향해 스스로를 지속적으로 변화시켜 나가는 조직이라고 정의하였다. 이는 모든 조직 구성원들의 학습 활동을 촉진함으로써 조직 전체에 근본적인 변화를 지속시키는 것을 의미한다. 이들은 학습조직보다 학습 기업이라는 용어를 사용하여 학습조직보다 동태적이고 역동적인 의미를 강조한다. 이와 유사한 관점에서 Robbins(1997)는 학습조직을 새로운 지식의 습득과 경험에 대한 성찰을 통해 행동을 변화시키고 문제를 해결하는 과정이라 정의하였다.

셋째, 전략적 관점에서 학습조직에 대한 개념은 학습 능력을 기르는데 필요한 전략적 내적 요소에 대한 이해를 필요로 한다. 전략적 관점에서 Garvin(1993)은 학습조직이란 지식을 창출하고 습득하며 해석하고 조직 내에 전이하는 데 능숙하며, 전략적으로 새로운 지식과 통찰력을 행동에 반영하는 데 능숙한 조직이라 정의한다. 유영만(1995)은 학습조직이란 조직 내외적인 정보를 발굴, 입수하여 조직의 전 구성원이 공유함은 물론 일상적 업무 활동에 적용함으로써 급변하는 경영 환경에 대한 대처 능력과 국제 경쟁력을 향상시켜 조직 자체의 성장과 발전 능력을 배가시킬 수 있도록 지속적인 학습 활동을 전개하는 조직이라고 정의하였다. 나병선(2001)은 개인, 집단, 조직 상호 간에 다양한 경로를 통해 지속적으로 학습하는 분위기가 일상화되어 새로운 지식이 창출되고 활성화되어 조직 구성원에게 공유되어 학습 결과가 지속적으로 성과에 연결되는 조직으로 학습조직을 정의하고 있다. 이는 학습 결과를 끊임없이 조직 전체에 적용함으로써 조직에 대한 근본적인 변화를 촉진하는 조직이다.

넷째, 통합적 관점은 Watkins와 Marsick(1993, 1996)에 의해 논의된 것으로, 학습 지향적 관점과 전략적 관점의 근본적인 한계점을 극복하기 위한 차원에서 제시된 것이다. Watkins와 Marsick(1993)은 학습조직이란, 조직 구성원에게 권한을 위임하고 품질 개선 운동과 노동의 질을 통합함과 동시에 학습을 위한 공간을 만들고 서로 협력하면서 이익을 공유하고 탐구심을 북돋우며 지속적으로 학습하는 조직이라 하였다. 진규동(2007)은 학습조직이란, 조직 구성원들의 자율적 역량과 창의적인 학습 활동을 바탕으로 체계적인 개인, 팀, 조직 학습을 통하여 상호 이해와 협력을 공유함으로써 조직 성과와 개인의 성장이 지속적 · 나선형적으로 이루어지는 학습 컨베이어 시스템(Learning Conveyer System: LCS)이라고 하였다. 이와 같은 학자들의 학습조직에 대한 정의를 정리하면 〈표 10-1〉과 같다.

학습조직과 리더십

다양한 개인과 조직이 처해 있는 상황이나 조건을 바탕으로 리더십을 이야기할 수밖에 없는 현실에서 학습조직 리더십 역시 새로운 환경에서 창의적 문화 창출을 통한 조직과 개인의 지속적 성장을 유지 발전시키는 원동력이 될 것이다. 21세기 무한경쟁시대의 조직과 개인의 필요 역량으로 창의적 문화 창출을 위한 학습조직 리더십이

〈표 10-1〉 **학습조직 정의**

관점	학 자	학습조직 정의
시스템 관점	Senge (1990)	조직 구성원들이 끊임없이 능력을 확대 · 창출하여 원하는 성과를 달성할 수 있도록 하는 조직, 구성원 등의 창의적 사고 양식을 새롭게 전향시키고 확장시켜 주는 조직
학습 지향적 관점	Pedler, Burgoyen, Boydell (1991)	학습조직보다는 학습 기업(learning company)이라는 용어를 사용하여 동태적이고 역동적인 의미를 강조
	Robbins (1990)	새로운 지식의 습득과 경험에 대한 성찰을 통해 행동을 변화시키고 문제를 해결하는 과정
전략적 관점	Garvin (1993)	지식을 창출하고 습득하며 해석하고 조직 내에 전이시키는 데 능숙하며, 목적 의식적으로 새로운 지식과 통찰력을 행동에 반영시키는 데 능숙한 조직
	유영만 (1995)	조직 내외 정보의 발굴, 입수, 공유와 더불어 일상 업무 활동의 적용을 통하여 급변하는 경영 환경 개선과 국제 경쟁력 향상으로 조직의 성장, 발전 능력을 증대시킬 수 있도록 지속적인 학습 활동을 전개하는 조직
	나병선 (2002)	개인, 집단, 조직 상호 간에 다양한 경로를 통해 지속적으로 학습하는 분위기가 일상화되어 새로운 지식의 창출이 활성화되는 열린 조직. 학습 결과를 끊임없이 조직 전체에 적용시킴으로써 조직에 대한 근본적인 변혁(transformation)을 촉진시키는 조직
통합적 관점	Watkins, Marsick (1993)	조직 구성원에게 권한을 위임하고 품질 개선 운동과 노동의 질을 통합하고 학습을 위한 공간을 만들고 서로 협력하게 만들고 이익을 공유하며 탐구심을 북돋고 지속적으로 학습하는 조직
	Marquardt, Reynolds (1994)	지식을 보다 잘 관리하고, 기술을 잘 활용하며 사람들에게 권한을 이양하고 변화하는 환경하에서 보다 잘 적응하고 성공하기 위해 학습을 확대할 수 있도록 지속적으로 스스로를 변모시키는 기업
	진규동 (2007)	조직 구성원들의 자율적 역량과 창의적인 학습 활동을 바탕으로 체계적인 개인, 팀, 조직학습을 통하여 상호 이해와 협력을 공유함으로써 조직 성과와 개인의 성장이 지속적 · 나선형적으로 이루어지는 학습 컨베이어 시스템(Learning Conveyer System: LCS)

출처: 진규동(2007), pp. 15-16.

요구되고 있다. 이러한 학습조직 리더십에 대한 개념을 정리하기 위하여 학습조직과 리더십의 관계를 살펴보자.

DiBella(1998)는 학습조직을 구축하고 유지하기 위해 결정적인 역할을 하는 것은 리더십이다. 학습 체계로서의 조직이 구축되기 위해서는 리더십의 발휘가 절대적으로 요구되며, 특히 리더는 조직의 비전을 구축하고 이를 구현하기 위해 구체적인 노력을 해야 한다고 지적하고 있다. Senge(1996b)는 급변하는 시대의 변화 주도적 리더는 조직 학습을 활성화하기 위해 스스로 솔선수범하여 학습인의 모범을 보이고, 현장 관리자의 학습 노력을 지원하며, 조직 전반의 학습 관련 기반 시스템의 개발에 노력하고 리더 자신이 솔선하여 학습인이 되어야 한다. 리더는 조직의 현실과 자신이 가진 비전 사이의 창조적 긴장에 대한 위기 의식을 가지고 시스템적 사고 계발에 노력해야 한다고 하였다. 또한 박광량(1996)은 '조직의 최고경영자는 학습조직이라는 조직 변화의 비전을 반복적으로 확산시켜야 한다.' 고 리더십의 역할을 밝혔다.

Parker(2001)는 학습조직에서 변화의 이슈와 리더십이 변화에 대처하는 능력에 어떻게 영향을 미치는지의 연구를 통하여 조직의 리더들이 변화를 준비하고 변화에 대응하며 변화가 제공하는 기회를 포착하는 데 필요한 조건을 만들어 낼 수 있다는 것을 제안하였다. 이는 학습조직이 생존하고 번영하도록 돕는 데 있어 리더십이 중심적인 것이라는 것을 강조하는 것이다. Schroeder(2002)는 학습조직 이론의 조직 문화와 시스템의 활성화에 변혁적 리더십의 개입 전략이 중요한 요건으로 작용한다고 하였다. 그는 리더의 신뢰, 공유된 도덕적 목적, 문제해결, 시스템적 사고, 기술의 진전이 학습 공동체 형성에 있어 중요한 요소로 작용한다고 하였다.

Sharman(2005)은 학습조직 리더십은 리더가 교사, 멘토, 원칙 중심의 리더라는 점에서 전통적인 조직 리더십과 매우 다르며, 학습조직 내에서 새로운 리더십에 대한 패러다임이 절실하다는 것을 강조하고 있다.

Krefting(2005)은 학습조직에서 리더의 현행 지식 추구 관행과 학습조직이 지향하는 지식 추구 관행 간에 차이가 있음을 확인하였으며, 이러한 차이를 메우는 방안으로 역량 기반 성과 경영 시스템을 계속해서 지원하고, 학습조직과 경험 지향적 학습 기회를 리더들에게 확대시키고, 자율 경영과 리더십 학습 기회를 충족시켜야 한다고 주장하고 있다. Duby(2006)는 학습을 촉진하기 위해서는 문화적이고 관계적인 역량을 구체화하는 인간적 리더십이 중요함을 확인하였다. Gottleib(2006)는 관리자의 정서를 통해 보여 주는 인간적 리더십과 팀 내의 조직학습과의 관계에서 관리자의 정서가 팀 내의 조직학습과 긍정적 관계가 있다고 하였다. 인간적 리더십이란 구성원이 학습조직이 구축되도록 서로 협력하면서 조직의 목표에 대한 동기를 부여하고 촉진하며 구성원이 의미 있는 학습 결과를 추구하도록 도와주는 것이라 할 수 있다(백삼균, 2011).

Martensen과 Dahlgaard(1999)는 학습조직에서 리더의 역할은 기업의 비전과 문화 그리고 전략을 구축하는 것이라 하였다. 특히

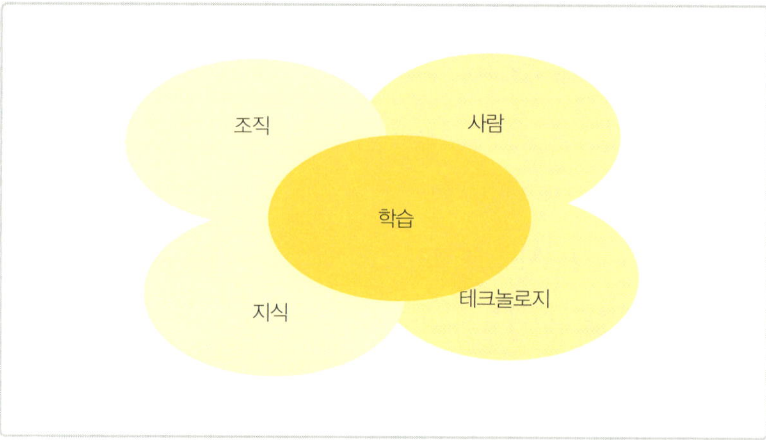

[그림 10-1] 시스템 학습조직 모형

출처: Michael Marquardt (1997), p. 87.

Marquardt(1997)는 학습조직의 핵심 요소는 학습이며, 그 학습을 바탕으로 조직, 사람, 지식, 테크놀로지 네 요소가 내포되어 이것들이 개인적 · 집단적 · 조직적인 수준에서 발현되는 것을 확인하였다.

이 네 요소를 구체적으로 살펴보면 조직 요소는 비전, 문화, 구조, 전략을 통하여 학습조직 체계를 구축하고, 사람 요소는 직원, 관리자/리더, 고객, 파트너, 공동체의 네트워크를 형성하고, 지식 요소는 습득, 창조, 저장, 전이 활동을 통하여 지식을 축적하고, 테크놀로지 요소는 정보 기술, 기술 학습, 전자적 성과 시스템 등을 유지 발전시키고 있음을 확인하였다.

대부분의 일반적 리더십이 사람을 대상으로 한 역할 중심의 리더십이라면, 학습조직 리더십은 사람과 조직 그리고 학습과 테크놀로지가 통합적으로 연계된 리더십이다. 이러한 학습조직과 리더십과

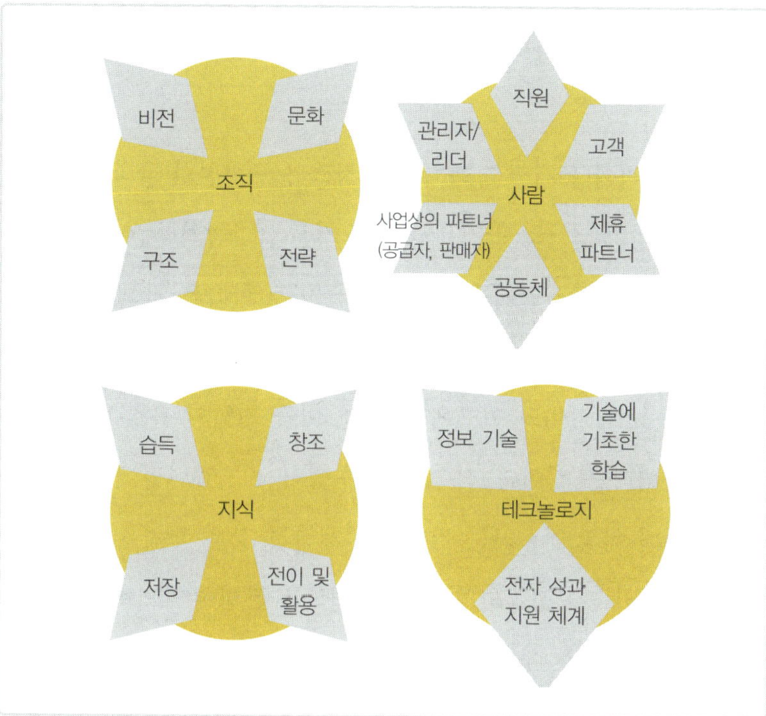

[그림 10-2] 각 부문별 기본 요소

출처: Michael Marquardt (1997), pp. 89-100.

의 관계를 바탕으로 학습조직 리더십의 개념을 다음과 같이 정리할 수 있다.

학습조직 리더십이란 "학습을 기반으로 조직, 사람, 지식, 테크놀로지를 통합 학습조직을 구축, 구성원 전체가 시스템적 사고를 통하여 비전을 공유하고 창의적인 문화를 창출함으로써 조직과 구성원의 지속적인 성장과 발전을 리드하는 통합적 리더십"이라고 할 수 있다.

학습조직 리더십의 역할

어떤 조직이나 개인도 독자적인 전략과 구성원의 창의적인 노력 없이 지속적인 성장과 발전을 이루는 것은 불가능하다. 이러한 상황에서 조직이나 구성원에게 필요한 것은 바로 학습을 기반으로 한 학습조직 리더십이다. 100년이 넘게 장수하고 있는 기업의 특성을 연구한 de Geus(1997)의 연구에 의하면, 이들 기업의 특징 중 하나가 조직학습이라는 것이다. 대기업의 수명이 40~50년임에도 불구하고, 수백 년 이상 장수하는 기업이 존재하는 것은 학습 능력이 높아 경기 침체, 기술과 정치의 변화 등 급변하는 환경에서도 잘 적응하여 왔다는 것이다. 즉, 조직 구성원이 새로운 지식을 창출할 수 있도록 하고, 직접적인 의사소통을 통해 조직 전체로 개별 구성원이 획득하거나 창출한 지식을 이전, 공유시키는 학습조직을 유지해 온 것이 장수의 비결로 지적되었다. Senge와 Nonaka는 지속적인 경쟁력을 유지할 수 있는 기업이 되기 위해서는 학습조직과 지식창출 기업이 되어야 한다고 주장하였다(Garvin, 1993; Senge, 1990).

이러한 차원에서 학습조직 리더십은 새로운 인식의 전환과 지속적인 혁신을 통한 기업의 성장과 발전을 위한 리더십으로써, 조직이나 구성원 전체가 기존의 틀을 깨고 사회적으로 공유되는 새로운 지식과 믿음의 틀을 만드는 리더십이다. 학습조직의 핵심은 자신의 구성원에게 권한을 이양하고, 업무 생활의 질과 품질 창의성을 결합시키며, 학습을 위한 자유 공간을 창조하며, 협동 및 성과의 공유를 고무하며, 지속적인 학습 기회를 창조하는 것이다. 이러한 학습조직 내의 핵심 요소가 다양한 리더십의 핵심 요소인 구성원에 대한 비전 제시, 목표 의식 고취, 구성원의 역량 확산, 자율적 활동 지향, 창조적인 활동, 전략적인 사고, 조직의 구성원으로서의 역할 등을 내포하고 있어 학습조직 리더십이 다양한 리더십의 핵심석 요소를 융합한 통합적 리더십이라고 할 수 있다.

이원규(2001)는 "학습조직 리더십의 역할은 비전을 제시하고 전략과 문화를 구축하는 것인데, 이는 비전을 제시하고 공유하는 변혁적 리더십, 특히 카리스마적 리더십의 속성에 더 가깝다."라고 하였다.

Gardner(2012)는 리더십은 가르칠 수 있는가라는 질문에 대하여 "리더십의 구성 요소 중 대부분은 가르칠 수 있다고 하였다. 다만, 가르칠 수 없는 구성 요소 또한 아주 중요하기 때문에 제한적이라고 하였다." 그리고 리더십 기술을 함양하기 위하여 역사, 문학, 사회과학을 포함한 인문학 교육과 함께 커뮤니케이션 학습의 중요성도 강조하고 있다.

Susan(2003)은 리더십의 핵심을 정직함, 반응, 경계심, 배우고 다시 배우고자 하는 의지, 모험심, 비전, 이타주의 일곱 가지를 제시하고 있다. 뉴 리더십이란 사람을 상호 연결하는 것으로, 구성원을 신뢰하고 자율적이고 독립적으로 일할 수 있는 분위기를 조성하여 모든 구성원의 사기를 북돋우고 리더의 비전을 공유하면서 원활하고 친밀한 커뮤니케이션을 통하여 창의적인 문화를 창출함으로써 기업의 현재와 바람직한 방향을 제시하는 것이라고 하였다.

학습조직 리더십은 현실 인식, 구성원의 변화 의식 고취, 멘토링, 코칭은 물론 조직, 사람, 지식, 테크놀로지를 통합한 리더십으로 리더, 고객, 파트너, 공동체의 네트워크화 등 다양한 분야에 대한 학습이 이루어지도록 영향력을 발휘하는 통합적 리더십이다. 학습이 기반이 되는 학습조직 리더십은 장기적이고 지속적인 조직 내 학습 역량의 확산을 통하여 조직 자체의 학습 능력을 체화하고, 습관화된 학습 능력을 바탕으로 급변하는 환경 속에서 지속적인 성장과 발전을 가져올 수 있는 리더십이다.

미래학자 제러미 리프킨(Jeremy Rifkin)은 1 · 2차 산업혁명 시대에는 엄격한 규율과 근면한 노동, 상명하달식 권위주의가 중요하였지만, 3차 혁명시대에는 창의적인 놀이, 동료 간의 상호작용, 사회적 자본, 개방형 공유제, 글로벌 네트워크가 더 중요하다고 하였다. 3차 혁명시대에 대응할 수 있는 새로운 리더십으로서 학습조직 리더십은 조직, 사람, 지식, 테크놀로지의 융합을 통한 변화와 혁신을 바탕으로 창의적이고 미래 지향적 조직 문화를 창출함으로써 지속적인 조직의 발전과 개인의 성장을 가져올 수 있는 원동력이라고 할 수 있다. 최근 심화되는 우리 사회의 다원화, 이질화 및 다문화 속에서 이념, 세대, 지역, 계층, 나아가 인종 간의 구조적 차별과 불평등, 부정적 편견과 고정관념 등으로 사회적 갈등과 소통의 장애가 심화되는 상황이다. 이러한 사회적 문제해결을 위한 처방에 묘약은 없다. 다만, 조직과 사람 그리고 지식과 테크놀로지를 융합한 학습조직 리더십은 서로의 이해와 공감을 바탕으로 문제해결을 위한 처방의 묘약이 될 것이다.

학습조직 리더십 개발과 과제

학습조직 리더십은 목수가 가방에 다양한 연장을 가지고 그때그때 필요한 도구를 즉시 꺼내서 활용할 수 있게 준비하는 것과 같다고 할 수 있다. 경쟁력 있는 지식을 창조하고 공유하는 통합적인 지식 창출 전략은 급변하는 환경 속에서 지속적인 성장을 위해 필수적인 것이다. 이를 위한 학습조직 리더십은 다음과 같은 방향에서 개발되어야 한다. 특히 정보화 사회에서의 인터넷의 발달에 따른 소셜 미디어 기술의 발전으로 다양한 방법과 기기를 활용하여 서로 소통하고 교류하며 새로운 변화를 가져오고 있다는 것도 고려하여야 한다.

먼저 Watkins와 Marsick이 제시한 학습조직의 일곱 가지 개별적이면서 상호 연관성을 가진 특징을 중심으로 학습조직 리더십 개발 방향을 살펴보자.

첫째, 지속적 학습조직 활동을 위한 역량 개발이다. Watkins와 Marsick은 조직원 모두를 위해 지속적인 학습 기회를 창조하는 활동으로 학습조직이 발전하기 위해서는 질문, 피드백, 실험을 양성하는 문화가 조성되어야 한다고 하였다.

둘째, 연구와 대화 활동으로 질문하고, 피드백을 주고 실험하는 문화를 조성하는 역량 개발이다. 대화와 질문은 사람들이 서로에게 믿음을 주고 정확한 피드백과 서로의 관점에 귀를 기울일 때 풍부해지며, 조직 성과는 조직 구성원 서로가 자신의 위치를 확인하며 물어보고 서로를 지지할 때 증진되고 상호 신뢰와 존중이 문화의 한 부분으로 정착될 수 있다.

셋째, 팀 학습 활동을 조성하는 역량이다. 팀의 효과적인 활동을 강화하는 협력적인 기술과 정신을 반영한다. 팀 학습은 새로운 지식의 상호 구축과 조화 능력, 협동 행동으로, 학습조직은 모든 팀의 유형을 구성하고 육성하고 보상한다(Watkins & Marsick, 1996; Marquardt & Reynolds, 1994).

넷째, 자율적 역량의 확산이다. 조직의 비전을 창조하고 공유하며, 현 상태와 새 비전 사이의 차이에 대해 조직원의 피드백을 듣고자 하는 조직의 운영 절차다. 공유된 비전을 창출하는 조직은 사람들에게 조직의 비전에 스스로 공헌하도록 하며, 회사는 주도적으로 예상된 위험을 감수하는 조직원에게 보상을 하고 업무에 있어 자율권을 주고 조직원의 업무 성취에 필요한 자원을 자율적으로 수급 조절할 수 있게 해야 한다.

다섯째, 지식 공유 활동 역량의 확산이다. 학습을 장려하고 공유하는 시스템을 만들기 위한 노력으로 조직은 사람들에게 그들이 필요할 때 정보를 얻게 하는 제안 시스템, 게시판 또는 사내 포럼과 같은 양방향 커뮤니케이션을 정기적으로 활용하고 데이터베이스는 최신 데이터를 직원들에게 제공함으로써 습득한 지식을 더욱 획득하도록 도와준다.

여섯째, 대내외 상호 연계 활동을 위한 역량 개발이다. 조직과 조직의 내외부적 환경을 연결하기 위한 글로벌한 사고와 행동으로 회사는 회사의 결정이 직원의 사기에 미치는 영향을 숙고하고 직원이 가정과 업무의 균형을 맞추도록 장려하는 내부적 환경을 조성한다. 외부 고객은 조직원이 고객 관점에서 의사 결정을 하도록 하고, 외부 커뮤니티의 요구를 충족시키고 함께 일할 수 있도록 장려하는 외부적 환경을 조성한다.

일곱째, 전략적 학습 리더십 역량 개발이다. 전략적 학습 리더십이란 변화를 창출하고 조직을 새로운 방향 또는 새로운 시장으로 끌고 가는데 학습을 어떻게 이용할지에 대해 전략적으로 생각하고 있는 정도를 뜻하는 것이다. 리더는 스스로의 지속적인 학습을 모델로 만들어 학습과 훈련 요구를 지지하도록 한다. 리더는 정보를 공유함으로써 회사의 비전을 이행하는 다른 사람들에게 권한을 부여하고 조직 행동이 그 가치와 일치한다는 것을 확신하게 한다.

그리고 정태희 등(2011)은 학습조직 기반의 통합적 지식 창조 및 공유 모델 연구를 통하여 다음과 같이 학습조직 활동을 제시하고 있는데, 이러한 활동을 기반으로 효과적인 학습조직 리더십을 개발할 수 있을 것이다.

첫째, 비전과 목표의 수립 및 공유 활동이다. 조직과 개인의 지속적인 성장과 발전을 위한 다양한 학습 활동을 촉진할 수 있도록 업무 관리, 지식 관리, 인간관계 관리를 체계적으로 정착시키고, 다양한 지식 창출 전략 활용이 가능한 학습조직 구축에 대한 비전을 제시하고, 조직 구성원 모두가 공유하도록 한다.

둘째, 체제적인 학습조직 구축이다. 활발하고 협업이 가능하도록 환경 변화에 유연하게 대처할 수 있는 개방적이고 체계적인 학습조직을 구축한다.

셋째, 학습조직 전략(learning organizational strategy)의 수립 활동이다. 제도적 틀 내에서 이루어지는 공식적인 학습은 물론 상시적으로 이루어지는 비공식적인 학습이 경영 전략과 연동되어 성과 창출로 연계되도록 학습 전략을 수립하도록 한다. 즉, 공식적 · 비공식적으로 전개되는 개인 학습과 조직학습 활동이 비즈니스 이슈나 조직의 핵심 역량 강화와 직결될 수 있도록 경영 전략과 학습조직 전략을 연계함으로써 학습을 통한 경쟁력 강화가 이루어질 수 있도록 해야 한다.

넷째, 개인의 역량 강화 활동의 촉진이다. 개인 및 조직 지식의 창조와 공유 및 집단지성 기반 협동의 창의성을 활용하도록 구성원의 학습 역량을 증대시키도록 한다. 특히 학습조직이 구축되기 위해서 개인 차원에서 지식을 창조하는 능력은 물론 이러한 지식이 조직 차원의 지식으로 전환되기 위한 팀워크와 협업 촉진 능력도 동시에 갖추도록 한다.

다섯째, 구성원의 적극적인 학습 의지와 몰입, 문제해결력과 창의적 능력을 지닌 전문인으로서의 학습 주체자 확보와 육성 활동이다. 학습조직으로 발전하기 위한 출발점은 개인 차원의 학습이다. 따라서 조직학습이 지속적으로 일어나 최고경영자나 일반 구성원 모두가 학습 주체자로서 학습에 대한 열정과 자기계발에 대한 의지를 갖추도록 해야 한다.

여섯째, 개방적인 조직 문화와 풍토 조성 활동이다. 학습조직 문화와 풍토는 조직 구성원이 창의적 아이디어를 적극적으로 공유하고 도전적인 실험을 하다 실패해도 용인할 수 있는 유연한 학습조직 문화와 풍토를 의미한다. 학습조직의 문화는 구성원의 자아실현과 비즈니스 성과 창출이라는 장기적 비전을 수립하기 위해 적극적인 참여와 의지, 학습에 대한 신념 등이 반영되도록 해야 한다.

일곱째, 제도 정비와 시스템 구축 활동이다. 새로운 학습이 지속적으로 활발하게 일어날 수 있도록 적절한 보상 프로그램과 지식 관리 시스템 같은 제도 구축한다. 아울러 개인과 팀, 조직, 환경 간의 상호 의존성과 구성원 간의 상호 관계를 중요시하면서 지속적인 학습 활동이 발생할 수 있도록 촉진하는 제도적 지원 방안과 더불어 공유한 지식의 가치를 공정하게 평가해 줄 수 있는 보상 제도를 마련하여 구성원이 학습은 업무와 분리된 별개의 활동이라는 인식을 갖지 않도록 해야 한다.

한편, 구성원의 개인적 차원에서 학습조직 리더십 개발을 위한 방안을 살펴보면 [그림 10-3]과 같이 조직과 개인의 평생학습과 연계되었을 경우 학습조직 리더십 개발이 더욱더 효과적일 것이다.

첫째는 구성원의 변화 인식(Change)으로 제반 환경 변화에 따라 상황이 변하고 있다는 위기 의식을 갖고 개개인이 변화의 필요성을 인식하는 것이다. 변화에 대한 인식은 평생학습을 위한 가장 기본이라고 할 수 있다.

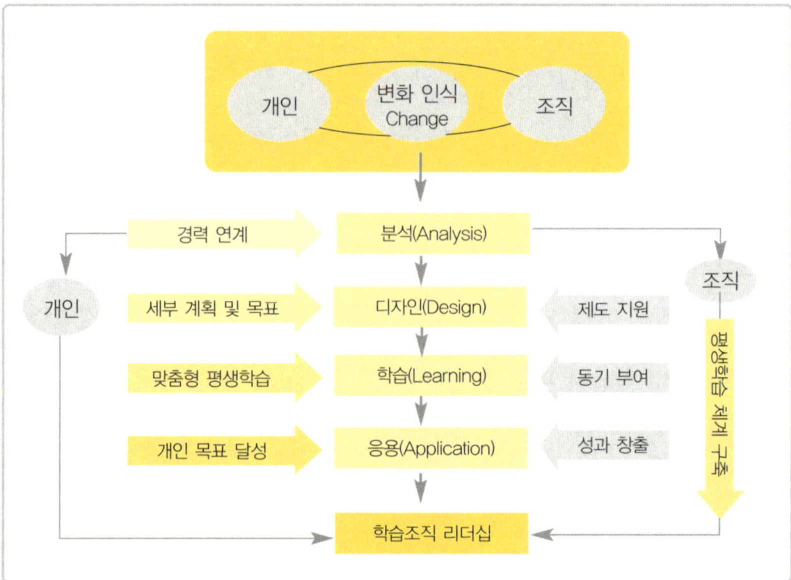

[그림 10-3] 개인 차원의 학습조직 리더십 개발 프로세스

둘째는 상황 분석(Analysis)을 통해 자신의 역량과 환경을 분석하는 것이다. 주변의 환경이나 자신의 역량을 고려하여 할 수 있는 것부터 찾아서 도전 여부를 분석해야 한다.

셋째는 디자인/설계(Design)로, 자신의 역량과 환경을 바탕으로 무엇을 어떻게 해야 할 것인가를 구체적으로 계획하는 것이다.

넷째는 학습(Learning)으로, 실제 학습을 실행하는 것이다. 행동하지 않으면 결과도 없다. 따라서 작은 것부터 실행을 통해서 열매를 얻는 것이 무엇보다 소중하다.

다섯째는 응용(Application)이다. '구슬이 서말이라도 꿰어야 보배'라는 말이 있다. 자신이 땀 흘려 거둔 결실을 함께 나누며 윈-윈

할 수 있는 방법을 찾아야 한다.

이러한 활동을 기반으로 학습조직 리더십의 요소, 즉 조직의 이해, 구성원에 대한 이해, 지식에 대한 이해, 새로운 테크놀로지에 대한 이해를 통하여 통합적 학습 리더십 역량은 더욱더 증대될 것이다.

한편, Gabin(2001)은 그의 저서 『살아 있는 학습조직』에서 학습조직 리더십의 개발에 대한 과제를 다음과 같이 이야기하고 있다.

첫째, 학습을 리드하는 것으로 학습 경영자나 리더가 지식과 이해의 광범위한 기반을 제공하고 조직 구성원에게 목적과 의미를 주며, 공동의 목적에 몰입하도록 학습을 리드해야 한다. 그러나 급격하고 예측하지 못하게 변화하고 있는 환경에서는 특히 이 역할이 불완전할 수 있다. 이런 상황에서 성공하기 위해서는 가르치는 것에서 학습을 리드하는 것으로 초점이 전환되어야 한다.

둘째, 교수-학습 활동으로 리더와 경영자는 필요한 학습을 촉진하는 환경과 이벤트를 설계함으로써 학습 기회를 창출하고, 바람직한 규범, 행동 및 관여(engagement)할 수 있는 규칙들을 정립하고 촉진하면서 적절한 분위기를 개발하고, 토론을 구조화하고, 의문을 제기하며, 주의 깊게 귀 기울여 듣고, 피드백을 제공하고 토론 과정을 촉진하고 리드함으로써 학습조직 리더십의 영향력을 확산시킬 수 있다.

셋째, 학습 기회 창출을 위하여 학습 포럼을 운영하도록 한다. 임원은 학습 포럼의 가시적인 효과를 높이기 위하여 과제나 활동을 통하여 학습이 촉진되도록 하는 이벤트인 학습 포럼을 만들 필요가 있다. 탐구적 과제로 심오한 학습을 발생시키기 위해서 때로는 참가자들을 공통의 이슈가 되고 있는 도전적인 과제 중심으로 함께 관여시킴으로써, 그리고 진정한 사고가 일어날 수 있도록 충분한 시간과 공간을 따로 만들어 줌으로써 동일한 결과가 성취될 수 있도록 한다.

넷째, 임원들은 학습 분위기 창출 활동으로 객관적이고 개방적인 탐구 활동이 일어날 수 있도록 고무하고 장려해야 한다. 그렇지 않으면 가장 잘 설계된 포럼조차도 제한적인 통찰력만을 제공하게 될 것이다. 참가자들이 안정감을 느껴서 그들 스스로 새로운 방향으로 실패에 대한 두려움 없이 뻗어 나갈 수 있도록 적극적인 실험과 리스크 감수를 지원하는 인센티브 시스템이 구비되어 있어야 한다. 그룹의 아이디어가 구성원들이 공정하게 대우받고 있다는 인식을 심어 주도록 해야 한다. 특히 열린 커뮤니케이션으로 동료 간에 지식이 공유되는 것이지 독점되는 것이 아니라는 것을 인식하도록 해야 한다.

다섯째, 토론 리드하기다. 대체로 토론은 좀처럼 매끄럽게 진행되지 않는다. 쉽게 선로를 벗어나며, 견고한 입장, 피상적인 논쟁, 잘못된 의사소통 그리고 앞으로 진행하지 못하는 무능력을 초래하는 경우가 빈번하다. 토론 과정이 생산적으로 촉진하기 위해서는 일정한 토론 규칙과 구조, 진행 프로세스와 방향을 분명하게 설정할 필요가 있다. 리더는 토론 프로세스를 이끌어 갈 수 있는 질문하기, 경청하기, 반응하기와 같은 스킬을 갖추어 매끄러운 토론을 이끌어 갈 수 있어야 한다.

여섯째, 조직학습에서 개인학습으로의 전환으로 개인학습은 학습조직이 성공하기 위한 필수적인 조건이다. 일반적으로 조직 구성원은 조직 분위기나 구성원의 적극적인 태도가 잘 형성되어 있을 때 새로운 학습 활동을 전개하는 리더를 롤 모델로 여긴다. 만약 리더가 개인적인 향상과 성장에 몰입한다면, 구성원도 동일한 방식으로 몰입할 것이다. 그들이 새로운 아이디어를 적극적으로 추진하는 것을 회피하고 구시대적 관점에 머물러 있다면, 구성원은 폐쇄적인 사고를 하게 되고, 유연하게 사고할 수 있는 가능성이 거의 없어지게 된다. 조직 구성원으로 하여금 경영 환경의 변화에 맞게 행동할 수 있도록 다양한 시도와 함께 조직 내에 의미 있는 변화가 일어나도록 솔선수범해야 한다고 한다.

결론적으로 학습조직 리더십의 개발은 새로운 기법이라기보다는 학습을 기본으로 한 기존의 학습조직의 특징과 과제를 어떻게 개인과 조직이 보다 체계적이고 지속적으로 발전시키느냐에 달려 있다고 본다. 따라서 급변하는 환경 속에서 무엇보다 지속적인 성장과 발전의 원천은 인적 자원의 개발과 활용을 통한 조직과 개인의 창의성이라는 인식에서 학습조직 리더십이 그 어느 때보다 절실하다.

요 약

리더십은 실생활에 접목이 쉬워야 하고 문화와 정서가 맞아야 한다. 즉, 우리의 생활 속에서 리더십 이론이 탄생하여야 한다는 것이다. 마치 세계를 뒤흔들고 있는 '싸이'의 〈강남 스타일〉을 히트시킨 건 외국 팝가수처럼 행동했기 때문이 아니라 한국 가수로서 놀고 웃고 즐기는 한국적 스타일을 갖고 불렀기 때문이다. 이처럼 급변하는 시대적 상황에서 새로운 리더십으로서 학습이 기반이 되는 학습조직 리더십이 오늘날 절실히 요구되고 있다.

학습조직 리더십은 "학습을 기반으로 조직, 사람, 지식, 테크놀로지를 통합 학습조직을 구축, 구성원 전체가 시스템적 사고를 통하여 비전을 공유하고 창의적인 문화를 창출함으로써 조직과 구성원의 지속적인 성장과 발전을 리드하는 통합적 리더십"이다. 이는 급변하는 환경에 대응한 새로운 리더십이라 할 수 있다. 이러한 통합적 리더십은 분권화를 통한 권한 위임으로 조직, 사람, 지식, 테크놀로지의 융합을 통한 변화와 혁신을 바탕으로 창의적이고 미래 지향적 조직 문화를 창출함으로써 지속적인 조직의 발전과 개인의 성장을 가져올 수 있는 원동력이다.

학습조직 리더십은 미래에 대한 지속적인 성장의 통로가 되는, 즉 학습이 기본이 되는 리더십으로 기존의 다른 리더십과는 달리 조직, 사람, 지식, 테크놀로지를 바탕으로 통합적이고 지속적인 개발이 요구된다. 따라서 조직과 개인의 지속적 성장과 발전에 있어 무엇을 배우고 익힐 것인가의 선택과 집중은 학습조직 리더십 개발에 있어 매우 중요하다. 더불어 평생학습 시대에 있어 평생학습은 선택이 아닌 필수가 되고 있는 상황에서 학습조직 리더십은 그 어느 때보다 절실히 요구되고 있고, 개인적 차원에서도 효과적인 학습조직 리더십 개발을 위한 노력이 수반되어야 한다.

성찰질문

1. 학습조직 리더십의 핵심 요소는 무엇이인가?
2. 학습조직 리더십의 개발을 위한 개인적 차원의 방법론에 대한 생각을 정리해 보자.

사례 연구

대림산업은 2002년 '학습조직 구축 프로젝트'를 실시하여 학습조직 구축과 지식 경영 활성화를 통하여 관리자들이 학습조직 리더십을 발휘하고 있다. 액션러닝 방식을 기반으로 구축된 학습조직을 통하여 CEO가 액션러닝에 대하여 지속적인 관심을 가지고 회사의 주요 경영 회의에서 액션러닝의 중요성을 언급하고 액션러닝 관련 주요 행사에 참여하여 주도적 역할을 수행하며, 물적·인적 자원을 할당하는 등의 적극적인 스폰서십을 발휘함으로써 학습조직 리더십의 영향력을 제고하고 있다.

2004년 이후에는 본부별 현안 과제와 현업의 문제를 해결하기 위하여 액션러닝을 실시하였고, 이후 건설 환경의 변화 및 내부 환경 변화에 주도적인 적응력을 키우고, 지식 창출과 지식 공유의 문화를 확대하기 위해, 그리고 내적 역량 강화를 위해 팀 기반의 학습조직을 운영하도록 한 것도 학습조직 리더십이다. 액션러닝을 전 사업 본부에 적용하도록 하고 경영 개선팀에서 액션러닝을 주관하고, 임원진이 스폰서 역할을 담당함으로써 학습조직 활동에 솔선수범하도록 하였다. 액션러닝은 전 직원을 대상으로 연간 1,800명, 총 229팀(2007년 기준)이 학습 기간 7개월 동안 연 1회 활동하도록 하고 있다. 초기에는 팀 별로 퍼실리테이터를 양성하였고, 2006년부터는 '건설경영아카데미'라는 미래 관리자 교육과정 중 러닝 코치 교육을 3박 4일 과정으로 실시하여 약 80명의 인원을 양성하였다. 학습 팀 발표회 때 실행 관점에서 적극적으로 피드백을 실시하고, 주관 부서와 학습 팀이 연계하여 지속적인 학습 활동의 결과를 후속 관리하도록 하고, 중요 전략 과제는 분기별로 보고하고, 학습 팀 활동 전반에 대해 최고경영층이 관심을 쏟고 임원들이 학습조직 리더십을 발휘하는 추진력을 강화하고 있다. 특히 연말결선대회에 CEO 및 본부장이 참여하고 액션러닝을 학습조직 차원에서 지식경영 포털과 연계하고 있다.

학습조직 활동 전반에 대하여 최고경영층이 지속적인 관심을 나타내고 있으며, CEO가 발표회 때 전 과제를 참관하여 필요 시 현장에서 의사 결정을 수행한다. 대림산업에서는 공식적 과제 심의 절차를 통해 최고경영층의 관심을 유도하며, 학습 팀 발표회 시 본부장 및 담당 임원 참여를 통해 학습 팀 결과물의 질 향상은 물론 전략 과제의 경우는 임원이 직접 참여하여 추진력 및 실행력을 확보하고 역량을 향상하도록 학습조직 리더십을 발휘하고 있다. 이것은 앞서 조직의 최고경영자는 학습조직이라는 조직 변화의 비전을 반복적으로 확산시켜야 한다고 리더십의 역할을 주장한 것을 확인하고 있다.

*출처: 서영태(2009), 조직개발형 액션러닝프로그램의 핵심성공요인, 박사학위논문, 서울과학종합대학원.

11

퍼실리테이션 리더십

팀에서 가장 우수한 존재는 누구인가? 바로 팀이다. 따라서 오늘날의 리더는 구성원을 의사 결정 과정에 참여시키고 그 관계성을 촉진하는 퍼실리테이션(facilitation) 리더십을 발휘해야 한다. 이러한 리더십의 발휘로 구성원의 참여와 헌신을 이끌어 내며, 기대하는 고성과를 창출할 수 있다. 퍼실리테이션 리더십을 이해하기 위해서 먼저 퍼실리테이션 리더십의 의미와 필요성, 그리고 이점을 살펴볼 것이다. 이어서 퍼실리테이션 개념상 혼돈이 빚어지는 코칭, 상담 등 유사 개념과의 관계를 명확히 하고 퍼실리테이션 리더십을 효과적으로 발휘하기 위한 필요 개념을 살펴볼 것이다. 마지막으로 퍼실리테이션 리더십을 개발하기 위한 태도, 스킬, 그리고 지식과 관련된 능력 개발 내용을 살펴볼 것이다.

참여 촉진의 퍼실리테이션 리더십

스마트폰 등 새로운 IT 기기의 등장은 권력의 변화를 가져오고 있다. 지금은 초등학생조차도 자신의 생각을 글로 표현하여 세계적으로 수많은 동시대의 사람들에게 영향을 미칠 수 있는 권력 분점의 시대다. 이제는 누구나 지식을 만들어 내고, 다양한 매체를 통해 지식을 전달할 수 있게 되었다. 스마트폰의 보급으로 웹시대에서 막강한 대중적 권력을 구사했던 메타 포털의 시대는 저물어 가고 있다. 왜냐하면 사람들은 더 이상 지식을 검색하는 것에 만족하지 않고 스마트폰이나 태블릿 PC를 활용하여 지식을 만들고 편집하는 시대가 되었기 때문이다.

세상이 달라지면 조직도 변해야 한다. 지속 가능한 조직이 되고자 하는 조직은 수시로 현재의 가정을 검토하고 변하는 세상에 적응하기 위한 새로운 노력을 계속해 나가야 한다. 기존의 사업을 검토하고, 제품과 서비스를 개선하고, 새로운 시장을 개척하며, 업무를 수행하는 방법도 변경해야 한다. 이를 위해서 조직의 존재 이유인 사명도, 이해 관계자와의 관계도, 업무 수행 절차도 수시로 점검하고 필요하다고 느끼면 변화를 주어야 한다. 이러한 조직 변화의 중심에 서 있는 것이 리더의 존재다. 조직의 리더가 변하지 않은 한, 즉 리더의 리더십의 변화가 없는 한, 조직이 지속적으로 유지되고 성장하는 것은 어려운 일이다. 조직이 당면한 환경이 달라지면 조직을 이끄는 리더의 리더십 또한 달라져야 한다. 리더는 내가 가장 많이 알고 있고, 가장 잘한다는 가정(assumption)을 버리고, 조직 구성원의 집단 지성이 리더 개인보다 우수하다는 새로운 가정을 세워야 한다. 따라서 오늘날의 리더는 리더가 앞장서는 리더십보다는 뒤에서 지원하면서 구성원의 참여를 이끌어 내어 구성원의 힘으로 성과를 내도록 하는 리더십이 필요하다. 바야흐로 작금의 불확실하고 급격히 변하는 복잡한 상황은 리더에게 퍼실리테이션 리더십을 요구하고 있는 것이다.

인간은 사회적 존재다. 다른 사람과 더불어 일을 하며 살아갈 때 행복감을 느끼는 것이 사람이다. 사람은 남과 더불어 일함으로써 혼자서는 할 수 없는 많은 일을 할 수 있다. 조직 구성원과 협업을 통하여 혼자서는 달성할 수 없는 목표를 달성하고, 당면한 문제를 해결해 나가는 것이다. 개인 수준을 뛰어 넘는 고성과를 달성하고, 새로운 차원의 탁월한 방법으로 문제를 해결해 나갈 수 있는 것이다.

집단에 의한 상황의 파악, 문제의 도출, 원인의 분석, 문제해결을 위한 창의적 아이디어의 도출, 합의 형성 등이 보다 효과적으로 이루어지기 위해서는 집단 활동을 촉진하고 지원하는 행위가 필요하다. 교통이 복잡한 도로에서 차량의 병목현상이 발생하였을 때 교통 흐름을 원활하게 해 줄 사람이 필요하듯이 여러 사람이 함께 문제를 정의하고 의사를 결정할 때에도 사람 간의 관계를 활성화하고 문제해결과 의사 결정을 촉진할 사람이 필요하다. 이러한 역할을 하는 사람을 퍼실리테이션 리더라고 하고, 이러한 활동을 퍼실리테이션이라고 한다. 퍼실리테이션이란 "일을 쉽게 한다." "행동을 촉진한다."는 뜻이다. 이는 중립적인 위치에서 집단 활동 프로세스에 관여하여 그룹의 목적을 효과적으로 달성할 수 있도록 지원하고 촉진하는 행위를 의미한다.

그러므로 퍼실리테이션 리더십이란 조직이 당면한 문제를 효과적으로 해결하고 조직 성과를 낼 수 있도록 조직을 활성화하고 혁신 과제의 문제해결을 촉진하고 지원하는 리더십 활동이라고 할 수 있다. 즉, 회의나 미팅을 통해서 리더가 중립적 입장이 되어 그룹의 의사 결정과 문제해결을 통해 팀워크를 이끌어 내어 그룹이 최대한의 성과를 내도록 촉진하고 지원하는 활동이다.

퍼실리테이션 리더십의 필요성과 이점

퍼실리테이션은 조직의 일상 업무와 관련하여 다양한 경우에 활용할 수 있다. 특히 새로운 시각의 집단 창의성을 유발할 필요가 있는 경우나 조직의 성장과 발전을 위해 조직이 나아가야 할 방향을 결정하거나 구성원 전체가 함께 수행해야 하는 전략을 수립할 때 필요하다.

보다 구체적으로 퍼실리테이션이 필요한 경우를 살펴보면, 먼저 그룹의 창의성을 유발할 필요가 있을 경우다. 업무 수행상 새로운 아이디어가 필요하거나 당면한 문제에 대하여 기존 방식이 아닌 새로운 방식으로 해결책을 찾아야 할 때다. 또한 일을 진척하기 전에 여러 가지 예비 아이디어에 대한 피드백을 얻을 필요가 있는 경우 퍼실리테이션이 요구된다.

다음으로 조직의 성장과 발전이 필요한 경우다. 조직이나 팀이 지향해야 할 공동의 비전과 목표를 설정하거나 현재의 상태에서 다음 상태로 이행할 필요성이 있을 때다. 또한 현재의 비전이 새롭게 검토되고 전략 계획의 수정이 필요한 경우다. 조직의 성장과 발전을 위해서는 조직 구성원 개인의 재능을 끌어내어 그들의 헌신과 조직 몰입을 유도하여야 하며, 구성원의 참여에 의하여 조직 내 커뮤니케이션이 원활하게 이루어지고, 구성원의 협력으로 시너지적 문제해결이 되어야 한다. 이러한 구성원의 헌신과 몰입은 퍼실리테이션을 통해서 구현할 수 있다.

다음으로 구성원이 다 같이 행동을 취하거나 까다로운 조직의 문제를 해결해야 하는 경우다. 의사 결정 과정에서 집단의 힘을 활용하여 개인적인 안건이 끼어들지 못하게 막을 필요가 있는 경우에 필요하다. 구성원 모두가 참여한 자리에서 긴요한 의사 결정이 이루어지게 되어 리더가 혼자서는 할 수 없는 일을 구성원이 합심하여 처리하게 된다.

빠르게 변해 가는 조직 내외 환경 변화에 대응하여 조직의 목적을 달성하고, 지속 가능한 조직이 되기 위해서는 이해 관계자의 도움을 구하고, 구성원이 협력하여 당면한 문제를 해결하고 과업을 수행해야 한다. 이러한 상황에서 그룹 퍼실리테이션은 다음과 같은 이점이 있다.

대부분의 그룹이 개인보다 더 양질의 의사 결정을 내린다. 아무리 뛰어난 리더라 할지라도 빠르게 변하는 상황을 제대로 파악하여 문제를 찾고, 최적의 해결 방안을 도출한다는 것은 쉽지 않은 일이다. 개인보다는 그룹이 더 유능하다는 관점에서 그룹이 문제를 제대로 파악하고 올바른 의사 결정을 내릴 수 있다. 이러한 의사 결정은 구성원의 참여에 의하여 이루어졌기 때문에 의사 결정 과정에 참여한 구성원은 문제해결에 적극적으로 참여하고 조직에 몰입하게 된다. 그 결과 구성원 간 커뮤니케이션이 개방적으로 이루어지며, 업무수행 성과가 높아진다. 구성원 참여에 의한 의사 결정이기 때문에 의사 결정은 다소 늦더라도, 일단 합의된 안에 대해서는 조직 전체가 일사불란한 빠른 행동으로 기대 이상의 높은 결과를 얻게 된다.

구성원이 조직 전체의 관점에서 사고하고 행동하게 되어 서로가 협력해서 일을 할 수 있으며, 조직의 시너지를 창출할 수 있다. 즉, 구성원 개인이 가진 재능이 모아져 보다 혁신적인 해결책을 도출하여 문제를 해결해 내는 것이다. 이렇게 됨으로써 구성원 간 갈등이 일어나더라도 생산적으로 처리되며, 부정적인 행동이 나타날 가능성이 줄어들게 된다.

다양한 퍼실리테이션 유형

퍼실리테이션의 유형은 문제해결형, 합의 형성형, 교육 연수형, 체험 학습형, 자기 혁신형의 여섯 가지로 분류할 수 있다(임해성, 2006). 퍼실리테이션 유형의 분류 기준은 먼저 문제해결이나 합의 형성이라는 구체적 성과를 지향하는가, 학습이나 성장 등 내면적인 성과를 추구하는가, 조직이나 사회적 성과를 추구하는가, 그리고 개인적인 성과를 추구하는가다.

퍼실리테이션 리더십이 가장 효과적으로 기능하는 곳이 워크숍이다. 워크숍은 다양한 사람이 주체적으로 참여하여 팀의 상호작용을 통해 조직의 비전을 설정하고, 전략을 도출하며 당면한 문제를 해결하고, 의사 결정을 하며, 개인과 조직의 발전을 위해 학습하는 방법이다.

다음은 퍼실리테이션 유형이다.

첫째, 체험 학습형 퍼실리테이션은 참가자가 같은 체험을 공유함으로써 학습을 촉진하는 퍼실리테이션이다. 워크숍에 참가한 집단이 자연 교육이나 환경 교육을 할 때 퍼실리테이션 리더는 참가자의 관심과 상호작용을 높임으로써 체험 활동을 학습으로 연결하는 역할을 한다.

둘째, 자기 혁신형 퍼실리테이션은 자기의 성장이나 감성의 촉진을 목적으로 이루어지는 퍼실리테이션이다. 참가자 상호 간의 관계를 활성화함으로써 참가자가 내적 잠재 능력을 자각하게 된다.

셋째, 자기 표현형 퍼실리테이션은 연극이나 미술 등 예술 활동 분야에서 구성원 간 혹은 연기자와 관객의 상호작용을 촉진하여 새로운 작품을 창조해 내는 퍼실리테이션이다. 퍼실리테이션을 통해 개인이 가진 예술적 재능을 표출하도록 하여 가치를 창조한다.

넷째, 문제해결형 퍼실리테이션은 일반 기업 현장에서 활용하고 있는 퍼실리테이션이다. 기업에서 발생하는 미팅이나 회의 워크숍에서 가장 활발하게 응용되고 있는 것이 퍼실리테이션 분야다. 워크숍을 통해 조직이 당면하고 있는 문제를 해결하고 의사를 결정하는 것이다. 또한 조직의 비전과 전략을 개발하고 그 실행을 위한 수행 의지를 높이는 것이다. 기업의 변화 관리나 이해 관계자와 이해 조정 및 갈등 관리, 영업 마케팅 등에서도 적극적으로 활용하고 있는 추세다.

다섯째, 합의 형성형 퍼실리테이션은 이해 관계자의 다양한 생각을 공동의 목표 달성을 위하여 인내심을 갖고 합의를 형성해 가는 퍼실리테이션이다. 사회나 학술 분야에서 주로 활용하며, 합의를 통한 결론을 얻기보다는 결론에 도달하는 과정을 중요시한다. 사회적 문제에 대하여 이해 관계나 가치관의 차이에 의해 논의가 심각하게 대립되는 것이 일반적이다.

여섯째, 교육 연수형 퍼실리테이션은 사회교육, 기업교육, 가정교육, 학교교육 등 교육 활동을 위해 폭넓게 활용하는 퍼실리테이션이다. 워크숍에 참여한 학습자로 하여금 경험하고, 생각하고, 경험한 결과를 상호 교류하면서 지식의 외연을 스스로 넓혀 나가는 것이다. 단순히 지식을 전달하는 것이 아닌 참여자의 자발적 학습을 촉진한다.

퍼실리테이션 리더의 역할

퍼실리테이션 리더는 무엇을 하는 리더일까? 퍼실리테이션은 중립적인 입장에서 그룹의 의사 결정과 문제해결 프로세스를 관리하고 팀워크를 이끌어 내며 그룹이 최대한의 성과를 낼 수 있도록 촉진하고 지원하는 활동이다. 그러므로 퍼실리테이션 리더는 중립적인 입장에서 그룹의 의사 결정과 문제해결 프로세스를 관리하고 팀워크를 이끌어 내며, 그룹이 최대한의 성과를 낼 수 있도록 촉진하고 지원하는 사람이다.

이상과 같은 역할을 원활하게 수행하기 위해서는 그룹이 해결해야 할 과제를 명확하게 하는 과제 명확화 역할, 프로세스를 디자인하는 프로세스 디자이너 역할, 구성원이 생각과 느낌 등을 표출하도록 질문하는 질문자 역할, 구성원이 문제해결을 위한 아이디어를 도출하도록 하는 창의 촉진자 역할, 구성원 간 합의를 도출하는 합의 형성자 역할, 조직 내 갈등을 효과적으로 관리하는 갈등 관리자 역할, 조직에 활력을 고취하는 팀 활성화 역할이 요구된다.

먼저 과제 명확화 역할은 그룹이 당면한 과제를 명확히 이해하고 회의의 목적과 회의를 통해 달성해야 하는 것 등을 구성원에게 명확히 전달하는 것이다. 회의를 통해서 얻고자 하는 목적이 분명하지 않으면 회의를 통해서 얻을 수 있는 것은 아무것도 없다. 단지 구성원의 아까운 시간만을 낭비하고 만다. 그러므로 퍼실리테이션 리더는 미팅이나 워크숍 혹은 조직 내 회의가 시작되기 전에 회의의 목적과 회의를 통해서 달성해야 할 것을 구성원에게 명확하게 전달해야 한다.

퍼실리테이션 리더의 디자이너 역할은 회의가 계획된 목적을 달성하고 원활하게 진행되도록 회의의 진행 과정을 설계하는 것이다. 어떤 목적으로 회의가 열리는지, 누가 회의에 참가할 것인지, 회의의 최종적인 결과는 무엇인지를 명확히 인식하고, 회의가 생산적일 수 있도록 진행 과정을 구성한다. 단순히 사람들이 모이기만 해서 회의가 성공적으로 진행되는 것은 아니다. 목표의 공유에서 아이디어의 도출, 합의의 의사 결정에 이르기까지 전 과정이 체계적으로 설계되고 원활하게 진행될 때 생산적인 회의가 된다.

퍼실리테이션 리더의 질문자 역할은 구성원의 이야기를 적극적으로 경청하고, 그들의 생각이나 느낌, 그리고 그 생각 속에 숨어 있는 가정을 질문을 통해서 표출하도록 하는 역할이다. 효과적이며 상황에 적합한 질문은 구성원으로 하여금 상황을 새로운 관점에서 인식하도록 하며, 그들이 갖고 있는 생각과 가정에 대하여 비판적 사고를 하도록 한다. 또한 질문은 구성원의 관심과 참여를 촉진하고 그들 스스로 문제의 해결 방안을 찾아가도록 돕는 길잡이 기능을 하게 된다.

퍼실리테이션 리더의 창의 촉진자 역할은 구성원이 창의적인 아이디어를 생각해 낼 수 있도록 촉진하는 역할이다. 실제로 효과적인 문제해결을 위해서는 기존의 방법과는 차별성이 있는 창의적 아이디어가 필요하다. 창의적 아이디어가 도출될 수 있도록 창의적 기법을 활용할 수 있도록 도와주고, 실수나 실패가 용납되는 창의적 환경을 조성하는 일이다.

퍼실리테이션 리더의 합의 형성자 역할은 구성원이 도출한 아이디어에 대하여 원활한 의사 결정이 되도록 돕는 역할이다. 퍼실리테이션 리더는 회의가 시작되기 전에 충분한 사전 준비 시간을 가지고,

생산적 회의 프로세스를 설계하여, 회의가 원활하게 운영되게 하며, 시간 부족으로 인해 합의가 지연되는 것을 막고, 의사 결정 방식에 대한 구성원의 합의를 구하며, 의사 결정 합의 기법을 활용하여 효과적이고 효율적인 의사 결정이 되도록 돕는 것이다.

퍼실리테이션 리더의 갈등 관리자 역할은 갈등에 대하여 긍정적으로 인식하고 구성원 간 갈등을 생산적으로 관리하는 역할이다. 갈등이란 두 사람 이상이 모이면 당연히 발생하는 것으로 생각하고, 갈등을 계기로 조직의 사고의 외연을 확대하고 보다 건설적인 의사 결정을 할 수 있도록 한다. 갈등 관리가 잘못되면 소통의 단절, 상호 간의 반목 등 부정적 결과를 초래한다. 퍼실리테이션 리더는 갈등 관리자로서 이슈를 명확히 하고 그룹 내 갈등이 긍정적으로 기능할 수 있도록 하여 건설적 해결 방안을 모색하도록 한다.

퍼실리테이션 리더의 팀 활성화 역할은 구성원 간 상호작용과 토론이 활성화되는 분위기를 조성하고, 팀의 역동성을 점검하며, 팀 활동에 구성원이 적극적으로 참여하도록 하는 역할이다. 구성원의 활발한 참여 없이 토론의 성과를 기대하기란 어렵다. 그러므로 퍼실리테이션 리더는 팀 빌딩을 통해서 팀 활동의 기반을 조성하고 토론의 방해 요소를 제거하며, 구성원이 자유롭고 편안한 분위기에서 토론 과제에 집중할 수 있도록 해야 한다.

사람 간의 상호작용에는 무엇이(내용) 논의되는가와 어떻게(프로세스) 논의되는가의 두 가지 측면이 있다. 그룹의 리더 입장에서는 그룹이 달성해야 할 과제와 내용에 관심을 갖지만 퍼실리테이션 리

〈표 11-1〉 내용과 프로세스의 두 가지 측면

그룹 리더 입장	퍼실리테이션 리더의 입장
내용	프로세스
무엇을?	어떻게?
• 목표, 바라는 결과	• 절차
• 문제, 이슈, 기회	• 방법
• 데이터, 정보, 아이디어	• 구조 (어젠다, 회의 시간)
• 토의 내용	• 규칙, 규범
• 해결책	• 그룹 역동, 행동, 감정

더의 입장에서는 프로세스를 관리하는 데 있다. 내용과 프로세스의 두 가지 측면은 〈표 11-1〉과 같다.

퍼실리테이션 리더와 유사 역할과의 관계

퍼실리테이션 리더가 코치나 카운슬러, 컨설턴트, 관리자 등과 어떻게 구별되는가? 일반적으로 그룹이나 개인의 변화를 위한 진행자의 역할을 [그림 11-1]처럼 두 가지 축으로 구분할 수 있다. 하나의 축은 진행자가 주도적으로 해법을 제시하는 역할(answering)과 참여자가 스스로 해법을 찾을 수 있도록 참여자의 역량이나 경험을 질문을 통하여 이끌어 내는 역할(asking), 또 하나의 축은 회의 참여자가 전문성을 가지고 있는 것(You Expert)과 진행자가 전문성을 갖고 있는 것(Me Expert)으로 구분할 수 있다. 이 축들에 따라 각각의 역할을 살펴보면 카운슬러와 컨설턴트는 전문가라는 점에서 같지만, 카운슬러는 내담자에게 답을 알려 주지는 않으며 질문을 통해 스스로

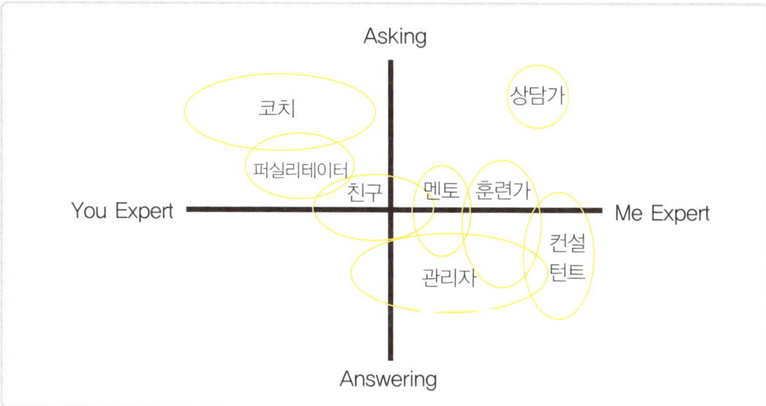

[그림 11-1] 퍼실리테이터의 유사 역할과의 관계

출처: 이영석(2009). pp. 62-65.

문제해결을 위한 통찰을 얻도록 하므로 제2사분면의 위쪽에, 컨설턴트는 고객의 문제를 분석하고 해결책을 제시하는 역할을 하므로 제4사분면에 위치해 있다. 매니저도 컨설턴트와 마찬가지로 주로 해결책을 제시하지만 매니저의 전문성의 수준에는 차이가 있을 수 있으므로 가로로 넓은 타원형의 형태를 취하고 있다. 또한 코치와 퍼실리테이션 리더는 질문을 통해 피코치자 혹은 그룹이 스스로 답을 찾도록 한다는 점에서 동일하다. 각 역할별 특성을 이해함으로써 상황에 적합한 역할 유형을 선택하여 적용할 수 있다.

퍼실리테이션을 위한 필요 역량

Kolb와 그의 동료들(2008)은 문헌 조사와 숙련된 전문 퍼실리테이션 리더들을 대상으로 한 포커스 그룹 인터뷰 등 9단계를 거친 작업을 통해 퍼실리테이션 리더의 역할에 대하여 퍼실리테이션 리더 역량 모델을 만들었다. 이 모델에서는 퍼실리테이션 리더가 갖추어야 할 역량을 커뮤니케이션 영역, 과제 명확화 영역, 관계/분위기 조성 영역, 프로세스 설계 영역, 그리고 윤리적 영역으로 구성했다.

먼저 커뮤니케이션 영량에는 적극적으로 경청하고, 참여자의 비언어적 신호들을 파악 감지하고, 능숙하게 질문하는 역량이 포함된다. 과제 명확화 영역에는 그룹이 과제의 목적을 달성할 수 있도록 주제를 명확화하도록 돕는 것으로 토의 내용을 요약하고 피드백을 제공하는 등의 역량이 이에 속한다. 관계/분위기 조성 영역은 토론을 위한 지지적 분위기를 형성하고, 그룹의 참여를 촉진하며, 참여자 간의 갈등을 중재 조정하고, 상호작용 방법에 대한 기본 규칙을 설정하여 구성원이 이를 지키도록 하는 역량이 포함된다. 프로세스 설계 영역에는 회의 프로세스를 설계하고 설계한 절차를 진행하며, 필요한 경우 절차와 내용을 수정할 수 있는 역량이다. 마지막으로 윤리적 영역은 퍼실리테이션 리더로서 지켜야 할 중립적 자세 등이 포함된다.

이 다섯 영역은 독립적이지만 서로 관련되어 있다. 즉, 윤리적 영역은 퍼실리테이션 리더가 나머지 네 영역에 속한 역량을 발휘할 때, 기본적으로 지켜야 할 태도다. 회의를 준비할 때는 문제해결을 위해서 관련 정보를 수집하고 구성원 간의 관계 및 참여적 환경 조성을 고려하여 진행 프로세스를 설계해야 하므로 프로세스 설계 영역은 과제 명확화 및 관계/분위기 조성 영역에 영향을 준다. 한편 커뮤니케이션이 원활히 이루어지고, 참여적 분위기가 조성되면 과제 수행이 원활하게 이루어지고, 반대로 과제 수행이 원활하게 이루어질 때 그룹의 분위기도 좋아지고 그룹 내 커뮤니케이션이 촉진되므로 커뮤니케이션과 과제 명확화, 관계/분위기 조성은 서로 영향을 주고받는다.

〈표 11-2〉 **Kolb의 23 퍼실리테이션 역량**

1	적극적으로(actively) 경청한다.
2	상호작용과 토론을 지원하는 분위기를 조성한다.
3	보디랭귀지(몸짓언어)와 비언어(non-verbal)를 효과적으로 사용한다.
4	팀원의 참여를 격려하고, 업무나 문제에 대한 주인의식을 갖게 한다.
5	팀원의 비언어적(non-verbal) 표현을 관찰하고 주의를 기울인다.
6	유머를 효과적으로 사용한다.
7	회의 진행에 방해가 되는 팀원을 적절히 처리한다.
8	팀원 전체(group)의 창의성과 통찰력을 유발시킨다.
9	질문을 요령 있게 활용한다.
10	팀의 역동성을 모니터한다.
11	목적을 명확히 하고, 그룹 내 규칙을 만들도록 돕는다.
12	팀원들이 그룹의 규칙을 지키도록 돕는다.
13	그룹의 특성에 적합한 참여 촉진 기법과 문제해결 기법을 사용한다.
14	세분화된 핵심 내용을 풀어서 설명하고 요약 · 정리한다.
15	의견 불일치가 발생하는 경우 관점을 명확히 한다.
16	갈등이 생길 수 있는 실질적 이슈에 그룹의 관심을 집중시킨다.
17	미리 계획하고 준비한 모습을 보여 준다.
18	피드백을 제공하고, 진행을 촉진한다.
19	토론 주제에 그룹이 집중하게 한다.
20	추후 활동을 명확히 한다.
21	회의 결과에 대하여 중립적 태도를 유지한다.
22	정해진 시간을 지키도록 한다.
23	비주얼 도구나 매체를 활용한다.

출처: Kolb, jin, & Song (2008). pp. 119-125.

퍼실리테이션 리더십 능력 개발

퍼실리테이션 관련 태도 개발

효과적인 퍼실리테이션을 위해서는 먼저 퍼실리테이션 리더 자신이 퍼실리테이션에 대한 철저한 신념을 가져야 한다. 퍼실리테이션 리더가 가슴에 담고 실천해야 하는 신념은 세 가지다. 먼저, 그룹에 대한 믿음이다. 그룹 내 어떤 누구보다도 그룹 구성원 모두가 협업으로 문제를 해결하는 것이 가장 탁월하게 문제를 해결한다는 믿음이다.

둘째, 구성원 개인은 신뢰와 존중의 대상이라는 믿음이다. 그룹 구성원 한 사람 한 사람에 대한 가능성을 믿지 못하는 상황에서 지원하고 촉진한다는 것은 어려운 일이다. 구성원을 존중하고 적극적인 참여에 대한 감사한 마음을 가질 때 구성원이 능동적으로 활동에 참여할 수 있는 환경이 조성된다.

셋째, 퍼실리테이션 리더는 촉진자로서 자신의 역할에 대한 믿음이다. 구성원을 이끌기보다는 상호작용을 촉진함으로써 구성원으로 하여금 자발적으로 참여하고 헌신하게 하는 것이 진실로 가치 있는 일이라는 신념을 갖게 하는 것이다.

그룹의 우수성에 대한 신념, 구성원은 신뢰와 존중의 대상이라는 신념, 그리고 퍼실리테이션 리더의 역할은 관계성을 촉진하여 가치를 창출한다는 신념이 바로 퍼실리테이션 리더가 갖춰야 할 세 가지 신념이다. 이러한 신념은 퍼실리테이션을 하는 리더의 태도를 결정한다. 이러한 퍼실리테이션에 대한 올바른 신념이 없는 리더는 그룹이 성과를 내기까지 인내하지 못하고, 결과적으로 그룹을 실패로 이끌게 된다. 또한 구성원을 주눅 들게 하고 구성원에게 실망을 안겨주게 된다.

퍼실리테이션 리더는 관련된 지식과 기술을 익히기 전에 퍼실리테이션 리더의 역할에 대한 철저한 신념과 확고한 태도를 갖춰야 한다. 아무리 관련 기술이 현란하고 지식이 풍부하다고 할지라도 퍼실리테이션에 대한 신념이 부재하다면 퍼실리테이션이 양의 깃털처럼 너무 가벼워진다. 그래서는 효과적인 퍼실리테이션을 할 수 없다. 그렇다고 해서 퍼실리테이션의 지식과 기술이 중요하지 않다는 것은 아니다. 지식과 기술도 퍼실리테이션에 대한 신념과 태도만큼이나 중요하다. 왜냐하면 퍼실리테이션 지식과 기술이 부족하다면 관련 지식이 아무리 풍부하고, 올바른 태도가 형성되었다 할지라도 퍼실리테이션이 투박하게 느껴질 것이다. 퍼실리테이션 지식이 부족한 퍼실리테이션 리더라면 전문성 결핍이 느껴질 것이다. 따라서 깊고, 무게감이 느껴지며 세련된 퍼실리테이션을 위해서는 관련 지식과 기술 그리고 태도를 모두 갖춘 진정한 퍼실리테이션 리더가 되어야 한다.

퍼실리테이션 관련 지식 개발

퍼실리테이션과 관련된 지식은 경영학, 심리학, 상담학, 교육학과 관련된 다양한 분야의 전문 지식을 필요로 한다. 먼저, 인간에 대한 이해, 특히 공동의 목표를 가진 사람들의 집합체인 조직 속에서의 인간 행동에 대한 이해가 필요하다. 또한 조직 구성원 간 상호작용의 방법과 효과에 대한 이해가 있으면 보다 효과적인 퍼실리테이션을 할 수 있다. 다음으로 원활하게 프로세스를 진행하기 위한 프로그램 설계와 구성원의 심리와 행동 특성에 대한 이해다. 이를 위해서는 이와 관련된 프로그램 설계 등에 대한 지식이 필요하다.

성공적인 퍼실리테이션을 위하여 필요한 지식은 한정하기 어려울 정도로 무한하다. 그렇기 때문에 퍼실리테이션 리더는 부단한 자기계발을 통하여 관련 분야의 전문 지식을 학습하고 퍼실리테이션할 주제에 대한 공부를 부단히 해야 한다.

퍼실리테이션 관련 스킬 개발

퍼실리테이션 스킬은 기본적으로 상호 간 의사소통을 하는 커뮤

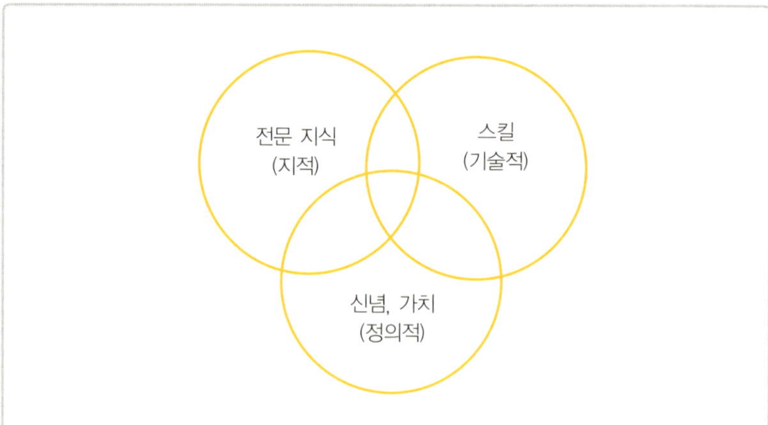

[그림 11-2] 퍼실리테이션 리더의 능력

니케이션 기술이 바탕이 된다. 그룹 구성원의 말을 경청하고, 필요한 질문을 하고, 피드백을 함으로써 주제 명확화와 토론을 생산적으로 이끌어 나가는 것이다. 특히 '질문 스킬'은 퍼실리테이션을 위한 핵심 스킬로, 회의 프로세스의 절차를 제안하거나 이해도를 확인할 때 유용하게 활용된다. 또한 팀 구성원으로 하여금 상황에 대하여 새로운 관점에서 인식할 수 있도록 지적 자극을 주거나, 구성원의 참여와 헌신을 이끌어 내는 유용한 스킬이다. 그러므로 퍼실리테이션 리더는 이러한 질문 스킬을 활용하는 데 능숙해야 한다.

둘째, '프로세스 스킬'이다. 회의의 목적을 달성하고, 원활하게 운영해 나가기 위해서는 회의의 진행 프로세스가 잘 설계되어야 한다. 시작과 종료로 이어지는 회의가 빈 틈 없이 설계되어 단계 단계를 밟아 나감으로써 구성원 간 합의가 도출되고, 합의 결과에 대한 수행 의지를 끌어낼 수 있게 된다. 그룹 퍼실리테이션은 준비에서 시작되어 실행 단계를 거쳐 종료된다. 종료 후에 퍼실리테이션 결과에 대해 사후 조치함으로써 전체 그룹 퍼실리테이션은 마무리된다.

퍼실리테이션 리더는 그룹이 협력을 지속하고 창조적이며 생산적인 회의를 하도록 회의 프로세스를 설계하고 준비하는 것이다. 퍼실리테이션 리더가 범할 수 있는 가장 큰 실수는 사전에 활동의 흐름을 설계하지 않고 준비 없이 퍼실리테이션 하는 것이다. 퍼실리테이션 단계는 사전 준비 단계, 실행 단계, 사후 평가 단계로 나뉜다. 그리고 실행 단계는 시작 단계, 주제 명확화 단계, 개발 단계, 토의 단계, 종료 단계로 구성된다.

〈표 11-3〉 **퍼실리테이션 프로세스**

<table>
<tr><td colspan="2">사전 준비 단계</td><td>정보 수집, 목적의 명확화, 어젠다 작성, 성공 기준 설정 등 회의를 준비하는 단계</td></tr>
<tr><td rowspan="5">실행 단계</td><td>1. 시작</td><td>회의 분위기 조성, 팀 그라운드 룰 설정 등 회의를 시작하는 단계</td></tr>
<tr><td>2. 주제 명확화</td><td>정보를 공유하고, 이슈를 찾고, 토론 주제를 명확히 하는 단계</td></tr>
<tr><td>3. 개발</td><td>브레인스토밍 등의 방식으로 문제해결을 위한 아이디어를 도출하는 단계</td></tr>
<tr><td>4. 토의</td><td>도출된 아이디어에 대하여 합의의 의사 결정을 하는 단계</td></tr>
<tr><td>5. 종료</td><td>전체 회의 내용을 정리하고, 후속 조치를 정하는 단계</td></tr>
<tr><td colspan="2">사후 평가 단계</td><td>회의 전체 과정에 대하여 정보를 수집하고 반성하고 기록하는 단계</td></tr>
</table>

셋째, 회의를 보다 활기차고 생산적으로 운영하려면 '팀 활성화 스킬'이 필요하다. 팀 활성화 스킬은 회의 목적에 따라 회의에 반드시 참여해야 할 사람을 참여시키고 참여자의 역할과 책임을 명확히 하여 회의 성공에 대한 책임감을 공유하도록 한다. 또한 팀 빌딩을 통하여 회의 성공을 위한 회의 규범을 정하여 회의가 방해자로부터 방해받지 않고 성공적으로 진행될 수 있도록 한다. 그리고 회의 진행 시 적절하게 유머를 사용하여 회의 진행에 활력을 부여하고, 팀 스스로가 문제를 찾아가도록 팀 활동을 촉진하는 스킬이다.

넷째, 개발이 필요한 퍼실리테이션 기술은 퍼실리테이션 관련 '문제해결 및 의사 결정 테크 스킬'이다. 상황을 파악하고, 문제를 정의하며, 문제를 야기한 원인을 분석하고, 이어서 원인 제거를 위한 해결 아이디어를 도출한다. 그리고 도출된 문제해결을 위한 아이디어 중 실행 가능성과 효과성을 분석하여 최적의 대안을 찾는 문제해결과 의사 결정 프레임을 활용하는 스킬이다.

상황 파악과 문제해결, 그리고 의사 결정을 보다 효율적으로 할 수 있도록 도움을 주는 도구로는 원인을 찾는 Is, Is/not 기법, Logic tree 기법, 5Why 기법, Fish bone 기법 등이 있으며, 창의적 문제해결 기법으로는 SCAMPER 기법, Brain storming 기법, Mind map 기법 등이 있다. 또한 의사 결정을 위한 효과성과 실행 가능성의 2 by 2 기법, Voting 기법 등을 활용할 수 있다. 퍼실리테이션 리더는 이러한 도구나 기법을 숙지하여 상황에 적합하게 활용함으로써 회의 진행을 더욱 효과적이며 원활하게 수행할 수 있다.

이상과 같이 퍼실리테이션 리더십 기술의 네 가지 스킬, 즉 경청과 질문의 커뮤니케이션 스킬, 프로세스 설계 및 진행 스킬, 팀 활성화 스킬, 문제해결 테크 스킬이 퍼실리테이션 리더에게는 필요하다. 이상의 네 가지 스킬과 더불어 인간 행동과 프로세스 설계, 토의 주제에 대한 이해 등 퍼실리테이션 주제와 관련된 지식과 퍼실리테이터의 태도를 결정하는 세 가지 신념이 성공적인 퍼실리테이션을 위해서 적극적으로 개발해야 할 리더십 능력이다. 따라서 퍼실리테이션 리더는 관련된 지식, 스킬 그리고 태도의 능력을 총체적으로 함양해야 한다.

퍼실리테이션 능력을 개발하여 효과적인 퍼실리테이션 리더십을 발휘한다는 것은 많은 경험과 오랜 노력의 시간이 필요한 쉽지 않은 일이다. 따라서 퍼실리테이션 리더십을 효과적으로 발휘하고자 하는 리더는 인내심을 갖고 실패를 통해서 배운다는 자세로 능력 개발을 지속해야 한다.

요 약

새로운 시대의 새로운 리더십으로 퍼실리테이션 리더십은 조직이 당면한 문제를 효과적으로 해결하고 조직 성과를 낼 수 있도록 조직을 활성화하고 혁신 과제의 문제해결을 촉진하고 지원하는 활동이다. 좁은 의미로는 회의나 미팅을 통해서 리더가 중립적 입장이 되어 그룹의 의사 결정과 문제해결을 도와, 의사를 결정하고 팀워크를 이끌어 내어 그룹이 최대한의 성과를 내도록 촉진하고 지원하는 활동이다. 퍼실리테이션 리더십이 유용한 경우는, 새로운 시각의 집단 창의성을 유발할 필요가 있는 경우나 조직의 성장과 발전을 위해 조직이 나아가야 할 방향을 결정하거나 구성원 전체가 다 함께 수행해야 하는 전략을 수립할 때다.

퍼실리테이션 리더에게 기대되는 역할은 그룹이 해결해야 할 과제를 명확하게 하는 과제 명확화 역할, 프로세스를 디자인하는 프로세스 디자이너 역할, 구성원이 생각과 느낌 등을 표출하도록 질문하는 질문자 역할, 구성원이 문제해결을 위한 아이디어를 도출하도록 하는 창의 촉진자 역할, 구성원 간 합의를 도출하는 합의 형성자 역할, 조직 내 갈등을 효과적으로 관리하는 갈등 관리자 역할, 조직에 활력을 고취하는 팀 활성화 역할이다. 이러한 역할을 성공적으로 수행할 수 있는 퍼실리테이션 리더십 역량 개발을 위해서는 경청과 질문의 커뮤니케이션 스킬, 프로세스 진행 및 설계 스킬, 팀 활성화 스킬 그리고 문제해결 테크 스킬과 토의 주제에 대한 이해 등 관련 퍼실리테이션 지식, 그리고 팀의 우수성에 대한 신념 등의 태도를 개발해야 한다.

성찰질문

1. 최근에 참석했던 미팅이나 워크숍 회의를 회상해 보고, 긍정적이었던 점과 부정적이었던 점은 무엇이었는지를 분석하고 바람직한 퍼실리테이션 리더상을 정의해 보자.
2. 미래에 참석할 예정인 미팅이나 워크숍을 생각하고 성과 있는 만남이 되기 위해 어떻게 미팅이나 워크숍이 진행되어야 하는지 어젠다와 진행 시나리오를 작성해 보자.

12

코칭 리더십

기존의 리더 중심 리더십으로 조직 구성원의 역량과 잠재력을 최대한 이끌어 내고 조직 성과를 달성해 낼 수 있는가? 코칭 리더십은 이러한 질문에서 시작되었다. 리더가 주도하는 지시적이고 하향적인 기존 리더십들은 구성원이 자발적으로 목표를 향해 움직이도록 하는 데 한계를 드러내고 있기 때문이다. 즉, 권력이나 권위 중심의 리더십들이 효과적이지 못했기 때문에 참여와 자율을 가지고 리더십을 발휘하게 하는 코칭 리더십이 더욱 필요하게 된 것이다.

코칭 리더십은 일방적으로 지시하고 가르치는 대신 조직 구성원이 스스로 학습할 수 있는 능력을 높여 자신의 가능성을 인지하고 발전시킴으로써 역량을 극대화하게 하는 동시에 긍정적인 태도를 발휘하게 동기를 부여함으로써 업무에 몰입할 수 있게 하는 특징을 가지고 있다(Hackman & Wageman, 2005; Whitmore, 2002). 이러한 특징 때문에 개인과 조직의 성과를 극대화하는 데 있어서 리더들이 필수적으로 갖추어야 할 리더십으로 코칭 리더십이 더욱 강조되고 있다. 또한 코칭 리더십은 학습조직에 긍정적인 영향을 미치고, 문제해결 능력과 조직 유효성과의 상호 관계에도 긍정적인 효과를 나타내고 있음이 밝혀지고 있다.

코칭 리더십을 개발하기 위해서는 먼저 코칭 리더십 철학을 이해하고, 코칭 리더십 프로세스에 따라 코칭을 진행하며, 다양한 코칭 리더십 스킬을 적극적으로 실천하여 좋은 코칭 습관을 만들어 나가는 것이 중요하다.

이 장에서는 코칭과 코칭 리더십의 개념, 코칭 리더십의 효과, 코칭 리더십 개발 방법 등에 대해 구체적으로 살펴본다.

코 칭

코칭의 개념은 스포츠 행동학 및 심리학, 청소년 및 성인 교육, 카운슬링과 임상심리, 가족상담 및 조직심리, 그리고 경영학 등 다양한 분야에서 폭넓게 논의되어 왔다(McLean, Yang, Kuo, Tolbert, & Larkin, 2005).

Stowell(1986)은 코칭을 리더가 커뮤니케이션과 피드백을 통해 방향 제시, 개발, 수행평가, 관계 등 구체적인 기능이나 행동을 포함하는 프로세스라고 하였다. Evered와 Selman(1989)은 코칭을 리더의 권한 위임을 통해 개인과 팀이 기존 수준을 뛰어넘으며 지속적인 파트너 관계를 형성해 가는 것이라고 보았으며, Phillips와

Richard(1994)는 조직 구성원이 최대의 성과를 올릴 수 있도록 리더가 영향력을 미치는 것이라고 주장하였다. 또한 Stowell과 Starcevich(1996)는 코칭을 조직 구성원과의 양방향 커뮤니케이션을 가능하게 하고, 역량을 개발하고, 문제를 해결하려는 프로세스라고 하였다. 코칭을 조직 구성원의 성과 향상을 위한 프로세스로 설명한 Hunt와 Weintraub(2002)는 상대방에 대한 충분한 지원을 통해 긍정적인 반응을 일으키고 리더의 효과적인 피드백을 통해 구성원의 성과에 영향을 주는 것으로 정의하였다. Whitmore(2002)는 코칭을 조직 구성원 스스로 가능성을 인지하게 하여 무엇을 배워야 하는지를 알게 하고 역량을 개발하고 높일 수 있게 하는 동시에 일에 대해 동기를 부여함으로써 몰입할 수 있게 해 주는 것으로 보았다.

Medland와 Stern(2009)은 구성원에게 긍정적인 영향력을 미치는 양방향 커뮤니케이션으로서 지속적인 책임과 역량 개발을 추구하는 협력적인 과정이라고 하였다.

이상에서 열거한 코칭에 대한 연구 정의의 핵심 내용을 정리하면 〈표 12-1〉과 같다.

코칭 리더십

코칭은 리더에게 필요한 능력이라는 측면에서 리더십과 직접 관련이 있다(Grant, 2007). 즉, 조직의 리더와 구성원 간의 파트너적 관계를 바탕으로 리더가 조직 구성원에 대해 영향력을 발휘할 수 있는

〈표 12-1〉 **코칭의 정의**

연구자	정 의
Stowell (1986)	리더가 커뮤니케이션과 피드백을 통해 방향 제시, 개발, 수행 평가, 관계 등 구체적인 기능이나 행동을 포함하는 프로세스
Evered와 Selman(1989)	리더의 권한 위임을 통해 개인과 팀이 기존 수준을 뛰어넘으며 지속적인 파트너 관계를 형성해 가는 것
Phillips와 Richard(1994)	조직 구성원이 최대의 성과를 올릴 수 있도록 리더가 영향력을 미치는 것
Stowell과 Starcevich (1996)	조직 구성원과의 양방향 커뮤니케이션을 가능하게 하고, 역량을 개발하고 문제를 해결하려는 프로세스
Hunt와 Weintraub (2002)	상대방에 대한 충분한 지원을 통해 긍정적인 반응을 일으키고 리더의 효과적인 피드백을 통해 구성원의 성과에 영향을 주는 것
Whitmore (2002)	조직 구성원 스스로 가능성을 인지하게 하여 무엇을 배워야 하는지를 알게 하고, 역량을 개발하고 높일 수 있게 하는 동시에 일에 대해 동기를 부여함으로써 몰입할 수 있게 해 주는 것
Medland와 Stern(2009)	구성원들에게 긍정적인 영향력을 미치는 양방향 커뮤니케이션으로서 지속적인 책임과 역량 개발을 추구하는 협력적인 과정

출처: 정태영(2011), p. 13, 재구성.

리더십으로서 코칭 리더십의 개념이 생성되었다.

코칭 리더십은 코치(Coach)와 코치이(Coachee)의 상호 관계에서 비롯되며 현장에서 직면한 문제의 해결과 개인의 능력 개발을 목적으로 영향력을 미치는 것이다(Peterson & Hicks, 1996). 또한 코칭 리더십을 조직 구성원이 자신의 가능성을 인지하고 확대하여 능력과 의욕을 높일 수 있게 하는 리딩 방식, 즉 임무를 스스로 완수하고 문제를 해결할 수 있도록 조직 구성원의 학습 능력을 키워 주는 리더십으로 보았다(Haberleiter, 2002). Greene과 Grant(2003)는 코칭 리더십을 조직 구성원이 스스로 문제를 해결할 수 있도록 하고 구성원의 수행 능력을 향상해 성과를 얻어 내는 결과 지향적이고 체계적인 리더의 행동 방식으로 보았다. Luecke(2004)는 코칭 리더십을 관리자와 감독자가 조직 구성원의 가능성을 개발하거나 성과와 관련된 문제해결을 목표로 하는 상호작용 과정이라고 주장하였다.

이민호(2007)는 조직 구성원과의 신뢰를 바탕으로 조직 구성원의 잠재해 있는 역량을 개발하고 향상함으로써 조직 구성원 스스로 문제를 해결할 수 있도록 학습 능력을 높여 주는 프로세스라고 하였다. 이때 코칭 리더십은 리더가 조직 구성원의 역량, 문제해결 능력 등이 향상될 수 있도록 조직 구성원에게 영향을 미치는 리더십의 개념을 전제로 하고 있다. 박선영(2009)은 리더가 양방향 커뮤니케이션을 통해 형성된 신뢰를 바탕으로 목표 달성을 위해 조직 구성원의 잠재력을 향상하고 문제를 해결할 수 있게 역량을 향상해 주는 프로세스를 통하여 조직의 성과에 영향을 미치는 것이라고 함으로써 영향력을 발휘하는 리더에게 초점을 맞추고 있다. 우경화(2009)는 코칭 리더십을 커뮤니케이션 또는 행동으로 조직 구성원의 역량을 개발하고 동기를 부여하며 자발적으로 일할 수 있도록 지원하고 격려하며 수시로 피드백을 주는 것이라고 하였다.

또한 신준섭(2010)은 리더가 코칭을 통해 행하는 리더십 활동으로, 조직 구성원의 성과 향상을 위해 조직 구성원과 수평적인 관계를 형성하고 상호 신뢰 속에서 조직 구성원의 숨은 잠재력을 개발, 향상시킴으로써 자신의 임무를 스스로 해결해 나갈 수 있도록 역량을 키워 주는 리더의 행동 양식이라고 하였다. 이동우(2011)는 코칭 리더십을 리더가 구성원에게 조직의 목표를 달성하기 위한 방향을 제시하고 업무 수행 과정을 지도하고 개발시키며 지속적으로 동기를 부여함으로써 자신감을 심어 주고 열정을 고취하는 상호 영향력의 행사 과정이라고 하였다.

이상에서 논의한 코칭 리더십에 대한 연구 정의의 핵심 내용을 정리하면 〈표 12-2〉와 같다.

이상을 요약해 보면 코칭 리더십이란 리더와 구성원 간 상호 신뢰 속에서 조직 구성원의 역량을 개발하여 조직 성과를 향상시킬 수 있도록 영향력을 미치는 리더의 행동 방식이라 할 수 있다.

코칭 리더십의 특성

코칭 리더십은 대부분 업무와 관련된 상황에서 발휘되는데, 일반 관리 기법과는 달리 리더와 구성원 간의 수평적이고 개방적인 의사소통, 일대일의 관계, 조직 구성원 중심의 의사 결정 등을 기반으로 하는 차별화된 특성이 있다.

이러한 특성은 조직 구성원이 문제를 해결하는 과정에서 개인의 욕구와 능력에 맞는 방법을 스스로 선택할 수 있고, 리더는 비교적 적합한 피드백을 조직 구성원에게 제공할 수 있어 직무를 효과적으로 수행할 수 있음은 물론 역량 개발과 성과 향상으로 이어질 수 있

〈표 12-2〉 **코칭 리더십 정의**

연구자	정 의
Peterson과 Hicks(1996)	코치(Coach)와 코치이(Coachee)의 상호 관계에서 비롯되며 현장에서 직면한 문제의 해결과 개인의 능력 개발을 목적으로 코치에게 영향력을 미치는 것
Haberleitner (2002)	조직 구성원이 스스로 가능성을 인지하고 확대하여 능력과 의욕을 높일 수 있게 하는 리딩 방식
Greene과 Grant(2003)	조직 구성원이 스스로 문제를 해결할 수 있도록 하고 구성원의 수행 능력을 향상해 성과를 얻는 결과 지향적이고 체계적인 리더의 행동 방식
Luecke(2004)	관리자와 감독자가 조직 구성원의 가능성을 개발하거나 성과와 관련된 문제해결을 목표로 하는 상호작용 과정
이민호 (2007)	조직 구성원과의 신뢰를 바탕으로 조직 구성원의 잠재해 있는 역량을 개발하고 향상시킴으로써 조직 구성원 스스로 문제를 해결할 수 있도록 학습 능력을 높여 주는 프로세스
박선영 (2009)	리더가 양방향 커뮤니케이션을 통해 형성된 신뢰를 바탕으로 목표 달성을 위해 조직 구성원의 잠재력을 향상시키고 문제를 해결할 수 있게 역량을 향상시켜 주는 프로세스를 통하여 조직의 성과에 영향을 미치는 것
우경화 (2009)	커뮤니케이션 또는 행동으로 조직 구성원의 역량을 개발하고 동기를 부여하며 자발적으로 일할 수 있도록 지원하고 격려하며 수시로 피드백을 하는 것
신준섭 (2010)	리더가 코칭을 통해 행하는 리더십 활동으로 조직 구성원의 성과 향상을 위해 조직 구성원과 수평적인 관계를 형성하고 상호 신뢰 속에서 조직 구성원의 숨은 잠재력을 계발, 향상시킴으로써 자신의 임무를 스스로 해결해 나갈 수 있도록 역량을 키워 주는 리더의 행동 양식
이동우 (2011)	리더가 구성원에게 조직의 목표를 달성하기 위한 방향을 제시하고 업무 수행 과정을 지도하고 개발시키며 지속적으로 동기를 부여함으로써 자신감을 심어 주고 열정을 고취시키는 상호적인 영향력의 행사 과정

게 한다.

특히 코칭의 조직 구성원 중심 접근은 업무에 대한 권한 위임을 수반하여 조직 구성원으로 하여금 일에 대한 몰입과 함께 실패에 대한 두려움 없이 더욱 창의적인 아이디어를 창출할 수 있는 환경을 조성할 수 있다(정태영, 2011).

이러한 의미에서 코칭 리더십은 부하 직원에 대한 리더의 믿음과 태도의 변화를 요구한다. 즉, 리더는 부하 직원을 지시와 명령에 순종하고 따르는 수동적인 존재가 아니라, 인간 존중 심리학과 긍정 심리학의 개념에서처럼 성장 가능성을 지닌 유기체적인 존재로 믿고 신뢰해야 한다는 것이다(Grant, 2007; Whitmore, 2002).

코칭 리더십의 구성 요소

Stowell(1986)은 조직 구성원에 대한 심층적인 인터뷰를 통하여 리더의 48가지의 코칭 역량을 제시하고, 이를 바탕으로 코칭 리더십을 구성하는 효과적인 코칭의 구성 요소를 크게 네 가지로 나누었다(최치영, 2003).

첫째, 조직 구성원의 과제가 올바른 목적과 목표를 향해 가야 하는지를 설명하는 방향 제시, 둘째, 조직 구성원의 역량과 기술, 재능 등의 향상을 도와주는 개발, 셋째, 조직 구성원에게 최대한 자율을 부여한 뒤 수행한 업무에 관하여 책임을 지도록 하며, 그 결과를 합리적으로 평가하고 이를 피드백하는 수행평가, 넷째, 리더와 조직 구성원 간의 수평적이고 신뢰할 수 있는 관계를 바탕으로 관심, 칭찬, 격려를 제공하는 관계 등을 의미다.

Ellinger와 Ellinger, Keller(2003)는 효과적인 의사 전달, 학습 촉진, 피드백 제공 및 요청, 정보 제공, 질문 제시, 목표 설정 대화, 역할 연기 시연 등을 코칭 리더십의 구성 요소로 제시하였다. 또한 Mclean 등(2005)은 코칭 리더십의 구성 요소로 열린 대화, 팀 차원 접근, 인간적 배려, 모호함의 수용 등을 포함시켰다.

한편, Heslin과 Vandewalle, Lathan(2006)은 코칭 리더십의 구성 요소를 성과 증진을 위한 코칭으로서, 첫째, 관리자가 조직 구성원에게 성과를 기대하고 수행 결과와 관련된 건설적인 피드백을 제공하는 안내, 둘째, 관리자가 조직 구성원에게 직무 수행과 관련된 문제를 스스로 해결하고 직무 성과를 향상할 수 있는 방법을 탐색하고 분석하는 것을 도와주는 촉진, 셋째, 관리자가 조직 구성원이 지닌 잠재 능력을 계발하고 깨닫는 데 흥미를 끌게 하고 영감을 불어넣어 주는 감화 등으로 제시하였다.

코칭 리더십의 구성 요소를 정리하면 〈표 12-3〉과 같다.

코칭 리더십을 연구한 학자들이 제시하는 코칭 리더십의 구성 요소를 살펴보면 직무 관련 요소와 인간관계와 관련된 요소로 구성되어 있음을 알 수 있다. 이와 같은 두 가지 요소가 코칭 리더십의 근간이 되는 것은 코칭 리더십이 대부분 성과를 중시하는 직무 현장에서 이루어지고 있고, 코칭의 대상이 사람이라는 점에서 기인한다. 즉, 코칭 리더십에서는 이성적인 부분과 감성적인 측면이 동시에 고려되고 있다. 직무 기반 코칭 리더십의 주요 내용은 Stowell(1986)이 제

〈표 12-3〉 **코칭 리더십의 구성 요소**

연구자	구성 요소
Stowell(1986)	① 방향 제시, ② 개발, ③ 수행평가, ④ 관계
Ellinger와 Ellinger, Keller(2003)	① 효과적인 의사 전달, ② 학습 촉진, ③ 피드백 제공 및 요청, ④ 정보 제공, ⑤ 질문 제시, ⑥ 목표 설정 대화, ⑦ 역할 연기 시연
Mclean 외(2005)	① 열린 대화, ② 팀 차원 접근, ③ 인간적 배려, ④ 모호함의 수용
Heslin와 Vandewalle, Lathan(2006)	① 건설적인 피드백을 제공하는 안내, ② 문제해결과 직무 성과를 위한 촉진, ③ 잠재 능력 계발과 영감을 주는 감화

출처: 정태영(2011), p. 35 재구성.

시한 코칭 리더십의 구성 요소인 방향 제시, 개발, 수행평가 요소로 구성되어 있다. 관계 기반 코칭 리더십은 인간적인 관계와 관련된 코칭 리더십 구성 요소로서, 열린 대화, 인간적 배려, 칭찬과 격려를 제공하는 관계를 의미한다.

코칭 리더십의 효과

코칭 리더십은 학습조직, 문제해결 능력, 조직 유효성과의 상호 관계에서 긍정적인 효과를 나타내고 있다. 여기서는 코칭 리더십의 효과성에 대해 살펴본다.

코칭 리더십과 학습조직

코칭은 비교적 짧은 기간 내에 코치와 코치이 간의 수평적인 커뮤니케이션 활동을 통해서 코치이로 하여금 피동적 행위가 아닌 자발적인 행동을 하게 하여 개인과 조직이 당면한 문제의 상황을 개선하거나 일반 상황을 향상시키는 특성이 있다. 특히 코칭 과정에서 코치는 코치이가 과거에 학습했던 내용을 의식적으로 지각할 수 있도록 도와주게 되는데, 이러한 과거 학습 내용에 대한 의식적인 지각 능력은 개인의 잠재 능력 발휘에서 매우 중요하다. 즉, 과거의 학습 경험에 대한 이해의 연장선상에서 학습자는 학습을 풍부하게 할 수 있게 되고, 호기심을 키우며, 다양한 환경에 응용할 수 있는 역량을 쌓을 수 있게 된다(Law, Ireland, & Hussain, 2007). 이처럼 코칭은 학습 효과의 극대화라는 측면에서 학습에 대해 지원적이고 촉진적인 입장을 견지한다.

Griffith(2005)는 코칭이 이루어지는 과정과 프레임워크는 기본적으로 학습 이론과 연계되어 있다고 하면서 효과적인 학습을 위한 개인 코칭 모델 연구를 통해서 코칭이 접목된 학습 모델을 제시하였다. 그는 이 학습 모델이 성인 학습자의 개인 목표가 중심이 되면서 지식에 대한 요구를 통해서 개인의 목표를 성취하고, 목표 성취는 기대하는 학습 결과를 가져온다는 것을 설명하고 있다. 또한 그는 이 과정에서 적극적인 경청, 강력한 질문, 문제해결 과정 등을 통하여 코칭이 이루어지고 있음을 제시하고 있다.

또한 학자들은 코칭이 경험 학습, 전환 학습을 촉진한다는 점을 강조하고 있다. 경험 학습의 대표적인 학자인 Kolb(1984)는 그의 경험 학습 사이클을 통하여 경험 학습이 이루어지는 과정을 설명하고 있는데, Law, Ireland와 Hussain(2007)은 이러한 Kolb(1984)의 학습 사이클에서 변화를 가능케 하는 원동력을 성찰이라고 하였다. 그들은 이러한 성찰을 통한 내적 전환으로서의 의식 형성 과정인 추상적 개념화와 외적 전환으로서의 행동 표출 과정인 행동의 발생은 코치와 코치이가 상호 교류하는 구체적인 경험을 통해서 이루어진다고 하였다. 즉, Kolb(1984)가 제시하는 학습 사이클에 의한 경험 학습이 조직에서 제대로 이루어지기 위해서는 코칭이 개입되어야 함을 시사하는 것이다. 결국 코칭은 조직 구성원의 경험 학습 가운데에서 경험 학습의 각 단계가 다음 단계로 넘어가는 것을 돕는다. 그리고 그것의 성패는 코칭에 의해서 좌우되는 것이다. 이를 통해 코칭과 경험 학습은 불가분의 관계임을 알 수 있다.

코칭과 전환 학습과의 관계를 살펴보면, 코칭에 임하는 조직 내외의 사람들은 기본적으로 그들의 현재 상황이 개선되고 향상되기를 바란다. 따라서 그들의 현실을 진단한 뒤 계획을 수립하고 그것을 실행한다. 이 과정에서 인식의 전환이 이루어지면서 그들의 역량은 증가한다. Duffy(2002)는 학습 능력과 리더십 신뢰를 향상시키는 개인 코칭의 역할 연구에서 코칭이 가지고 있는 전환 학습을 촉진하는 잠재력을 논하면서 코칭 상황을 상호 신뢰, 학습 윤리와 창조의 집합체를 특징으로 하는 독보적인 영역으로 정의하였다. Hargrove(2003)는 코칭에서의 전환 학습은 결과가 평가되는 전략의 기획과 실천 행동을 통하여 발생한다고 하였다. 그는 코치들이 새로운 가능성을 선언하고 사람들로 하여금 과거의 경험에 기초하여 기존에 알고 있거나 생각하고 있는 것을 뛰어넘게 하는 전환 학습에 개입하여야 함을 강조하였다.

전환 학습은 코칭에 의해서 촉진되고 이 때문에 조직 구성원의 의식 변화가 긍정적으로 가속화된다. 이런 관점에서 볼 때 전환 학습에서 코칭의 역할은 지대하다. 한편, 코칭 리더십은 학습조직에도 영향을 미치고 있는 것으로 볼 수 있다. Watkins와 Marsick(1993, 1996)은 학습조직을 '끊임없는 향상을 위해 지속적인 학습과 스스로 변화할 수 있는 역량을 가진 조직'이라고 정의하였다. 그들의 모델에서 학습조직은 계속 학습, 질문과 대화, 팀 학습, 시스템 축적, 시스템 연결, 임파워먼트, 리더십 지원 등의 일곱 가지 요인으로 구성된다. 또한 학습조직을 개인 학습의 총합이 아니라 조직의 각각 다른 수준에서 발생할 수 있는 과정으로 보고, 개인의 지속적인 학습만으로 학습조직이 구축되기에는 충분하지 않으며 학습을 지원하고 장려하는 역량을 보유해야 함을 강조하였다. 즉, 개인 학습에서 더 나아가 팀 학습, 조직 학습이 장려되는 학습 문화가 형성되어야 학습조직이라고 할 수 있다.

한편, 코칭이 학습 효과의 극대화라는 측면에서 학습에 대해 지원적이고 촉진적인 입장을 견지하고 있다는 점을 바탕으로 코칭 리더십과 학습조직 요인의 긍정적 관계를 추정하는 것이 가능하다. 이러한 관점에서 볼 때 방향 제시, 개발, 수행평가, 관계의 코칭 리더십의 네 가지 구성 요소는 학습조직의 구축 요인에 영향을 줄 수도 있다. 즉, Yang(2003)이 분류한 학습조직의 사람 수준에 속하는 계속 학습, 질문과 대화, 팀 학습, 임파워먼트와 구조 수준에 속하는 리더십 지원이 코칭 리더십에 의해 영향을 받을 수 있기 때문이다.

이상에서 살펴본 바와 같이 코칭은 학습 및 학습조직과 밀접한 관련성을 가지고 있다. 코칭은 그 자체가 학습이고 다양한 학습을 촉진하여 학습 효과를 극대화하는 역할을 수행하고 있으며, 더 나아가 코칭 리더십은 학습조직의 일곱 가지 구축 요인에도 긍정적인 영향을 미치고 있다.

코칭 리더십과 문제해결 능력

Spivack과 Shure(1974)는 문제해결 능력을 대인 관계 중심으로 접근하면서 일상생활에서 야기되는 대인 관계의 다양하고 새로운 문제를 효과적으로 해결하는 기술이나 방법을 발견하고 창조하는 능력이라고 보았다. D'zurilla와 Nezu(1990)는 문제해결 능력은 각 개인이 일상생활에서 문제의 상황에 직면했을 때 효과적이고 적응적인 대처 방안을 찾아내려는 개인의 인지적 · 정서적 · 행동적 능력이라고 정의하였다.

Cropley와 Urban(2000)에 의하면 문제해결에서 '해결'은 두 가지 의미로 해석된다. 하나는 현재의 상황에서 어려움이나 장애가 되는 요소를 제거하는 수준이고, 또 다른 하나는 현재의 상황을 더 효과적으로 다루는 데 필요한 문제를 예견, 가정하는 경우를 말한다. 따라서 문제해결 능력은 '문제해결'이라는 소극적인 의미와 '상황 개선'이라는 적극적인 의미를 동시에 가지고 있다고 할 수 있다. 이처럼 학자들은 조직 구성원의 문제해결 능력을 향상시키는 데 있어서 코칭 리더십이 긍정적인 영향을 미치는 것으로 보고 있다. Srivastava와 Bartol, Locke(2006)는 리더들이 코칭 리더십을 통해 조직 구성원이 문제를 해결할 수 있도록 도와줌으로써 문제해결에 대한 영향력을 강조하였다. Smither와 London, Flautt, Vargas, Kucine(2003)의 실험 연구에서도 코칭이 업무 능력과 실행 능력을 향상시킨다는 것을 밝혔는데, 이와 같이 업무 능력은 포괄적으로 문제해결 능력과 관련성이 크다는 것을 알 수 있다.

이상 여러 연구 결과와 같이 코칭 리더십이 문제해결 능력에 긍정적인 영향을 미치고 있다는 것을 알 수 있다.

코칭 리더십과 조직 유효성

조직 유효성(organizational effectiveness)은 조직이 얼마나 효과적인지를 나타내는 개념으로, 조직의 성과를 표시하는 기준이라고 할 수 있다(신유근, 1997). 그러나 조직 유효성의 개념은 아직도 발전 단계에 있으며, 수많은 조직 유효성에 관한 논의에도 불구하고 개념, 결정 요인, 평가척도에 대한 합의가 이루어지지 않고 있다. Robbins(1983)는 조직 유효성을 달성하려는 접근 방법으로 목표 달성 접근법, 체계적 접근법, 전략적 환경 요인 접근법을 제시하였다. 목표 달성 접근법은 목표 달성을 조직 유효성의 평가 기준으로 보는 접근 방법으로서, Price(1977)는 조직 유효성을 조직의 목표 달성도로 정의하고 생산성, 사기 등을 하위 요인으로 제시하였다. 체계적 접근법은 목표 달성에 필요한 수단을 중시하는데, Schein(1985)은 시스템이 수행하고 있는 기능과 관계없이 그 시스템이 지니고 있는 생존, 적응, 유지, 성장 능력으로 보았다. 전략적 환경 요인 접근법은 조직 유효성을 전략적 환경 요인, 즉 이해 관계자의 조직에 대한 평가라는 관점에서 보는데, Jones(1995)는 이해 관계자의 목표를 얼마나 충족시켜 주는가에 따라 조직 유효성이 평가되어야 한다고 주장하였다.

Dalton 등(1980)은 조직 유효성의 측정 지표를 경제적 성과와 심리적 성과로 구분하였다. 경제적 성과 지표에는 수익성, 성장성, 생산성 등이 포함되며, 심리적 성과 지표에는 직무 만족, 조직 몰입, 구성원의 사기 등이 속한다. 이렇게 조직 유효성과 관련하여 코칭 리더십의 중요성이 점점 더 커지는 이유는 리더의 코칭 리더십을 통해 조직 구성원이 자발적으로 동기를 부여하게 되어 조직에 몰입할 수 있는 것이 확인되었기 때문이다(정진우, 2004; Hackman & Wageman, 2005; Phillips & Richard, 1994; Whitmore, 2002). 리더의 코칭 역할 수행은 조직 구성원의 직무 만족, 조직 몰입 등에 긍정적인 영향을 주는 것으로 보고되고 있다(Aldag & Kuzuhara, 2002; Hunt & Weintraub, 2002; Whitmore, 2002).

이상에서 살펴본 바와 같이 코칭 리더십이 조직 유효성에 긍정적인 영향을 미치고 있음이 확인되었다.

코칭 리더십 개발

코칭 리더십을 개발하기 위해서는 코칭 리더십 철학을 이해하고,

코칭 리더십 프로세스를 실행하며, 다양한 코칭 리더십 스킬을 적극 실천해서 습관화하는 것이 중요하다.

코칭 리더십 철학

코칭 리더십을 개발하기 위해서 코치(Coach)는 먼저 다음과 같은 세 가지 철학을 지니고 있어야 한다. 이러한 철학이 있어야만 효과적으로 코칭을 할 수 있고, 코칭 리더십 또한 개발할 수 있다.

첫째, 모든 사람에게는 무한한 가능성이 있다는 것을 믿는 것이다. 즉, 코치는 코치이를 진정으로 신뢰해 주고 코치이의 무한한 가능성을 믿으며 코치이가 자신의 능력이나 가능성을 최대한 발휘할 수 있도록 지원해 주어 궁극적으로는 코치이가 자아를 실현해 나갈 수 있게 해 주는 것을 의미한다.

둘째, 필요한 해답은 모두 그 사람 내부에 있다고 믿는 것이다. 이는 코치이가 미처 깨닫지 못한 해답을 스스로 찾아 내도록 코치가 지원함으로써 코치이 스스로에게 해답이 있다고 믿도록 지원해 주는 것을 말한다. 이때 코치는 코치이 스스로가 해답을 찾을 수 있도록 지원해 주기만 하면 되는 것이다.

셋째, 해답을 찾기 위해서는 파트너가 필요하다고 믿는 것이다. 즉, 코치는 코치이가 스스로 자기 내부에 있는 해답을 찾을 수 있도록 다양한 질문을 효과적으로 해 주는 역할을 수행해야 한다.

코칭 리더십 프로세스(GROW)

코칭 리더십을 발휘하기 위해서는 코칭 대화 시에 코칭 프로세스를 따르는 것이 효과적이다. 여러 가지 코칭 프로세스가 있지만 여기서는 GROW 코칭 프로세스를 간단히 살펴보고자 한다.

GROW의 첫 번째 단계는 Goal(목표 수립)이다. 이는 코치와 코치이가 공감대를 형성한 후, 코칭의 방향과 목표를 세우고 코칭 주제를 정하는 단계다. 두 번째 단계는 Reality(현실 파악)다. 이 단계는 코치이가 처해 있는 현재 상황이나 상태를 분석하고, 목표와 현실 간의 차이를 확인하는 단계다. 세 번째 단계가 Option(대안 탐색)이다. 여기서는 주어진 특정한 상황을 현재보다 향상시키기 위해 다양한 해결 방안을 비교·검토·분석해 보고 최종 실행안을 결정하는 단계다. 네 번째 단계는 Will(의지 확인)이다. 이는 실행안을 적극 실천하여 향상된 성과나 행동 변화를 이룰 수 있도록 상호 간의 결의를 확인하는 단계다.

GROW 코칭 프로세스를 따르면 그렇지 않은 경우보다 훨씬 더 생산적인 결과를 나타낼 수 있다. 이는 코치와 코치이가 동일한 목표를 갖고 한 방향으로 코칭 과정에 참여할 수 있고, 더불어 코칭의 성과를 점검할 수 있는 기회를 제공받기 때문이다.

한편, 코칭 프로세스에 따라 코칭 대화를 진행하게 될 때 특히 유의할 점은 코치가 코치이보다 말을 더 많이 하지 말아야 한다는 점이다. 코치는 적절하고 다양한 질문을 통해 코치이가 스스로 해답을 찾아갈 수 있도록 지원하고, 코치이의 말에 공감적으로 경청해 주어야 한다.

코칭 리더십 스킬

코칭 리더십을 효과적으로 발휘하기 위해서는 코칭 대화 시에 질문 스킬, 경청 스킬, 피드백 스킬을 상황에 맞게 적절히 사용하는 것이 중요하다. 여기서는 이러한 코칭 스킬을 간단히 살펴보기로 한다.

먼저, 질문 스킬은 코치이의 생각을 여는 스킬이라고 볼 수 있다. 효과적인 질문 스킬에는 개방 질문, 미래 질문, 긍정 질문 세 가지가 있다. 개방 질문은 코치이의 의식 속에 있는 해답을 스스로 찾아 나갈 수 있도록 하기 위한 유효한 질문 형태다. '예' '아니요' 등으로 답할 수 없는 질문 또는 가장 소중하게 여기는 인생의 가치는 무엇인가?" 등과 같은 질문이 개방 질문이다. 미래 질문은 "앞으로 어떻게 진행하고 싶은가?" 등과 같이 코치이의 미래의 가능성에 초점을 두고 하는 질문이다. 이는 '지금까지 왜 그렇게 해 왔는가?' 처럼 과거 지향적인 질문보다 훨씬 더 효과적이라고 할 수 있다. 끝으로 긍정 질문은 부정적인 의미가 없는 질문 형태를 말한다. '왜 일이 순조롭게 진행되지 않는가?' 와 같은 부정 질문을 '어떻게 하면 일이 순조롭게 진행될 수 있겠는가?' 같은 긍정 질문으로 바꾼다면 코치이의 의식을 긍정적인 방향으로 유도할 수 있다.

다음은 경청 스킬이다. 경청 스킬은 코치이의 마음을 열게 하는 스킬이다. 여기서 경청이라는 것은 단순히 귀로 듣는 것이 아닌 마음으로 공감하며 경청하는 공감적 경청을 의미한다. 공감적 경청은 코치이의 이야기를 비판이나 판단 없이 그대로 수용하고 코치이의 감정을 진심으로 이해하려고 노력하는 태도로 의사소통에 몰입하는 것을 말한다. 올바른 공감적 경청을 위해서는 코치이를 향해 몸을 돌리고, 눈을 마주치고, 적절하게 맞장구를 쳐 주는 것과 같은 스킬이 필요하다. 또한 코치이가 한 말을 다르게 표현하여 반응해 주거나 코치이의 말 중에서 감정과 관련된 부분을 바꾸어 반응하는 것도 효과가 있다. 하지만 경청 스킬 이전에 코치이의 감정을 진정성 있게 공감하려는 마음 자세가 더욱 중요하다.

끝으로 피드백 스킬이다. 피드백 스킬은 코치이의 행동을 열게 하는 스킬이다. 코치이에게서 개선이 필요하거나 더욱 잘할 수 있는 부분이 있을 경우 구체적으로 적시에 상황에 맞추어 간결하게 피드백을 해 주는 것이 중요하다. 피드백 스킬은 긍정적 피드백과 발전적 피드백으로 구분되는데, 긍정적 피드백은 코치이의 자신감을 강화시켜 주는 칭찬과 인정이며, 발전적 피드백은 코치이에게 발전이 필요한 부분을 구체적으로 언급하여 그가 실행 계획을 세울 수 있도록 도움을 주는 피드백을 말한다. 피드백을 할 경우 긍정적 피드백과 발전적 피드백을 균형적으로 적절히 해 주는 것이 중요하다. 또한 발전적 피드백이 코치이를 성장시켜 줄 좋은 기회가 된다는 점도 알아야 한다. 발전적 피드백을 해 줄 경우 진심으로 나를 위해 피드백을 해 주고 있다는 느낌과 믿음을 코치이가 가질 수 있도록 특별히 신경을 써야 한다.

요 약

코칭은 기업 관리자와 구성원 간의 신뢰 관계를 바탕으로 구성원의 역량을 개발하고 조직 성과를 향상할 수 있는 효과적인 방법으로 확인되고 있다. Whitmore(2002)는 코칭을 조직 구성원 스스로 가능성을 인지하게 하여 무엇을 배워야 하는지를 알게 하고 역량을 개발하고 높일 수 있게 하는 동시에 일에 대해 동기를 부여함으로써 몰입할 수 있게 해 주는 것으로 보았다.

코칭은 리더에게 필요한 능력이라는 측면에서 리더십과 직접적으로 관련이 있다(Grant, 2007). 즉, 조직의 리더와 구성원 간의 파트너적 관계를 바탕으로 리더가 조직 구성원에 대해 영향력을 발휘할 수 있는 리더십으로서 코칭 리더십의 개념이 생성되었다. Haberleiter(2002)는 코칭 리더십을 조직 구성원이 스스로 가능성을 인지하고 확대하여 능력과 의욕을 높일 수 있게 하는 리딩 방식이라고 하였다. 즉, 코칭 리더십을 임무를 스스로 완수하고 문제를 해결할 수 있도록 조직 구성원의 학습 능력을 키워 주는 리더십으로 보았다.

현재까지의 많은 연구 결과에 의하면 코칭 리더십은 학습조직, 문제해결 능력, 조직 유효성과의 상호 관계에서 긍정적인 영향을 미치고 있음이 확인되었다. 한편, 이러한 코칭 리더십을 개발하기 위해서는 코칭 리더십 철학, 코칭 리더십 프로세스, 코칭 리더십 스킬을 잘 이해하고, 이를 적극 실천해 나가는 것이 중요하다.

코칭 리더십은 개인과 조직의 발전은 물론 사회의 발전을 위해서도 반드시 필요한 현대 리더십의 젖줄과도 같다. 개인들이 무한한 가능성을 발휘하여 자아를 실현할 수 있도록 도움을 줄 수 있는 코칭 리더십이야말로 21세기 리더들의 최고의 덕목이 되어야 할 것이다.

성찰질문

1. 조직에서 코칭 리더십을 개발하기 위해 실시하는 교육의 효과성을 높일 수 있는 방법에는 어떠한 것들이 있는가?
2. 코칭 리더십 교육을 받은 리더들이 현업에 잘 적용하고 있는지를 효과적으로 측정할 수 있는 방법은 무엇인가?

사례 연구

당신 팀은 전년도 성적이 전국 영업팀 가운데 하위권에 머물렀기에 금년에는 반드시 팀 목표를 100% 달성하여야 하는 절박한 상황이다. 당신의 팀은 다음과 같은 네 명의 팀원으로 구성되어 있다.

팀의 최고참인 박 차장은 다른 팀으로 이동하고 싶어 한다. 본인이 해낸 일에 대해 인정을 못 받고 있다고 생각하기 때문이다. 그래서인지 매사에 의욕이 없고 불평이 많은 스타일이다.

김 과장은 긍정적인 마인드로 열정을 갖고 업무에 몰입하고 있으며, 뛰어난 개인 성과 달성으로 당신의 신임을 받고 있다.

이 대리는 꼼꼼하고 치밀하지만 성격이 다소 내성적인 탓에 다른 사람들과 커뮤니케이션을 잘하지 못한다. 이로 인해 다른 부서와 문제가 생겼을 때는 수습이 잘 안 된다.

유 주임은 현재의 업무를 인수받아 일을 시작한 지 한 달이 채 되지 않았다. 의욕적으로 열심히 하지만 업무상 실수가 잦다.

팀장인 당신은 팀원을 격려하고 사기도 높여 줘야 한다.

당신은 개인별 업적 향상을 위해 팀원을 위한 코칭을 실시해야 한다.

당신은 어떻게 코칭 리더십을 발휘하여 팀원을 코칭할 것인가?

13

창의적 리더십

수많은 기업이 급변하는 경영 환경 속에서 지속적 경쟁 우위 확보를 위하여 다양하고 지속적인 혁신 활동을 추진하고 있다. 과거의 혁신 활동이 주로 운영 효율을 개선하기 위한 경영 혁신 활동에 초점을 맞추어 왔다면, 최근에는 경쟁 구조를 극복하고 지속 가능한 경영을 위한 새로운 비즈니스 모델 발굴과 차별화된 서비스 및 상품 개발을 위한 아이디어 도출 등 개인 및 조직의 창의성을 발휘하기 위한 활동이 활발하게 이루어지고 있다. 창의적 발상 없이는 생존할 수 없다는 위기 의식의 팽배함 속에서 애플(Apple), 구글(Google), 피앤지(P&G), 지이(GE) 등 세계적 기업을 중심으로 '창조 경영'이나 '상상력 경영'을 경영 화두로 내세우는 기업들이 나타나고 있다(박재성, 2010).

이러한 창조 경영을 위한 혁신 행동의 변화는 새로운 패러다임이 필요하며 기존의 전통적 리더십 이론보다 새로운 리더십을 필요로 하게 되었다. 그중 가장 주목받고 있는 리더십은 기업의 혁신성과 유연성을 강조하는, 즉 경영 조직에 적합한 창의적 리더십이라 할 수 있다. 기업들은 더는 통제 중심의 전통적인 관리로 조직 구성원의 잠재된 능력을 이끌어 낼 수 없기에 자율 중심의 현대적 관리를 통해 구성원에게 정서적 영향을 미치고 혁신 행동을 이끌어 낼 수 있는 창의적 리더십이 자연스럽게 부각되었다.

이 장에서는 창의적 리더십의 개념과 특징, 구성 요소, 효과와 실천 방법 등을 통합적인 관점에서 제시하고, 창의적 리더십을 개발하기 위한 다양한 방법을 살펴본다.

창의성에 대한 이해

우리가 생각하는 창의에 대한 인식은 대부분 발달 이론이 창의성과 관련 있는 시기를 아동기와 청소년기로 기술한 것과 같이 어린아이에게로 국한하여 생각하는 것이 보편적이다. 조금 더 진화하여 생각하는 것이 과학 관련 영역 내에서 창의적 성취를 발현하는 과학적 창의성이나 예술 관련 영역 내에서 창의적 성취를 발현하는 것을 칭하는 예술적 창의성에 관한 것으로 대개 전문가에 국한하여 생각하는 정도다.

고대 철학자들은 창의성에 대하여 개인이 태어날 때부터 가지고 있는 비범한 재능으로 인식했다. 그러다가 르네상스와 계몽주의 시대를 겪으면서 조금씩 변하여 개인의 놀라운 상상력의 발현으로 정의하게 되었다. 즉, 인간의 창의성은 대부분의 사람이 가지고 있는 것으로, 신이 내린 능력이 아닌 개인의 놀라운 상상력의 발현으로 인식이 변화하게 된 것이다(강정하, 최인수, 2008).

이처럼 창의가 소수만이 가지고 있는 특별한 능력이 아니라 모든 인간이 창의적 잠재력을 갖추고 있다는 인식과 더불어 창의적 사고는 인간이 갖추어야 할 중요한 능력으로 인정되어 왔다. 오늘날 인류가 누리는 문명도 남과 다르게 생각하는 창의적인 사람들의 발상에서 비롯된 것이다(유영만, 2010).

창의성이란 연구자의 관점이나 접근 방법에 따라 다양하게 정의할 수 있기 때문에 하나로 일치된 정의를 내리기는 어렵다. 인지심리학자들은 창의성을 하나의 아이디어를 재구성하거나 아이디어를 조화시켜 새롭고 더 좋은 아이디어를 생산하는 데 중점을 두어 창의성은 인지적 능력임을 강조하였다.

Jones(1972)은 창의는 사고자(thinker)가 자신과 다른 사람들에게 만족을 줄 수 있는 차별적이고 생산적인 과정 또는 결과를 얻기 위해 일상적인 사고의 과정을 벗어 던지도록 하는 아이디어의 유연성, 원초성과 민감성의 조합이라고 정의하였다.

Levitt(2002) 역시 창의는 아이디어를 생성하는 것으로 어느 정도의 환경과 자극이 제공되면 거의 누구나 아이디어를 낼 수 있다고 하였다. 특히 그는 조직의 창의성을 높이기 위해서는 업무의 정형화를 벗어나는 것이 중요하며, 단순히 아이디어가 있다는 것이 사업이나 조직적인 의미에서 일을 성취한다는 것을 의미하는 것이 아니라 아이디어를 직접 실행해야 기업의 목표는 현실이 된다고 하였다. 즉, 조직이 창의만 가지는 것으로 기업의 목표를 달성할 수 있는 것이 아니라 현실성 있는 실행력이 필요하다고 하였다.

Stein(1968)은 창의성을 사회와의 관계성에서 정의하기도 하는데, 사회와의 관계성은 창의성이 그것이 드러나는 문화에 의해서 정의될 수 있다고 하였다. 이는 곧 창의적으로 신기하고 독특한 것은 제 시대에 맞는 집단에 의해 거부될 수도, 유용하게 받아들일 수도 있다는 것이다. 같은 맥락으로 김광웅(2009)은 창의성이란 개인의 능력에서가 아니라 당대의 역사적 흐름이나 문화 맥락에서 비롯될 수 있으며, 여기서 비롯되는 창의성은 생각과 실제 사이의 괴리를 줄이기 위해 상황을 재구성하려는 변혁의 의지를 표현하려는 리더십으로 발휘될 수 있다고 하였다.

창의성이 실제적 문제해결력과 사회적으로 유용한 개인의 보편적 특성으로 받아들이게 된 것은 종전 후, 창의적 문제해결 능력에 대한 수요가 급증하고, 효율적 사고 훈련으로 문제해결력을 향상하기 위한 교육과 측정에 사회적 관심이 높아지기 시작하면서부터였다. 대표적으로 Guilford(1967)는 확산적 사고를 창의성의 기본이 되는 사고 유형으로 보고 소수의 '비범함' 보다는 현장에 적용 가능한 '보편적 특성' 으로서의 창의성을 강조하였다.

그 후 본격적으로 창의성이 인지적 문제해결 과정의 개념이라 정의하기 시작한 것은 1990년대 이후부터였다. 심리학자인 Torrance 교수는 생존의 필수적인 역량으로서 창조성의 중요성을 강조한 학자다. 그는 미 공군으로부터 기아와 위험의 극한 상황에서도 생존할 수 있는 능력을 키우는 훈련 프로그램을 개발해 달라는 요청을 받는다. Torrance는 그러한 경험을 했던 다양한 생존자를 만나 인터뷰하였다. 그런데 이 과정에서 발견한 생존에 가장 필수적인 요소는 경이롭게도 '창의성'이라는 사실을 알게 되었다(조직창의성연구회, 2007). Torrance(1989)는 인간이 어떤 문제, 지식의 결핍 및 부조화 등에 직면함으로써, 그 상황에서 문제점을 찾아내어 해결책을 탐색하여 여러 번 검증을 거듭하는 과정에서 창의를 발휘한다고 하였다. 또한 인간은 일상생활에서 직면하는 문제를 해결하기 위하여 개인 나름의 독특한 방법으로 창의를 발휘한다는 것이다. 유영만(2010)은 창의적 아이디어는 절체절명의 위기 상황, 더는 참을 수 없는 한계 상황에 직면했을 때, 즉 이제까지 경험해 보지 못한 낯선 환경적 자극이 왔을 때 발휘한다고 하였다.

결국, 창의성은 개인의 극한 상황에서는 물론이고 세상의 변화에 적응하는 과정의 표현으로, 다양하고 복잡한 문제를 빠른 시간에 해결해야 하는 현대사회 생활에서 필수적인 요소라 할 수 있다. 이러한 의미로 개인은 사회와 문화에서 가치를 부여할 수 있는 물건이나 아이디어뿐만 아니라 문제를 해결하기 위해 새로운 의견을 생각해 내는 능력을 통해 생산적 사고력과 같은 창의적 능력을 발휘할 수 있다.

창의적 리더십의 개념과 특징

복잡하고 빠른 패러다임의 전환을 요구하는 사회에서 리더의 역할에 요구되는 필수적 역량은 창의성으로서 그 속에 생존하는 개체에 새로운 적응과 문제해결을 위한 창의적 리더십을 필요로 하고 있다. 특히 급속히 변하고 있는 경영 환경 속에서 불확실성이 높아질수록 시스템이나 구조와 같은 하드웨어적 요인보다는 구성원의 지식, 창조성과 같은 소프트한 요인이 더욱 중요해진다. 창의적 리더십은 새로이 생긴 개념이 아니라 리더에게 조금 더 열린 자세로 소통하는 정서적으로 통합된 리더십을 요구하는 것이며, 기존의 생각과 행동양식을 새롭게 하는 것으로 전통적인 리더십과 다르다(김광웅, 2009).

창의적 리더십이 효과적으로 발휘하기 위한 매개변수로는 신뢰, 정서적 지능, 동기 부여, 권한 위임, 집단 효능감, 비전 제시, 개별적 배려 등이 탁월한 능력을 보이는 것으로 나타나고 있다. 또한 창의적 리더십은 조직의 경영에서 유연성과 혁신성이 강조되면서 조직 구성원의 잠재된 능력을 이끌어 내기 위한 자율 중심의 현대적 관리 방법이라 할 수 있다. 창의적 리더십은 구성원의 자아 개념, 자기 효능감, 자기 존중에 긍정적 영향력을 발휘하여 직무 만족, 심리적 임파워먼트, 혁신 활동 등에 중요한 효과로 나타나고 있으며, 궁극적으로는 기업의 경영 성과에 지대한 영향을 미친다.

그동안의 전통적 리더십 이론들은 대부분 리더와 추종자 간의 합리적 과정의 중요성을 강조하였으나, 1980년대 들어오면서 리더십 분야의 연구자들은 이러한 합리적 과정보다는 감정과 가치관의 중요성을 강조하는 창의적 리더십에 관심을 두게 되었다(이상범, 2009). 과거 리더십의 관점이 이성과 합리성을 중시하여 의사 결정이나 문제해결을 하였다면, 오늘날 리더십은 정서적 측면인 타인과의 관계, 자기 인식, 내적 동기, 개방성 등을 강조하게 되는 창의적 리더십의 필요성을 인식하게 되었다.

그러나 리더십을 연구하는 학자들은 창의적 리더십의 개념이 기존의 카리스마적 리더십이나 전략적 리더십과 다른 것이 무엇인가에 의문을 제기한다. Bass(1985)는 조직에서 카리스마가 창의적 리더십의 필수 구성 요소라고 제안했지만, 카리스마가 있는 리더가 꼭 창의적이 될 수는 없다고 하였다. 〈표 13-1〉을 통해 창의적 리더십과 카리스마적 리더십의 차이를 알 수 있다. 두 리더십의 차이점을 분석해 볼 때 창의적 리더와 카리스마 리더는 각 리더십이 좀 더 적합한 상황에 따라 다름을 알 수 있다.

〈표 13-1〉 **창의적 리더십과 카리스마 리더십의 차이점**

창의적 리더십	카리스마 리더십
• 구성원이 발전하고 고양되는 것을 추구 • 구성원으로 하여금 자율적, 자기 지시적, 자아 실현적이고 이타적이 되도록 격려 • 급변하고 불확실한 환경에 대한 적응력과 업무에 대한 창의력 및 구성원의 자발성과 책무성이 요구되는 상황에서는 적합	• 구성원을 의존적으로 만들고 이상에 대한 몰입보다 개인적인 충성을 얻으려 함 • 구성원으로 하여금 복종하고 신뢰하게 하는 리더십 • 구성원은 리더를 비범한 존재로 지각 • 위기의 상황에서는 카리스마 리더십이 더 적합

출처: 이상범(2009), p. 25.

조직창의성연구회(2007)는 창의적 리더십에 대하여 리더가 창의적인 잠재력을 지니고 있으며, 조직 구성원의 창의적 잠재력을 자극할 수 있는 리더십으로 정의하였다. 창의성에 대하여 새로움에 대한 개인의 내적 동기와 창조적 사고 기술로 정의하여, 리더의 영향력을 개인적 측면과 사람들과의 관계 측면의 특성을 통하여 [그림 13-1]과 같은 창의적 리더의 네 가지 역할을 제시하였다.

첫째, 개인 수준에서 내적 동기에 의한 것은 도전가(challenger)의 역할로서, 자신의 내적 동기와 열정으로 새로운 접근과 모험을 주도하는 것이다. 기업에서 중간 관리자 이상의 리더들은 보수적이거나 안정 지향적인 경우가 있다. 이런 안정 추구에서 벗어나 새로운 도전을 주도하는 것이 창의적 리더의 역할이다. 경영 환경의 변화로 조직 행동은 빠른 합리적인 결정을 위한 창조적 문제해결을 요구한다. 기존에는 상부에서 내려오는 명령에 수동적으로 따르기만 하던 중간

	개인	관계
열정 (내적 동기)	도전가 (challenger) 열정과 도전	후원자 (sponsor) 권한 부여
창의적 사고 기술	아이디어 생성자 (idea generator) 발상의 전환	촉매자 (catalyst) 창조적 시너지

[그림 13-1] 창의적 리더의 네 가지 역할

출처: 조직창의성연구회(2007), p. 39.

관리자들에게도 리더십 발휘를 필요로 하게 되었다. 스스로 문제의 해법을 강구해야 함은 물론 자신의 구성원이 목표 달성에 집중할 수 있도록 동기도 부여해야 하는 상황이 되었다(하태수, 2007).

둘째, 개인 수준에서 창의적 사고 기술에 의한 것은 아이디어 생성자(idea generator)의 역할로서, 이러한 특성을 갖춘 리더는 항상 새로운 사고와 역발상적인 사고가 가능하다. 확산적 사고, 수평적 사고와 우뇌적 사고가 요구되며 시대의 변화를 남들보다 앞서 보는 안목이 있어야 한다.

셋째, 관계 수준에서 내적 동기에 의한 것은 후원자(sponsor)의 역할로서, 조직의 구성원에게 내적 동기화를 가능하게 하며 비전과 미션을 제시하고 공유한다. 더불어 구성원에게 권한을 부여하여(empowerment) 자신이 하는 일에 대한 의미나 역량을 깨닫고 자율적으로 결정을 내릴 수 있도록 한다.

마지막으로 구성원과의 관계 수준에서 창의적 사고 기술에 의한 것은 촉매자(catalyst)의 역할이다. 이는 구성원의 창의적 사고를 자극하여 집단 수준의 창의적 시너지가 일어나도록 촉진하는 것을 의미한다. 집단적 수준의 아이디어 발상은 구성원 간의 자극 주기, 소수집단의 의견을 적극 경청하기, 제안한 아이디어에 대한 효과적인 피드백을 제공하는 것이 필요하다. 이러한 문화를 장려하기 위해 학습조직을 결성하도록 하는 것도 하나의 방법이다.

Hughes(1994)는 창의적 리더에 대하여 일상성을 무시하고 혁신적으로 대처하는 사람, 아주 새로운 사명과 산물을 개발한 사람, 자기의 부하 직원을 창의적인 사람으로 만드는 사람, 욕구 좌절을 싫어하며 새로운 아이디어의 실행을 머뭇거리지 않는 사람, 마지막으로 열정적으로 변화를 촉진하는 사람이라 하였다.

이상범(2009)은 창의적 리더십은 조직 구성원의 자긍심, 구성원에 대한 존중, 창의적인 사고와 영감을 이끌어 내는 것을 핵심으로 하는 리더십이라고 하였다. 그는 조직 환경이 급변하는 디지털 시대에서는 더욱더 변화 지향적이고 신속성을 겸비한 리더를 요구하므로 민간 부문(경영자)뿐만 아니라 공공 부문(공직자)에서도 절대적으로 창의적 리더십이 필요하다고 강조하였다.

Burns(1978)는 리더십이란 리더와 팔로우가 서로 이끌어가는 상호 관계의 과정을 의미하므로, 창의적 리더십도 리더와 팔로워 간의 하나의 과정이기 때문에 반드시 리더와 구성원과의 관계만이 아닌 동료 간이나 하위 리더 간의 영향력 과정도 포함된다고 하였다. 이는 창의적 리더십이 조직 내 어느 위치에 있는 사람에게도 발휘될 수 있다는 것을 강조한 것이다.

반면에, Bass(1985)는 창의적 리더십을 리더가 구성원에 주는 영향력의 측면에서 정의하여 리더가 구성원의 고차원적인 욕구를 자극하거나 개인적인 관심을 초월하도록 유도하여 구성원을 변화시키는 것이라 하였다. 이러한 영향력의 결과로 구성원은 리더에 대한 신뢰와 존경을 느끼게 되어 이전보다 더 동기화된다는 것이다.

Knowles(2010)는 리더십 최고의 기능이란 체제 내에 있는 사람들의 에너지를 발산하고, 이 에너지를 상호 간의 이익이 될 수 있는 목표를 향해 방향을 정하는 과정이라 하였다. 이러한 의미로 창의적 리더십이란 자신이 이끄는 사람들의 창의적 에너지를 이끌어 내는 바로 그런 형태의 리더십이다. 그는 창의적 리더가 가지고 있는 행동 특성을 다음과 같이 제시하였다.

첫째, 일반적으로 통제형 리더들이 가지고 있는 인간에 대한 부정적 가정과는 달리 창의적 리더들은 인간을 신뢰하고, 도전적인 기회를 제공하며 이에 관한 책임을 부여한다. 구성원은 자기 자신의 독특한 잠재력이 사용되고 있다는 것을 느끼면 느낄수록 성취감은 더욱더 커진다.

둘째, 창의적 리더는 의사 결정 과정에 구성원을 적극 포함시킨다. 이는 인간이란 의사 결정 과정에 참여하였을 때, 결정 사항에 헌신하여 조직의 효과성을 높일 수 있다.

셋째, 창의적 리더는 자기 충족 예언을 믿으며 이를 활용한다. 이는 피그말리온 효과와 같은 것으로 훌륭한 리더는 구성원으로 하여금 더욱더 우수한 성과를 낼 것이라는 점을 믿고 있다는 것을 인식시켜 준다. 즉, 구성원의 긍정적인 자아 개념을 확립하도록 하여 우수한 성취 효과를 내도록 도와주는 것이다. 기업에서의 피그말리온 효과에 관하여 연구한 Livingston(1969)은 리더가 부하 직원에게 기대수준이 낮으면 생산성도 낮아지며, 능력 있는 리더가 부하 직원에게 높은 기대를 하면 부하 직원의 자신감은 증대되어 능력과 생산성이 향상된다고 하였다.

넷째, 개성을 중시한다. 창의적 리더는 강요된 스테레오 타입에 순응하는 것보다 구성원의 강점, 재능, 흥미, 목표를 기반으로 하여 일을 할 때보다 더 큰 성과를 낸다는 것을 감지한다. 또한 다원적 문화를 거부감 없이 받아들이고 구성원이 각자가 잘할 수 있는 것과 최고로 즐길 수 있는 분야에서 일할 수 있도록 장려한다.

다섯째, 창의적 리더는 구성원의 혁신을 장려하고 보상하는 환경을 제공한다. 그들은 사람들이 실패하고 실험하는 것을 비난받기보다는 새롭게 배울 수 있는 기회로 생각한다.

여섯째, 계속된 변화에 헌신하고, 변화를 관리하는 데 능숙하다. 그들은 자신이 속한 조직을 혁신적으로 만들기 위해 노력한다.

일곱째, 외적인 동기보다 내적인 동기를 더 중요하다고 생각한다. 즉, 창의적 리더는 Herzberg 연구(1959)에서의 동기 요인(motivators)과 불만족 요소(위생 요인, hygienic factors)의 차이를 이해하여 불만족 요소를 최소화할 수 있는 조처를 하지만 만족 요소를 극대화하는 데 자신의 에너지를 쏟는다.

마지막으로 창의적 리더는 구성원이 자기 주도적이기를 권장한다. 그들은 구성원이 자기 주도적으로 변하는 과정에서 기꺼이 촉진자로서, 컨설턴트로서 역할을 한다.

창의적 리더십을 발휘하고자 할 때 주목하여야 할 점은 가장 중요한 혁신은 어떤 문제나 기회에 가장 근접한 사람들에 의해서 이루어진다는 것을 인식하여, 구성원으로 하여금 창의를 발휘할 수 있는 환경을 구축하여 주는 것이다. 이러한 인식의 출발은 무엇보다 리더가 창의적인 사람을 잘 선정하여 창의성을 발휘할 수 있도록 기회를 부여하는 것이라 할 수 있다. 과거 기업에서는 창의성에 대한 고정관념 중의 하나로 '외로운 발명 영웅'이라는 용어가 사용되었는데, 이는 기업이 일부 몇 사람에게만 상당한 자원을 투자하고 창의에 관한 많은 권한을 넘겨 주었던 것을 의미한다. 이 사례는 창의성은 특별한 사람만 발휘할 수 있다는 오해에서 비롯된 것으로, 오늘날의 기업의 성과는 한 개인의 아이디어로 발휘되기보다는 다수의 노력으로 일궈낸 경우가 더 많다(조직창의성연구회, 2007). 개인의 다양한 창의성을 융합하여 조직 창의성의 시너지 효과를 창출하는 창의적 조직으로의 발전을 이룬다는 것이다. 그러므로 기업의 리더는 조직 구성원의 창조적 잠재력을 이끌어 낼 수 있도록 고정관념에서 탈피하여 진정한 창의적 리더십을 발휘하여야 한다.

이상에서 창의적 리더십이란 리더가 창의적인 잠재 능력과 비전을 가지고 조직 구성원의 창의적인 사고가 가능하도록 격려하여 공동의 목표로 이끄는 과정이라 하겠다. 이는 창의적 리더십이야말로 구성원의 개인적 능력 계발과 사회적 개방성 향상에 집중하도록 하는 리더십으로, 미래의 복잡한 문제 상황의 해결에 더욱 적합한 혁신성을 강조하는 리더십이라 할 수 있겠다.

창의적 리더십의 역량

창의적 리더십은 지금의 생각과 행동 양식을 새롭게 하는 것으로 전통적인 리더십과는 다르지만, 전혀 새로운 것을 의미하는 것은 아니다. 창의적 리더십에 대한 정의를 간단히 요약하면 '권한과 책임을 공유하는 리더십' '관계의 리더십' '과학 기술의 변화를 미리 알고 미래를 바로 볼 줄 아는 미래 리더십' '복합성을 인지하고 융합적 사고를 하는 리더십' 등으로 표현할 수 있다(김광웅, 2009). 그렇다면 이러한 창의적 리더십은 어떠한 역량을 개발하여 실천할 수 있을까? 학자들은 창의적 리더에게 필요한 역량에 대하여 다양한 요소를 제안하였다.

하버드 대학교 심리학자인 Amabile(1998)은 창의적 리더에게 필요한 역량으로 전문성(지식과 경험), 창의적 사고 능력, 동기 부여(열정, 내적 동기)의 세 가지 구성 요소를 제안하였다. 김광웅(2009)은 용기, 사회 지능, 지각을 창의적 리더에게 필요한 구성 요소로 보았다. 이경화(2009)는 창의적인 잠재력, 인지적 능력, 창의적인 문제해결 능력을 창의적 리더의 필수요소로 포함했다.

이 장에서는 문제해결 능력, 정서적 지능, 통합적 사고 세 가지를 창의적 리더에게 필요한 요소로 보고, 각각의 역량이 구체적으로 의미하는 바가 무엇인지, 우리에게 필요한 역량이 무엇인지를 살펴보겠다.

창의적 리더에게 필요한 첫 번째 역량은 문제해결 능력이다. 현대사회는 복잡한 문제들로 뒤얽혀 있으며, 인간은 순간마다 변화 속에서 복잡한 문제의 상황에 직면하게 됨으로써 문제해결 능력이 필요하게 된다. 인간은 예측하지 못한 문제를 해결하기 위하여 관련된 정보와 지식을 찾아내어 새로운 시각으로 상황을 재구성하여 전략을 세우며, 이와 관련된 지식을 비교하고 재구성하여 해결책을 내놓는 단계로 진행되는 창의적 사고 과정을 겪는다. 그러나 변화하는 정도가 가속화될수록 문제에 대응할 방법은 줄어들고 있으며, 역으로 문제가 늘어날수록 효과적으로 문제를 해결할 방법은 줄어들기 때문에 현대사회는 문제해결을 위하여 많은 창의력이 필요하다고 할 수 있다(Vergara, 1988).

문제해결 능력에 영향을 주는 다양한 요소 가운데 여러 학자는 대표적으로 수평적 사고, 문제에 대한 인식 및 판단, 대안 평가를 제시하였다. 수평적 사고는 창의력, 통찰력, 참신성, 모호함에 대한 도전 등을 포함하는 것으로, 수평적 사고의 수준이 높은 사람은 폭넓은 창조적인 생각을 하면서 기존의 가정, 견해, 아이디어에 도전하는 특성이 있다. 인식 및 판단은 인지 능력을 이용하여 문제인지를 확인하고 판단하는 능력으로, 인식 및 판단 수준이 높은 사람은 정보의 일관성과 유용성을 판단하기 위하여 자신이 감지하거나 경험했던 것에 주의를 기울여 독자적 판단을 내린다. 대안 평가 및 결정은 자신과 다른 사람들의 경험을 활용하여 대안을 선택하는 데 최선의 결정을 이끌어 내는 능력이다(Warner, 2007). 그러므로 무엇보다 유연하고 창의적인 사고 역량, 문제를 효과적으로 종합하고 해결 방안을 개발하는 역량, 가능성을 통합적으로 분석하고 최선의 결정을 내릴 수 있는 역량 등이 필요하다.

두 번째 역량은 정서적 지능이다. 정서적 지능은 타인의 정서를 인지, 사용, 이해, 관리하는 능력으로, 정서-인지 과정에 초점을 둔 정서적 사고 능력이다(Mayer & Salovey, 1997). 정서적 지능은 자제력, 자기 훈련, 공감적 능력으로 남을 배려하여 공감을 이끌어 내는 능력이다. Mayer와 Salovey는 명석한 사람들이 실패한 원인을 대인 관계에 대한 감수성이나 기술이 부족했기 때문에 그들이 어려움에 빠지게 된다는 것을 연구 결과를 통하여 밝혀냈다. 리더의 덕목으로 명석한 두뇌나 해박한 지식보다 소통 능력이나 균형 감각이 중요하다고 하는 것도 이런 이유에서다(김광웅, 2009). 이러한 정서적 지능은 전통적 인지적 지능과는 달리 교육이나 훈련으로 개발 가능할 뿐만 아니라 보다 균형 잡힌 리더를 양성하고 리더십의 효과성을 높일 수 있는 대안으로 많은 관심을 얻고 있다. 특히 최근의 리더십에 대한 연구가 인지적인 면을 강조하는 전통적 리더십보다 개인의 내면적 정서를 활용하는 리더십이 강조되면서, 리더십과 정서적 지능에 대한 긍정적 관계에 대한 학자들의 연구로도 증명되었다. 리더의 정서적 지능이 조직 구성원의 영감적 동기 부여와 개인적 배려에서 조직 효과성과 혁신 행동을 높이는 중요한 요인으로 작용하는 것으로 나타났다(이화용, 장영철, 2004).

창의적 리더에게 요구되는 세 번째 역량은 통합적 사고 능력이다. 그동안 가지고 있었던 낡은 해법으로는 복잡한 문제를 풀 수 없으며 혁신적인 방법을 도전하는데 장애가 되므로 창의적 리더에게는 새로운 사고 방식이 절실히 필요하다(Jerold, 1994). 정신과 의사인 Rothenberg는 창조적인 사람들은 특정 분야에 관계없이 모두 독특한 사고의 유형이라고 한 '야누스적 사고(Janusian Thinking)'를 가지고 있다고 하였다. 그것은 상호 관련이 없거나 도리어 상충하는 개념들로부터 의미 있는 연결을 찾아내고 개발하는 능력을 말한다. 이러한 사고 방식은 서로 다른 것을 융합해 새로운 과정을 만들어 낼 수 있는 창의적 프로세스의 핵심 능력이라 할 수 있다.

새로운 시대에는 리더가 가지고 있는 힘을 내려놓아야 한다. 이것은 의사 결정, 설득, 토론, 변화를 구성원과 공유하는 것을 의미하는 것으로, 더 많은 힘을 얻기 위한 일이다. 어렵고 복잡한 문제가 잘 풀리지 않는 것은 타인의 생각을 받아들이는 데 마음의 문을 열지 않기 때문이다. 사회가 복잡해질수록 갈등은 잠재하고 있거나 두드러지며 때로는 폭발하기도 한다. 갈등의 원인은 내부적인 심리적 현상이지만 궁극적으로는 희소 자원을 놓고 다투는 경쟁에서 나타난다(김광웅, 2009). 어리석은 리더는 이러한 사회 구성원의 기대와 욕구를 제대로 파악하지 못하거나 착각하기 때문에 통합적 사고를 발휘하지 못한다. 훌륭한 리더가 되기 위해서는 공동의 선을 위하여 지성과 감성을 통합하여 기존에 가지고 있었던 생각의 틀에서 벗어나 새로운 사고를 하는 것이 필요하다.

창의적 리더십의 실천 방법

창의적 리더십에 대한 이해를 통해 창의적 리더는 자신의 잠재력을 개발하고 발휘하려고 노력할 뿐만 아니라, 구성원의 잠재력을 자극하고 개발하여 발휘할 수 있도록 도출해 내는 사람이라는 것을 알 수 있다. 창의적 리더에게는 생각과 실제 사이의 격차를 줄이며, 의미와 상황을 재구성하려는 변혁과 더불어 패러다임을 전환하려는 노력이 요구된다.

지금까지 창의적 리더십의 개념과 특징 및 창의적 리더십에 포함되는 역량 등을 이해하였으므로, 그것을 기반으로 이제 어떻게 창의적 리더십을 실천할 것인가에 대한 방법을 제시하려고 한다. Amabile(1998)의 개인과 조직의 창의 연구, 김광웅(2009)의 창조 리더십과 조직창의성연구회(2007)의 창조적 리더에 근거한 창의적 리더십의 실천 방법을 살펴보겠다.

첫째, 창의성을 발휘하기 위해서는 해당 분야에 대한 전문성을 가져야 한다. 전문성은 주어진 문제를 해결하거나 주어진 직무를 수행하는 데 있어서 인지적 경로를 제시한다(Amabile, 1998). 특정한 분야에서 창조적인 업적을 내는 사람으로 인정받기 위해서는 자신의 분야에서 먼저 충분한 지식을 숙달하여야 한다(조직창의성연구회, 2007). 예를 들어, 두바이의 건축학자는 세계 최고의 창의적인 건물을 건설하기 위해 우선 뜨거운 태양열에 외장재가 견디는 최고의 품질을 선택하는 데 그의 전문적 지식을 동원하였을 것이다. 이처럼 창의성은 전문 지식 영역 안에서 발휘될 때 진정한 가치를 가지며 사회 전체의 창의 수준이 고양될 것이다.

둘째, 창의적 사고 능력이 필요하다. 창조성을 발휘하기 위해서는 우선 자신의 틀을 뛰어넘어 남과 다른 사고와 생각을 하여야 한다(조직창의성연구회, 2007). Guilford는 주어진 정보를 가지고 한 가지

옳은 해답을 찾는 수렴적 사고가 아닌 주어진 정보를 가지고 수많은 답을 만들어 내는 발산적 사고가 창의적 사고의 핵심이라 하였다. 의미상 멀리 떨어져 있는 개념 사이의 연관성을 파악하는 연합적 사고와 더불어 때로는 직관성이나 통찰력도 필요하다.

셋째, 일에 대한 열정이다. 인간이 어떠한 일에 열정을 갖기 위해서는 무엇보다 하고자 하는 내적 동기가 필요하다. 오래전부터 심리학자들은 금전과 같은 외적 보상이 내적 동기를 저하시키는 부정적인 측면이 있음을 지적하였다. 이와 유사한 맥락에서, 외적으로 동기화된 일에서는 창의적인 성과가 나오기 어렵다는 사실이 여러 연구결과를 통해 입증되었다. 그렇다면 어떻게 내적 보상을 제공하는 시스템을 확립할 수 있는가? 무엇보다 개인의 창의성과 잠재력을 중요시하는 창의적 조직 문화에서 개인의 열정과 내적 동기를 이끌어 낼 수 있을 것이다. 또한 자신이 한 일에서 의미와 가치를 파악하고 그것에 맞는 도전적 목표를 설정할 때 가능하다. 목표에 대한 몰입은 스스로 설정한 목표일 때에 더욱 커질 것이다. 예를 들어, 강정하(2008)는 과학적 창의성과 시각 예술적 창의성의 질적 연구를 통해 과학자와 시각 예술가들은 모두 자신이 원하는 목표에 도달하기 위해 수십 년간 한 가지 일에만 집중하였으며 아직도 그 일에 할 일이 많이 남아 있다고 하였다. 그러나 과학자들이 집중하는 동기는 '세계 최초로 해결하겠다는 의지'로 일관성을 보이지만, 시각예술 참여자들은 자신이 하는 일 자체가 즐거워서 계속한다고 하였다. 이처럼 인간은 저마다의 내적 동기로 자신이 하는 일에 열정과 창의를 발휘하고 있다.

요 약

기업은 빠르게 변화하는 경영 환경 속에서 효과적으로 대처하고 미래에 대비하기 위한 노력으로 다양한 혁신 활동을 추진하고 있으며, 경쟁력을 확보하기 위하여 '창의 경영'을 화두로 내세우고 있다.

이러한 시대적 변화는 패러다임의 전환이 필요하게 되었으며, 기업의 혁신성과 유연성을 강조하는 경영 조직에 적합한 창의적 리더십이 부각되었다. 즉, 창의성이란 개인이 세상의 변화에 적응해 가는 과정과 다양하고 복잡한 문제를 이른 시간에 해결하기 위한 필수적 요소로 인식하였기 때문이다. 조직의 창의성을 높이기 위해서는 구성원이 사회와 문화에 가치를 부여할 수 있는 아이디어뿐만 아니라, 문제해결을 위한 새로운 의견을 제시할 수 있는 생산적 사고력을 키울 수 있도록 뒷받침해 주는 조직 문화가 무엇보다 필요하다. 창의성이란 당대의 역사적 흐름이나 문화 맥락에서 유용하게 받아들이거나 이해할 수 있기 때문이다.

이러한 맥락에서 과거 리더십의 관점이 이성과 합리성을 중시하였다면 오늘날은 정서적 측면과 수평적 사고 같은 개방성을 강조하는 창의적 리더십으로 변화하게 되었다. 즉, 창의적 리더십이란 리더가 창의적인 잠재 능력과 비전을 가지고 구성원의 창의적 사고를 이끌어 내는 과정이므로 조직의 리더는 구성원의 자긍심, 창의적 사고와 영감을 이끌어 내는 데 중요한 역할을 할 수 있어야 한다. 그러므로 창의적 리더는 문제해결 능력, 정서적 지능, 통합적 사고와 같은 창의적 리더에게 필요한 역량들을 개발하기 위하여 창의적 리더십이 미래의 복잡한 문제 상황을 해결할 수 있는 진정한 리더십이라는 것을 인식하여야 한다.

성찰질문

기업은 창조 경영을 위해 다각적 노력을 하고 있다. 그렇다면 당신은 조직에서 문제해결 능력, 정서적 지능, 통합적 사고와 같은 창의적 리더십 역량을 개발하기 위하여 어떠한 노력을 하고 있는지, 필요한 개선점은 무엇인지 성찰해 보자.

사례 연구

1. 크리스피 크림(Krispy Kreme)은 미국 도넛 체인 회사로서 1990년대 미국 시장에서 가장 빠른 성장을 하며 의욕적으로 도넛 매장을 확장하였다. 그러나 세계적인 웰빙 열풍과 함께 트랜스지방과 고칼로리 문제로 인해 도넛의 소비가 현저히 줄어들게 되었다.

크리스피 크림은 이 문제를 해결하기 위해 생산 비용을 줄이고 실적이 저조한 점포를 닫는 등의 전형적인 해결 방법을 사용하였다. 그러나 이러한 상투적인 시나리오로는 문제를 해결할 수 없었다.

2006년부터 2010년 사이에 크리스피 크림은 도넛 시장이 아직 점령하지 않은 해외 시장에 프랜차이즈를 설립하기 위하여 눈을 돌리거나 도넛의 지방을 줄이는 전략으로 위기를 모면하려 하였다. 그들은 인식의 전환을 하지 못하고 계속 같은 사업으로 똑같은 목표에 도달하기 위하여 노력하였나.

반면 패스트푸드의 거대 기업인 맥도널드(McDonald)는 이러한 위기를 기회로 만든 대표적 기업이다. 맥도널드는 1970년대 초에 Egg McMuffin이라는 아침 메뉴가 나오기 전까지 손님들에게 점심과 저녁만을 제공하였다. 그러나 웰빙 열풍으로 햄버거 소비가 줄어들자 캘리포니아 맥도널드 지사장인 Herb Peterson은 아침 메뉴를 개발함으로써 이 위기를 극복하였다.

맥도널드의 창업자인 Ray Kroc은 Peterson의 새로운 창의적인 아이템에 반하여 즉시 모든 점포에 시도하였다. Kroc은 고정관념에서 탈피하여 구성원에게 창의를 발휘할 수 있는 환경을 구축하고 기회를 부여하며 창의적 리더십을 발휘하였다.

30년 후 맥도널드 아침 판매량은 약 7조 원이 넘어섰으며, 이는 미국 연간 아침 식사 판매량의 25%에 해당하는 것이다.

맥도널드는 복잡하고 빠른 패러다임의 전환을 요구하는 사회에 새로운 적응과 문제해결을 위한 창의적 리더십을 발휘하여 곤경에 처한 회사의 상황을 지혜롭게 대처한 사례다.

* 출처: Gerard J. Puccio, Marie Mance, Mary C. Murdock (2011), Creative Leadership: skills that drive change(2nd ed.), SAGE Publications, Inc.

2. 두바이의 기적을 만든 지도자 Sheikh Mohammed는 가장 '성공적인 지도자는 조직원에게 동기를 부여하면서, 그들이 더욱 뛰어난 업적을 거두기 위해 노력할 수 있도록 격려할 수 있는 사람' 이라고 하였다. 그는 아랍권이 소외되고 경제 문화적으로 낙후되는 가장 큰 원인을 다른 아랍권 국가들처럼 서구 제국에 돌리기보다는 아랍권 자체에 돌린다. 폐쇄적이고 다른 나라의 종교와 문화를 이해하지 못하는 것이 문제라는 것이다. 그는 또한 자기 혼자서 모든 것을 행하는 것이 아니라 다른 UAE의 지도자들과 상의하고, 창의적인 아이디어가 있으면 두바이뿐만 아니라 다른 UAE에도 적용하려 한다. 그는 두바이 성공이 두바이만의 것이 아니라 UAE 전체를 하나의 시스템으로 생각하였기 때문이라 한다. 이는 UAE 시스템 안에서 모든 정보, 지식, 자원을 공유할 각오가 되어 있다는 것을 의미한다.

* 출처: 안의정(2008). 두바이, 비전과 창조의 리더십, 미래사.

14

서번트 리더십

Greenleaf(1970)는 서번트 리더십이란 '타인을 위한 봉사에 초점을 두며, 직원, 고객 및 공동체를 우선으로 여기고 그들의 필요를 충족시킬 수 있도록 도움을 주는 리더십'이라고 정의하였다. 따라서 리더는 부하 직원을 존중하고, 그들에게 창의성을 빌휘할 수 있는 기회를 제공함으로써 성장을 돕고, 부서 혹은 팀을 진정한 공동체로 만들어 가는 리더십(Block, 1998; Senge, 1995; Smith, 1995)이라고 말한다.

Sims(1997)는 서번트 리더십을 부하 직원을 인간으로서의 존엄성과 가치를 존중하고, 그들의 창조적인 역량을 일깨워 주는 리더십이라고 정의하였고, Daft(2008)는 서번트 리더십이란 리더가 자신의 이익보다 우선하여 다른 사람의 욕구를 채워 주고, 다른 사람의 성장을 도와주며, 물질적 · 감성적 이득을 얻을 수 있는 기회를 제공하는 리더십이라고 하였다.

Greenleaf(1977)는 서번트 리더의 정의보다는 서번트 리더가 해야 할 일에 관심을 가졌다. 그는 서번트 리더는 먼저 섬기는 자이며, 섬김이라는 자연스런 느낌을 가지고 시작하여 궁극적으로 자신의 지도력을 동경하게 이끌어 낸다고 하였다. 또한 서번트 리더는 부하 직원의 욕구가 무엇이고, 이를 어떻게 충족시켜 줄 것인가에 관심을 가지며, 부하 직원에게 봉사는 것을 리더의 주요 책무로 인식하였다.

정학범과 김재구(2010)는 서번트 리더십이란 인간 존중에 바탕을 두고 부하 직원을 존중하며, 그들에게 잠재력을 발휘할 수 있는 기회를 제공함으로써 부서나 팀이 진정한 공동체를 이룰 수 있도록 지원하는 리더십이라고 하였으며, 부하 직원의 자발적인 헌신과 참여를 이끌어 내고 주인 의식과 책임감을 고취시키기 위해 필요하다고 하였다(김용재, 김종완, 2008).

서번트 리더는 부하 직원에게 일에 대한 중요성과 의미를 지각하게 하며, 부하 직원의 창의성과 자율성을 고취시킨다(Taylor-Gillham, 1998). 이러한 일에 대한 중요성과 의미, 그리고 창의성과 자율성은 일에 대한 자신감을 향상시킬 수 있다(김용재, 김종완, 2008). 이러한 자신감 향상뿐만 아니라 서번트 리더십은 먼저 부하 직원의 업무 관련 성장 욕구를 찾아 이를 먼저 해결해 주기 위해 노력하고, 필요한 지원을 강화하는 가운데 전체 조직의 목표를 향해 이끌어 가는 리더십 행위로서, 조직의 과업과 관계를 하나의 틀 안에서 통합하는 것이라 하였다(이관응, 2001; 이재형, 오석윤, 윤진영, 2006).

Depree(1989)는 사업이 고객을 위해 존재하는 것과 같이 직원을 위해 존재하는 것이며, 이를 위해서는 직원들의 타고난 재능을 이해하고 그들이 지니고 있는 역량을 최대한 발휘할 수 있도록 하는 것이 리더의 책무이며, 부하 직원을 섬기고 부하 직원에게 채무자가 되어야 한다고 하였다. 서번트 리더들은 자신이 지도자이기도 하지만 때로는 추종자이기도 한다는 점을 인지해야 하며, 리더는 개인적으로 역량이 출중한 부하 직원과 상호 교환 활동을 수행해야 하기 때문에 언제나 타인에 대하여 수용 가능한 상태가 되어야 한다고 강조하고 있다(Depree, 1992).

윤리적 리더십으로서의 서번트 리더십

서번트 리더는 권한 위임을 통해 리더십을 공유한다. 서번트 리더는 자신의 지위와 권력은 조직의 목적을 달성하기 위한 도구이기 때문에 그것을 부하 직원과 공유할 의무가 있다고 생각한다. 자신의 지위로부터 얻은 특혜나 특정 권한을 향유하는 것이 아니라 먼저 부하 직원의 욕구를 해결해 주는 위치에 서야 하는 것이 마땅하다고 생각하며, 조직의 비전과 가치를 공유하고 구성원이 업무의 효율을 최대로 높일 수 있도록 권한을 위임한다.

근래에 나타난 리더십 관점들은 혼란과 단절, 그리고 변화의 시대에 부합하고(Apps, 1994), 사회와 연결된 관계를 맺는 구성체(Donaldson, 1998)로서, 그리고 조직과 구성원의 기능으로서의 여러 가지 다양한 방법으로 리더십을 재개념화하고자 한다(최은수, 2006). 그중에 최근에 윤리적 리더십에 대한 관심이 높아지고 있다(Yukl,

2009). 영향력은 리더십의 핵심이며, 영향력 있는 리더는 추종자의 삶과 조직의 운명에 상당한 영향을 미친다. 영향력 있는 리더는 조직 구성원과 공중을 희생시켜서 자신의 경력과 경제적인 이득을 향상시키기 위해 자신의 권한을 이용할 수 있다(Yukl, 2009). 더욱이 비윤리적인 행위를 정당한 것처럼 보이게 만듦으로써, 리더는 조직의 다른 구성원이 불복종의 죄를 범하게끔 영향을 미칠 수 있다(Beu & Buckly, 2004). 권력의 악용에 대한 커다란 잠재성은 많은 사람이 윤리적 리더십에 관심을 갖게 하는 하나의 이유다(Yukl, 2009).

Burns(1978)에 의하면, 리더는 윤리적인 이슈에 대한 인식을 증가시키고, 사람들이 갈등하고 있는 가치를 해결하는 것을 돕는 근본적 역할과 기능을 담당해야 한다. 그는 리더와 추종자들이 더 높은 수준의 도덕성과 동기 부여로 서로를 고양시켜 주는 과정으로 변혁적 리더십을 기술하였다.

Heifetz(1994)는 리더의 근본적인 역할은 추종자들이 갈등에 직면하고 그 갈등을 해결하기 위해 생산적인 방법을 강구하도록 돕는 것이라고 하였다. 리더는 사람들이 도전에 직면하고, 관점을 변화시키고, 효과적으로 함께 일하기 위한 새로운 방법을 찾을 수 있도록 이끌어 주어야 한다. 리더는 문제에 주의를 집중시키고, 이슈를 형성하고, 의사 결정 과정을 구조화하고, 갈등을 중재하며, 문제해결을 지원하기 위해 자원을 분배하고, 개인이나 집단에 대한 구체적인 책임을 위임하기 위해서 자신의 권한을 사용한다. 이와 같은 Heifetz의 관점은 윤리적 리더십과 관련이 있다(Northouse, 2007). 그것이 가치적 측면, 즉 구성원의 가치와 그들이 일하는 조직과 지역사회의 가치를 다루고 있기 때문이다. 그에 따르면 리더십은 권한을 이용하여 추종자들로 하여금 빠르게 변화하는 작업 환경과 사회 문화 속에서 나타나는 상충되는 가치에 잘 대응해 가도록 도움을 주는 것이다. 따라서 그의 관점은 구성원의 가치를 직접적으로 언급하고 있다는 점에서 윤리적 관점이라고 볼 수 있는 것이다(Northouse, 2007).

Greenleaf(1977)는 서번트 리더십을 언급하면서 추종자에 대한 봉사는 리더의 최우선적인 책임이며 윤리적 리더십의 핵심이라고 강조하였다. Greenleaf(1970, 1977)는 리더십은 본성적으로 남을 섬기려는 사람에게 부여되는 것이라고 주장한다. 개인이 리더로 부상하게 되는 방법은 첫째로 봉사자가 되는 것이다. 섬김의 리더(서번트 리더)는 추종자들의 욕구에 관심을 기울이고 그들이 더 지적이고 자유롭고 독립적이며 부하 직원 자신이 남을 섬기는 사람이 될 수 있도록 도와주어야 한다. 즉, 리더는 존재만으로 다른 사람을 풍요롭게 할 수 있어야 한다. 그리고 서번트 리더는 공동체적 삶에 모든 사람이 참여할 수 있도록 하는 것을 가치 있게 여긴다. 인간이 존경과 신뢰 그리고 강점을 충분히 경험할 수 있는 곳은 공동체 안에서이기 때문이다. Greenleaf(1977)는 공동체 안에서 다른 사람의 말을 경청하고 공감하며 무조건 긍정하는 것을 크게 강조하고 있다.

서번트 리더십의 구성 요소

Spears(1995, 2002)는 Greenleaf(1970)의 이론에 기초하여 서번트 리더십을 모든 사람의 존엄성과 가치에 대한 믿음, 리더의 권력은 부하 직원으로부터 기인한다는 민주적인 원칙에 입각한 리더십이라고 표현하면서, 경청(listening), 공감(empathy), 치유(healing), 설득(persuasion), 인지(awareness), 통찰(foresight), 비전의 제시(conceptualization), 청지기 의식(stewardship), 구성원의 성장(commitment to growth), 공동체 형성(community building)의 열 가지를 서번트 리더십의 하위 행동 특성으로 제시하였다.

Wheaten(1999)은 서번트 리더십의 특성과 지각된 효과적인 리더의 특성과의 관계 연구에서 경청, 공감, 인지, 공동체 형성, 통찰, 비전 제시 등을 효과적인 리더의 특성으로 제시하였다.

Patterson(2003)은 아가페 사랑, 겸손, 이타주의, 비전, 신뢰, 임파워먼트 그리고 서비스를 서번트 리더십을 위한 일곱 가지 구성 요인으로 제시하였으며, Patterson의 연구를 바탕으로 Dennis와 Bocarnea(2005)는 각각 임파워먼트, 사랑, 겸손, 신뢰 및 비전의 다섯 개 요소를 포함한 척도를 개발하였다.

〈표 14-1〉 **서번트 리더십의 구성 요소**

구성 요소	특징
경청 (listening)	• 서번트 리더의 가장 기본적인 자질 • 부하 직원에 대한 존중과 수용적 태도로, 구성원의 의견을 주의 깊게 잘 듣는 태도
공감 (empathy)	• 상대방의 입장에서 생각해 보는 것(易地思之) • 공감대 형성을 통해 조직 구성원 입장에서 상황과 견해를 이해하고, 구성원들이 필요한 것이 무엇인가를 파악
치유 (healing)	• 구성원이 조직 생활에서 겪는 고통과 좌절감 등의 치유 • 공동체 내에서 서로 존중하고 배려함으로써, 조직 생활을 영위하는 데 도움을 줌
설득 (persuasion)	• 리더가 조직의 구성원에게 업무를 통해 지적인 체계와 사려 깊은 논리적 근거를 사용하는 정도 • 상대방에 대한 설득을 통해 예상보다 높은 성과의 달성 추구
인지 (awareness)	• 전체적인 상황과 상황에 영향을 주는 요소를 정확하게 판단 • 구성원에게 통찰력이나 비전을 제시하는 데 도움을 줌
통찰 (foresight)	• 과거의 경험과 직관을 가지고, 과거의 경험 유형을 미래에 투사하여 현재의 결과를 예측할 수 있는 능력
비전의 제시 (conceptualization)	• 비전을 제시하고, 그 비전을 분명한 목표와 연결하여 방향을 설정해 주는 행위
청지기 의식 (stewardship)	• 리더가 공동체 개발, 프로그램 및 봉사 활동을 통하여 조직이 사회에 공헌적 기여를 하도록 준비시키는 것 • 서번트 리더의 가장 기본적인 자세
구성원의 성장 (commitment to growth)	• 구성원에게 재량권을 부여하고, 능동적으로 업무를 수행하도록 돕는 것 • 잠재력을 발휘할 수 있는 기회를 마련해 주고, 학습의 기회를 제공하는 것
공동체 형성 (community building)	• 개별 구성원 자신이 전체의 유기적인 한 부분을 인식케 하는 것 • 구성원 간의 깊은 유대 관계를 갖는 공동체를 형성하기 위해 활발한 의사소통과 협력을 장려하는 행위

출처: Barbuto & Wheeler (2006), pp. 305-309.

한편, Barbuto와 Wheeler(2006)는 Spears(1995)의 열 가지 특성과 소명(calling)을 결합한 후 요인 분석을 한 결과 이타적 소명, 감정적 치유, 지혜, 설득적 맵핑, 조직의 청지기 정신을 다섯 가지 요인으로 제시하였다.

이타적 소명

이타적 소명(altruistic calling)은 다른 사람들의 삶에서 긍정적인 차이점을 만들고자 하는 리더의 마음속 깊이 자리 잡은 소망이라고 정의할 수 있으며, 그 모습은 타인을 여유롭게 대하는 것으로 표현된다. 왜냐하면 그것의 궁극적 목적은 타인에게 봉사하는 것이라서 이타적 소명을 가진 리더는 자신의 관심보다 타인의 관심에 마음을 쓰며, 조직 내에서 부하 직원의 요구를 충족시키기 위하여 지속적인 노력을 한다.

감정적 치유

감정적 치유(emotional healing)는 고난이나 외상으로부터의 정신적 회복을 촉진시키는 리더의 헌신이며 기술이다. 감정적 치유를 사용하는 리더는 상호 간의 감정을 교환하며 부하 직원의 의견을 진지하게 경청할 뿐 아니라 그 치유 과정에 헌신성을 보여 줌으로써 구성원들을 지지자로 만들기도 한다. 또한 감정적 치유에 관여하는 리더는 구성원이 개인적인 이야기나 직장에 관련된 예민한 것에 관하여 자연스럽게 이야기할 수 있는 환경을 조성하기도 한다.

지혜

지혜(wisdom)는 고전적인 철학자들에 의해서도 유사하게 설명된 바 있는 주변 환경에 대한 인식과 진행되는 업무의 결과를 예견하는 능력이 조합된 개념으로 정의할 수 있다. 이 두 가지 특성이 조합되었을 때, 리더는 주변 환경과 그것을 통해 발생되는 숨은 의미를 이해할 수 있으며, 이를 통해 의미 있는 난서를 도출할 수 있다. 우수한 지혜를 가진 사람들은 하나의 현상에 관련된 요소뿐 아니라 그와 관련한 배경에 예민하게 관심을 두고 있으며 미래를 예측할 수 있는 성향을 가지고 있다(Bierly et al., 2000). 지혜는 최고의 지식과 효용이 조화를 이룬 완벽과 실용의 이상이다(최동주, 2008).

설득력

설득력(persuasive mapping)은 리더가 조직의 구성원에게 업무를 통해 지적인 체계와 사려 깊은 논리적 근거를 사용하는 정도라고 정의할 수 있다. 설득에 능숙한 리더는 이슈를 그려내는 데 능숙하며, 보다 큰 가능성을 개념화하며, 이런 기회를 부하 직원에게 제공할 때 부하 직원이 따르지 않을 수 없도록 하는 능력이 있다. 그들은 조직 구성원에게 미래를 그려 볼 수 있도록 격려하고 설득하며 어떠한 일을 하지 않으면 안 되는 명분을 제공한다. Barbuto와 Wheeler(2006)는 '설득력(persuasive mapping)' 이라는 용어를 사용하고 있는데, 이는 각각의 조직 구성원이 자신의 업무 분야에서 최대한 성과를 이룰 수 있는 가능성을 발견하고, 이를 수 있도록 촉진하는 것을 의미한다.

조직의 청지기 정신

조직의 청지기 정신(organizational stewardship)은 리더가 공동체 개발, 프로그램 및 봉사 활동을 통해서 조직이 사회에 긍정적 기여를 하도록 준비시키는 것이라고 정의할 수 있다. 조직의 청지기 정신은 공동선(公同善)을 위해 조직이 해야 할 책임에 대한 윤리나 가치를 말한다. 즉, 리더가 공동체를 위해 무엇인가 물려 줄 긍정적 유산이나 가치 있는 몰입 정신, 그리고 이를 위해 의사 결정이나 전략을 확실하게 하는 것이다.

서번트 리더십의 효과

학습조직에 영향

Senge(1995)는 서번트 리더십을 모든 사람의 존엄성과 가치에 대한 믿음, 리더의 권력은 부하 직원으로부터 기인한다는 민주적인 원칙에 입각한 리더십이라 표현하면서, 서번트 리더십에 의해 모든 구성원이 부서나 팀의 일에 자발적으로 참여하게 됨으로써 학습이 촉진된다고 주장하였다.

Ellis(1998)는 학교장의 리더십 스타일과 학습 공동체로서의 학교의 성숙도 간의 관계를 연구하였다. 그의 연구에서는 학교장의 리더십이 선도자, 관리자 그리고 반응자로서의 스타일로 구분되어 사용되었다. 이 연구에서는 교장의 리더십이 선도자의 유형일 때, 학교가 학습 공동체로 가장 높은 성숙도를 보여 주고 있음이 입증되었다.

임성택(2009)은 여행사 직원을 대상으로 서번트 리더십이 팔로워의 태도를 통해 조직 성과에 미치는 영향에 관한 연구를 진행한 결과, 서번트 리더십의 하위 요소인 공감이 팔로워의 태도에 긍정적 영향을 주는 것을 실증했다. 또한 구성원의 성장은 팔로워의 태도에 유의한 영향을 주는 것으로 나타났는데, 부하 직원이 최대한의 능력을 발휘할 수 있도록 업무 기회를 주고, 다양한 교육 훈련 및 학습 기회를 제공하며, 직원 간의 결속과 협력을 강조하는 상사의 모습이 실제 그들이 적극적이고 자발적으로 회사의 업무에 참여하도록 유도하며, 또한 해당 직장의 성장 가능성에 대해 깊은 신뢰를 할 수 있도록 도와준다고 하였다. 서번트 리더의 영향력이 조직 구성원의 결속력과 자신의 능력 발휘 기회 및 교육과 학습 기회를 얻으려는 지적인 자극을 유도한다는 것이다.

조직 시민 행동에 영향

Sims(1997)는 서번트 리더십을 '부하 직원의 인간적인 존엄성과 가치를 존중하고, 그들의 창조적인 역량을 일깨워 주는 리더십'이라고 정의하면서, 비전 공유를 촉진하는 학습자, 다른 사람이 필요로 하는 것을 해결해 주기 위하여 권력을 사용하는 사람, 공동체와의 협력을 장려하는 사람, 다른 사람의 의견을 잘 수용하는 사람, 정직하게 의사소통하는 사람, 그리고 다른 사람을 고무시키는 사람이라고 하였다. 이와 같은 서번트 리더의 특징 중에는 조직 시민 행동의 하위 요소에 해당하는, 즉 공동체를 위해 협력하면서 타인을 위해 일을 하는 조직 시민 행동과 닮은 요소가 잘 나타나고 있다.

Ehrhart(2004)는 서번트 리더십이 다음의 이유에서 부분적으로 조직 시민 행동을 고무시킨다고 하였다.

첫째, 서번트 리더와 함께하는 조직에서는 그들 사이에 서번트 리더를 닮고자 하는 구성원의 상호작용이 일어나게 됨으로써, 조직 시민 행동 수준이 높아진다. 둘째, 추종자들은 그들의 리더가 동료를 돕는 모습을 관찰하면서 그들도 동일한 행동을 하거나 기대함으로써 조직 시민 행동 수준이 높아진다. 셋째, 서번트 리더십은 추종자를 개인적으로 돕는 것을 포함하므로 이러한 행위는 조직 시민 행동에서와 같이 리더가 그 목표를 달성하는 데 도움을 주고자 반응하도록 동기를 부여한다. 넷째, 서번트 리더는 진정으로 추종자의 복지에 대한 관심을 갖고 있음으로 추종자는 리더를 좋아하고 신뢰하며 공정하게 대우받고 있음을 느끼게 되고, 결과적으로 리더를 위한 추가적인 노력을 하도록 동기를 부여한다고 주장하였다.

김창한(2007)은 서번트 리더십이 호텔 근무자의 조직 시민 행동에 유의한 영향을 미친다는 사실을 입증하였으며, 상대적인 중요도로 경청하는 자세, 구성원의 성장, 치유, 인지가 나타났다.

류병곤과 조영락(2007)은 서번트 리더십이 조직 시민 행동에 긍정적인 영향을 미친다고 보고하였으며, 김형규(2007)는 서번트 리더의 행동은 조직 시민 행동에 긍정적 영향을 미친다고 하였으며 서번트 리더의 하위 행동 중 '신뢰 및 인본 중시형' 리더 행동이 '도덕성 및 부하 직원의 성장 중시형'과 '비전 제시형' 리더의 행동보다 친사회적 행동이 조직 시민 행동에 상대적으로 더 큰 영향을 미치는 것으로 나타났다. 이는 조직 친화적 행동에는 신뢰를 바탕으로 한 인본 중시형 행동, 환경 적응적 행동에는 비전 수립 및 부하 직원의 성장을 지원하는 리더십이 효과적임을 증명하고 있다.

최동주(2008)는 서번트 리더십이 조직 시민 행동에 유의미한 정(+)의 효과를 미친다는 결과를 보고하였고, 임성택(2009)은 서번트 리더십이 팔로워의 태도 변수로 설정한 조직 시민 행동과 조직 신뢰에 유의미한 영향을 미친다고 하였다.

조직 몰입과 직무 만족에 영향

McGee-Cooper(1998)는 서번트 리더는 공동의 비전과 가치관, 목표를 창출하도록 인도하고 협력을 장려함으로써 구성원에게 책임감을 갖도록 한다고 하였으며, Block(1998)은 서번트 리더십이 의사결정 과정에서 구성원의 참여를 유도하고 재량권을 부여하여 동료의식을 조장하고 조직에 대한 주인 의식과 책임감을 고취(조직 몰입)시킨다고 하였다.

김용재와 김종완(2008)은 서번트 리더십은 조직 유효성(조직 몰입, 조직 시민 행동)에 영향을 미친다고 하였는데, 이는 리더십 발휘가 부하 직원의 심리 과정을 거쳐 조직 유효성에 영향을 미친다는 사실을 증명한 것이며, 조직에 대한 몰입(조직 유효성)과 자발적인 행동을 유발하기 위해서는 서번트 리더십을 발휘할 수 있도록 지원할 것을 충고한다. 박영국(2008)은 사회복지 조직 관리자의 리더십이 조직 유효성에 직간접적으로 영향을 미친다고 하였으며, 박동수와 김용학(2010)은 서번트 리더십과 조직 유효성의 관계에 대한 연구에서 서번트 리더십은 조직 몰입과 직무 만족에 긍정적인 영향을 미치는 것으로 나타났다. 김창한(2006)은 호텔 매니저의 서번트 리더십이 조직 유효성에 유의미한 영향을 미친다고 하면서, 매니저의 서번트 리더십을 통하여 직무 만족, 조직 몰입, 이직 의도 등 조직 유효성을 제고시킬 수 있다고 주장하였다.

요 약

서번트 리더십이란 인간 존중에 바탕을 두고 부하 직원을 존중하며, 그들에게 잠재력을 발휘할 수 있는 기회를 제공함으로써 부서 혹은 팀이 진정한 공동체를 이룰 수 있도록 지원하는 리더십이다. 따라서 부하 직원의 자발적인 헌신과 참여를 이끌어 내고 주인 의식과 책임감을 고취시키기 위해 서번트 리더십은 반드시 필요하다.

서번트 리더십은 먼저 부하 직원의 업무 관련 성장 욕구를 찾아 이를 우선적으로 해결해 주기 위해 노력하고, 필요한 지원을 강화하는 가운데 전체 조직의 목표를 향해 이끌어 가는 리더십 행위로서 조직의 과업과 관계를 하나의 틀 안에서 통합한다.

이러한 목적을 완수하기 위해 서번트 리더는 타인에게 봉사하는 것이 하늘로부터 부여받은 소명이라고 받아들이는 이타적 소명, 상호 간의 감정을 교환하며 부하 직원의 의견을 진지하게 경청할 뿐 아니라 그 치유 과정에 헌신성을 보여 줌으로써 구성원을 지지자로 만드는 감정적 치유의 능력을 가져야 한다. 주변 환경에 대한 인식과 진행되는 업무의 결과를 예견하는 능력이 조합된 개념으로의 지혜도 필요하며, 조직의 구성원에게 업무를 통해 지적인 체계와 사려 깊은 논리적 근거를 사용하는 정도라고 정의할 수 있는 설득력, 그리고 리더가 공동체 개발, 프로그램 및 봉사 활동을 통해서 조직이 사회에 긍정적 기여를 하도록 준비시키는 것이라고 할 수 있는 청지기 정신을 지님으로써 서번트 리더십 개발이 가능하다.

한편 서번트 리더십은 학습조직, 조직 시민 행동 및 조직 유효성에 많은 영향을 끼치는 것으로 나타났다.

성찰질문

1. 서번트 리더는 어느 조직에서나 적용 가능한 리더십인가? 아니라면 업종이나 학력에 따라 리더의 영향력의 크기는 어떻게 나타날 것인가?
2. 나 자신이 서번트 리더가 되기 위해 자신에게 질문해야 할 자기 성찰적 질문은 어떤 것이 있을까?

사례 연구

영화 〈공공의 적 2〉를 보면 '강철중'이라는 검사가 나온다. 그는 검사 생활을 하면서 옳은 일이라면 어떤 일이든지 뛰어들고 자신의 개인적 비용을 사용하면서까지 수사를 위한 정보를 얻어 내는 아주 성실한 검사다. 그러나 정작 자신의 가정은 잘 돌보지도 못하면서 국가와 범죄자를 잡는 일에는 충실한 사람이다. 그런데 검찰의 상사들과 강철중이 수사하는 대상과의 부정적 거래 때문에 강철중은 수사 업무에 방해를 받고 있다.

강철중 검사는 올바른 사람이며 신뢰성이 있는 사람이라는 것을 인정한 상사 김 부장검사는 부하 직원인 강철중 검사가 수사 진행에 차질이 없도록 지원을 아끼지 않는다. 검찰 내 소견 발표를 할 수 있도록 자리를 만들어 주고, 다른 부서에서 견제가 들어올 때마다 다른 부장검사가 강철중 검사에게 참견하지 못하도록 막아 준다. 또한 검찰 업무 때문에 소홀히 했던 가정을 위해 따뜻한 인정미를 발휘하면서 자녀와의 관계와 가정사에도 긍정적 영향을 줄 수 있는 환경을 만들어 준다. 경우에 따라서는 자신의 직속 상사까지 찾아가 설득하고 납득시켜 부하 직원이 부당한 거래의 이권 개입이 들어가지 않도록 막아 주며, 수사에만 집중할 수 있도록 업무 터전을 만들어 준다. 이처럼 서번트 리더는 부하 직원이 자신의 업무에 충실할 수 있도록 환경과 프로세스를 관리해 주고, 인간적이고 솔선수범하는 모습으로 또 다른 서번트 리더를 양성해 주는 리더십이라 할 수 있다.

15

기업 리더십

기업에서 왜 리더십이 왜 중요한가? 조직을 운영하고 부하 직원을 관리하고 일하게 만드는 방법이 여럿 있겠지만 모두 그 방법 중에서 리더십이 중요하다고 말한다. 어느 조직이나 모두 리더십이 중요하고 필요하다고 하지만 기업 조직이 더 필요하다. Bennis(1985)는 "조직에 자본이 부족하면 빌릴 수 있고, 위치가 나쁘면 장소를 옮길 수 있으나, 리더십이 부족하면 생존 가능성이 희박하다."고 한 것과 같이 기업의 생존이 달려 있는 것이 바로 리더십이다.

기업은 구성원을 고용하고 구성원을 통해서 제품을 개발 생산하여 고객에게 제품을 팔아 이익을 창출해서 구성원에게 보상을 하는 체계이며, 이 과정에서 구성원이 최대한의 능력을 발휘하여 구성원끼리 팀워크를 이루도록 하는 것이 바로 리더십이다.

기업에서 리더십은 생존과 직결되는 아주 중요한 것으로 어떻게, 어떠한 방법으로 리더십을 발휘하느냐에 따라 성장 속도, 경쟁력, 생존에 절대적인 영향을 미친다.

리더십은 어떤 의미에서 아름다움이나 예술과 같아서 정의하기 어렵지만, 그것을 보면 알 수 있고 또한 나타낼 수 있는 것이다(Bennis, 1989). 예술가는 경험을 해석해서 사람들이 느끼고, 이해하며, 감상할 수 있도록 표현해 준다(Chandler, 1991). 예술가적 리더는 예술가가 그림, 음악 등을 구성하고 미를 창조하여 사람들에게 아름다움을 보거나 들을 수 있게 하는 것과 같이 사람들의 개인적인 노력을 자극하고, 집단 능력을 향상시켜 현재의 조직 상황을 능가하도록 만들기 위해 의사 전달, 명령, 조정, 이미지 등의 구성에 의존한다. 리더십이 조직의 성공과 실패를 좌우하고 조직의 효과성을 결정하는 데 중요한 요인으로 주장되고 있다(Chandler, 1991).

리더십의 필요성에 대한 주장은 최근에 와서 급격한 기술 변동의 추세, 국제적 경쟁의 강화, 보다 신속한 반응의 요구 등에 의해 더욱 지지를 얻고 있다. 특히 최근에 만연하고 있는 최고 경영자들(기업의 대표, 정부의 고위 관리, 시민단체장)이 이러한 도전에 대응하지 못한다는 불신감은 역설적으로 리더십의 필요성을 더 부채질하고 있다(박우순, 1996).

리더십이 절대적으로 필요한 기업에서 리더십의 구성 요소로, 기업가 정신, 기업의 사회적 책임, 기업의 조직 성과가 있다. 기업가 정신에서 보면 창업자의 성공은 기업 리더십의 실현에 있으며, 기업 리더십이 없는 소유 경영자, 기업 리더십이 없는 전문 경영자는 모두 망한다.

기업가 정신은 기업의 정신적 기반이며 경영 이념이며, 경영 사상이다. 기업가 정신은 경영 철학이며, 기업의 통치 이념으로 기업 리더십의 발휘가 바로 기업가 정신이다. 기업의 사회적 책임은 기업의 생존, 번영에 대한 책임, 구성원의 복리 후생에 대한 책임, 이해관계자에 대한 이해 조정에 대한 책임, 환경오염에 대한 사회적 책임, 사회 개혁의 책임, 후계사 양성 및 구성원의 성장에 대한 책임이다. 이러한 책임을 다하기 위해 기업 리더십이 필요하며, 기업의 조직 성과는 우수한 기업 안에는 유능한 지도자의 리더십으로 우수한 조직 성과를 냈다는 사례와 같이 조직 성과에 절대적으로 영향을 미치는 것이 바로 기업 리더십이다.

기업 리더십과 기업가 정신

기업가 정신은 전통적인 개념과 현대적인 개념을 보며 시대에 따라 다소 다르게 파악할 수 있다. 전통적 개념에서는 비전과 개척자 정신, 창업, 창의성과 혁신, 위험 부담을 감수할 수 있다는 성취동기로 볼 수 있고, 현대적 개념에서는 우수 기업의 창조와 훌륭한 인재 양성과 책임, 사내 기업가 정신과 변혁적 리더십으로 볼 수 있다(이건창, 2009).

기업가 정신은 새로운 생산 방법과 제품 개발은 기술 혁신이고, 기술 혁신을 통해서 창조적 파괴에 앞장서는 기업가는 혁신자다. 혁신자가 갖추어야 할 요소로는 신제품 개발, 새로운 생산 방법의 도입, 새로운 시장 개척, 새로운 원료나 부품의 공급, 새로운 조직의 형성, 노동 생산성 향상으로 보았다.

전통적 의미의 기업가 정신은 미래를 예측할 수 있는 통찰력과 새로운 것에 과감히 도전하는 혁신적이고 창의적인 정신의 개념이고, 정신이 전통적 기업가 정신의 개념이고, 현대에는 전통적 개념의 기업가 정신에서 고객 제일주의, 산업 보국, 인재 양성, 공정한 경쟁, 근로자 복리 후생, 사회적 책임까지 보는 견해다.

기업가 정신의 정의

기업가란 남들이 발견하지 못한 사업 기회를 찾아내어 자신의 책임하에 필요한 자원(자금, 사람, 재료)을 조달하여 사업을 시작하는 사람을 말한다. 사업 기회를 찾아낸다는 것은 시장과 소비자들에게 제품이나 서비스를 제공하고, 그들이 기꺼이 구매해 줄 만한 새로운 제품이나 서비스를 발견하거나 기존의 것을 더 싼 값에 제공할 수 있는 방법을 찾아내는 것을 의미한다(이건창, 2009).

벤처기업을 설립하고 운영하고 있는 사람, 과거 우리나라에서 기업이란 무엇인지도 모르는 시대에 기업을 설립하고 운영하던 사람, 수출이 어려웠던 시절에 세계를 상대로 제품을 팔고자 했던 사람, 신제품을 개발하고자 회사를 설립하는 사람, 하나의 노하우를 가지고 회사를 만들어 노하우를 시장에 출시하고자 하는 사람, 모두 기업가 정신이 없으면 시작할 수도 없는 상황이다.

Drucker(2004)는 기업가에 대해 변화를 탐구하고 변화에 응하며,

변화를 기회로 이용하는 자라고 정의하였다. 그는 기업 경영과 기업가 정신은 별개의 것이 아닌 것으로 보았다. 벤처기업가는 모험을 지향하기 때문에 기업 활동을 기존의 관행이나 질서에 안주하지 않고 기업 조직 내부의 역량이나 이해에 매몰되지 않고, 새로운 비전과 리더십을 발휘한다. 그들은 기업 조직 내부, 외부의 다양한 잠재력을 예측하고 전망하여 변화하는 사회 환경에서 기업 조직의 목표와 사업 영역의 가능성과 한계를 인식하고 조직의 내부, 외부 자원을 활용하여 목표를 달성하기 위해서 리더십을 발휘하여 조직화한다.

기업가 정신의 역할

대표적인 기업가로 정주영 현대그룹회장이 있다. 그는 불모지인 한국에서 건설 회사를 설립하여 중동에 진출하였으며, 한국이 어려운 시기에 노동자를 중동에 파견하여 외화를 획득, 한국 발선에 견인차 역할을 하였다. 또한 조선소를 만들어서 세계 최고의 기업으로 성장시키는 데 밑거름을 만들었다. 현재는 없어진 회사이지만 수출의 불모지에 무역회사를 만든 김우중 전 대우 회장도 기업가 정신이 없었다면 기업을 성장시키지 못했을 것이다.

미국의 포드 자동차는 승객의 안전을 고려해서 제일 먼저 자동차에 안전벨트를 채택했는데, 그 당시 거의 모든 고객이 한 목소리로 불편을 호소했다. 고객 안전을 위한 기업가 정신이 없었다면 어떻게 되었을까? 더 많은 희생을 치르고 나서야 안전벨트가 채택되었을 것이다.

이와 같이 기업가 정신을 가진 기업가가 없었다면 더 편리하고 중요한 제품을 사용할 시기는 점점 멀어지고 많은 희생을 당한 후에 비로소 사용하는 시대가 왔을 것이다.

기업가 정신에 필요한 리더십

현대 기업에서 기업가에게 필요한 대표적인 능력은 기업가 정신, 관리력과 그에 따른 리더십이다. 기업가 정신은 '현 상황에 만족하지 않고 스스로 문제를 찾아내어 변화시키고 혁신 키는 것'이라 할 수 있다(이건창, 2009). 이는 현재까지 안정되고 관행으로 잘되어 왔던 틀을 바꾸고 남들보다 한 발 앞선 추진력과 조직력으로 새로운 환경을 만들어 나가는 능력, 그리고 어떠한 일을 추진해서 어느 정도 수준에 도달하면 부하 직원에게 맡기고 또 다른 새로운 업무나 일을 추진하는 적극적인 자세와 추진력이다.

관리력은 조직을 운영하고 관리하는 능력으로, 조직의 효율을 높여 조직 성과를 만들어 내는 능력을 말한다. 이는 목표를 세우면 실행하고 목표를 달성하기 위해서 조직을 효율적으로 관리하는 능력이다. 어떠한 상황에서도 냉정을 유지하며 강인한 정신력과 의지를 갖추어야 한다.

기업가는 리더십을 발휘하여 구성원에게 동기를 부여하고 목표를 달성할 수 있도록 해야 한다. 기업을 위해서 발휘해야 하는 리더십은 변혁적 리더십으로, 부하 직원이 어려운 일이 있어 업무를 추진하기를 주저주저할 때에 할 수 있다는 신념을 심어 주고 나를 따르면 꼭 목표를 달성할 수 있다는 자신감을 불러일으켜 주어야 하며, 부하 직원 개개인에 대한 배려가 필요하다. 부하 직원이 목적을 달성하는 데 장애가 되는 장애물을 제거하고, 부하 직원에게 용기를 주어서 목표를 달성하도록 하는 리더십이 필요하다. 또한 필요한 인재를 선발해서 적재적소에 배치하여 능력을 최대한으로 발휘하도록 환경을 만들어 주는 리더십이 필요하다.

김창걸(2003)은 기업가 정신을 가진 변혁적 리더가 가져야 할 것에 대해 다음과 설명하고 있다.

분명하고 호소력 있는 비전을 설명한다. 현재의 비전을 강화하거나 새로운 비전에 대한 몰입을 형성할 필요가 있으며, 어떤 비전이 성공하느냐의 여부는 구성원에게 의사소통이 얼마나 잘 되었느냐에 달려 있고 기회가 있을 때마다 다양한 방법으로 반복하여 의사소통이 되어야 한다. 구성원과 모임이 있을 때 직접 비전을 설명하고 의논점에 대하여 답변을 하면 어떤 유형의 의사소통보다 효과적이며, e-mail이나 공개 회의, 부서 회의를 방문해서 추종자에게 질문할 기회를 제공해 주어야 한다.

설득력 있는 비전 달성 방안을 제시한다. 어떤 호소력 있는 비전을 명확히 설명하는 것만으로 충분하지 않다. 리더는 추종자에게 이 비전은 실현 가능한 것이라고 확신시켜야만 한다. 그러므로 비전과 그것을 달성할 수 있는 믿을 만한 전략 간에 뚜렷한 연결 고리를 만드는 것이 중요하다. 그 전략이 구성원의 고유 가치와 관계가 있는 소수의 뚜렷한 몇 개의 주제를 가지고 있다면, 연결 고리를 수립하기가 쉽다.

자신감에 차 있고 낙천적 행동으로 보여 준다. 만일 리더가 자신감과 확신감을 보여 주지 않으면, 구성원은 비전을 믿지 않으려고 한다. 특히 일시적인 장애물이나 좌절에 당면해도 집단이 비전 달성의 성공 가능성에 대해 낙관적인 마음을 갖는 것이 중요하다. 자신감은 말과 행동으로 모두 표현되어야 한다.

신뢰감이 필요하다. 어떤 비전이 효과적으로 동기 부여의 역할을 하느냐의 여부는 부하 직원이 비전을 달성할 그들의 능력을 확신하는 정도에 달려 있다. 리더가 구성원에게 높은 기대를 가지고 그들을 신임할 때 그들은 성취를 더 잘할 수 있다. 과업이 매우 어렵거나 위험할 때, 또는 팀 구성원이 자신감이 결여되어 있을 때는 자신감과 낙천감을 더욱 길러 줄 필요가 있다.

중요한 의사 결정은 극적이고 상징적인 행동이 필요하다. 어떤 한 비전은 그것과 일치하는 행동에 의해서 강화된다. 중요한 목표를 달성하기 위해서나 중요한 가치를 방어하기 위해서 수행하는 리더의 상징적인 행동은 그가 상당한 정도의 개인적 손실을 감수할 때, 자기희생을 할 때, 비전형적인 방법으로 일을 수행할 때 한층 더 영향력이 클 수 있다.

사례를 들어 설명한다. 리더가 부하 직원의 몰입에 영향력을 행사할 수 있는 방법 중에 하나는 매일매일 부하 직원과 상호작용하는 과정에서 모범이 될 만한 행동 사례를 설정하여 보여 주는 것이다. 실례를 들어 지도하는 것은 때로는 역할 모형 학습이다. 리더가 채택한 가치는 일상생활을 통해서 행동으로 보여 주어야 하고, 이와 같은 행동은 편리할 때나 잠깐 동안만이 아니고, 항상 행동을 일관되게 보여 주어야 한다.

구성원이 비전을 달성하도록 권한을 위임한다. 변혁적 리더십의 중요한 부분 중 하나가 구성원이 비전을 달성하도록 권한을 부여하는 것이다. 권한을 부여한다는 것은 개개인과 팀에게 그 업무를 어떤 방법으로 해야 할 것인가를 결정할 권한을 위임하는 것을 의미한다. 그러므로 구성원에게 해야 할 일을 상세하게 말해 주기보다는 오히려 전략을 수행하고 목표를 달성할 최선의 방법을 구성원이 스스로 결정하도록 요청하는 것을 의미한다.

이상과 같이 기업가 정신을 가진 리더는 변혁적인 리더십을 발휘해서 위험이 있는 새로운 사업을 추진하고, 창의적이고 모험적인 성향으로 한정된 자원에 구애됨 없이 새로운 사업을 추진함에 있어 필요한 리더십을 발휘함으로써 목표로 한 사업을 성공적으로 성취할 수 있다.

기업 리더십과 사회적 책임

기업이 법인이라는 사회적 기관으로서 많은 권리와 특권을 가지며, 사람과 마찬가지로 자신의 행동에 대한 책임을 져야 한다. 그러나 기업의 행동에 대한 책임이 기업 구성원에게 귀속되어야 하는가 아니면 기업 자체에 귀속되어야 하는가, 만약 기업 구성원에게 귀속된다면 그 최종적인 책임은 누가 질 것인가를 규명하기는 쉽지 않다. 그러한 책임을 어떻게 수행할 것인가에 대한 명확한 대답을 주기는 쉽지 않다(신유근, 1995).

사회적 책임은 우리 사회의 목표나 가치관 관점에서 바람직한 정책을 추구하고, 기업의 활동으로 인해 발생하는 문제의 관점 및 기업과 사회의 관계를 지배하는 윤리 원칙의 관점에서 생각할 수 있으며, 기업이 경제적 · 법률적인 필요 요건을 넘어서 사회로부터 정당성을 인정받을 수 있는 기업 활동을 의미하는 것이다.

기업의 사회적 책임이라는 개념은 선발 공업국, 특히 20세기에 들어와 세계경제를 주도했던 미국을 배경으로 대두되었다(신유근, 1995). 미국에서 사회적 책임이라는 개념은 20세기 초반에 형성되기 시작하였다. 당시만 하더라도 미국 기업은 매우 크고 강력했으며, 트러스트나 카르텔을 통해 자유로운 경쟁을 부당하게 제한하여 사회적 비난의 대상이 되었다. 여기서 복지국가 자본주의의 개념이 등장함으로써 정부 역할이 확대되어 반독점법과 다른 정부 규제를 통해서 기업의 힘을 억제하기 시작하였다. 그러나 기업의 사회적 책임이 본격적인 사회적 유의성을 지닌 것은 사회 환경 및 사회 가치의 변화가 일기 시작한 1960년대 베트남 전쟁 이후라고 할 수 있다.

사회적 책임론이 본격적으로 논의된 곳은 미국이지만, 한국의 경우도 1980년 중반 이후 학술적으로나 사회적으로 사회적 책임론에 대한 관심을 높이기 시작했다. 주로 재벌 기업의 부정적인 사회적 영향력에 대한 학계, 언론계, 관련 이해 관계자들의 관심이 높아지면서 재벌 기업이 더욱 책임 있고 성숙한 기업 행동을 보여 주어야 한다는 사회적 기대가 확산되고 있다(신유근, 1995).

기업이 이윤 극대화와 경쟁력 강화 및 사회적 책임 두 가지 문제를 동시에 풀기에는 상당히 어려운 문제이고, 푸는 데도 한계가 있을 수 있다. 일반적으로 기업의 사회적 책임은 기업의 행위가 사회에 나쁜 영향을 미치지 않는 한 기업은 자유를 갖는다고 보는 소극적 견해와 기업의 행위는 이윤 추구와 동시에 사회에 어떤 식으로든지 기여해야 한다는 적극적 견해로 나뉜다. 소극적 견해에 의하면, 자유 기업 제도에서 모든 가능한 수단을 합리적으로 동원하여 이윤을 극대화하는 것이 기업의 유일한 책임이자 목표라는 것이다.

기업의 사회적 책임에 대해 김성택(2012)은 "사회적 책임이란 전통적인 기업의 경제적 역할을 넘어서 보다 폭넓은 일련의 사회적 책임 활동을 말한다."라고 하였으며, 이수영(2004)은 사회적 책임을 "이윤 창출을 통한 주주 가치 증대 및 법 준수와 같은 경제 · 법률적 영역을 벗어나 주주뿐만 아니라 소비자, 지역사회와 같은 광범위한 이해 관계자, 더 나아가 사회 전체의 이익을 위해 기업이 자발적이며 책임감 있고 윤리적인 방식으로 전개하는 다양한 사회 · 환경 이니셔티브 및 이에 대한 의지"라고 하였다.

〈표 15-1〉을 보면 국제기구들의 사회적 책임에 대해 정의하고

〈표 15-1〉 국제기구들의 사회적 책임에 대한 정의

국제기구	정의
국제표준화협회 (ISO)	기업의 사회적 책임을 기업이 경제, 사회, 환경 문제 등에 대한 기여를 통해 사람, 사회 전체에 혜택을 가져 오는 것
세계은행 (World Bank)	선량한 경영 활동을 통한 지속 가능한 경제적 발전과 직원 및 그들의 부양가족, 지역사회 등 사회 가치 증진에 기여하는 일련의 기업 활동
유럽연합 (EU)	자발적인 사회적 환경적 관심 통합과 이해 관계자의 상호 작용을 하는 기업의 경영 활동
경제협력개발기구 (OECD)	기업이 사회와의 공생 관계를 성숙, 발전시키기 위하여 취하는 행동
국제노동기구 (ILO)	기업이 법적 의무를 넘어서 자발적으로 이해 관계자에게 미치는 영향
CSR wire	고객, 직원, 투자자, 그리고 환경 등 모든 이해 관계자의 가치를 고려한 기업의 전사적 노력
세계지속가능발전 기업협회(WBCSD)	환경을 파괴하지 않는 경제적 개발, 직원과 그들의 가족과 해당 지역사회가 함께 일하며 사회 전체의 삶의 질이 개선되는데 기여하는 기업의 의무
사회적 책임을 위한 경영자협회 (Business for Social Responsibility)	사회가 비즈니스를 소유하고 있다는 윤리적 · 법적 · 상업적 · 공적인 기대 수준을 충족시키는 수준 또는 초과하는 수준으로 비즈니스를 행하는 것

출처: Dahlsrud (2008), p. 13.

있다. 현재까지 기업의 사회적 책임에 대한 국제기관들의 일치된 정의는 이루어지고 있지 않지만, 기업의 책임 범위는 법적 테두리를 넘어 그 이상의 노력을 요구하고 있다.

현재까지도 기업의 사회적 책임을 정의하기 위한 수많은 논의가 진행되고 있는데, 사회적 책임에 대한 정의를 Dahlsrud(2008)은 환경적 차원, 사회적 차원, 경제적 차원, 이해 관계자 차원, 자발적 차원으로 구분하였다. 그 내용을 보면 〈표 15-2〉와 같다.

〈표 15-2〉 **기업의 사회적 책임에 대한 다섯 가지 차원적 해석**

차원	주요 용어	예시 문구
환경적 차원	자연환경	• 깨끗한 환경 • 환경보호 책무 • 기업 경영 내 환경적 고려
사회적 차원	기업과 사회관계	• 더 나은 사회를 위한 기여 • 기업 경영을 통한 사회적 통합 • 그들의 영향력을 지역사회 발전에 기여하는 것
경제적 차원	사회경제적 또는 재무적 관점	• 경제 발전의 기여 • 기업 이익 보존 • 기업 경영
이해 관계자 차원	이해 관계자 및 그 집단	• 이해 관계자 사이의 상호작용 • 직원, 공급자, 고객 그리고 지역사회와의 상호작용을 조직화하는 것
자발적 차원	법률 준수 행위	• 윤리적 가치에 기초 • 법적 의무를 넘어서 자발적으로

출처: Dahlsrud (2008), p. 17.

기업의 사회적 책임의 기본 원리

사회적 책임을 수행해야 한다는 인식은 다음과 같은 두 가지 기본 원리에 바탕을 두고 있다(Frederick, 1984).

자선의 원리 부유한 사회 구성원은 불우한 사람들에게 자선을 베풀어야 한다는 생각은 동서양에서 모두 관습으로 인정되어 온 내용이다. 봉건시대에서 현대에 이르기까지 많은 재산을 가진 사람들도 마찬가지다. 자선을 베푸는 사례를 보면, 카네기 같은 사람들은 공공도서관을 기증하는 것, 한국에서 에스콰이어 제화(주)는 많은 어린이 도서관을 기부하는 것, 한국의 옛날 풍습으로 부자가 춘궁기에 하인을 위해서 곳간을 열고 필요한 만큼 양식을 가져가게끔 하는 것, 인디언들이 축제(pot-latch) 때에 부자가 가난한 사람들에게 베푸는 것 등이다. 부유한 실업가들이 이러한 방식으로 다른 사람들에게 도움의 손길을 뻗쳤을 때 그들은 사회적 공동체의 생활 조건을 향상시키는 데 자신이 어느 정도 책임이 있다는 점을 받아들인다.

수탁의 원리 오늘날 많은 기업 경영자는 자신을 공공이익을 위해 일하는 관리자 혹은 수탁자로 간주한다. 그들이 일하는 회사가 사적인 소유물이고 그들 스스로도 주주들의 이익을 창출하기 위해 애쓰고 있지만, 그 기업의 자원을 관리하는 전문 경영자는 일반 대중이 기업 행동에서 이득을 얻도록 경영 활동을 감시할 의무가 있다고 믿고 있다. 이러한 견해에서 기업 경영자들은 공공의 위탁을 받은 지위

〈표 15-3〉 **기업의 사회적 책임의 기본 원리**

	자선의 원리	수탁의 원리
정의	• 기업은 사회의 빈곤한 사람과 집단에게 자발적인 원조를 제공해야 한다.	• 공중의 수탁자로 행동하는 기업은 기업의 의사 결정이나 정책에 의해 영향받는 모든 사람의 이해를 고려하여야 한다.
현대적 표현	• 기업의 자선 사업 • 사회적 선을 고양시키기 위한 자발적 행동	• 기업과 사회 간의 상호 의존성을 인정 • 많은 사회 집단의 다양한 이해를 조정
예	• 기업은 자선 기금 • 사회 문제해결을 위한 사적 행동 • 이해 관계자 집단과의 사회적 동반 관계	• 기업 전략 수립에서의 이해 관계자 접근법 • 단기의 최대 이익보다는 장기의 적정이익 • 계몽된 사적 이익의 자세

출처: 신유근(1995), p. 53.

에 놓이게 된다. 그들은 궁극적으로 공중에게 영향을 미칠 수 있는 방대한 자원의 사용을 통제한다. 기업 경영자는 이처럼 중요한 영향력을 행사하기 때문에 그러한 자원을 주주뿐만 아니라 전체 사회에 좋은 방향으로 사용할 책임을 가진다. 이것을 공공 책임의 원리라 할 수 있다.

기업의 사회적 책임 이론

시장 기능에서 보면, 기업 활동은 이윤이 창출되는 영역과 이윤을 남길 수 있는 영역의 두 가지 유형으로 분류할 수 있다. 의사 결정의 자율성 여부를 기준으로 보면, 기업 활동 영역은 정부 규제에 의해서 강제로 수행하여야 할 영역과 정부 규제 없이 자율적으로 수행 여부를 결정할 수 있는 영역의 두 가지 유형이 있다(신유근, 1995).

기업의 사회적 책임 수행은 부분적이고 단기적으로는 기업 이익을 희생하면서 전체 사회의 복지 지향을 위해 취하는 기업 행동을 말한다. 이러한 사회적 책임은 질적인 면과 양적인 면을 모두 포함하는데, 이는 기업의 사회적 책임이 사회적·물질적 환경에 관한 것만 아니라 구성원의 생활의 질에 관한 것도 포함하고 있음을 뜻한다.

기업 윤리에서 기업 이기주의는 적정하게 합리성을 유지하는 방향으로 규제되어야 한다고 주장하는데, 기업의 사회적 책임은 그 하부 개념으로 포괄하고 있다. 기업 윤리가 가치, 신념, 태도에 관한 것이라면, 기업의 사회적 책임은 외재적이고 행동적인 면이 강하고 기업 윤리가 기업인에게 중요성을 가진다면, 사회적 책임은 기업 조직에게 중요성을 가진다고 할 수 있다.

최근 들어 기업의 사회적 책임과 기업 윤리라는 두 개념을 통합하려는 경향이 있다. 기업의 사회적 책임과 기업 윤리 문제는 1980년대부터 일기 시작하여 기업과 사회를 연구하는 학자들에 의해 기업의 사회적 반응이나 이에 근거한 기업 사회 정책이라는 개념으로 통합되는 움직임을 보이고 있다.

사회적 책임과 기업 윤리 간의 통합 필요성은 기업과 사회 분야의 학술적 연구 측면에서뿐만 아니라 한국 기업 경영의 현실적 측면에서도 찾아볼 수 있다. 한국 기업은 1980년대 중반부터 1990년대에 들어서면서 한국 사회의 거시적 변동 효율과 맞물려 그간의 성장 위주의 기업 경영에 대한 후유증이 기업과 사회와의 관계 측면에서 기업 윤리나 사회적 책임의 문제로 표출되고 있다(신유근, 1995).

사회적 책임과 기업 윤리의 차이점을 살펴보면 다음과 같다.

첫째, 사회적 책임이 기업 행동의 대사회적 영향력이라는 사회적 결과에 보다 큰 강조점을 두는 반면, 기업 윤리는 기업 행위나 경영 의사 결정의 옳고 그름을 따지는 판단 기준 사제에 보다 큰 중요성을 부여하고 있다. 둘째, 사회적 책임이 이해 관계자를 비롯한 사회적 요구나 기대에 대응하는 규제 체계라면, 기업 윤리는 사회적 윤리 규범에 대응하는 규범 체계다. 셋째, 사회적 책임은 이를 실천하려는 기업의 자유 의지를 반영하는 능동적인 역할을 강조하는 반면, 기업 윤리는 상대적으로 이를 준수한다는 수동적인 역할에서 출발하고 있다. 넷째, 사회적 책임이 그 수행 주체로서 조직 차원의 기업을 보다 강조하는 반면, 기업 윤리는 그 수행 주체로서 인적 자원의 경영자나 조직 구성원을 보다 강조한다. 다섯째, 연구학자들의 학문적 배경 면에서 기업 윤리는 주장하는 학자 대부분이 철학, 윤리학, 신학, 교육학 등의 인문과학에 기반을 두고, 기업의 사회적 책임을 논하는 학자들은 대부분 경영학, 경제학, 사회학 등의 사회과학 분야에 기반을 두고 있다.

반면에, 사회적 책임과 기업 윤리의 공통점은 다음과 같다.

첫째, 사회 속에서 기업의 역할과 기능 면에서 두 개념 모두 기업의 경제적 역할과 기능을 넘어선 사회적 역할과 기능을 강조한다. 둘째, 사회적 책임과 기업 윤리는 준거 기준에 있어 상대적으로 강조점의 차이가 있다고 하나 기업 활동에 대한 사회의 가치나 기대, 이슈 등에 부응하는 일련의 기업 대응 행동이라는 점이 유사하다. 셋째, 사회적 책임과 기업 윤리는 일련의 기업 의사 결정과 기업의 행동, 그리고 그로 인한 사회적 결과의 중대성에 의해 평가된다. 넷째, 개념 발전의 초기에는 사회적 책임 면에서만 구체적 이해 관계자와의 관계를 중시했지만, 기업 윤리에서도 점차 기업과 이해 관계자와의 관계를 중시하게 된다. 다섯째, 사회의 기초 규범으로서 국가 권력에 의해 강제성을 갖고 있는 법률과의 관계에 있어서 양자는 성격이 유사하다.

Sethi(1975)는 기업의 사회적 행동 차원을 다음과 같이 사회적 의무, 사회적 책임, 사회적 반응의 3단계 모형으로 구분하였다.

첫째, 사회적 의무란 기업의 시장 압력이나 법적 제약에만 대응해야 한다는 기업 행동 차원이다. 사회적 활동에 드는 비용을 최소화하기 위하여 활동 범위를 불가피할 정도의 소극적인 범위로 최소화하게 되며, 기업이 공격이나 비난을 받을 경우 방어적인 입장에서 공중 관계를 개선하려 시도한다.

둘째, 사회적 책임은 시장 압력이나 법적 제약에 의해 사회 규범이나 가치관에 동조하여 기업에 대한 사회의 기대에 반응하는 기업 행동의 차원이다. 사회적 문제 발생에 대한 기업의 책임을 인정하고, 과거 관행상의 결점을 시정하려는 노력을 하게 된다.

셋째, 사회적 반응이란 외부적인 사회적 압력에 대한 반응만 하는 것이 아니라 동태적인 사회 시스템 내에서 기업의 바람직한 역할이 무엇인가를 알아내어 자율성을 바탕으로 하는 기업 행동의 단계다. 이것은 적극적인 사회적 참여이며 기업 활동과 직접 관련하여 나타나는 문제로서, 그 사회에서 제정과 개선이 요구되는 문제뿐만 아니라 그러한 요구가 없더라도 기업이 효율적 · 효과적으로 해결할 수 있는 사회 문제를 해결하는 데 앞장서게 된다. 사회적 반응에는 분배 정의 실현, 자원의 보존과 생산성 향상, 품질 개선을 통한 고객 만족의 극대화, 기술과 경영 혁신, 사회적 공헌, 그리고 지속 가능한 발전 등의 다원적인 성격을 포함하고 있다. 사회적 반응을 수행하기 위해 기업은 이념, 목적, 경영 체제, 조직, 감사 시스템, 의사 결정 기법 등을 제대로 확립해야 한다(김용구, 2000).

사회적 책임으로서의 기업 행동이 제시되고 있는 사회적 요구에 기업이 기업 활동을 맞추는 적응적 성격을 띠고 있는 데 반해, 사회적 반응으로서의 기업 행동은 사회적 요구나 압력이 있기 전에 사회 문제의 해결에 적극적으로 리더십을 발휘하여 바람직한 방향으로 사회 변화를 주도하는 예방적이며 창조적 성격을 띠고 있다.

기업의 사회적 책임과 기업 리더십

기업의 사회적 책임이라는 맥락에서 리더십이란 세계의 가장 중요한 사회적 · 생태학적 · 경제적 도전을 이해하고 용감하게, 그리고 건설적으로 대응할 수 있는 힘과 영향력을 가진 사람들의 의식과 지속적인 헌신을 말한다. 이 같은 도전에 대응하는 데 있어 기업의 사회적 책임 리더십은 지식, 기술, 비전, 열정, 행동, 영향을 독특하게

〈표 15-4〉 **기업 행위 발달 단계**

행위 차원	사회적 의무	사회적 책임	사회적 반응
정당성 근거	경제적 기준과 법적 의무 준수	사회의 가치와 규범을 고려	사회 시스템 내에서 기업의 존재와 역할을 받아들임
사회적 설명의 의무 집단	주주에 대해서만	주주, 고객, 금융권, 정부 등 직접적인 이해 관계자	간접적인 이해 집단 등 사회 전체 시스템을 고려
사회적 압력에 대한 반응	폐쇄성 및 정보의 보완	인정하여 필요한 설득과 홍보 병행	적극적이고 주도적임 개방적으로 문제를 정의하고 정보를 공개함

출처: Sethi (1975), p. 63.

통합한다(임정재, 2009).

자유화, 규제 완화, 민영화 등으로 사회적 책임 활동은 공공 부문과 민간 부문의 파트너십이 증대되고 새로운 형태의 서비스 제공자로서 NGO의 역할이 증대됨에 따라 과거 정부에서 주도하던 사회적 지원을 민간 부문에서 사회적 책임 활동으로 이루어지길 기대하는 경향이 증가했다. 세계화와 더불어 기업의 행동 강령이 공급업자들에게도 적용되어, 노동의 착취나 부적절한 근로 관행으로 인해 제품의 명성이 타격받는 경향을 방지하는 노력이 강화되는 추세이나, 스스로 설정하고 천명한 행동 강령의 준수 여부에 대한 감시 체제의 강화가 기업들의 사회적 활동이 내용과 성과에 영향을 미치게 되었다.

기업의 이해 관계자들의 기대 수준의 상승을 요약하면 다음과 같다(장영철, 2005).

소비자들은 사회적 책임을 수행하지 않는 기업에게 불리한 조치를 취하며, 사회적 책임을 수행하는 것이 직원에게 긍정적 영향을 미치며, 기업의 사회적 성과가 투자자에게 주요한 투자 결정 요소가 되고 있는데, 이러한 경향은 기업의 사회적 책임 활동의 기대 수준이 점점 증대되고 있음을 보여 주는 것이다.

현대 기업은 단순히 사유의 영역을 벗어나서 사회제도의 일환을 이루고 있다. 경영자는 경제적으로나 윤리적으로도 단순한 영리 추구만을 꾀하지 말고 적정 가격의 양질의 제품을 생산하여 공급한다는 사회적 · 공공적 관점에서 기업 경영을 도모하는 리더십이 필요하다.

기업의 사회적 책임의 대상을 이해 관계자별로 보면 다음과 같다.

첫째, 주주에 대한 책임으로, 소유 경영자의 경우 스스로 책임을 지게 되지만, 주식회사의 경우 전문 경영자는 그들에게 권한과 책임을 부여해 주주들의 이익을 고려해야 한다. 둘째, 근로자에 대한 책임으로, 근로자에 대하여 물질적 보상과 근로자의 성장에 대한 책임이 있다. 셋째, 소비자에 대한 책임으로, 우수한 품질과 적정한 가격으로 재화를 공급한다. 넷째, 정부에 대한 책임으로, 적정한 이익을 창출하여 정부에 세금을 납부해야 하며, 고용을 창출하여 사회의 일원으로서 책임을 다해야 한다. 다섯째, 지역사회에 대한 책임으로, 자연보호나 환경문제에 대한 책임과 지역사회의 일원으로서 역할을 다해야 한다.

이와 같은 사항을 기업의 사회적 책임의 대상으로 보지만 2004년 국제표준화기구(ISO)의 사회적 책임 자문 그룹이 펴낸 보고서는 기업의 사회적 책임 구성 요소에 관한 하나의 목록을 제시했다. 여기에는 교육 관행, 반 경쟁 행동, 노사 관계의 상위 범주 아래 공정한 교역, 윤리적 광고, 기업 지배 구조, 회계 투명성, 위험 관리, 기회 균등, 결사의 자유, 차별 금지, 아동 노동, 강제 노동 등 30여 개의 구성 요소가 포함되어 있다(ISO, 2004).

기업이 사회적 책임을 완수하는 것으로 얻는 이득은 보다 나은 대중적 이미지 및 평판, 보다 커다란 고객 충성심, 보다 만족하고 생산적인 구성원, 보다 적은 규정적 혹은 법적 문제, 시장에서 장기적인 생존 능력, 보다 강하고 건강한 지역사회, 수익의 증가, 보다 낮은 자본과 비용, 해외시장에 보다 쉬운 접근으로 보고 있다.

따라서 기업의 사회적 책임 리더는 자신이 몸담고 있는 조직이 사회 및 생태계에 미치는 영향을 이해하고 환경적 제약을 존중하며 인적 자본, 사회적 자본 및 자연 자원을 구축해야 한다. 그리고 자신의 리더십 기술을 이용하여 개인, 조직, 사회의 변화를 지속 가능성으로 향하도록 동기를 부여하고, 촉진한다. 또한 보다 지속 가능한 세계로 변화할 수 있도록 다른 사람들의 잠재적 리더십을 지원한다.

기업 리더십과 조직 성과

리더십은 조직 성과를 향상시키는 데 공헌할 수 있기 때문에 그의의가 인정되고 있다. 이것은 리더십의 효과성이 조직 성과에 의해 평가된다는 의미다. 그러나 기업에서 조직 성과에 영향을 미치는 리더십 효과를 직접적으로 평가하기란 결코 쉬운 일이 아니며, 기업에서 조직 성과를 통해서 리더십 효과성을 측정해 보려고 한다. 조직 성과를 나타내는 지표는 수익률, 영업 실적, 생산량, 가동률 등이 있다.

기업에서의 조직 성과의 개념

기업에서 일반적으로 조직 성과는 조직 관리에 있어서 유효성을 나타내는 자료로 사용되기도 하지만, 개념적 모호성으로 생산성, 목표 달성 정도, 충성심 등의 요소로 직무 성과를 대신하기도 한다.

직무 성과란 조직 구성원의 직무가 어느 정도 성공적으로 달성되었는지의 여부를 가리키는 개념이다. 일반적으로 산업심리학자들이 말하는 생산성의 의미와 동일한 것으로 사용한다. 기업에서 조직 성과란 이러한 조직 구성원의 행동이 직무와 관련되어 다양하게 나타나는 결과에 가까운 내용이다. 특히 조직과 관련된 모든 직무를 조직 구성원이 구체적으로 성취하는 것이다.

Porter(1968)는 성과란 조직을 객관적으로 측정할 수 있는 결과를 표시하는 것이라고 하였다. 즉, 성과는 기업의 목표 달성을 위한 과정의 실행 정도를 말한다. 이는 종업원의 노력과 그들이 가진 능력, 특성 그리고 역할 지각에 의하여 높은 수준을 유지할 수 있으며, 노력이 성과를 초래하지만 이 두 가지는 항상 동일한 것이 아니고 두

변수 간의 차이는 개인의 능력 및 특성과 그가 수행해야 하는 역할에 대한 개인의 지각에 의해서 결정된다는 것이다. 가장 보편적으로 사용되는 리더십 효과 척도는 리더가 이끄는 집단이나 조직이 얼마나 성공적으로 과업을 수행하였으며, 목표를 달성하였는가 하는 것이다.

성과를 측정하는 접근 방법에는 목표 접근 방법과 시스템 접근 방법이 있다. 전자는 수익성, 성장성을 측정하는 재무적 유효성을 나타내고, 후자는 행동적 유효성을 나타낸다.

기업에서의 조직 성과 지표

Lawless(1972)는 조직 성과를 개인 수준, 집단 수준, 조직 수준의 3차원으로 설명하고 있으며, 조직의 유효성은 개인, 집단 효과성의 직접적인 영향을 받으며, 최종적으로 전체 수준의 지표로 나타낸다고 하였다.

Campbell(1997)은 1973년까지 조직 성과 연구에 대한 조직 성과

〈표 15-5〉 **조직 성과에 대한 개인, 집단, 조직 변수의 측정 변수**

개인 수준	집단 수준	조직 수준
개인적 산출 창조적 산출 충성심, 몰입 개인적 개발 동조, 분리	집단 생산성 집단 사기 적응성 동조성	생산성 사기 동조성 적응성 제도화

출처: 송덕현(2009), p. 35.

결정 요인을 심리적 지표, 경제적 지표, 관리적 지표로 구분하여 제시하였다. 기업에서의 조직 성과 결정 요인에 대해 다른 방법으로 조직 성과의 측정 지표를 연구하는 학자도 있다. 이들은 조직 성과 결정 요인을 시스템적 접근 방법으로 찾으려고 노력하고 있는데, 이러한 시스템 접근법은 타당성을 중시하는 규범적인 연구 방법과 목표에 초점을 두는 기술적인 연구 방법으로 구분할 수 있다.

기업에서 규범적 연구에서는 Georgopolous(1975)가 질적 · 양적 측면에서 조직 목표의 달성 정도, 내외적 환경 변화에 대처하는 능력, 조직의 자원(인적 자원과 물적 자원)의 보존과 획득으로 조직 성과의 측정 지표를 설정하였고, Davis와 Friedlander(1984)는 수익성, 종업원 만족도, 사회적 가치 등을 조직 성과 측정 지표로 주장하고 있다.

Mott(1972)는 생산성, 적응성, 유연성, 수익성, 조직의 성장성, 환경, 규범, 기술의 정도를 조직 성과의 측정 지표로 주장하고 있다.

〈표 15-6〉 **기업에서 조직 성과 결정 요인**

유효성 지표	주요 내용
심리적 지표	직무 만족, 동기 부여와 응집력, 유연성과 적응성, 조직 목표에 대한 조직 구성원의 동조
경제적 지표	전반적 유효성, 생산성, 품질, 성장성, 환경 이용도, 이해 관계자 집단에 대한 평가, 인적 자원의 가치, 목표 달성도
관리적 지표	사고의 빈도, 결근율, 이직률, 계획과 목표 달성, 역할과 규범 일치성, 경영자의 인간관계, 관리 능력, 경영자의 과업 지향성, 신속성, 안정성

출처: 송덕현(2009), p. 35.

기술적 연구 방법에서는 기업에서 조직 성과의 평가를 위한 요인으로 Mahoney(1976)는 생산성을 제시하고 있고, Webb(1974)는 조직 구성원 간의 긍정적인 작업 관계성을 제시하고 있다.

Mahoney(1976)는 기업에서 조직 성과의 측정 요인으로 단일 기준을 설정하는 것은 용이하지 않다고 주장하면서, 일반적으로 효율적인 직무에 대한 성과, 상호 협조, 인사 관리의 유용화, 계획적인 성과 지향 등으로 측정이 가능하다고 하였고, Jackofsky(1964)는 기업의 조직 성과 기준으로 생산성, 적합성, 구성원의 사기, 적응성 등을 주장하였다.

거래적 리더십과 기업에서의 조직 성과

거래적 리더는 정해진 결과에 도달하기 위한 부하 직원의 역할과 요구를 인식하고 그것을 명백히 한다. 부하 직원에게 필요한 노력을 발휘하기 위한 충분한 자신감을 주는 것이다. 거래적 리더는 부하 직원이 무엇이 필요하고 무엇을 원하는지를 알아서 일을 진행하고 부하 직원이 노력을 하면 이 욕구가 어떻게 충족될지를 명확히 말하여 부하 직원으로 하여금 조직 성과를 가져오도록 동기를 부여한다. 또 일정한 수준의 목표를 제시하고 이에 도달하는 부하 직원에게 보상을 함으로써 부하 직원이 조직 성과를 달성하는 데 최선을 다해 노력하도록 한다.

요 약

기업이 사회의 일원으로 존재하기 위해서는 사회적인 책임을 져야 한다. 이러한 책임을 다하는 방법은 기업의 생존과 번영, 사회적 약자에 대한 배려, 환경에 대한 책임, 구성원의 성장에 대한 책임, 이해 관계자에 대한 책임을 져야 한다. 기업이 성장과 번영하기 위해 필수적인 요건은 조직 성과를 이루어 내는 것이다. 기업의 조직 성과는 사회적 책임 이행의 첫 번째 수단이고, 성과를 낸 당사자에 대한 보상이 필요하다.

기업이 생존 발전하기 위해서는 기업가 정신이 필수적이다. 기업가 정신은 비전 제시, 결단력, 권한 위임, 신뢰감, 카리스마적인 행동 등이 필요하다. 이와 같이 사회적 책임, 기업의 조직 성과, 기업가 정신에 필요한 것은 리더십이다.

성찰질문

1. 기업 입장에서 필요한 리더십은 어떤 것인가?
2. 기업이 조직 성과를 내기 위해서는 어떠한 리더십이 필요한가?

사례 연구

기업에서의 리더십과 조직 성과

K자동차 회사의 이영일 부장의 리더십은 기업 리더십의 대표적인 사례다. 이 부장은 종업원 3만 명인 대기업에서 연수 부장으로 5년간 재직하면서 리더십이 무엇인지를 학습하고, 실제로 이를 부하 직원에게 지도하고 육성할 기회가 있었다.

이 부장은 이론을 중심으로 해서 리더십의 내용을 활용하였더니 조직 성과가 상당히 올랐다. 조직 성과 중에 하나는 200여 개나 되는 부서 중에서 회사 최초로 최우수상을 받은 것이다. 교육을 잘해서 회사 발전에 기여했다는 내용의 상이다.

이 부장이 어떻게 교육 프로그램을 수립하고 운영하였는가는 다음과 같다.

교육 프로그램의 계획 단계부터 전 부서원이 참여하였다. 부장은 부서 간의 협조를 구하고 의사 결정권자의 협력을 구하는 데 최선을 다했고, 부서원이 일을 처리함에 있어 풀지 못하는 일은 모두 부서장이 앞장서서 해결하였다.

교육을 운영함에 있어서 전적으로 부서원의 능력을 믿고, 도와줄 수 있는 일이 무엇인지를 찾아서 부서원을 일할 수 있게 하는 일이 부서장이 할 일이었다. 부서장으로서 인사고과 시 부서원 모두에게 직급 승진이나 호봉 인상으로 최대한의 보상을 할 수 있도록 인사 담당 부서와 임원들을 설득하여 부서원 거의 모두가 승진에서 누락되는 일이 없이 승진을 하였다. 최우수 부서상이 뒷받침을 했고, 부서원들의 이미지가 열심히 최선을 다해서 일을 한다는 것을 심어 주었기에 타 부서의 반대는 거의 없었다. 이런 이유로 부서원들은 더욱더 열심히 일을 했고, 부서장으로서 부서원의 경력 개발을 생각하여 부서원이 일정 기간 연수 부서에 근무하고 타 부서로 떠날 때 가고 싶은 부서로 대부분 이동하게 했다. 그 결과 타 부서에서 연수부를 동경하고 근무하고 싶은 부서가 되었다.

연수부 근무를 마치고 이 부장은 영업부로 이동을 하였다. 당시 K자동차는 전국에 20개 지역 본부로 나누어서 1개 지역 본부 밑에 20개에서 30여

개 지점을 관리하는 시스템이었다. 그는 직원은 500명에서 700명 정도로 구성되어 있는 지역 본부의 책임자로 근무하게 되었다. 이 부장이 맡은 지역 본부는 20개 지역 본부 중에서 매월 평가에서 19등을 하는 최하위 지역 본부로서 상당히 형편이 어려웠다. 그는 목표에 대한 개념도 없고 사기도 땅에 떨어져 있는 지역 본부를 관리, 운영하게 된 것이다.

상기 본부에서도 이 부장은 리더십 이론을 바탕으로 지역 본부 구성원이 일하는 데 어려운 것은 모두 본부장에게 맡기라고 선언하고, 매일매일 하루에 3개 지점 현장을 점검하고 도와줄 것이 무엇인지를 찾아서 하루에 100km에서 200km를 자동차로 누비면서 직원들의 애로사항을 해결하는 본부장으로 활동했다. 본부장의 부하 직원인 지점장에게는 목표는 사명으로 달성해야 하고, 지점장의 할 일은 부하 직원의 애로사항을 해결하는 상사로서 활동하도록 하였으며, 부하 직원의 신상필벌 원칙은 지키라고 부탁하였다. 그 결과 그가 맡은 지역 본부는 전국에서 상위 우수 부서, 즉 20개 지역 본부 중에서 항상 2위로 평가되었다. 회사 차원의 평가가 우수하여 지점장은 물론 전 직원은 사기가 높았으며, 승진을 독차지하는 지역 본부로 성장하였고, 그는 부장에서 임원으로 승진하는 계기가 되었다.

이영일 부장은 부하 직원의 애로사항을 해결하는 상사로서 구성원에게 사기를 불어넣어 할 수 있다는 신념을 주었고, 나를 따르면 언제나 보상과 보람을 느낄 수 있는 것을 심어 주었기에 좋은 성과를 낼 수 있었던 것이다.

16

윤리적 리더십

2003년 미국 엔론(Enron) 사의 부정회계 사건 이후 기업의 윤리성이 새로운 사회적 이슈로 조명을 받기 시작했다. 그러한 영향으로 우리나라에서도 그 즈음을 전후하여 사회적으로 기업의 윤리성을 크게 강조하는 분위기가 조성되었고, 많은 기업이 자체적으로 윤리헌장을 제정하고 사례집을 마련하는 등, 사회의 윤리적 요구에 동참하려는 모습을 보여 주었다. 그러나 겉으로 드러난 모습과는 달리, 그 후로 동아건설, SK그룹, 삼성, 한화 등 한국의 대표적인 기업들이 줄줄이 윤리적인 논쟁거리를 제공하면서, 재벌로 대표되는 한국 기업의 관행적인 비윤리성이 새삼스레 사회의 지탄을 받게 되는 지경에 이르고 있다(김주엽, 박상언, 이민령, 2010).

이런 사회적 배경과 맞물려 최근에는 1980년대부터 나타나기 시작한 새로운 리더십 이론들이 주요 연구 대상이 되고 있다(김상덕, 2012). 대표적으로 변혁적 리더십(Bass, 1985; Bass & Avolio, 1993)과 카리스마적 리더십(Conger, 1999; Conger & Kanungo, 1998), 오센틱 리더십(authentic leadership)(Luthans & Avolio 2003; Walumbwa et al., 2008) 등이 가장 주목할 만한 리더십 이론들이라 할 수 있다. 이러한 리더십 이론에서 공통적으로 강조하고 있는 것은 리더의 윤리성이다(Palanski & Yammarino, 2009; Brown & Mitchell, 2010). 오늘날 비윤리적인 사회적 현상들로 인해 윤리적 리더십(ethical leadership)이 많은 조명을 받게 된 것이다(Dadhich & Bhal, 2008; Neubert et al., 2009; Brown & Mitchell, 2010; Rubin et al., 2010).

윤리적 리더십의 개념

Brown 등(2005)은 최근 윤리적 리더십을 단지 그 속에 일부 윤리적 차원을 포함하고 있는 변혁적 리더십이나 희생적 리더십, 영성 리더십 등과 같은 기존의 리더십과 차별되는 독립된 리더십으로 제안하고 있다(김주엽, 2010). 이들에 따르면, 윤리적 리더십(ethical leadership)이란 보다 더 포괄적인 개념으로, "개인의 행위나 개인 상호 간 관계를 통해서 규범적으로 적절한 (도덕적) 행위를 보이는 것, 그리고 그러한 행위를 상호 간 쌍방향 의사소통, 강화(reinforcement), 의사 결정 등을 통하여 추종자들에게도 그와 같은 행동을 하도록 촉진하는 리더십"을 의미한다(Brown et al., 2005: 117). 즉, 윤리적 리더십은 정직과 배려, 공정한 판단과 같은 개인적 특성을 보여 주는 한편, 부하 직원과 윤리적 가치와 관련된 쌍방향 의사소통을 자주 하는 것은 물론, 이러한 행위를 통해 보다 뚜렷한 윤리적 기준을 제시하고, 그러한 기준에 따라 적절한 보상과 규제를 활용하는 등, 리더 스스로 윤리적 행동의 모범을 보여 줌으로써 부하 직원에게 바람직한 역할 모델이 되기 위해 노력하는 관리자적 특성을 지칭한다고 볼 수 있다 (Brown & Trevino, 2006).

리더, 미래 조직 그리고 윤리

리더의 존재 의의에 대해 김광웅(2009)은 다음과 같이 주장한다. 리더를 리더답게 하는 여러 가지 도구가 있다. 지적인 능력, 카리스마, 용기, 인내와 감성 지능 등 다양한 리더십의 요소가 그것이다. 그러나 리더의 존재 의의를 딱 한마디로 꼽으라면 바로 윤리, 에틱(ethics)이다. '에틱'을 의학, 경영학, 환경 등의 전문가들과 결부하자면 전형적으로 구성원에게 코드를 부여함으로써 도덕적인 의무와 결부하게 된다. 리더는 전문적인 지식을 겸비해야 하므로 에틱을 벗어나서도 안 되고, 일반인보다 훨씬 높은 수준의 공공 의식을 요구받기 때문에 넓은 의미의 도덕성을 겸비해야 한다. 공공 리더에게 도덕성은 전문가로서뿐만 아니라 인간 자체의 존재 의의와 다름없다. 훌륭한 지도력을 가진 리더라도 도덕성을 상실하면, 더 이상 누구도 그의 정책과 행위를 지지하지 않기 때문이다.

한편 Northouse(2009)는 리더십에 있어 윤리의 중요성에 대해 다음과 같이 강조한다.

윤리는 리더십의 중심에 자리하고 있으며, 이는 리더가 조직의 가치를 확립하고 강화하는 데 도움을 준다. 모든 리더는 자기 나름의 독특한 신념과 관점을 가지고 있다. 또한 그들은 나름대로의 비망록을 가지고 있으며 일련의 신념, 제안, 가치, 아이디어, 다루고 싶은 이슈를 가지고 있다(Gini, 1998). 또한 리더는 자신의 추종자를 존엄과 존경으로, 즉 나름대로의 독특한 정체성을 지닌 인간으로 대할 윤리적 책임이 있다. 이러한 '인간에 대한 존경심(respect for person)'은 리더에게 추종자가 가진 이해 관계, 욕구 및 양심적인 사항에 대해 주의를 기울일 것을 요구한다(Beauchamp & Bowie, 1988).

실제 조직 상황에서 조직 구성원이 윤리적인 문제에 직면하였을 때, 그들이 리더의 가이드라인에 의존한다는 것은 놀라운 일이 아니다(Trevino, 1986). 많은 연구는 이러한 사실을 지지하고 있고, 조직 구성원이 리더의 윤리적 가치를 따른다는 것을 보여 주고 있다(Schminke et al., 2005). 더욱이 윤리적인 면에서 긍정적으로 인식되고 있는 리더는 구성원의 긍정적인 행동에 영향을 미치고(Mayer et al., 2009), 부정적으로 인식된 리더는 구성원의 부정적 행동을 강화한다(Brown & Trevino, 2006; Mayer et al., 2009).

한편 미래 조직에서도 윤리는 중요한가에 대해 김광웅(2009)은 복잡계 관점에서 미래 조직을 논하며 높은 윤리적 수준이 요구된다고 하였다. 미래 조직은 복잡계 조직으로 변한다. 많은 사람이 조직을 복잡계의 관점에서 이해하려고 노력한다. 기업 환경에 해당하는 현대사회가 너무나 복잡하고 무질서해서 이를 어떻게 극복하여 조직의 성과를 높이고 윤리적으로 떳떳할 수 있겠는가를 고심한다. 현대의 환경과 미래의 환경은 어쩔 수 없이 무질서하고 불안정하며 평형도 선형도 아니다. 그런 환경적 조건을 알고 있다면 조직의 이해와 전략을 과거의 패러다임으로 세울 수는 없는 일이다. 이런 시각에서 보면 조직을 효율적으로 운영하는 것은 환경의 다양성에 효과적으로 대응하는 것이다. 이 다양성에는 미래 기술의 변화 추이와 변하는 소비자의 기호 변화 등이 포함되어야 하며, 조직은 이에 효과적으로 대응할 수 있도록 구조가 설계되고 효율적으로 운영되어야 한다. 그러려면 조직이 열려 있어야 함은 물론이고, 동시에 세계 기준에 맞게 윤리적이지 않으면 안 된다. 그러므로 경제 사정뿐만 아니라 사회, 문화, 환경, 윤리 등 이를 모두 아우르는 시각이 필요하고, 이를 위해서는 기존의 관리자적 시각이 아닌 폭넓은 시야를 가진 리더의 시각이 요구된다.

리더십에 내재된 윤리의 중요성

리더에게 있어 윤리는 왜 중요한가에 대해 Northouse(2009)는 다음과 같이 주장한다.

리더십은 리더가 공동의 목표를 달성하기 위해 다른 사람들의 행동에 영향력을 행사하는 과정이다. 이러한 리더십의 영향력 차원은 리더가 자신이 이끌고 있는 사람의 삶에 영향을 줄 수 있어야 한다는 것을 의미한다. 다른 사람들의 가치관이나 인성을 변화시킨다는 것은 엄청난 윤리적 부담과 책임을 수반한다.

리더는 일반적으로 추종자들보다 더 많은 권력과 통제력을 가지고 있기 때문에 그들의 리더십이 추종자들의 삶에 어떤 영향을 미치는가에 대해 민감하게 반응할 책임도 있는 것이다. 그것이 집단작업이든 조직의 목표나 지역사회의 과업이든 리더는 하위자를 고용하여 그들의 노력을 공동의 목표를 달성하는 데 활용한다.

이 모든 상황에서 리더는 그들의 추종자를 존엄과 존경으로, 즉 나름대로의 독특한 정체성을 지닌 인간으로 대할 윤리적 책임이 있다. 이러한 '인간에 대한 존경심(respect for persons)'은 리더가 추종자의 이해 관계, 욕구 및 양심적인 사항에 주의를 기울여야 한다는 것을 의미한다(Beauchamp & Bowie, 1988).

우리 모두가 다른 사람들을 존엄한 한 인간으로 대해야 할 윤리적 책임을 가지고 있지만 리더는 리더십 지위에서 오는 특별한 힘, 즉 다른 사람에게 더 강력한 영향을 미칠 수 있다는 점 때문에 특별히 더 큰 윤리적 책임을 져야 한다는 것이다.

윤리는 리더십의 중심에 자리하고 있으며 리더의 윤리 의식은 조직의 가치를 확립하고 강화하는 데 도움을 준다. 모든 리더는 자기 나름의 독특한 신념과 관점을 가지고 있다. 모든 리더는 그들 나름대로의 비망록을 가지고 있으며 일종의 신념, 제안, 가치, 아이디어 그리고 다루고 싶은 이슈들을 가지고 있다(Gini, 1998). 한 리더에 의해 촉진되는 가치는 그 조직 전체의 가치에 큰 영향을 미칠 수 있다(Carlson & Perrewe, 1995; schminke, Ambrose, & Noel, 1997; Trevino,

1986 참조). 다시 말해 그들의 영향력 때문에 리더는 조직 내의 윤리적 환경을 확립하는 데 중요한 역할을 하게 되는 것이다.

요약하면 윤리는 리더십의 중심에 자리하는데, 그 이유는 윤리가 영향력을 미치는 과정에서 본질에 해당하며, 추종자들에게 영향력을 발휘하여 공동 목표를 달성하고, 조직의 가치를 확립하는 데 필수불가결한 요소이기 때문이다.

윤리적 리더십에 대한 주요 관점

리더십 과정의 한 차원으로서 Heifetz와 Burns 그리고 Greenleaf는 윤리를 언급하고 있는데, 이들의 관점을 구체적으로 살펴보면 다음과 같다.

Heifetz의 윤리적 리더십에 대한 관점

Northouse(2010)는 Heifetz의 리더십 관점 중 가치적 측면을 윤리적 리더십의 중요한 부분으로 강조하고 있다. 즉, 구성원의 가치와 그들이 일하는 조직과 지역사회의 가치를 다루고 있기 때문에 윤리적 리더십과 관련이 있다고 하며, 리더의 의무는 추종자를 도와 변화에 적응하면서 자기 성장을 위해 노력해 갈 수 있도록 하는 것이라 한다.

Heifetz(1994)에 따르면 리더십은 권한을 이용하여 추종자들로 하여금 빠르게 변화하는 작업 환경과 사회 문화 속에서 나타나는 상충되는 가치에 잘 대응해 가도록 도움을 주는 것이라 했다. 따라서 그의 관점은 구성원의 가치를 직접적으로 언급하고 있다는 점에서 윤리적 관점이라고 볼 수 있는 것이다.

Heifetz(1994)에 의하면 리더는 어려운 문제의 해결을 목적으로 사람들을 동원하기 위해 권한을 사용해야만 한다. 그러나 리더는 신뢰와 보살핌, 그리고 공감대가 존재하는 '지원적인 환경'을 제공해야만 한다. 이러한 지원적 환경에서 추종자들은 어려운 문제에 대처하고 처리하는 데 안정감을 느끼게 된다. 특히 리더는 사람들이 그 이슈에 주의를 기울일 수 있게 하는 동시에 정보의 사실 여부를 검증하는 역할을 해야 하며, 이슈를 관리하고 구체화하며 상충하는 관점을 조화시키고 의사 결정을 촉진시켜야 한다(Heifetz, 1994: 113).

Burns의 윤리적 리더십에 대한 관점

Burns는 변혁적 리더십에 대해 네 가지로 정리하며, 도덕적 행위를 강조하였다(김광웅, 2009).

첫째, 리더십은 도덕적 행위로 공공적 가치로 표현되는 인간의 욕구(빈곤으로부터의 해방, 자유, 생명, 행복 등)에 대한 응답이다. 둘째, 글로벌 리더십까지 포함하여 지도자가 감당해야 할 가장 중대한 과업은 비참한 상태에 처해 있는 세계 수십 억 인류의 필요에 응답하는 것이어야 한다. 셋째, 사람들은 자신이 원하는 바에 귀를 기울여 주는 지도자의 추종자가 되며, 그 지도자는 추종자에게 힘을 실어 주어야 한다. 넷째, 모든 인류가 행복을 추구할 수 있는 기회를 확대해 나가야 한다.

이것이 역사를 바꾸는 '변혁적 리더십'이다.

한편 Northouse(2009)는 Burns의 변혁적 리더십 이론에 대해 리더가 상충하는 가치로 인한 부하 직원의 고충을 극복하도록 도와주는 것이라고 주장한다. 나아가 추종자의 욕구와 가치, 그리고 도덕성을 매우 강조하고 있으며, 리더가 그들의 부하 직원이 더 높은 수준의 도덕적 책임감을 갖도록 노력해야 한다고 한다. 리더십 윤리에서 Burns 입장의 근원은 Maslow와 Kohlberg 등의 연구에 뿌리를 두고 있다 (Northouse, 2009).

Greenleaf의 윤리적 리더십에 대한 관점

Greenleaf(1970, 1977)는 리더십은 본성적으로 남을 섬기려는(봉사적인) 사람에게 부여되는 것이라고 주장한다. 실제로 한 개인이 리더로 부상하게 되는 방법은 봉사자(섬기는 자)가 되는 것이다. 섬김의(봉사적인) 리더는 추종자들의 욕구에 관심을 기울이고 그들이 보다 더 지적이 되고 자유롭고 독립적이어야 하며, 부하 직원 자신이 남을 섬기는 사람이 될 수 있도록 도와주어야 한다. 즉, 리더는 그의 존재만으로 다른 사람을 풍요롭게 할 수 있어야 한다(Northouse, 2010).

섬기는 일(봉사) 이외에도 리더는 소외된 '못 가진 자들(have-nots)' 에게 관심을 갖고 그들을 조직 생활에서 다른 이해 관계자들과 동일하게 인식할 의무가 있다. 불평등과 사회적 불공정이 있을 때 섬김의 리더는 그것을 제거해야 하는 책임도 있다(Graham, 1991)'. 섬김의 리더가 되기 위해서 리더는 제도적 권력과 통제력의 사용을 자제하는 한편, 추종자에게 권한을 위임할(하위자들의 자유 재량권을 확대시킬) 수 있어야 한다.

섬김의 리더십은 공동체적 삶에 모든 사람이 참여할 수 있도록 하는 것을 가치 있게 여긴다. 인간이 존경과 신뢰 그리고 개인적 강점을 충분히 경험할 수 있는 곳은 바로 공동체 안에서이기 때문이다. 따라서 Greenleaf는 다른 사람의 말을 경청하고 공감하며 무조건 긍정하는 것을 크게 강조하고 있다.

이상의 세 가지 관점(Heifetz, Burns, Greenleaf)을 관통하고 있는 공통된 주제는 리더와 추종자 간의 관계가 윤리적 리더십의 중심에 자리하고 있다는 것이다. 이밖에도 세 관점 모두는 리더가 추종자의 특정한 요구에 깊은 관심을 기울이는 것이 중요하다는 것을 강조하고 있다(Northouse, 2010).

윤리적 리더십의 원칙

윤리적 리더십의 개발에 중요한 몇 가지 원칙의 기원은 아리스토텔레스로 거슬러 올라간다. 이 원칙의 중요성은 다음과 같은 다양한 학문 영역에서 논의하고 있다(Northouse, 2010).

1994년에 제기된 Beauchamp와 Childress의 생체의학적 윤리나 Beauchamp와 Bowie에 의해 제기된 경영 윤리(1989), Kitchener의 상담 심리학적 윤리(1984), 그리고 Komives, Lucas, McMahon의 리

[그림 16-1] 윤리적 리더십의 원칙

출처: 김남현 역(2009), p. 473.

더십 교육(1998) 등을 포함한 다양한 학문 영역에서 논의하고 있다. 이 같은 다양한 관점을 모두 포괄하지는 않더라도 존중, 봉사, 정의, 정직, 공동체 윤리의 원칙은 건전한 윤리적 리더십 개발(the development of sound ethical leadership)을 위한 토대를 제공하고 있다.

타인 존중(Respect Others)

윤리적 리더가 갖추어야 할 원칙 중 첫 번째로 '타인 존중(Respect Others)'을 들 수 있다.

존중은 Beauchamp와 Bowie(1998)가 지적한 바와 같이 "사람을 대할 때 사람은 그 자신이 자율적으로 설정한 목표를 가진 하나의 존재로 대해야 하고, 순전히 다른 사람의 개인적 목적을 위한 수단으로 취급해서는 안 된다.”는 것을 바탕으로 한다.

또 존중은 부하 직원의 신념이나 태도 및 가치관을 인정하는 것을 의미하기도 한다. 리더가 부하 직원을 존중할 때, 부하 직원은 자신의 작업에서 자신감을 느끼게 된다. 간단히 말해서 타인을 존중하는 리더는 부하 직원을 존경할 만한 가치가 있는 한 인간으로 대하는 리더다.

타인을 위한 봉사(Serving Others)

윤리적 리더가 갖추어야 할 원칙 중 두 번째로 ‘타인을 위한 봉사(Serving Others)’를 들 수 있다.

섬김의 원칙(service principle)은 명백한 이타주의의 한 예다. 섬김의 리더는 이타적이다. 그래서 그들은 계획을 수립할 때 부하 직원의 복지를 최우선에 둔다.

일반적으로 자선이란 사람들이 자신의 정당한 이익과 목적을 추구하도록 베푸는 자가 도와줄 의무가 있다는 것을 의미한다(Beauchamp & Childress, 1994). 의료 전문가들과 마찬가지로 윤리적 리더는 다른 사람의 필요에 유의하고 그를 보호하며 그의 복지에 유익이 되고 해가 되지 않는 방향으로 결정해야 할 의무가 있다.

이는 Greenleaf가 말한 못 가진 자들을 섬기는 일이나 Senge가 말한 더 큰 목적을 위해 자신을 헌신하는 것이다. 결국 섬김의 이면에 있는 의도는 타인의 보다 큰 유익을 위해 공헌해야(도움을 주어야) 한다는 것이다. 섬김의 원칙을 실천하는 데 있어서 윤리적 리더는 기꺼이 부하 중심적이 되어야 하고 그들의 이익을 최우선에 두며 그들에게 이익이 되는 방향으로 행동해야만 한다(Northouse, 2010).

정의감 표출(Showing Justice)

윤리적 리더가 갖추어야 할 원칙 중 세 번째로 '정의감 표출(Showing Justice)'을 들 수 있다.

윤리적 리더는 공정성과 정의에 관심을 기울여야 한다. 리더는 부하 직원을 평등하게 대해야 한다는 것을 최우선 과제로 삼아야 한다. 정의란 리더가 그들의 결정 과정에서 공정성을 가장 중심에 두는 것을 의미한다. 어쩔 수 없는 특별한 경우를 제외하고는 조직 내의 누구도 특별한 대우나 배려를 받아서는 안 된다. 조직 내의 개인이 불가피하게 차별 대우를 받아야 하는 경우, 그 차별적 대우의 원인이 분명하고 합리적이며 건전한 도덕적 가치에 근거해야 한다(Northouse, 2010).

정직성 표출(Manifesting Honesty)

윤리적 리더가 갖추어야 할 원칙 중 네 번째로 '정직성 표출(Manifesting Honesty)'을 들 수 있다.

좋은 리더가 되기 위해서는 정직해야만 하기 때문이다. 정직의 중요성은 정직의 정반대, 즉 부정직을 생각할 때 더 명백히 이해할 수 있다(Jaksa & Pritchard, 1988). 부정직은 거짓의 한 형태이며, 진실을 대변하지 못하는 행동 방식이다. 부정직은 많은 불편한 결과를 낳는데, 특히 부정직으로 인해 나타나는 불신이 가장 큰 문제다.

리더가 정직하지 못할 때 사람들은 리더를 의지할 수 없고 믿을 수 없는 사람이라고 생각하게 된다. 사람들이 리더가 말하고 주장하는 것에 대한 신뢰를 잃는다는 것은 그들의 리더에 대한 존경이 사라진다는 것을 의미한다. 결과적으로 한 리더의 영향력은 다른 사람들이 그를 더 이상 신뢰하거나 믿지 못하기 때문에 손상될 수밖에 없다 (Northouse, 2010).

공동체 구축(Building Community)

윤리적 리더가 갖추어야 할 원칙 중 다섯 번째로 '공동체 구축 (Building Community)'이 있다.

윤리적 리더는 그 집단에 참여하는 모든 구성원의 목표를 고려하고, 공동체와 그 문화의 이해 관계를 세심하게 배려해야 한다. 그렇게 함으로써 리더는 다른 사람들을 보살피는 윤리(an ethic of caring toward others)를 실현할 수 있고(Gilligan, 1982), 다른 사람의 의도를 무시하거나 강압하지 않게 되는 것이다(Bass & Steidlmeier, 1999). Rost(1991)는 한 걸음 더 나아가 윤리적 리더십은 시민적 덕성(civic virtue)에 주의를 기울여야 한다고 주장하고 있다. 그의 이 같은 주장은 리더와 부하 직원이 상호 간에 설정한 목표 이상의 것, 즉 지역사회의 목표와 목적에 관심을 기울여야 한다는 의미다(Northouse, 2010).

기업 현장에서의 윤리적 리더십의 실천 사례

세계화로 선진국의 대기업이 국내 시장에서 세계 시장으로 영업 활동을 적극적으로 펼쳐 나간 결과 많은 다국적 기업이 탄생했다. 이들 다국직 기업은 세계 시장에서 영업 활동을 전개하는 과정에서 이윤 극대화를 추구하면서 사회, 경제, 환경 문제를 일으켜 세계 사회는 이들에 대해 경각심을 갖게 되었다(조영주, 2012). 최근 들어 세계화의 부작용으로 발생하고 있는 빈부 격차의 심화, 고용 없는 성장의 일반화, 환경 파괴 가속화 등의 문제를 완화하기 위해 세계는 기업에게 사회적 책임, 지속 가능 경영, 윤리 경영을 요구하고 있다.

기업 현장에서의 윤리적 리더십은 기업 윤리, 사회적 책임(Corporate Social Responsibility: CSR), 윤리 경영, 녹색 경영 등으로 나타나고 있으며, 기업들은 불공정하고 비인도적인 노동 관행을 철폐하기 위한 최초의 국제표준규격인 SA 8000이나 국제표준기구(ISO)에서 기업의 환경, 노동, 인권과 지역사회 기부 등의 활동을 지수화하여 제시한 ISO 26000을 준수하기 위한 활동을 강화해 가고 있는 상황이다.

이 같은 노력에 대해 혹자는 기업은 본래 이윤 극대화를 추구하기 때문에 사회적 기여를 강요받아서는 안 된다고 주장한다. 그러나 세계화 시대에서 기업의 목적은 이윤 극대화가 아니며, 윤리 경영을 바탕으로 영업 활동을 전개하다 보면 결과로서 이윤이 창출된다고 보는 생각이 일반화되어 있다. 사회적 기여는 기업 이윤과 반하는 것이 아니며 오히려 세계로 나가기 위해 필요한 기업의 경쟁 우위로 작용한다. '기업의 사회적 책임 라운드(CSR Round)' 라 부르는 비관세 장벽을 넘을 수 있게 해 주기 때문이다.

기업의 윤리적 리더십 적용 사례는 국내외 다수 기업에서 다양하게 나타나고 있는데, 대표적인 선진국 다국적 기업의 윤리 경영 시스템을 소개하면 다음과 같다.

〈표 16-1〉 **선진국 다국적 기업의 윤리 경영 시스템**

기업명	윤리 강령	준수 감독 조직	교육을 통한 공감
존슨앤드존슨 (Johnson & Johnson)	• 사회적 책임 공표 • 우리의 신조 36개 국어로 번역	• 인사부 • 승진 및 인사고과에 반영 • 2년마다 직원 대상 설문 조사	• 임원 대상의 신조(Credo) • 윤리적 의사 결정 기법 교육
인터내셔널 페이퍼 (International Paper)	• 자원 관리 책임 서약 • 윤리 경영	• 윤리 및 비즈니스 관행 사무국 • 윤리 핸드북 발간 교육 • 제보 전화 운영	• 제보 전화를 통해 접수된 사례 중심
노드롭 (Northrop)	• 군수 사업 윤리 강령 • 기업행위표준	• 기업윤리사무국 • 제보 전화 운영 • 직원 설문 조사를 통한 평가	• 사례, 토론 중심 교육 • 셰익스피어의 『헨리 5세』를 임원들의 교육 교재로 활용
아세아브라운 보베리(Asea Brown Boveri)	• 지속 성장을 위한 사회 정책	• 지속 가능 업무 부서에서 전담	• 지속성 상금 3만불 지급

출처: 조영주(2012), p. 194

요 약

국내외적으로 기업의 윤리성이 사회적 이슈로 강조되면서, 윤리적 리더십에 대한 관심이 재부상하고 있다. 특히 1980년 이후 나타난 변혁적 리더십, 카리스마 리더십, 오센틱 리더십이 공통적으로 리더의 윤리성을 강조하면서 많은 조명을 받고 있다.

리더에게 윤리가 중요한 이유는 추종자들보다 더 많은 권력과 통제력을 가지고 자신이 이끌고 있는 다른 사람들의 삶에 강력한 영향을 주기 때문이다. 따라서 리더는 일반인보다 훨씬 높은 수준의 공공 의식이 요구되며 넓은 의미의 도덕성을 겸비해야 한다.

윤리적 리더십은 Brown에 의해 정의된 것처럼 개인의 행위나 상호 관계를 통해서 규범적으로 적절한 (도덕적) 행위를 보이는 것, 그리고 그러한 행위를 상호간 쌍방향 의사소통, 강화(reinforcement), 의사 결정 등을 통하여 추종자에게도 그와 같은 행동을 하도록 촉진하는 리더십이었다.

그렇다면 윤리적 리더십을 개발하기 위한 프로그램은 어떠한 원칙을 가져야 하는가? Northous는 윤리적 리더십 개발에 필요한 원칙을 타인 존중, 타인을 위한 봉사, 정의감 표출, 정직성 표출, 공동체 구축 등으로 정리한 바 있다.

오늘날의 조직뿐만 아니라 미래의 조직에서도 윤리는 중요한 의미와 역할을 가지게 될 것이다. 그 이유는 미래의 환경이 어쩔 수 없이 무질서하고 불안정하며 비선형적으로 변화해 갈 것인데, 그러한 조건하에서 조직을 효율적으로 운영하기 위해서는 다양성을 인정할 수 있도록 조직이 열려 있어야 함은 물론이고 세계 기준에 맞는 윤리적 기준을 원칙처럼 따르고 유지해야 하기 때문이다.

최근 윤리적 리더십에 대한 연구와 관심이 급증하는 것과 윤리 헌장 제정, 사례집 발간 등의 윤리적 조치 등이 뒤따르는 이유는 현시대적 요구일 뿐만 아니라 미래를 위한 생존 전략, 즉 필수불가결한 전략임을 이해할 때 윤리적 리더십의 의의와 가치는 더욱 빛을 발할 것이다.

성찰질문

1. 리더는 추종자에 비해 훨씬 높은 수준의 도덕 수준과 공공 의식이 요구되는데, 그 이유는 무엇인가?
2. 미래의 조직에서 윤리는 어떻게 인식될 것이며, 윤리적 리더십은 어떤 역할을 하게 될 것인가?

사례 연구

기업의 윤리적 리더십

기업: 스콧 베이더 커먼웰스(http://www.scottbader.com/index.php)

슈마허 박사가 저서 『작은 것이 아름답다』에서 극찬한 기업으로 화학제품 생산업체인 영국의 스콧 베이더 커먼웰스(Scott Bader Commonwealth)가 있다. 창업자 어니스트 베이더(Earnest Bader)는 30세인 1921년에 이 회사를 창립했다. 제2차 세계대전 때 수많은 고난을 극복하고 30년 후인 1951년에는 161명의 직원에 연매출이 62만5천 파운드이고, 순이익이 7만2천 파운드 이상인 중견 기업이 되었다. 이 회사는 폴리에스테르수지, 알키드, 폴리머, 가소제와 같은 매우 복잡한 제품에서 선도적 지위를 확보했다.

2011년 현재 스콧 베이더는 연매출액이 2억 2천만 유로인 다국적기업으로 성장하였다. 그룹 총괄 대표는 필립 브루스(Philip Bruce)이다. 전 세계에 걸쳐 있는 자회사와 본사의 직원은 600여 명이다.

창업자인 어니스트 베이더는 월급을 받고 직장 생활을 하던 젊은 시절부터 노동 시장과 임금 체계에 대한 사람들의 사고 방식, 특히 인간이 자본을 고용하는 것이 아니라 자본이 인간을 고용한다는 생각에 반발했다. 창업을 하여 고용주가 된 뒤에도 자신의 성공과 번영이 자신만의 업적이 아니라 모든 동료의 업적이며, 분명 사회의 업적이기도 하다는 것을 잊지 않았다. 그는 '기업을 인간의 필요에 맞춘다.' 는 자신의 철학에 의거하여 자신의 기업을 혁신하기로 하였다. 그는 이렇게 말했다.

> 문제는 두 가지였다. 어떻게 하면 수익성을 잃지 않으면서, 자유와 행복을 최대로 느끼도록 조직할 수 있으며, 사기업 부문에서 일반적으로 수용할 수 있는 방식과 수단으로 조직할 수 있는가 하는 것이었다.

그는 1951년 자신의 전 재산인 회사 소유권의 90%를, 1963년 나머지 10%를 자선단체이면서 직원 공동체로 설립한 스콧베이더 공동체(Scott Bader Commonwealth)란 단체에 기증하고, 직원과 지역 공동체가 함께 경영하도록 하였다.

베이더는 자신의 보수를 회사에서 가장 낮은 급료의 7배로 제한하였다. 발생한 이윤의 60%는 납세와 재투자를 위해 적립하고, 나머지 40% 중 20%는 직원에게 보너스로 지급하고, 20%는 자선사업에 사용한다. 그러나 최근에는 국제적인 경쟁의 격화에 대비하기 위해 외부 경영인을 영입하면서 최고 경영자의 보수에 대한 7배 원칙을 포기하였다.

창업자인 베이더의 목적은 지배 구조와 복지를 기업에서 일하는 사람들에게 맡기는 것이었다. 민주적인 참여로 회사를 지역 및 더 넓은 공동체에 통합하자는 것이다. 이렇게 함으로써 더 많은 사람과 세상이 사업을 이해하고, 그들에게 좋은 영향을 끼치자는 것이다. 창업자는 인간적 규모(human size)의 사업 단위에서 일을 해야 한다는 생각을 가지고 인원 수가 350명을 넘어서면 남은 인원으로 별도 회사를 만들어 독립 경영을 하도록 했다. 이 회사는 전쟁과 관련된 기업에는 자사의 제품을 판매하지 않는다.

참고: 스콧 베이더의 목적 선언(Purpose Statement)

• 사업

- 우리는 고객과 동반자를 정직하게 대하고 신뢰와 성실성을 조성하고 지속적인 사업 관계를 구축한다.
- 우리는 이윤을 사업 성공과 회사의 지속 가능성, 회사 설립 목적 달성의 잣대 중의 하나로 본다.
- 우리는 모든 사업 활동에 지속적인 발전 원칙을 적용하는 데 지도적 역할을 할 것이다.

• 사람

- 우리는 열린 마음, 정직한 방식으로 다른 사람의 요구와 가치관을 존중할 것이다.
- 우리는 개인적인 헌신을 해야 할 책임이 있는 직원의 성장, 발전, 건

강 유지, 복지 향상을 촉진할 것이다.

- 우리는 기회의 균등을 보장하고 동기 부여가 된 사람들이 회사가 다양한 사업 분야에서 성공하는 데 필수적이라는 것을 인정한다.

• 사회

- 개인으로서 단체로서 우리는 사업을 하는 곳 어디서나 긍정적인 영향을 줄 것이다.
- 우리는 우리보다 불우한 처지에 있는 사람들을 돕는 전통을 지키고 돈과 시간과 노력을 아끼지 않을 것이다.
- 우리는 현재의 신탁소유기업(공동 소유)으로, 타의 모범이 될 것이다.

* 출처: 박상조(2011), 사람인가 돈인가: 기업의 사회적 책임 어떤 선택을 할 것인가, 이담북스.

참고문헌

01 리더십 접근에 대한 개발

김남현 역(2009). 리더십: 이론 · 응용 · 비판 · 측정 · 사례(Northouse, P. G. (2004) Leadership). 서울: 경문사.

이상오(2008). 리더십: 역사와 전망. 서울: 연세대학교 출판부.

이재규 역(2003). 자기경영노트(Drucker, P. F. (1966). The Effective Executive). 서울: 한국경제신문.

이재규(2009). 한 권으로 읽는 피터드러커 명저 39권. 서울: 21세기북스.

최은수 역(2010). 성인학습자(Knowles, M. S., Holton, E. F., & Swanson, R. A. (1998). The Adult learner). 서울: 아카데미프레스.

Bass, B. M., & Avolio, B. J. (1994). *Improving organizational effectiveness through transformational leadership*, Thousand Oaks, CA: Sage

Burns, J. M. (1978). *Leadership*. New York: Harper & Row.

Drucker, P. F. (1993). *Post-capitalist society*, New York: Harper.

Kotter, J. P. (1999). *Making change happen*. In F. Hesslebein, P. Cohen (Ed.), Leader to Leader, Sanfrancisco: Jossey-Bass.

Senge, P. M. (1990). *The Fifth discipline: The art and practice of the learning organization.* New York: Double-day/Currency.

Yukl, G. A. (2002). *Leadership in organization* (7ed.). New York: Pearson.

02 온정적 합리주의 리더십

이한우 역(2006). 도덕적 인간과 비도덕적 사회(Niebuhr, R. (1932). Moral man and immoral society). 서울: 문예출판사.

최은수(2006). 성인교육자 리더십과 리더십 개발 연구를 위한 이슈의 개념화와 이론적 틀. *Andragoy Today, 9*(3), 107-143.

최은수(2011). 성인교육 리더십의 새로운 패러다임으로서의 '온정적 합리주의'에 대한 개념화. *Andragoy Today, 4*(3), 61-85.

Heijden, K. (2001). *Scenarios: The art of strategic conversation.* John Wiley & Sons.

Hogwood, B. W., & Gunn, L. A. (1984). *Policy analysis for the real world.* Oxford University Press.

Hoy, W. K., & Miskel, C. G. (1996). *Educational administration: Theory, research, and practice* (5th ed.). New York: McGraw-Hill.

Mintzberg, H. (1990). The design school, reconsidering the basic premises of strategic Management. *Strategic Management Journal, 11*, 171-195.

Perkins, D. N. T. (2001). 불가능에 도전하는 섀클턴의 파워리더십(최종옥 역). 서울: 뜨인돌(원저 2000 출판).

Raelin, J. A. (2003). *Creating leaderful organizations.* In Berrett-Koeler Publishers, Inc. pp. 206-240.

Taylor, F. W. (1911). *Principles of scientific management.* New York: Harper & Row.

Weber, M. (1947). *The theory of social and economic organization* (ed. & trans). Henderson, A. M., & Parsons, T. New York: The Free Press.

Wrong, D. (Ed.) (1970). *Max Weber*. Prentice-Hall, Inc.

Zust, C. W. (2008). *The compassionate leader*. http://www.emerging-leader.com/article19.shtml.

Zwillick, D. (2004). Solipsism, compassionism and freedom. *International Journal of Humanities and Peace, 20*(1), 51-55.

03 셀프 리더십

김민정(2007). 대학생의 셀프 리더십 개발에 영향을 미치는 학습자 변인 연구. 이화여자대학교 대학원 박사학위 논문.

김향식(2009). 성인학습자의 학습경험에 대한 현상학적 연구. 숭실대학교 대학원 박사학위 논문.

박성희, 정진아(2010). 초등학생의 사이버 가정학습에서 자기조절 학습능력의 성취도와 만족도 예측. **초등교육연구**, 23(2), 1-20.

신승원(2011). 성인 영어 교수자의 교수리더십, 성인 영어 학습자의 영어 자아개념, 셀프리더십, 영어 교사 효능감, 교육만족 간의 구조적 관계 분석. 숭실대학교 대학원 박사학위 논문.

유대원(2003). 禪과 셀프리더십과의 관계. 고려대학교 대학원 박사학위 논문.

윤영남(2010). 평생교육자의 커뮤니케이션 능력과 성인학습자의 셀프리더십이 교육만족도에 미치는 영향. 숭실대학교 대학원 박사학위 논문.

이명국(2011). 축구선수의 셀프리더십과 임파워먼트가 조직 유효성에 미치는 영향. 부산외국어대학교 대학원 박사학위 논문.

이지성(2007), 꿈꾸는 다락방, 국일미디어.

주영주, 윤희숙(2006). 사이버교육의 학습만족도 조사에서 학습자 관련 변인의 고려 필요성에 대한 탐색적 연구. 교과교육학 연구, 10(2), 329-342.

Bandura, A. (1971). *Social Learning Theory*. Morristown, NJ: General Learning Press.

Blanchard, K. (1995). Points of Power can Help Self Leadership. *Manage, 46*(3), 12-13.

DiLiello, T. C., & Houghton, J. D. (2006). Maximizing organizational leadership capacity for the future. *Journal of managerial Psychology, 21*(4), 319-337.

Dolbier, C. L., Soderstrom, M., & Steinhardt, M. A. (2001). The relationships between self-leadership and enhanced psychological health, and work outcomes. *The Journal of Psychology, 135*(5), 469-479.

Houghton, J. D., & Neck, C. P. (2002). The revised self-leadership questionnaire: Testing a hierarchical factor structure for self- leadership. *Journal of Managerial Psychology, 17*(8), 672-691.

Kanfer, R., & Ackerman, P. L. (1989). Motivation and cognitive abilities: An integrative aptitude-treatment interaction approach to skill acquisition. *Journal of Applied Psychology, 74*, 657-690.

Knowles, M. S. (1980). *The modern practice of adult education: From pedagogy to andragogy(revised and updated)*. Prentice Hall Regents.

Knowles, M. S., & Knowles, H. F. (1955). *How to Develop Better Leaders*. New York: Association Press.

Manz, C. C. (1983). *The Art of Self-leadership: Strategies for Personal Effectiveness in Your Life and Work*, Prentice-Hall, Englewood Cliffs, NJ.

Manz, C. C. (1986). "Self-leadership: toward an expanded theory of self-influence processes in organizations", *Academy of Management Review*, Vol. 11(3), 585-600.

Manz, C. C. (1998). *Mastering Self-Leadership: Empowering Yourself for Personal Excellence*. Englewood Cliffs, NJ: Prentice Hall.

Manz, C. C. and Sims, H. P. Jr. (2001), *The New Super leadership: Leading Others to Lead Themselves*. Berrett-Koehler Publishers Inc., New York. NY.

Manz, C. C., & Neck, C. P. (2004). *Mastering self-leadership: Empowering yourself for personal excellence*(3rd ed.). Upper Saddle River, NJ: Pearson Prentice-Hall.

Manz, C. C., & Sims, H. P. (1980), Self-management as a substitute for leadership a social learning perspective, *Academy of Management Review, 5*(3), 361-368.

Manz, C. C., & Sims, H, P. (1997). *Super leadership: Beyond the myth of Heroic leadership*, by R. P. Vecchio (Ed.). In *Leadership: Understanding the Dynamics of Power and Influence in Organizations*(p.411-421). Indiana: University of Notre Dame Press.

McCauley, C. D., Moxley, R. S., & Vesor, E. V. (Eds.) (1998). *The Center for Creative Leadership Handbook of Leadership Development*. San Francisco: Jossey-Bass Publishers.

Neck, C. P., & Houghton, J. D. (2006). Two decades of self-leadership theory and research: past developments, present trends, and future possibilities. *Journal of Managerial Psychology, 21*(4), 270-295.

Prussia, G. E., Anderson, J. S. and Manz, C. C. (1998). Self-leadership and performance outcomes: The mediating influence of self-efficacy. *Journal of Organizational Behavior, 19*, 523-538.

Yukl, G. (2001). *leadership in organizations* (5th ed.). Englewood Cliff, New Jersey: Prentice Hall International Inc.

04 오센틱 리더십

김남현 역(2011). 리더십 이론과 실제(5th ed.)(Northouse, P. G. (2011). Leadership: Theory and Practice). 서울: 경문사.

데일 카네기(2010), 데일 카네기, 나의 멘토 링컨, 리베르.

박시남(2011). 총장의 오센틱 리더십, 조직 학습 문화, 행정 직원의 심리자본과 자기주도학습 및 오센틱 리더십 간의 구조적 관계-사립대학교를 중심으로. 숭실대학교 대학원 박사학위 논문.

윤정구(2012). 진정성이란 무엇인가. 서울: 한언.

조석현 역(1994). 링컨 주식회사[Phillips, D. T. (1992)]. 서울: 도서출판 혜민.

홍성화(2011). 중소기업 최고경영자의 오센틱 리더십, 학습조직, 구성원의 심리자본, 조직유효성 간의 구조적 관계 분석. 숭실대학교 대학원 박사학위 논문.

Avolio, B. J., & Gardner, W. L. (2005). Authentic leadership development: Getting to the root of positive forms of leadership. *The Leadership Quarterly, 16*, 315-338.

Bass, B. M. (1998). *Transformational leadership: Industry, military, and educational impact.* Mahwah, N.J.: Lawrence Erlbaum.

Bryman, A. (1992). *Charisma and leadership in organizations.* London: Sage.

Chan, A. (2005). Authentic leadership measurement and development: Challenges and suggestions. In W. L. Gardner, B. J. Avolio, & F. O. Walumbwa (Eds.), *Authentic leadership theory and practice: Origins, effects, and development*(pp. 227−250). Oxford, UK: Elsevier.

Fry, L. W. (2003). Toward a theory of spiritual leadership. *The Leadership Quarterly, 14*, 693-727.

Gardner, W. L., Avolio, B. J., Luthans, F., May, D. R., & Walumbwa, F. O. (2005). "Can you see the real me?" A self-based model of authentic leader and follower development. *The Leadership Quarterly, 16*, 343-372.

George, B. (2003). *Authentic leadership: Rediscovering the secrets to creating lasting value.* San Francisco, CA: Jossey-Bass.

Harvey, P., Martinko, M. J., & Gardner, W. L. (2006). Promoting authentic behavior in organization: An attributional perspective. *Journal of Leadership and Organizational Studies, 12*(3), 1-3.

Illies, R., Morgeson, F. P., & Nahrgang, J. D. (2005). Authentic leadership and eduaemonic well-being: Understanding leader-follower outcomes, *Leadership Quarterly, 16,* 1-55.

Kernis, M. H. (2003). Toward a conceptualization of optimal self-esteem. *Psychological Inquiry, 14*(1), 1-26.

Luthans, F., & Avolio, B. J. (2003). Authentic leadership development. In K. S. Cameron, J. E. Dutton, & R. E. Quinn (Eds.), Positive organizational scholarship(pp. 241-258). San Francisco: Berrett-Koehler.

May, D. R., Chan, Hodges, A. Y. L., & Avolio, B. J. (2003). Developing the moral component of authentic leadership. *Organizational Dynamics, 32*(3), 247-260

Meacham, M. A. (2007). *Life stories of authentic leaders in higher education administration.* Unpublished doctoral dissertation. The University of Texas at Austin.

Shamir, B., & Eilam, G. (2005). "What's your story?": A life-stories approach to authentic leadership development. *Leadership Quarterly, 16,* 395-417.

Terry, R. W. (1993). *Authentic leadership: Courage in action.* San Francisco: Jossey-Bass.

Walumbwa, F. O., Avolio, B. J., Gardner, W. L., Wernsing, T. S., & Peterson, S. J. (2008). Authentic leadership: Development and validation of a theory-based measure. *Journal of Management, 34,* 89-126.

05 감성 리더십

신정길, 문승헌, 문형남(2004). 감성경영 감성리더십. 서울: 넥스비즈.

이화용(2004). 변혁적 리더십이 조직의 유효성에 미치는 영향에 관한 연구. 경희대학교 대학원 박사학위 논문.

Antonakis, J., Ashkanasy, N. M., & Dasborough, M. T. (2009). "Does leadership need emotional intelligence?" *The Leadership Quarterly, 20,* 247-261.

Bar−On, R. (1997). *The emotional intelligence inventory(EQ-i): Technical Manual.* Toronto: Multi-Health System.

Chermiss, C., & Adler, M. (2000). *Promoting emotional intelligence in organizations.* Alexandria, VA: American Society for Training & Development.

Dulewicz, V., & Higgs, M. (1999). Can Emotional Intelligence be measured and develop?. *Leadership & Organization Development Journal, 20*(5), 242-252.

Gardner, H. (1983). *Frames of mind: The theory of multiple intelligences.* NY: Basic Books.

Goleman, D. (1985). *Emotional Intelligence.* New York: Bantam Books.

Goleman, D. (1998). *Working with Emotional Intelligence.* New York: Bantam Books.

Goleman, D., Boyatzis, R., & Mckee, A. (2002). *Primal Leadership: Realizing the Power of Emotional Intelligence.* Boston: Harvard Business School

Press.

Humphrey, R. H. (2002). "The Many Faces of Emotional Leadership". *The Leadership Quarterly, 13,* 493-504.

Mayer, J. D., Dipaulo, M. J., & Salovey, P. (1990). "Perceiving affective content in ambiguous visual stimuli: A compomemt of emotional intelligence". *Journal of Personality Assessment, 54,* 772-781.

Ncff, T. J., Citrin, J. M., & Brown, P. B. (1999). *Lesson from the Top: The Search for America's Best Business Leaders.* Double day.

06 교수 리더십

김경섭, 유제필 역(2004). 창의적 교수법(Pike. B. (2004). Creative Training Techniques Handbook). 서울: 김영사.

김영태(2004). 초등영어교과교육 전담교사 양성 프로그램 개발. 영어교육연구, 16(2), 127-158.

신승원(2011). 성인영어교수자의 교수리더십, 성인영어학습자의 영어자아개념, 셀프리더십, 영어교사효능감, 교육만족 간의 구조적 관계 분석. 숭실대학교 대학원 박사학위 논문.

정광희(2008). 한국 교사의 리더십 특성 연구. RR. 2008-06. 서울: 한국교육개발원.

조벽(1999). 새시대 교수법. 서울: 한단북스.

EBS 〈최고의 교수〉 제작팀(2008). EBS 다큐멘터리 최고의 교수. 서울: 위즈덤하우스.

Alig-Mielcarek, J. M. (2003). A model of school success: Instructional leadership, academic press, and student achievement. *Unpublished doctoral dissertation.* The Ohio State University.

Bain, K. (2004). *What the best college teachers do*. Cambridge, MA.: Harvard University Press.

Bandura, A. (1993). Perceived self-efficacy in cognitive development and functioning. *Educational Psychologist, 28*, 117-148.

Bandura, A. (1997). *Self-efficacy: The exercise of control*. NY: W.H. Freeman.

Feather, N. T. (1988). Values, valences, and course enrollment: Testing the role of personal values within an expectancy-valence framework. *Journal of Educational Psychology, 80*(3), 381-391.

Feiman-Nemser, S. (2001). From preparation to practice: Designing a continuum to strengthen and sustain teaching. *Teachers College Record, 103*(6), 1013-1055.

Gupton, S. L. (2010). *The instructional leadership toolbox: A handbook for improving practice*. Thousand Oaks, CA: A Sage Company.

Hallinger, P., & Murphy, J. (1985). Assessing the instructional management behaviors of principals. *The Elementary School Journal, 86*(2), 217-247.

Hoy, A. W., & Hoy, W. K. (2009). *Instructional leadership: A research-based guide to learning in schools*(3rd ed.). MA: Pearson Education, Inc.

Hoy, W. K., & Miskel, C. G. (2005). *Educational leadership and reform*. Connecticut: Information Age Publishing.

Knowles, M. S. (1973). *The adult learner: A neglected species*. Houston: Gulf.

Knowles, M. S. (1980). *The modern practice of adult education: From pedagogy to andragogy*(2nd ed.). NY: Cambridge Books.

Knowles, M. S., Holton III, E. F., & Swanson, R. A. (2005). *The adult learner*(6th ed.). Cambridge, MA: Elsevier Inc.

Larson-Knight, B. (2000). Leadership, culture, and organizational learning.

In K. Leithwood(Ed.), *Understanding schools as intelligent systems*(pp. 125-140). Stamford, CT: JAI Press.

Merriam, S. B. (2001). Andragogy and self-directed learning: Pillars of adult learning theory. *New Directions for Adult and Continuing Education, 89*, 3-13.

Merriam, S. B., Caffarella, R. S., & Baumgartner, L. M. (2007). *Learning in adulthood*(3rd ed.). SF : Jossey-Bass.

Moran, M. T., Hoy, A. W., & Hoy, W. K. (1998). Teacher efficacy: Its meaning and measure. *Review of Educational Research, 68*(2), 202-248.

Murphy, J. (1990). Principal instructional leadership. *Advances in Educational Administration, 1*, 163-200.

Northern, T. K., & Bailey, G. D. (1991). Instructional leaders for the 21st century: Seven critical characteristics. *Educational Consideration, 18*(2), 25-28.

Phelps, P. H. (2008). Helping teachers become leaders. *The Clearing House, 81*(3), 119-123.

Printy, S. (2008). Leadership for teacher learning: A community of practice perspective. *Educational Administration Quarterly, 44*(2), 187-226.

Reitzug, U. C., West, D. L., & Angel, R. (2008). Conceptualizing instructional leadership: The voices of principals. *Education and Urban Society, 40*(6), 694-714.

Smylie, M, A., & Denny, J. W. (1990). Teacher leadership: Tensions and ambiguities in organizational perspective. *Educational Administration Quarterly, 26*(3), 235-259.

Stein, M. K., & Nelson, B. S. (2003). Leadership content knowledge. *Educational Evaluational and Policy Analysis, 25*(4), 423-448.

Tobing, R. U. (1989). Andragogy and ABE/ESL classroom practice. *Unpublished doctoral dissertation*. Columbia University Teachers College.

Weber, J. (1996). Leading the instructional program. In S. Smith & P. Piele (Eds.), *School Leadership*(pp. 253-278). Eugene, Oregon: Clearinghouse of Educational Management.

07 영성 리더십

강구영(2012). 한사상 관점에서 본 포항제철 신화: 仙과 巫의 만남. 청암 박태준 연구총서 2권. 청암연구회. 아시아. 391-420.

기영화, 홍성화, 조윤정, 김선주 공역(2009). 성인학습론(Merriam, S. B., Caffarella, R. S., Baumgartner, L. M.(2007). *Learning in Adulthood: A Comprehensive Guide*(3rd ed.). 서울: 아카데미프레스.

김경섭 역(2005). 성공하는 사람들의 8번째 습관〔Covey, S. (2004). *The 8th Habit: From Effectiveness to Greatness*〕. 서울: 김영사.

김도공(2010). 원불교 소태산대종사의 대각과 그 교리적 영향. 한국신종교학회. 신종교연구(22).

김명권(2009). 자아초월심리학 개관. 한국카운슬러협회. 상담과 지도, *44*, 57-68.

김영우(2009). 바시슈타요가와 노자 도덕경의 깨달음의 의미 연구. 창원대학교 대학원 박사학위 논문.

김하나, 유규창, 김정은, 이혜정(2012). 영성 리더십(Spiritual leadership)이 구성원의 소명의식을 통해 조직몰입에 미치는 영향. 조직과 인사관리연구, 36(2), 1-31.

마하트마 간디 저, 함석헌 역(2002), 간디 자서전, 한길사.

송항룡 (2000). 동양사상과 생명적 사고. 장회익 외. 생태적 삶을 추구하는 영성.

내일을 여는 책.

오해경 역(2009). 동기와 성격(Maslow, A. H. (1978). *Motivation and Personality*(3rd ed.). 경기: 21세기북스.

이상오(2009). 리더십: 역사와 전망. 연세대학교 출판부.

이춘호(2012). 한국 명상가들의 절정 체험과 삶에 대한 현상학적 연구. 서울불교대학원대학교 박사학위 논문.

임종수(2010). 林兆恩의 宗敎思想에 관한 硏究: 三敎合一論을 中心으로. 성균관대학교 대학원 박사학위 논문.

장석훈 역(2003). 감성의 리더십(Goleman, D., Boyatzis, R., & Mckee, A. (2002). Primal leadership: Realizing the Power of Emotional Intelligence). 서울: 청림출판.

전원배 역(1982). 순수이성비판(Kant, I. (1781/1787). *Kritik der reinen Vernunft*). 서울: 삼성출판사.

전재원 (2012). 아리스토텔레스의 에피스테메 개념. 철학연구, 121, 207-225.

조옥구(2010). 한자(漢字)의 기막힌 발견. 한자와 한글.

조한범(1999). 한역사 한사상. 서울: 밀알.

조효남 역(2004). 모든 것의 역사(Wilber, K. (2001). *A Brief History of Everything*(2nd ed.). 서울: 대원출판사.

진중절(2008). 일초직입여래지-동기창서화중적선의(超直入如來地-董其昌 書畵中的禪意). 중화서국(中華書局).

최금자(2000). 일의 영성과 리더십. 산업경영연구, 8, 23-51.

최은수, 배석영(2009). 평생교육경영론. 경기: 양서원.

Csikszentmihalyi, M. (2008). *Flow: The Psychology of Optimal Experience*(2nd ed.). Harper Perennial Modern Classics.

De Chardin, Teilhard P. (1976). *The heart of the matter*. New York: Harcourt Brace Jovanovich, Inc.

Deacon, T. (1997). *The symbolic species.* London: Allen Laine.

Diedrich, W. F. *Articles and free SQ Assessment.* Online publication at http://www.noblaming.com/spiritintel.htm

Emmons, R. A. (2000). Is spirituality an intelligence? Motivation, cognition and the psychology of ultimate concern. *The International Journal for the Psychology of Religion,* 10(1), 3-26.

French, J. R. P., & Raven, B. H. (1968). The basis of social power. In D. Cartwright and A. Zander (Eds.), *Group dynamics*(3rd ed.). New York: Harp & Row.

Fry, L. W. (2003). Toward a theory of spiritual leadership. *The Leadership Quarterly, 14*(6), 693-727.

Fry, L. W., Vitucci, S. V., & Cedillo, M. (2005). Spiritual leadership and army transformation: Theory, measurement, and establishing a baseline. *The Leadership Quarterly, 14,* 693-727.

Gardner, H. (2001). *Intelligence reframed: multiple intelligence for the 21st century.* New York: Basic Books.

Hamer, D. (2005). *The God gene: How faith is hardwired into our genes.* Nelson, NewZealand: Anchor Press.

Herzberg, F. (1964). The Motivation-Hygiene Concept and Problems of Manpower. *Personnel Administration. January - February 1964,* 3-7.

Kegan, R.(2000). What “form” transforms?: A constructive-developmental approach to transformative learning. In Illeris. K. (ed.) (2009). *Contemporary Theories of Learning.* Routledge. 35-52.

King, D. B. and Teresa L. D. (2009). A Viable Model and Self-Report Measure of Spiritual Intelligence. *The International Journal of Transpersonal Studies,* 28, 68-85.

Kolondinsky, W. R., Bowen, G. M., & Ferries, R. G.(2003). Embracing Workplace Spirituality and Managing Organizational Politics: Servant Leadership and Political Skill for Volatile Times. In Giacalone, R. A. & Jurkiewicz, C. L. (Eds.). *The Handbook of Workplace Spirituality and Organizational Performance*. New York: Paulist Press.

Krippner, S. (Ed.). (1972). The plateau experience: A.H. Maslow and others. *Journal of Transpersonal Psychology, 4,* 107-120.

Mezirow, J. (1978). *Education for Perspective Transformation: Women's Re-entry Programs in Community Colleges*. NY: Teachers College, Columbia University.

Mezirow, J. (1994). Understanding Transformation Theory. *Adult Education Quarterly, 44*(4).

Mezirow, J. (2006). An overview on transformative learning. K. In Illeris (Ed.) (2009). *Contemporary Theories of Learning*. Routledge, 90-105.

Moxley, R.S. (2000). *Leadership and spirit: Breathing new vitality and energy into individuals and organizations*. San Francisco: Jossey-Bass.

Persinger, M. A. (1996). Feelings of past lives as expected perturbations within neurocognitive processes that generate the sense of self: Contributions from limbic labiality and vectorial hemisphericity. *Perceptual and Motor Skills, 83*(2), 1107-1121.

Ramachadran, V. S. (1999). *Phantoms in the brain: Exploring the mysteries of the human brain*. London: Fourth Estate.

Singer, W. & Gray, C. M. (1995). Visual feature integration and the temporal correlation hypothesis. *Annual Review of Neuroscience, 18,* 555-586.

Tart, C. T. (1969). *Altered states of consciousness: a book of readings*. New York: Wiley.

Vaughan, F. (2002). What is Spiritual Intelligence?. *Journal of Humanistic Psychology, 42*(2), 16-33.

White, S. R. (2006). Spirituality and the Intellectual Development of College Students: The New Leadership Challenge in Higher Education. *International journal for leadership in learning, 10*(13), 1-15.

Wigglesworth, C. (2006). Why Spiritual Intelligence is Essential to Mature Leadership. *Integral Leadership Review, 6*(3). retrieved from http://www.leadcoach.com/archives/e-journal/2006/2006_08_wigglesworth.html

Wolman, R. W. (2001). *Thinking with your soul: Spiritual intelligence and why it matters*. New York: Harmony Books.

Yukl, G. (2010). *Leadership in Organizations*(7th ed.). New Jersey: Pearson Prentice Hall.

Zohar, D. (2005). Spiritually intelligent leadership. *Leader to Leader, 38,* 45-51.

Zohar, D., & Marshall, I. (1999). *SQ-Ultimate intelligence*. Bloomsbury Publishing PLC: London.

08 공유 리더십

강우란, 박성민(2009). 혁신의 리더들. 서울: 삼성경제연구소.

김원석 역(2003). 리더와 리더십〔Bennis, W. & Nanus, B. (2003). *Leader and the leadership*〕. 서울: 황금부엉이.

이상오(2008). 리더십: 역사와 전망. 서울: 연세대학교 출판부.

이준형(2002). 리더와 리더십. 서울: 인간사랑.

최동석, 김종완 역(2006). 성공적인 팀의 5가지 조건(Hackman, R.)(2002).

Leading teams: Seting the stage for great performance). 서울: 교보문고.
최연(2001). 셀프리더십. 산업기술, 12, 917-930.
Burke, C. S., Fiore, S. M., & Salas, E. (2003). The role of shared cognition in enabling shared leadership and team adaptability.
Cox, J. F., Pearce, C. L., & Perry, M. L. (2003). Toward a model of shared leadership and distributed influence in the innovation process: how shared leadership can enhance new product development team dynamics and effectiveness. In McCauley, C. D. & Velsor, E. V. (Eds.), *Handbook of leadership development,* 48-68. San Francisco: Jossey-Bass.
Drucker, P. F. (1993). *Post-capitalist society.* New York: Harper
Feldman, R. A. (1973). Power distribution, integration, and conformity in small groups. *American Journal of Sociology*, *79,* 639-665.
Fletcher, J. K., & Kaufer, K. (2003). Shared leadership; paradox and possibility. In McCauley, C. D. & Velsor, E. V. (Eds.), *Handbook of leadership development,* 19-42. San Francisco: Jossey-Bass.
Hackman, J. R. (1990). *Groups that work (and those that don't).* San Francisco: Jossey-Bass.
Hersey, P., & Blanchard, K. H. (1969). *Management of organizational behavior: Utilizing human resources.* Englewood Cliffs, NJ: Prentice Hall.
Houghton, J. D., Neck, C. P., & Manz, C. C. (2003). Self-leadership and superleadership: the heart and art of creating shared leadership in teams. In McCauley, C. D. & Velsor, E. V. (Eds.), *Handbook of leadership development,* 123-135. San Francisco: Jossey-Bass.
Katz, D. & Kahn, R. L. (1978). *The social psychology of organizations* (2nd ed.) New York: Wiley.

Manz, C. C. (1986). Self-leadership: Toward an expanded theory of self-influence processes in organizations. *Academy of Management Review, 11.* 585-600.

Manz, C. C., & Sims, H. P..(1991). Super-leadership : Beyond the myth of heroic-leadership. *Organizational Dynamics*, *19*, 18-35.

McCauley, C. D., & Velsor, E. V. (2004). *Handbook of leadership development*(2nd ed.). San Francisco: Jossey-Bass.

O'Connor, P. M. G., & Quinn, L. (2002). Expecting the 'ship' in leadership development. *Mount Eliza Business Review*, *5*(2), 21-26.

Pearce, C. L., & Conger, J. A. (2003). *Shared leadership: reframing the hows and whys of leadership.* San Francisco: Sage Publications.

Seers, A., Keller, T., & Wilkerson, J. M. (2003). Can team members share leadership? Foundations in research and theory. In McCauley, C. D. & Velsor, E. V. (Eds.), *Handbook of leadership development*, 77-96. San Francisco: Jossey-Bass.

Shein, V. E. (2002). *Psychological barriers to women's progress in management: an international perspective.* Paper presented at the annual meeting of the Academy of Management, Denver. August.

09 팀 리더십

권기술, 최은수(2010). 팀장 리더십 인식이 팀의 조직학습에 미치는 영향. 평생교육 HRD연구, 6(2), 121-140.

김명혜(1996). 인간관계 커뮤니케이션의 이해. 서울: 나남신서.

김주엽(1994). 교사의 피드백이 아동들의 또래선호에 미치는 영향. 국민대학교 대학원 석사학위 논문.

문덕중(1995). 커뮤니케이션 방법이 경영혁신의 성과에 미치는 영향. 아주대학교 대학원 박사학위 논문.

서성희(2002). 팀장의 리더십 유형과 팀 커뮤니케이션 방법이 팀 효과성에 미치는 영향. 연세대학교 교육대학원 석사학위 논문.

유영석(1997). 팀제 조직의 성과 증대를 위한 리더십 유형에 관한 연구. 고려대학교 대학원 석사학위 논문.

임창희(1995). 조직 행동론. 학현사.

임칠성(1995). 대인관계와 의사소통. 서울: 집문당.

차근배(1995). 커뮤니케이션학 개론. 서울: 세영사.

Bass, B. M. (1985). *Leadership and performance beyond expectation*. New York: The Free Press.

Graves, C. W (1970). Levels of Existence: An Open System Theory of Values. *Journal of Humanistic Psychology, 10*(2), 131-155.

Hackman, J. R., & Walton, R. E. (1986). Leading groups in organizations, In P.S. Goodman, & Associates(Eds.), *Designing Effective Work Groups*, 72-119. San Francisco: Jossey-Bass.

Roketch, M. (1973). *The nature of human values*. New York: Free Press.

Shonk, J. H. (1992). *Team-based organization: Developing a successful team environment*. Illinois: Business One Irwin.

William, C. B., Richard S. W., & Jeanne, M. W. (1991). *Empowered teams*, Jossey−Bass Pub. San Francisco.

10 학습조직 리더십

김정일(1999). 리더십의 허상과 실상. 서울: (주)엘테크.

박광량, 손태원 역(1996). 학습조직의 5가지 수련[Senge, P. et al. (1996). The

fifth disciplines: Fieldbook〕. 서울: 21세기북스.

백삼균(2009). 학습조직 본질의 이해. 서울: 한국방송통신대학교출판부.

서영태(2008). 조직개발형 액션러닝 프로그램의 핵심성공요인: 횡단적/종단적 사례연구. 서울과학종합대학원대학교 박사학위 논문.

송경근, 김진철 역(1998). 리더십 불변의 법칙 5(James, M. K., & Barry, Z. P. (1994). Leadership Challenge). 한국언론자료간행회.

송경근 역(1994). 글로벌 학습조직〔Marquardt, M., & Reynolds, A. (1994). The global learning organization〕. 서울: 한언.

안중호 역(1996). 제5경영〔Senge, P. (1990). The fifth discipline〕. 서울: 세종서적.

오우식 역(2003). 뉴 리더십 어젠더. 서울: 물푸레.

유영만 역(1997). 超 학습조직 구축법〔Michael Marquardt.(1997). Building the learning organization〕. 서울: 창현출판사.

이원규(2001). 학습조직의 리더십 유형. 사회과학연구 제7권.

정태희, 문용경, 유영만(2011). 학습조직 기반의 통합적 지식창조 및 공유 모델 개발연구. *Andragogy Today*, 14(I), 91-120.

진규동(2008). 기업의 학습조직 활동이 조직성과에 미치는 영향. 숭실대학교 대학원 박사학위 논문.

최익용(2008). 리더십이란 무엇인가?. 스마트비즈니스.

Bass, B. M. (1997), Does Transactional-Transformational Leadership Paradigm Transcend Organizational and National Boundaries?, *American Psy-chologist*, February, 130-139.

Cecil, V. Martinette Jr. (2002). LEARNING ORGANIZATIONS AND LEADERSHIP STYLE EXECUTIVE LEADERSHIP. Lynchburg Fire & EMS Department Lynchburg, Virginia(2002).

Dde Geus, A.(1997), *The Living Company*, Harvard Business Review, March-April, pp. 51-59.

DiBella, A. J. Evis, E. C., & Gould, J. M.(1998), Organizational Learning Style as a Core Capability, in Moingeon B. and Edmondson A.(Ed.)

Duby, D. (2006). How leaders support teachers facilitate self-regulated learning in learning organization: A multiple-case study, Ph.D.Thesis, Regent University.

Gardner, J. (1989). *On Leadership*. New York: Free Press.

Garvin, D. A. (1993). Building a learning organization. *Harvard Business Review, 71*(4), 78-91.

Gottleib, F. M. (2006). Humanistic leadership : Emotional intelli- gence and team learning, D. M. Thesis, University of Phoenix.

Kling, S. W. (2002). Effective leadership for quality achievement and organizational leaming, Ph.D. Thesis, Portland State University.

Krefting, D. V. (2005). Knowledge seeking practices of healthcare leaders in a learning organization, Ph.D. Thesis, Royal Roads University.

Martensen, A., & Dahlgaard, J. D.(1999). Integrating business excellence and innovation management: Developing vision, blueprint and strategy for innovation in creative and learning organizations, *Total Quality Management*, July, pp. 627-635, 1999.

Parker, P. K. (2001). Assessing the role of leadership in trans- fonning in a learning organization, M.P.A. Thesis, The University of Manitoba(Canada), Retrieved June 2. 2004. from http://www.lifelonglearning.co.uk/nagcell

Schroeder, P. G. (2002). Case study of an administrative services depart- ment : The effect of learning organizational theory as an intervention strategy in the transfonnation of organizational culture, Ed.D. Thesis, Pepperdine University.

Senge, P. M. (1990b), The Leader 's New Work: Building Learning Organizations,

Sloan Management Review, Fall, pp.1-17.

Senge, P. M. (1990a). *Fifth discipline: The art and practice of the learning organization*. NY: Doubleday.

Sharman, C. C. (2005). Leadership and learning organization, Ph.D. Thesis, New York Empire State University.

11 퍼실리테이션 리더십

김경영(2008). 퍼실리테이션 (Facilitation). 서울: 제이앤씨.

김남현 역(2009). 리더십: 이론 · 응용 · 비판 · 측정 · 사례 [North house, P. G. (2004). Leadership]. 서울: 경문사.

봉현철 외(2003). 퍼실리테이션 스킬. 서울: 다산서고.

유완석(2009). 최고의 회의*(Conference)*. 서울: 현대미디어.

이상오(2008). 리더십: 역사와 전망. 서울: 연세대학교 출판부.

이영석(2009). 퍼실리테이션 리더의 역할과 역량. HRD. August. 62-65.

이영석(2009). 효과적인 의사결정. HRD. 76-79.

Judith, A., Kolb, Sungmi jin, & Ji Hoon Song (2008). A model of small group facilitator competencies. *Academic Research Library,* 119-125.

Kolb, J. A., Jin, S., & Song, J. H. (2008). A Model of small group facilitator competencies. *Performance Improvement Quarterly*. Vol. 21(2). pp.119-133.

12 코칭 리더십

박선영(2009). 리더의 코칭 리더십이 부하 직원의 조직 몰입과 경력 몰입에 미치는 영향. 고려대학교 대학원 석사학위 논문.

신유근(1997). 기업윤리와 경영교육. 서울: 세경사.

신준섭(2010). 조직문화 유형과 코칭 리더십이 조직 몰입과 직무 만족에 미치는 영향. 한양대학교 대학원 석사학위 논문.

우경화(2009). 코칭 리더십이 조직 구성원의 직무만족 및 조직몰입에 미치는 영향. 한양대학교 대학원 석사학위 논문.

이동우(2011). 코칭리더십과 조직 유효성의 관계 – 자기 효능감과 환경의 불확실성 지각의 매개효과를 중심으로. 성균관대학교 대학원 박사학위 논문.

이민호(2007). 코칭리더십의 공공부문 도입에 관한 연구. 단국대학교 대학원 석사학위 논문.

이영희 역(2002). 코칭리더십〔Haberleither, E. (2002). *Coaching Leadership*〕. 서울: 국일증권경제연구소.

정진우(2004). 21세기 리더십은 코칭이다. 서울: NCD.

정태영(2011). 기업 관리자의 평생교육 코칭리더십과 조직 구성원의 문제해결능력 및 대인관계능력 간의 구조적 관계. 아주대학교 대학원 박사학위 논문.

최치영(2003). 상사의 코칭이 직원 및 고객만족에 미치는 영향에 관한 연구: 우리나라 대학병원의 간호사를 중심으로. 수원대학교 대학원 박사학위 논문.

Medland, J., & Stern, M. (2009). Coaching as a successful strategy for advancing new manager competency and performance. *J Nurses Staff Dev, 25*(3), 141-147.

Aldag, R. J., & Kuzuhara, L. W. (2002). *Organizational behavior and management: An integrated skills approach*. Australia, MN: South-Western/Thomson Learning.

Cropley, A. J., & Urban, K. K. (2000). Programs and strategies for nurturing creativity. In K. A. Heller, F. J. Mnks, R. J. Sternberg, & R. E. Subotnik, *International handbook of giftedness and talent*(2nd ed.). Oxford, UK: Elsevier Science, Pergamon.

Dalton, D. R., Todor, W. D., Spendolini, M. J., Fielding, G. J., & Porter, L. (1980). Organization structure and performance: A critical review. *Academy of Management Review, 10*(6), 49-54.

Duffy, P. J. J. (2002). The role of personal coaching in enhancing leadership confidence and learning capability. Unpublished masters dissertation, Royal Roads University.

D'zurilla, T. J., & Nezu, A. M. (1990). Development and preliminary evaluation of the social problem-solving inventory. Psychological Assessment, 1, *Journal of Consulting and Clinical Psychology, 82*, 156-163.

Ellinger, A. D., Ellinger, A. E., & Keller, S. B. (2003). Supervisory coaching behavior, employee satisfaction, and warehouse employee performance: A dyadic perspective in the distribution industry. *Human Resource Development Quarterly, 14*(4), Winter, 435-452.

Evered, R. D., & Selman, J. C. (1989). Coaching and the art of management. *Organizational Dynamics, 18*(2), 16-32.

Grant, A. M. (2007). Enhancing coaching skills and emotional intelligence through training. *Industrial and Commercial Training, 39*(5), 257-266.

Greene, J., & Grant, A. M. (2003). *Solution-focused coaching: A manager's guide to getting the best from people*. London: Pearson Education Limited.

Griffith, K. (2005). Personal coaching; A model for effective learning. *Journal of Learning Design, 1*(2), 55-65.

Hackman, J. R., & Wageman, R. (2005). A theory of team coaching.

Academy of Management Review, 30(2), 269-287.

Hargrove, R. (2003). Masterful coaching: Extraordinary results by impacting people and the way they think and worship together. San Francisco, CA: Jossey-Bass/Pfeiffer.

Heslin, P. A., Vandewalle, D., & Latham, G. P. (2006). Keen to help? Managers' implicit person theories and their subsequent employee coaching. *Personal Psychology. 59*, 871-902.

Hunt, J. M., & Weintraub, J. (2002). How coaching can enhance your brand as a manager. *Journal of Organizational Excellence*, Spring, 39-44.

Jones, G. R. (1995). *Organizational theory: Text and cases*. New York: Addison-Wesley.

Kolb, D. A. (1984). *Experiential learning: Experience as the source of learning and development*. Englewood Cliffs, NJ: Prentice-Hall.

Law, H., Ireland, S., & Hussain, Z. (2007). *The psychology of coaching, mentoring and learning*. England: John Wiley& Sons Ltd.

Luecke, R. (2004). *Havard business essentials: Coaching and mentoring*. Boston, MA: Havard Business School Press.

Mclean, G. N., Yang, B., Kuo, M. H., Tolbert, A. S., & Larkin, C. (2005). Development and initial validation of an instrument measuring managerial coaching skill. *Human Resource Development, 16*(2), 157-178.

Peterson, D. B., & Hicks, M. D. (1996). *Leader as coach: Strategies for coaching and developing others*. Minneapolis, MN: Personal Decisions International.

Philips, R., & Richard, T. (1994). Coaching for higher performance. *Management Development Review, 7*(5), 19-22.

Price, J. L. (1977). *The study of turnover*. Ames, IA: Iowa State University

Press.

Robbins, S. P. (1983). *Organization Theory: structures designs and applications.* Englewood Cliffs, NJ: Prentice-Hall.

Schein, E. H. (1985). *Organizational culture and leadership: A dynamic view.* San Francisco: Jossey-Bass.

Smither, J. W., London, M., Flautt, R., Vargas, Y., & Kucine, I. (2003). Can working with an executive study. *Personnel Psychology, 56*, 23-44.

Spivack, G., & Shure, M. (1974). *Social adjustment of young adjustment of young children: A cognitive approach to solving real life problems.* San Francisco: Jossey-Bass.

Srivastava, A., Bartol, K. M., & Locke, E. A. (2006). Empowering leadership in management teams: Effects on knowledge sharing, efficacy, and performance. *Academy of Management Journal, 49*(6), 1239-1251

Stowell, J. S. (1986). *Leadership and the Coaching in organizations.* Doctoral dissertation, University of Utha.

Stowell, J. S., & Starcevich, M. M. (1996). *Win-Win partnership: Be on the leading edge with synergistic coaching.* UT: Center for management & Organization Effectiveness.

Watkins, K. E., & Marsick, V. J. (1993). *Sculpting the learning organization: Lessons inthreat and science of systemic change.* San Francisco: Jossey-Bass.

Watkins, K. E., & Marsick, V. J. (1996). *In action: Creating the learning organization.* Alexandria, VA: American Society for Training and Development.

Whitmore, J. (2002). *Coaching for performance*(3rd ed.). London: Nicholas Brealey.

Yang, B. (2003). Identifying valid and reliable measures for dimensions of a learning culture. *Advances in Developing Human Resources, 5*(2), 152-162.

13 창의적 리더십

강정하(2007). 과학적 창의성과 예술적 창의성: 지식의 성장으로서의 창의성에 대한 사례연구 및 과학적 창의성의 타당화. 성균관대학교 대학원 박사학위 논문.

강정하, 최인수(2008). 과학적 창의성과 시각 예술적 창의성: 창의적 성취 사례의 영역보편성 및 영역특정성. 영재교육연구 18(2), 201-237.

김광웅(2009). 창조! 리더십. 서울: 생각의 나무.

김재은, 주희정 역(1989). 창조성을 흔들어 깨워라(Torrance, E. P. (1989). Creativity. What research says to the teacher). 서울: (주)토탈디자인.

박재성(2010). 창의, 혁신, 그리고 리더십: 기업의 경영성과에 대한 영향. 고려대학교 대학원 박사학위 논문.

유영만(2010) 브리꼴레르형 인재와 브리꼴라주 대학: 다빈치처럼 생각하고 맥가이버처럼 행동하는 창조적 인재육성 철학과 방향. 산업교육학회, 119-148.

이경화(2009). 인지 · 창의 · 리더십 계발을 위한 글로벌리더 모형. *The Journal of the Korean Society for the Gifted and Talented 8*(3), 23-41.

이상범(2009). 창조적 리더십의 질적인 분석에 관한 연구. 디지털정책연구 7(4), 21-29.

이화용, 장용철(2004). 리더십이 조직의 유효성에 미치는 영향에 관한 연구. 인사관리연구 *28*(4), 215-247

조직창의성연구회(2007). 창조적 리더. 서울: 파인트리.

최은수 역(2010). 성인학습자〔Knowles, M. S., Holton, E. F., & Swanson, R. A. (1998)〕. 서울: 아카데미프레스.

Amabile, T. A. (1998). How to kill creativity. *Harvard Business Review*. *76*(5), 76-87.

Bass, B. M. (1985). *Leadership and performance beyond expectations*. New York: Free Press.

Burns, J. M. (1978). *Leadership*. New York: Harper & Row.

Guilford, J. P. (1967). *The nature of human intelligence*. New York: McGraw-Hill.

Gerard J. Puccio, Marie Mance, Mary C. Murdock (2011), Creative Leadership: skills that drive change(2nd ed.), SAGE Publications, Inc.

Jones, T. P. (1972). *Creative learning in perspective*. London: University of London Press.

Knowles, M. S., Holton, E. F., & Swanson, R. A. (1998). *The Adult Learner*(5th ed.). Houston: Gulf.

Levitt, Theodore. (2002). Creativity is not Enough. *Harvard Business Review*, *80*(8), 137-145.

Livingston, J. S. (1969). *Pygmalion in management*. Harvard business Review.

Mayer, J. D., & Salovey, P. (1997). "What is Emotional Intelligence?", In P. Salovey and D. Sluyter(Eds.), Emotional Development and Emotional Intelligence: *Implications for Educators*. New York: Basic Books.

Stein, M. (1968). Creativity. In E. F. Bogatta & W. W. Lambert. (Eds.), *Handbook of Personality Theory & Research*(pp. 900-942), Rand McNally & Company: Chicago.

Warner, J. (2007). *Problem-Solving and Decision-making Profile*. HRD Press, MA.

14 서번트 리더십

김용재, 김종완(2008). 리더십이 자기 효능감을 통해 조직몰입과 조직시민행동에 미치는 영향. 인적자원개발연구, 11(2), 1-23.

김창한(2007). 호텔 매니저의 서번트 리더십이 조직 유효성과 조직시민행동에 미치는 영향. 안양대학교 대학원 박사학위 논문.

김형규(2007). 서번트 리더십이 부하의 자아개념 및 창의성과 직무수행에 미치는 영향. 제주대학교 대학원 박사학위 논문.

류병곤, 조영락(2007). 서번트 리더십이 감성지능에 따라 조직시민행동에 미치는 영향에 관한 연구. 인력개발연구, 9(1), 41-57.

박동수, 김용학 (2010). 서번트 리더십과 조직 유효성: 임파워먼트와 상사신뢰의 매개효과. 한국경영교육학회, 61, 309-334.

박영국(2008). 사회복지조직 관리자의 리더십과 조직시민행동, 조직 유효성의 인과모형 분석. 사회복지개발연구, 14(3), 227-250.

이관응(2010). *서번트 리더십의 비밀*. 서울: 넥서스Biz.

이재형, 오석윤, 윤진영(2006), 호텔조직에서의 상사의 서번트 리더십이 신뢰 및 직무만족에 미치는 영향. 호텔경영학연구, 15(2), 285-302

임성택(2009). 서번트 리더십이 팔로우의 태도를 통해 조직성과에 미치는 영향. 호텔경영학연구, 18(1), 225-237.

정학범, 김재구(2010). 서번트 리더십이 창의적 행동, 조직시민행동 및 조직몰입에 미치는 영향: 상사신뢰의 매개효과를 중심으로. 한국경영학회, 통합학술대회논문집, 1-32.

최동주(2008). 서번트 리더십과 조직시민행동 간의 관계에서 상사-조직 적합도의 조절효과 분석. 한국기업경영학회, 15(3), 125-145.

최은수(2006). 성인교육자 리더십과 리더십 개발 연구를 위한 이슈의 개념화와 이론적 틀. *Andragogy Today, 9*(3), 107-143.

Barbuto, J. E. Jr., & Wheeler, D. W. (2006). Scale development and construct clarification of servant leadership. *Group & Organization Management, 31*(3), 300-325.

Beu, D. S., & Buckley. M. R. (2004). This is war: How the politically astute achieve crimes of obedience through the use of moral disengagement. *Leadership Quarterly, 14*, 551-568.

Bierly, P. E. III., Kessler, E. H., & Christensen, E. W. (2000). Organizational learning, knowledge and wisdom, *Journal of Organizational Change Management, 13*(6). 595-618.

Block, P. (1998). *From leadership to citizenship, in Spears, L. C.,(Ed), Insight on leadership: service, stewardship, spirit, and servant-leadership*, New York: John Wiley & Sons, Inc., 1998.

Burns, J. M. (1978). *Leadership*. New York: Harper & Row.

Dennis, R. S., & Bocarnea, M. (2005). Development of the servant leadership assessment instrument. *Leadership and Organization Development Journal, 26*(8). 600-615.

Depree, M. (1989). *Leadership is an art*. NY: Dell Publishing.

Depree, M. (1992). *Leadership Jazz*. NY: Dell Publishing.

Donaldson, J. F. (1992). Reconfiguring the leadersh*ip envelop: Teaching and administration. In Paul J. Edelson*(Ed.), *Rethinking leadership in adult & continuing education* SF: Jossey-Bass Publications.

Ehrhart, M. G. (2004). Leadership and procedural justice climate as antecedents of unit-level organizational citizenship behavior, *Personnel Psychology, 57*(22), 61-94.

Ellis, S. K. (1998). Principal leadership styles and the transformation of pre-secondary schools into learning organization. Unpublished doctorial dissertation, Southern Illinois University.

Greenleaf, R. K. (1970). *The servant as leader*, Indianapolice: I.N: Greenleaf Center.

Greenleaf, R. K. (1977). *Servant leadership: A Journey into the Nature of Legitimate Power and Greatness*, NY: Paulist Press.

Heifetz, R. A. (1994). *Leadership without easy answer.* Cambridge, MA: Harvard University Press.

McGee-Cooper, A. (1998). Accountability as covenant: The taproot of servant leadership. In Spears, L. C. (Ed.), *Insight on leadership, Service, stewardship, spirit, and servant-leadership*, 77-88. New York: John Wiley & Sons, Inc.

Northouse, P. G. (2007). *Leadership: Theory and Practice* (4th ed.) Sage Publications.

Patterson, K. A. (2003). *Servant leadership: A theoretical model.* Unpublished Doctoral Dissertation, Regent University.

Senge, P. M. (1995). *Robert Greenleaf's Legacy: A new foundation for twenty-first century institutions, Reflections on leadership. How Robert K. Greenleaf's theory of Servant-leadership influenced today's top management thinkers,* New York: John Wiley & sons, Inc. 217-240.

Sims, B. J. (1997). *Servanthood: Leadership for the group effectiveness.* The Wharton School, University of Pennsylvania.

Smith, R. W. (1995). Servant Leadership: A pathway to the emerging territory, in Spears, L. C. (Eds.), *Reflection on Leadership: How Robert K. Greenleaf's Theory of Servant-leadership Influenced Today's Top Management Thinkers,* New York: John Wiley and Sons, Inc.

Spears, L. C. (2002). Introduction: tracing the past, present and future of servant-leadership, In L. C. Spears (Ed.), *Focus on leadership,* New York:

John Wiley.

Wheaten, C. E. (1999). Servant leadership and the public school superintendent. Unpublished Doctoral Dissertation, Gonzaga University.

Yukl, G. (2010). *Leadership in organizations*(7th ed.). Upper Saddle River, NJ: Prentice-Hall.

15 기업 리더십

김성택(2012). 사회적 책임과 역할. 서울: 도서출판 청람.

김용구(2000). 기업의 사회적 책임과 윤리. 연세경영연구, 제37권, 제2호(통권제71호).

김원수(1991). 기업 자유의 윤리적 기반. 서울: 경문사.

김창걸(2003). 리더십의 이론과 실제. 서울: 박문각.

박우순(1996). 조직관리론. 서울: 법문사.

송덕현(2009). 리더십 유형이 조직성과에 미치는 영향. 고려대학교 경영정보대학원.

신유근(1995). 현대의 기업과 사회. 서울: 경문사.

이건창(2009). 기업가 정신. 서울: 무역경영사.

이수영(2004). 기업의 사회적 책임이란 무엇인가. 서울: 경영자총협회 부설 노동경제연구원.

이재규 역(2004). 미래사회를 이끌어 가는 기업가 정신(Peter, D. (1997). Innovatin and entrepreneurship). 서울: 한국경제신문사.

이재규(2003). 피터드러커의 경영학 A to Z. 서울: 도서출판 HUNET.

임정재(2009). 기업의 사회적 책임에 대한 A부터 Z까지. 서울: 재승출판

장영철(2005). SPC의 기업윤리 및 사회적 책임/공헌활동. 경영사학, 제20집 제2호(통권 37호)

Bass, B. M. (1985). *Leadership and Performance beyond Expections.* New York Free Press.

Bennis, W. G. (1985). *Leaders: Strategies for Taking Charge.* New York: Random House.

Bennis, W. G. (1989). *On Becoming a Leader*, Reading. Mass: Addison-Wesley.

Campbell, J. P. (1997). *"On then Nature of Organizational Effectiveness" In Goodman P. S. & Penning*, J. M. "New Perspective on Organizational Effectiveness". San Francisco: Jossy-Press.

Chandler, A. D. (1962). *Strategy and Structure.* Cambridge, Mass: MIT Press.

Dalhsrud, A. (1989). "How Corporate Social Responsibility is Define; an Analysis of 37 Definitions." *Corporate Social Responsibility and Management 15.*

Farnham, A. (1989). "The Trust Gap". *Fortune, December.*

Frederick, W. C. & Davis, K. (1984). "*Business and Society*(5th ed.)". McGarw-Hill.

Georgopolous, B. S. (1975). "A Study of Organizational Effectiveness". *American Sociological Review.*

ISO(2004). Advisory Group on Social Responsibility. *Working Report on Social Responsibility*, ISO.

Jackofsky, E. F. (1984). "Turnover and Performance". *An Integrated Prosess Model ARM, Vol. 9.*

Lawless, D. J. (1972). "*Effectiveness Management: Social Psychology Approach*". Engglewood Cliffs. New Jersey: Prentice-Hall.

Mahoney, T. A. (1976). "Managerial Perceptions of Organizational Factor Associated with Company Performance Part." *Journal of management*

Studies.

Mott, P. E. (1972). "*The Characteristics of Effective Organization*". NewYork: Harper and Row.

Podsakoff, P. M. (1990). "Transformational Leader Behaviors and their Effects on Follower Thrust in Leader, Satisfaction, and Organizational Citizenship Behaviors". *Leadership Quarterly, Vol.1(2).*

Porter, L. W. (1968). "*Managerial Attitude and Performance.*" Homewood III Richard D. Irwin Lnc.

Sethi, S. P. (1975). "dimension of Corporate Social Performance." *California Management Review, Vol. 13, Spring.*

Thamas, A. B. (1998). "Does Leadership Make Difference to Organizational Performance." *Administrative Science Quarterly.*

Webb, R. J. (1974). "Organizational Effectiveness and the Voluntary Organization." *AMJ, vol.12.*

16 윤리적 리더십

김광웅(2009). 창조! 리더십. 서울: 생각의나무.

김남현 역(2009). 리더십: 이론 · 응용 · 비판 · 측정 · 사례(Northouse, P. G. (2004). Leadership). 서울: 경문사.

김상덕, 김학수(2012). 윤리적 리더십은 언제 필요한가?. 대한경영학회지, 제25권, 제3호, pp. 1555-1582.

김주엽, 박상언, 이민령(2010). 윤리적 리더십과 상사 신뢰, 그리고 조직시민행동 간의 관계에 관한 연구. 인적자원개발연구, 제13권, 2호.

박상조(2011). 사람인가 돈인가. 서울: 이담북스.

조영주(2012). 윤리경영과 글로벌 경쟁력. 서울: 보는소리.

Bass, B. M. (1985). *Leadership and Performance beyond Expectations*, New York: Free Press.

Bass, B. M., & Avolio, B. J. (1993). *Transformational Leadership Development*: Manual for the Multifactor Leadership Questionnaire, Palo Alto, CA: Consulting Psychologist Press.

Bass, B. M., & Steidlmeier, P. (1999). Ethics, character, and authentic transformational leadership behavior, *Leadership Quarterly, 10*(2), 181-217.

Beauchamp, T. L., & Bowie, N. E. (1988). *Ethical theory and business*(3rd ed.).

Beauchamp, T. L., & Childress, J, F. (1984). *Principles of biomedical ethics*(4th ed.). Englewood Cliffs, NJ: Prentice Hall.

Brown, M. E., & Trevino, L. K. (2006). "Ethical leadership: A review and future directions." The *Leadership Quarterly*, 17(4), 595-616.

Brown, M. E., Trevino, L. K., & Harrison, D. A. (2005). "*Ethical leadership: A social earning perspective for construct development and testing.*" Organizational Behavior and Human Decision Process, 97(2), 117-134.

Brown, M. E., & Mitchell, M. S. (2010). "Ethical and unethical leadership: Exploring new avenues for future research." *Business Ethics Quarterly, 20*(4), 583-616.

Burns, J. M. (1978), *Leadership*. New York: Harper & Row.

Carson, D. S., & Perrewe, P. L. (1995). Institutionalization of organizational ethics through transformational leadership, *Journal of Business Ethics 14*(10), 829-838

Conger, J. A., & Kanungo, R. N. (1998). *Charismatic Leadership in Organizations*, thousand oaks, CA: Sage.

Conger, J. A., Kanungo, R. N., & Menon, S. T. (2000). "Charismatic leadership and follower effects." *Journal of Organizational Behavior, 21*(7), 747-767.

Craig, S. B., & Gustafson, S. B. (1998). Perceived Leader Integrity Scale: An instrument for assessing employee perceptions of leader integrity, *Leadership Quarterly, 9*(2), 127-145.

Dadhich, A., & Bhal, K. T. (2008). "Ethical leader behaviour and leader-member exchange as predictors of subordinate behaviours." *VIKALPA, 33*(4), 15-25.

Gilligan, C. (1982). *In a different voice: Psychological theory and women's development.* Cambridge, MA: Harvard University Press.

Gini, A. (1998). Moral leadership and business ethics, In J. B. Ciulla (Ed.), *Ethics, the heart of leadership.* Westport, CT: Greenwood.

Greenleaf, R. K. (1970). *The servant as leader.* Newton Centre, MA: Robert K. Greenleaf Center.

Greenleaf, R. K. (1978). *Servant leadership: A journey into the nature of legitimate power and greatness.* New York: Paulist.

Heifetz, R. A. (1994). *Leadership without easy answers.* Cambridge, MA: Harvard University Press.

Jaksa, J. A., & Pritchard, M. S. (1988). *Communication ethics: Methods of analysis.* Belmont, CA : Wadsworth.

Luthans, F., & Avolio, B. J. (2003). "Authentic leadership: A positive development approach." In K. S. Cameron, J. E. Dutton, & R. E. Quinn (Eds.), *Positive Organizational Scholarship.* San Francisco, CA: Berrett-Koehler.

Mayer, D., M., Kuenzi, Greenbaum, R., Brades, M., & Salvador, R. (2009). "How low does ethical leadership flow? Test of a trickle-down model." *Organizational Behavior and Human Decision Processes, 108,* 1-13.

Neubert, M. J., Carlson, D. S., Kacmar, K. M., Roberts, J. A., & Chonko, L. B. (2009). "The virtuous influence of ethical leadership behavior: Evidence from the field." *Journal of Business Ethics, 90,* 157-170.

Palanski, M. E., & Yammarino, F. J. (2009). "Integrity and leadership: A multi-level conceptual framework." *Leadership Quarterly, 20,* 405-420.

Rubin, R. S., Dierdorff, E. C., & Brown, M. E. (2010). "Do ethical leaders get ahead? Exploring ethical leadership and promotability." *Business Ethics Quarterly, 20*(2), 215-236.

Schminke, M. J., Ambrose, M. L., & Neubaum, D. O. (2005). "The effect of leader moral development on ethical climate and employee attitudes." *Organizational Behavior and Human Decision Processes, 97,* 135-151.

Schminke, M., Ambrose, M. L., & Noel, T. W. (1997). The effect of ethical frameworks on perceceptions of organizational justice. *Academy of Management Journal 40*(5), 1190-1207.

Trevino, L. K. (1986). "Ethical decision making in organizations: A person-situation interactionist model." *Academy of Management Review, 11,* 601-617.

Walumbwa, F. O., Avolio, B. J., Gardner, W. L., Wernsing, T. S., & Peterson, S. J. (2008). "Authentic leadership: Development and validation of a theory-based measure." *Journal of Management, 34*(1), 89-126.

찾아보기

저자 소개

최은수
철학박사(교육학)
CR리더십파트너즈 자문교수
숭실대학교 평생교육학과 교수

권기술
평생교육학 박사
CR리더십파트너즈 대표교수
KMA상임교수

진규동
평생교육학 박사
CR리더십파트너즈 전문교수
KBS 인재개발원 HRD전문위원

손판규
교육학 박사
CR리더십파트너즈 전문교수
한국산업인력공단 HRD심사위원

김민서
평생교육학 박사
CR리더십파트너즈 전문교수

신승원
평생교육학 박사
CR리더십파트너즈 대표이사
숭실대학교 평생교육학과 겸임교수

김진혁
평생교육학 박사
CR리더십파트너즈 전문교수

박재진
평생교육학 박사
CR리더십파트너즈 전문교수
한독약품 역량개발팀 팀장

이미섭
평생교육학 박사과정
CR리더십파트너즈 전문교수

강찬석
평생교육학 박사과정
CR리더십파트너즈 전문교수

강영환
평생교육학 박사과정
CR리더십파트너즈 전문교수

이 희
평생교육학 박사과정
CR리더십파트너즈 전문교수
몬테소리영어교육연구소 소장

박시남
평생교육학 박사
CR리더십파트너즈 외래교수

뉴 리더십 와이드
(New Leadership Wide)

2013년 6월 20일 1판 1쇄 인쇄
2013년 6월 25일 1판 1쇄 발행

지은이 • 최은수 · 권기술 · 진규동 · 손판규 · 김민서 · 신승원 · 김진혁 · 박재진 · 이미섭 · 강찬석 · 강영환 · 이 희 · 박시남
펴낸이 • 김진환
펴낸곳 • (주) 학지사
121-837 서울특별시 마포구 서교동 352-29 마인드월드빌딩 5층
대표전화 • 02) 330-5114 팩스 • 02) 324-2345
등록번호 • 제313-2006-000265호

홈페이지 • http://www.hakjisa.co.kr
커뮤니티 • http://cafe.naver.com/hakjisa

ISBN 978-89-997-0130-6 03370

정가 15,000원

저자와의 협약으로 인지는 생략합니다.
파본은 구입처에서 바꾸어 드립니다.

이 도서의 국립중앙도서관 출판시도서목록(CIP)은 서지정보유통지원시스템 홈페이지(http://seoji.nl.go.kr)와 국가자료공동목록시스템(http://www.nl.kr/kolisnet)에서 이용하실 수 있습니다.
(CIP제어번호: CIP2013008755)